스토리 24시

스토리 24시
지금 우리는 이야기 중입니다

남수원중학교

파란하늘

프롤로그

상상에서 피어난 이야기꽃

2025년 남수원중학교 이야기창작대회는 우리 학생들의 빛나는 상상력과 따뜻한 감성을 다시 한번 확인할 수 있었던 뜻깊은 자리였습니다. 학년별로 선정된 120편의 작품을 한 권의 책으로 엮으며, 저는 '아이들의 생각이 얼마나 깊고, 표현이 얼마나 섬세하며, 마음이 얼마나 넓은가'를 새삼 느꼈습니다. 이 책은 그 놀라움과 감동의 기록입니다.

글쓰기는 자신을 표현하는 가장 순수한 예술이며, 동시에 타인의 마음을 이해하는 가장 아름다운 소통입니다. 학생들이 이야기 속 주인공이 되어 세상을 상상하고, 갈등을 풀어내며, 희망을 노래하는 과정을 지켜보며 "상상력은 지식보다 더 중요하다"는 아인슈타인의 말을 떠올렸습니다. 그 상상력 안에는 세상을 더 따뜻하게 만들고자 하는 여러분의 선한 마음이 담겨 있었습니다.

여러분의 문장 속에는 꿈꾸는 별이 반짝이고, 그 별들이 모여 남수원중학교의 하늘을 더욱 찬란하게 비추고 있습니다. 여러분이 써 내려간 이 이야기들이 세상에 단 한 줄의 따뜻한 흔적으로 남기를 바랍니다.

"글은 마음의 흔적이고, 흔적은 다시 누군가의 길이 된다."

이 책이 누군가의 마음에 길을 내고, 또 다른 상상으로 이어지는 씨앗이 되기를 바랍니다.

진심으로 축하하고, 따뜻한 박수를 보냅니다.

남수원중학교 교장 김 형 태

차례

1학년

정 조 은 / 택배기사의 열쇠 _ 12
엄 희 수 / 미안하고 사랑해 _ 17
김 수 정 / 끝 _ 21
서 채 은 / 나 _ 24
이 주 찬 / 수상한 VR _ 29
권 나 현 / 꿈에 나타난 첫사랑 _ 34
김 담 희 / 어느날 꿈에 네가 나왔다 _ 39
김 연 우 / 나의 특별한 친구 _ 44
천 지 훈 / 우리들 중 2명 _ 48
장 은 도 / 색을 잃어버린 세상 _ 52
이 예 은 / 공감로봇 C-17 _ 54
윤 채 은 / 나는 내 친구를 싫어합니다 _ 60
황 은 우 / 반비례 _ 64
최 단 우 / SMH017호 _ 67
박 연 제 / 행운의 돌 _ 70
김 민 태 / 바나나 껍질 투척 사건 _ 73
김 민 찬 / 펀스틴 _ 77
강 태 윤 / 불사의 행성 _ 80
방 민 서 / 잘 자기를 바라 _ 82
조 시 은 / 일부러 그런게 아니야 _ 85
정 현 태 / 열한 번째 별 _ 89
윤 도 현 / 일본인 _ 94
김 근 하 / 하나로 _ 97
최 세 빈 / 물보라 _ 103
류 동 희 / 공 _ 108
김 준 우 / 사랑이란 어렵고 힘든거야 _ 111
심 채 빈 / 학교 괴담 지키기 _ 116
정 아 인 / 검은 사랑 _ 124
김 민 찬 / 앤드류의 밤 _ 127
김 예 나 / 유령과의 거래 _ 132

최 예 린 / 우정이 뭐라고 생각해? _ 138
권 현 준 / 쓰리 아웃 _ 141
표 지 연 / 몇천 번의 회귀 끝에는 _ 145
이 승 주 / 세상을 바꾸는 온도, 1.5℃ _ 149
김 지 원 / 거짓말이 이루어 진다면? _ 152
정 지 우 / 편한 사람 _ 156
서 유 하 / 비상! 파랑새를 구해라! _ 160
조 주 형 / 무의식 속의 병원 _ 163
한 승 주 / 붉은 폰 _ 166

2학년

이 병 재 / INVIDIA _ 170
공 하 영 / 연화지몽 _ 174
김 지 원 / 끝 _ 178
고 유 한 / 성전의 별빛 _ 182
정 재 헌 / 기억의 백화점 _ 185
차 여 원 / 진정한 '나' _ 191
김 아 현 / 끼끼와 꼬꼬 _ 194
오 예 나 / 내가 여름을 좋아하는 이유 _ 197
유 소 민 / 소년 A _ 202
최 정 원 / 여름이 머문 바다 _ 205
최 지 완 / 파라다이스 _ 210
강 연 재 / 따뜻한 동굴 _ 215
김 서 진 / IDEAL _ 219
정 지 현 / 마지막 잎의 숲 _ 222
옌 딘 켠 / 별을 쫓는 너에게 _ 225
고 은 서 / 여우비 _ 230
지 은 빈 / 옛날이야기 _ 233
강 다 혜 / 시간이 멈춘 마을에 피어난 별 _ 236
이 예 성 / 드디어 죽었다 _ 238
임 민 욱 / 빛 속으로 _ 241

윤 가 람 / 어항 속 사막 _ 246
김 지 원 / 화창한 그 여름날로 돌아갈 수 있다면 _ 249
장 민 경 / 기억의 별자리 _ 252
박 소 민 / D-day _ 256
손 예 원 / 친구 _ 260
한 가 희 / 행운의 강아지 마루 _ 264
임 태 섭 / 당신은 멋진 식물인가? _ 267
김 리 원 / 소임(소중한 타임) _ 269
정 하 진 / 소원이 이루어진다면 _ 273
민 송 연 / 모래 속 희망 _ 276
정 연 우 / 디어 유어 페인 _ 279
최 서 우 / 외사랑의 가능성 0% _ 283
전 소 민 / 마법 설탕 _ 286
최 재 희 / 저스틴과 레오 _ 289
박 세 움 / 퉁팅탕의 진짜 꽃 _ 291
이 미 영 / 물고기 키우기 프로젝트?! _ 293
김 건 율 / 진정한 곳 _ 298
서 지 은 / 늑대 세 마리 _ 301
이 영 훈 / 아픈 이별 _ 304
현 은 송 / 오해 속에 핀 우정 _ 307

3학년

김 단 아 / 조현병 _ 312
양 세 은 / 낙원 _ 315
박 윤 서 / 결말 _ 319
정 가 영 / 그저 인생 하나 _ 324
주 하 은 / 겨울 _ 328
장 하 늘 / 약속 _ 333
황 태 희 / 여우의 자몽에이드 _ 338
이 세 빈 / 떡튀순 _ 342
한 수 정 / 영원의 기억 _ 345

김 보 연 / 별들이 사라진 시간 _ 349
윤 서 진 / 멋지고 멋지며 또 겁나게 멋진 새 _ 355
장 하 진 / 햇빛 _ 357
황 지 민 / 소설가 _ 360
김 시 현 / 철 _ 363
유 다 연 / 너의 곁에 _ 366
박 찬 란 / 달그림자 아래 _ 369
이 시 은 / 무지개를 찾아서 _ 373
정 민 수 / 나는 그 이별조차 사랑했다 _ 377
한 다 현 / 목격자 _ 382
이 승 은 / 감정을 인식해 공감한 로봇, 리브리 _ 384
김 재 민 / 편견 _ 387
강 규 리 / 검정색 크레파스 _ 389
황 혜 란 / 42도의 여름 _ 391
전 시 온 / 천국으로 가는 우체통 _ 393
송 민 지 / 학교 가는 길 _ 395
이 서 준 / 질곡 _ 398
박 예 나 / 감정의 미래 _ 400
권 도 혁 / 길 _ 403
양 하 민 / 잊혀진 우리들의 영원한 영웅 _ 405
황 은 영 / 에렌딜의 불길 _ 409
박 소 은 / 투명인간 _ 411
채 은 수 / 아홉 개의 시계 _ 414
김 우 림 / 낯선 빛 _ 416
현 미 연 / 포화 속에 피어난 것 _ 421
임 예 주 / 달콤한 냄새 _ 424
강 민 지 / 그 애가 내 시간을 멈췄다 _ 427
조 준 우 / 땅에서 하늘까지 _ 433
승 호 인 / 무너진 사다리를 고쳐라 _ 438
박 규 민 / 용감한 밤 _ 442
정 은 유 / 가장 어두웠지만 가장 밝았던 _ 445

1학년

택배기사의 열쇠

10627 정조은

오전 11시 29분. 11시 30분이 되면, 연순은 흔들의자에 앉아 커피를 마시며 텔레비전 방송을 볼 것이다. 64세의 나이로 깊은 숲속에 홀로 사는 연순.

54초, 55초 … 59초. 11시 30분이 되자 연순은 평소대로 커피를 타러 갔다. 그러다가 문득 연순의 눈에 무언가 들어왔다.

"모르겠지만 버릴 때 되지 않았나? 오래되고, 쓸 일도 없을 것 같은데."

그것은 바로 연순의 집 부엌에 놓인 낡은 열쇠였다. 이 집에 살면서도 열쇠의 기능을 몰랐던 연순은 그 열쇠를 버리러 나가려 했다. 그때였다.

"띵—동"

집 초인종이 울렸다.

"누구시죠?"

"안녕하세요! 택배기사입니다! 전등 주문하신 윤연순 씨 맞으신가요?"

연순은 그 말을 듣고 현관으로 향했다. 현관 작은 구멍 너머로 인상 좋고 잘생긴 남자가 보였다. 그 모습을 보고 연순은 조금 안심했다. 그리고 문을 열었다. 택배기사는 택배를 든 채 웃으며 서 있었다.

"젊은이가 고생이 많네."
"아니요, 이게 제 일이에요. 아참! 혹시 버릴 물건 있으신가요? 쓰레기, 옷, 티비, 다 가능해요!"

그 말을 듣고 연순은 아까의 낡은 열쇠가 생각났다. 집으로 들어가 열쇠를 꺼내, 택배기사에게 내밀었다. 남자는 환하게 웃으며 감사의 뜻을 전하고 문을 닫았다.

'참으로 좋은 청년이네.'
연순은 다시 부엌으로 가 커피를 타려고 했지만, 뜨거운 물을 꺼내려는 순간 기억이 흐릿해졌다. 시야가 흐려지고 몸이 말을 듣지 않는다. 아직 잊히지 않은 한 가지 생각만이 머릿속을 맴돌았다. 열쇠, 열쇠? 열쇠를 가지고 와야 해!! 그녀는 간신히 정신을 차려 현관문까지 걸어갔다.

"벌컥"
문이 열렸다.

"이… 이게 뭐지…? 분명 내 집은 숲속에 있었는데?"
문 밖에 펼쳐진 것은 낡고 오래된 마을이었다. 그리고 그녀의 집은 '펑' 하고 사라져 있었다. 놀란 그녀는 주변을 두리번거렸다. 그때 깨진 거울 속 자신의 모습을 보았다.

"이… 이게 무슨 나야? 왜 이렇게 젊어진 거야?"
믿을 수 없었다. 그녀의 모습은 놀랄 만큼 젊어져 있었다. 연순은 잠시 주저앉아 상황을 파악했다. 그리고 정신을 차리고 일어섰다. 주위를 돌아보니, 멀리 택배기사가 걸어가는 것이 보였다. 학창 시절 달리기에 자신 있던 연순은 열쇠와 집을 찾기 위해 그를 향해 달려갔다.

"저기요—!"

목소리가 커지고, 달리기 실력도 예전보다 나아져 있었다. 그녀의 커진 목소리에 그는 멈췄다. 그녀는 헉헉거리며 그의 어깨를 잡았다.

"저기요! 여기 어딘가요? 왜 아무렇지 않으세요?"
"응? 아까 열쇠 주신 할머니 아닌가요? 예뻐지셨네요~"

그러나 그는 눈치 없는 듯, 아니면 모른 척하며 웃으며 말했다. 그 모습에 짜증이 난 연순은 그의 멱살을 잡았다.

"상황 파악이 안 되세요? 여기가 어디인지, 내 모습이 왜 이렇게 변했는지 얼른 말하세요! 제 열쇠는 어디에 두셨고요!"

그 말에 그는 애매한 웃음을 지으며 답했다.

"아~ 여기는 '새로운 세계'예요. 그 모습이 왜 변했는지 저도 모르겠네요. 열쇠는 이제 제 거예요. 열쇠를 돌려받고 싶다면, 제 일을 도와주세요~"

그 말을 듣고 연순은 황당한 표정을 지었다.
"배달을 도와달라니? 그리고 왜 능글능글해?"
수많은 생각이 스쳤다. 그의 표정을 보고 그는 웃으며 말했다.

"열쇠랑 집을 찾고 싶죠? 그리고 여기에 대해 더 알고 싶죠? 그럼 제 일을 도와주세요. 그러면 제가 더 알려드릴게요. 다만 제 일에 관해서는 묻지 마세요~"

몇십 분 고민한 끝에 연순은 그의 제안을 수락했다.

"알겠어요. 일 도와드릴게요. 그러면 열쇠를 돌려주세요."

그 말에 그는 만족스러운 미소를 지으며 택배를 그녀에게 내밀었다. 그녀는 어쩔 수 없이 그와 같이 배달을 나섰다. 택배 내역을 보니, 주문자는 김연자, 나이는 고작 12살이었다. 몇 분 후, 차가 멈췄다. 도착지는 허름한 집이었다. 택배기사는 말했다.

"여기에 한 소녀가 사는데, 택배 드리면서 혹시 버릴 물건 있냐고 물어보세요."

그는 택배를 주며 필요한 물건을 받아갔다.

"왜 버릴 것을 가져가시는 거죠?"
"아아, 벌써 잊으셨어요? 제 일에 관해서는 묻지 말랬죠."

그녀는 몹시 당황하며
"알겠어요…"라며 집안으로 향했다. 문을 두드리자, 조심스레 문이 열렸다. 젊은 소녀가 살고 있었다. 연순은 다정한 미소로 말했다.

"꼬마야, 여기 택배야. 아! 혹시 필요 없는 물건 있으면 언니한테 줄래?"

소녀는 조심스레 고개를 끄덕이고 택배를 받았다. 3분쯤 지나자, 소녀는 연순에게 비녀를 주었다. 낯익은 물건이었지만, 연순은 마음속 깊이 감동하며 고마움을 표했다. 소녀는 문밖으로 사라졌고, 연순은 차로 돌아왔다. 택배기사와 함께 차에서 나오자, 다른 택배를 기다리던 그가 말했다.

"누나, 저 리본핀은 누나 말고 다른 택배기사한테 주세요."

연순은 이유를 묻고 싶었지만, 입밖으로 꺼내지 못하고 고개를 끄덕였다. 그는 미소를 지으며 말했다.

"수고했어요. 일주일만 제 일을 도와주세요."
일주일 동안 그 일을 도와달라 한다는 말에 연순은 망설였다. 하지만 어쩔 수 없이 "알겠어요." 하고 대답했다. 그리하여 연순은 6일 동안 택배를 배달했다. 점점 익숙해지고, 그와 가까워지자 이 일이 재미있게 느껴졌다. 그러다 7일, 마지막 날이 되었다. 연순은 아쉬웠지만, 집이 그리워 택배를 들고 목적지로 향했다. 그런데 트럭이 '뿅' 하고 사라지고 말았다. 당황한 그녀에게 속삭임이 들렸다.

"택배를 배달해."
간신히 정신을 차리고 목적지로 향했다. 똑똑똑. 문을 두드렸지만 아무도 나오지 않았다. "제 택배는 김연자, 물건은 민준의 열쇠"라고 적혀 있었다. 그녀는 택배 테이프를 뜯으며 놀랐다. 상자 안에는 그녀가 잃어버린 오래된 열쇠가 들어 있었고, 택배기사와 함께 찍힌 사진이 있었다. 사진 속 어린 연순은 비녀를 꽂고 있었고, 그는 노란색 리본을 차고 있었다. 사진 뒷면엔 이렇게 적혀 있었다.

"택배기사 그리고 연순의 오빠, 민준과 막내 예쁜 연순"
연순은 앞을 보았다. 벽에 열쇠 구멍이 있었다. 그녀는 택배 속 열쇠를 꺼내 구멍에 넣고 돌렸다. 문이 열렸고, 그녀는 안으로 들어갔다. 따스한 온기가 그녀를 감쌌다.

미안하고 사랑해

10217 엄 희 수

    늘 똑같은 하루였다. 오늘도 여전히 아빠는 내게 와서 "사랑해."라고 말한다. 나는 이런 말들이 싫었다. 오글거리고, 나도 이제 어엿한 학생이니까.

    우리 아빠는 간판 일을 하신다. 간판을 보고 단점이나 위치 등을 상담한 뒤, 그 간판을 다는 일이다. 근데 가끔씩 우리 아빠를 하인 다루듯 막 대하는 사장님들도 계셔서, 나는 아빠가 이 일을 하는 게 싫다. 그래도 아빠는, 나 먹여 살리려면 이 정도는 참고해야 한다고 말씀하셨다. 아빠가 밉다.

    더운 날이다. 오늘 최고기온은 35℃. 아빠는 이 더운 날씨에도 여전히 간판 달러 나가신다. 그리고는 사랑한다 말하며, 얼음물 네 병을 챙겨 나가신다. 나는 늘 그렇듯, 일하러 가는 아빠를 바라보다 학교 갈 준비를 한다. 학교 가는 길, 땀이 주르륵 흐른다. 등교하던 친구들은 "이 땡볕에 더 있다간 열사병으로 죽겠다."고 말했다. 나는 문득, 이 날씨에 일하러 가신 우리 아빠가 생각났다.

    '더운데, 빨리 와서 쉬면 좋을 텐데…'
    학교에 도착해 에어컨을 틀고 자리에 앉아 수업 준비를 했다. 그런데 수업을 듣던 중, 담임쌤이 갑자기 교실로 달려오셨다.

    "엄도연! 너네 아버지 병원 가셨어. 위급하시대!!"

이 말을 들은 나는, 짐을 내팽개치고 휴대폰만 챙긴 채 학교를 미친 듯이 빠져나왔다. 셔틀런 한 번만 뛰어도 힘든 내가, 20초 안에 학교 문까지 나갔다. 그것도 실내화를 신고. 생각할 겨를도 없이 엄마에게 전화를 걸어, 아빠가 계신 병원을 물었다. 아주대병원. 나는 곧장 버스를 탔다. 병원에 도착하자마자 앞에 있는 간호사 언니를 붙잡고 물었다.

"엄성식 님 여기 계세요? 어디에 계세요? 많이 다치셨어요?"
 간호사 언니는 당황한 듯하다가, 수술실에 들어가 계시다고 알려주었다. 나는 수술실 위치를 확인하고, 곧장 계단으로 뛰었다. 몸은 힘들었지만, '아빠는 나보다 더 힘들 거야.'라고 생각하며 더 빨리 달렸다. 수술실에 도착하니 간호사님이 "함부로 들어오면 안 된다"고 하셨다. 나는 그분의 다리를 붙잡고, 욕쟁이 할머니가 빙의한 것처럼 애원했다.

"아니, 시X… 우리 아빠 저기 들어갔단 말이에요. 이렇게 미련 곰탱이처럼 있다가, 우리 아빠 마지막 얼굴도 못 보면 어떡해요. 들어가게 해줘요. 내가 오늘 이 구역 미친X 할 테니까. 보는 것만이라도… 제발…"
 울면서 말했다. 간호사님은 주위를 둘러보더니, 나를 몰래 수술 대기실로 데려다 주셨다. 그곳에는 엄마가 계셨다. 엄마는 세상 다 잃은 사람처럼 날 바라보다가, 웃으면서 울었다. 마치 "내가 대신 죽었어야 했는데…" 하는 표정이었다.

"이 날씨에 일 나가게 한 내 잘못이야… 머리가 어지러워서 뒷걸음질 치다가, 크레인(작업차)에서 떨어졌어. 무려 3층 높이에서, 머리부터 떨어져서… 갈비뼈 네 개가 부러졌고, 왠만한 뼈는 다 나갔대. 장기에 찔려서 장기도 많이 다쳤고… 내 탓이야…"
 엄마는 미친 듯이 소리쳤다. 평소에 둘이 손발 잘 맞고, 아주 잉꼬부부였는데… 내가 할 수 있는 건, 무너지는 엄마를 안고 토닥이며 "사랑해. 아빠는 괜찮아질 거야."라고 말하는 것뿐이었다.

아빠가 수술실에 들어간 지 6시간이 지났다. 교회 목사님들 13분이 오셔서 기도하셨다. 나는 종교보다는 의사쌤의 실력을 믿는 편이라, 이런 게 무슨 소용인가 싶었지만… 아빠는 이 상황을 알고 계실까? 죄책감이 몰려왔다. '이렇게 될 줄 알았으면, 오늘 아침에 아빠한테 집에서 쉬자고 할걸… 사랑한다고 해줄걸…' 하지만 수술은 여전히 끝나지 않았다. 나는 점점 더 나쁜 생각을 하는 엄마를 붙잡고 말했다.

"엄마, 밥 좀 먹어… 아빠도 그러길 바랄 거야."

7시간 동안 물도, 밥도 안 드신 우리 예쁜 엄마가 걱정됐다. 엄마는 나를 보며 말했다.

"니 아빠는 아무것도 안 먹는데… 난 먹을 자격도 없어…"

나는 그 말에 울컥해서, 아까 빙의됐던 그 '미친놈'처럼 편의점으로 뛰어갔다. 휴대폰에 있던 카드로 삼각김밥 두 개를 결제하고, 우사인 볼트처럼 병원으로 달려왔다.

"엄마, 여기 내가 지킬게. 엄만 그거 좀 먹어. 아빠가 돈 버는 건, 우리가 먹고살게 하려고 하는 거잖아."

엄마는 병원 옥상에 올라가, 갓난아기처럼 울면서 삼각김밥을 드셨다. 8시간, 9시간이 지나도 수술은 끝나지 않았다. 엄마는 눈이 너무 부어서, 눈 모양이 숫자 3처럼 되었다. 나는 결국 두 손을 모아 기도했다.

'하느님… 오늘만큼은, 울 아빠 살려주세요…'

그렇게 기도하니, 마음이 조금 진정되었다. 나도 엄마처럼 서럽게 울었다. 눈이 부어서, 내 눈도 숫자 3이 되었다. 그때였다. 수술실에서 소란스러운 소리가 들렸다. 나는 울먹이며 중얼거렸다.

"안 돼… 안 돼… 아직 때가 아니야… 내 결혼식 때 축가 불러준다며…"

나는 병원이 울릴 정도로 울어버렸다. 그 순간엔 정말, 아빠 대신 내가 죽고 싶었다. 아빠만 살 수 있다면… 난 뭐든지 할 수 있었다. 소란스러운 소리도 잠시, 갑자기 멈췄다. 의사처럼 보이는 한 분이 우리에게 다가왔다. 나는 속으로 이미 준비하고 있었다. 겉으로는 울어서 붓고 망가진 얼굴이었지만… 의사가 다가오자, 마음속으로 아빠에게 말했다.

'내가 그동안 잘해주지 못해서 미안하고… 아빠가 나를 사랑하는 것보다 나는 아빠를 더 많이 사랑해. 아빠…'

끝

10105 김 수 정

'우웅, 우웅.' 분주하고 요란한 알람 소리에 잠에서 깼다. 오늘도 일찍 학교로 출발해야 한다. 어제 있었던 일들을 속으로 되뇌며, 기억에서 사라지지 않게 마음을 다잡고 교실로 들어갔다. 평소처럼 자리에 앉아 생각을 정리했다.

'딩동댕—' 학교 종소리가 귓가에 맴돌더니 점차 머릿속으로 스며들어 머리 전체를 울렸다. 종소리가 들리자 어김없이 장면이 시작된다. 웃고 떠드는 친구들, 그리고 그 친구들을 통제하는 선생님… 이상하다. 항상 똑같다. 소름 돋을 정도로 어제와 일치한다.
　내 의지와는 상관없이 말이 입 밖으로 튀어나왔다.
　"다들 조용!"

　갑자기 의구심이 들었다. 내 기억 중 사라진 조각이 있는 것만 같은 기분이다. 그러고 보니 아침에 나는… 무슨 생각을 했는지조차 기억나지 않는다.
　'딩동댕—'
　그때 조회 시간을 끝내는 종소리가 들렸다. 친구들은 여전히 웃고 떠들었다. 나는 가장 친한 친구인 소희에게 물었다.
　"이상하지 않아?"
　소희가 대답했다.
　"왜?"

나는 그 한마디를 듣고 생각에 잠겼다. 그러곤 곧장 창문을 깨뜨렸다.
'딩동댕―'
또다. 1교시를 알리는 종소리가 울리자 장면이 다시 시작됐다.

수업 시간에 나는 앉아서 확신했다. 여기가 소설 속이라는 것을. 내가 깨뜨린 창문은 멀쩡했고, 아이들도 아무 일 없다는 듯 수업을 듣고 있었다. 그리고 소희의 대답이 이상했다. 보통은 '뭐가 이상한데?'라고 묻는 게 자연스러운데, 소희는 단지 '왜?'라고 물었다.
'덜컥―'
앞문이 열렸다. 전학생이 들어왔다. 그 전학생은… 잘생겼다. 역시 소설 속이라 그런가, 뻔하게 잘생겼다.
'딩동댕―'
쉬는 시간을 알리는 종이 쳤다. 장면이 또 넘어갔다.
그런 하루를 반복하던 나는 병원에 갔다. 10년째 앓고 있는 심장병 때문이었다.

또 하루가 흘렀다.
아침 일찍 학교로 향했다. 교실에 들어가니 소희가 내 자리에서 무언가를 찾고 있었다.
"너 뭐 해…?"
소희는 당황한 기색도 없이 내 앞으로 걸어와 말했다.
"너, 자아가 생겼구나."
그 말을 끝으로 나는 창문 밖으로 떨어졌다. 한참을 떨어지다 다시 장면이 시작됐다. 소희의 행동을 이해할 수 없었다.

수업 시간, 나는 심장병으로 쓰러졌다. 눈을 뜨니 보건실이었다.

장면이 끝난 것 같았다. 내 앞에는 소희가 앉아 있었다.
"푸흡—"
소희가 웃음을 터뜨렸다.
"뭔가 원망스럽지 않아? 이렇게 약한 몸을 준 작가한테?"
그 말을 듣는 순간, 나는 얼어붙어 버렸다.
"다른 애들도 자아가 생기기 시작하면 내가 더 바빠지겠네~"
그 말이 무슨 의미인지, 나는 결코 알아채지 못했다. 소희는 그 말을 끝으로 보건실 밖으로 나가버렸다. 옆 침대에 누워 있던 전학생이 말을 걸었다.
"안녕! 너도 자아가 있구나?!"
싱글벙글 웃는 전학생의 얼굴을 보자 나도 모르게 대답이 튀어나왔다.
"어… 안녕."
전학생은 소희에 대해 이것저것 물었지만, 나는 대답할 수 없었다. 이제 더 이상 내가 아는 소희가 아니었기 때문이다.

보건실을 나와 소희를 보았다. 소희는 백지인 책에 무언가를 쓰며 웃고 있었다. 그 모습을 보는 순간, 나는 알아차렸다. 소희가 작가였다. 나에게 이런 병을 준 것도, 일찍 엄마가 죽게 만든 것도, 내 인생을 망쳐 놓은 것도 모두 소희였다. 죽도록 원망스러웠다. 날 이렇게 힘들게 한 것도 다 자기이면서, 그동안 아무 일 없다는 듯 내 옆에서 웃고 떠들었다. 너무나 원망스러웠다.

그때, 문득 한 가지 생각이 떠올랐다. 소희가 쓰던 책은 빈 책이었다. 그렇다면 결말도 정해지지 않았다는 뜻이다. 나는 곧장 소희의 책상 서랍에서 몰래 그 책을 꺼내왔다. 그리고, 나는 그 책의 결말— 아니, 내 인생이라는 책의 결말을 완성했다.

나

11013 서 채 은

    나는 오늘도 아침 일찍 일어나 학교 갈 준비를 마친 뒤, 학교로 출발했다. 학교에 도착하니 역시나 내가 가장 먼저 도착한 학생이었다. 잠시 멍하니 서 있다가 정신을 차리고, 익숙한 듯 자리에 앉았다. 그다음 시간표에 맞춰 교과서를 챙긴다.
    이제 시작됐다. 지금 자리에 앉은 순간부터 나는 계속 공부를 한다. 이 루틴은 매번 내가 아침마다 반복하는 일상이다. 언제부터 이 루틴이 시작됐는지 잘 기억나지 않는다. 그냥 어느 순간부터 이렇게 하고 있었다.
    자리에 앉아 문제집을 풀다 보니 시간이 훌쩍 지나 있었다. 시계를 보니 곧 아침 조회가 시작될 것 같았다. 나는 문제집을 넣고 선생님이 오시기를 기다렸다. 선생님께서 내가 문제집을 넣은 지 몇 분 되지 않아 교실로 들어오셨다. 그리고 선생님께서 하신 말에 나는 충격을 받았다.

    "얘들아, 오늘은 날씨가 너무 추워서 수업을 한 시간 정도 일찍 끝내기로 했다."
    그 뒤로 무슨 말씀을 하셨던 것 같지만, 내 귀에는 들어오지 않았다. 나는 자리에서 중얼거렸다.

    "삼십 분도 아니고, 한 시간이나 일찍 끝난다고?!"
    이건 말도 안 되는 일이었다. 학교가 끝나면 학원에 가고, 학원이 끝나면 스터디카페에서 공부를 한 뒤 집에 돌아가는 것이 내 하루의 전부인데, 남은 한 시간 동안 할 일이 없었다. 근처 카페나 스터디카페에 들어가기엔 아빠가 주시는 용돈은 학원이 끝난 후에야 받을 수 있다. 전화를 하기엔 그 시간은 아빠가 가장 바쁜 시간이다.

물론 전에도 이런 상황이 없던 건 아니다. 하지만 그때마다 나는 하루의 계획을 모두 망쳐버렸고, 그래서 지금 이 상황은 나에게 최악이었다. 결국 고민 끝에 집으로 돌아가기로 했다. 학교가 끝나고 나는 곧장 집으로 향했다.

띠리릭—

현관문을 열고 들어가니, 역시나 설거지를 하고 있는 엄마와 마주쳤다. 엄마는 나를 보자마자 쏟아내듯 말했다.

"너 왜 지금 와? 학원은? 오늘 공부는 했어? 넌 항상 2등이니까 노력 좀 해봐! 다른 애들은 이번에 공부 완전 열심히 하더라. 너는 이거, 시간 없어! 빨리 공부해!"

나는 대꾸도 하지 않고 곧장 방으로 들어갔다. 항상 이런 식이었다. 원래는 나도 엄마를 즐겁게 해드리고 싶어서 노력했지만, 노력하면 할수록 엄마는 더 큰 걸 요구했다. 생각해 보면 이 아침 루틴도… 다 엄마 때문에 생겨난 것이었다. 엄마는 내가 공부를 안 하는 것 같다며 방에 CCTV를 달고 문까지 떼어버렸다. 설거지를 멈춘 엄마는 내 방 앞에 서서 또다시 지긋지긋한 말을 쏟아냈다.

"너 또 딴생각하지?! 넌 왜 이렇게 집중을 못 해? 다른 애들은 잘만 하는데!"

그 순간, 나는 더 이상 참을 수 없었다. 왠지 모르게 마음속 깊은 곳에서 무언가가 터져 나왔다. 그 말을 듣자마자 나는 집 밖으로 뛰쳐나가, 어디로든 달렸다. 그저 이 상황에서 벗어나고 싶었다.

얼마나 달렸을까. 정신을 차려보니 뒷산 입구에 와 있었다.

'도망치고 싶다더니 고작 뒷산이라니…'

조금은 이상하단 생각이 들었지만, 입구와 나무들을 보자 몸이 저절로 산을 오르고 있었다. 산 중턱의 쉼터까지 겨우 올라와 누웠을 때였다.

"안녕?!"

작고 앳된 목소리의, 나와 또래로 보이는 아이가 내 위에서 인사를 하고 있었다.

"으아악!"

나는 너무 놀라 그만 쉼터 의자에서 떨어져 버렸다. 다시 보니 그 아이의 옷이 특이했다. 마녀 옷 같았다. 처음엔 단순한 분장인 줄 알았는데, 그 아이가 먼저 말을 걸었다.

"안녕! 나는 페루! 진짜 이름은 너무 길어서 그냥 페루라고 불러! 나는 힘든 사람들을 도와주라는 명을 받고 지구에 온 마녀야. 근데 너, 지금 좀 힘들어 보이는데?"

나는 당황해서 굳어버렸다. 아니, 지금 이 상황이 도무지 이해되지 않았다. 꿈인가? 그때 페루가 다시 물었다.

"너는? 네 이름은 뭐야?"

그제야 멈춰 있던 머리가 돌아가기 시작했다. 나는 소심해서 친구가 거의 없었지만, 누가 다가오면 자동으로 자기소개를 하곤 했던 기억이 났다. 그래서 그대로 말했다.

"나… 나는 소망이야. 유소망."

내 이름을 듣고 페루는 이름이 예쁘다며 웃었다. 별거 아닌 칭찬이었는데, 이상하게 기뻤다. 그렇게 정신을 놓고 쉼터에서 페루와 잡담을 나누었다. 잡담을 하다 보니 어느새 시간이 훌쩍 가 있었다. 집으로 돌아가야 하는데, 가기 싫었다. 그렇지만 가지 않으면 큰일 날 게 뻔했다.

그래서 말했다.

"나, 이만 가봐야 해."

내가 그 말을 하자 페루는 잠시 고민하더니 말했다.

"흐응? 너 실은 가고 싶지 않잖아! 그러지 말고 나랑 같이 가자!"

말이 끝나자마자, 내가 대답하기도 전에 페루는 나를 어딘가로 보내버렸다. 눈앞에 펼쳐진 것은… 바다였다. 마법에 놀란 것도 잠시, 나는 그저 넋을 놓고 바다를 바라보았다. 얼마 지나지 않아 페루도 도착했다. 페루는 의자에 앉아 바다를 바라보았고, 나도 자연스럽게 그 옆에 앉았다.

그때, 마음속 깊은 곳에서 무언가가 터져 나왔다. 내 고민들, 엄마의 공부 강박, 무관심한 아빠, 그리고 사실은 공부가 싫다는 고백까지… 한 번 말이 나오자 멈출 수 없었다. 페루는 그런 내 이야기를 묵묵히 들어주었다. 모든 걸 쏟아내고 나니 마음이 한결 편안해졌다. 그러자 페루가 물었다.

"그럼 공부하는 너 말고, 진짜 너는 어떤 아이야?"

그 질문에 잠시 멍해졌다. 나는 한 번도 '진짜 나'에 대해 생각해본 적이 없었다.

"나는… 모르겠어. 그냥 엄마 말대로 살아왔을 뿐이야."

페루는 잠시 생각하더니 말했다.

"그럼 나랑 같이 진짜 너를 찾아보자!"

그 말과 함께 페루가 또 마법을 걸었다. 나는 정신을 잃었다. 눈을 떴을 때, 내 옆에는 여전히 페루가 있었다. 그리고 이곳은… 물건들이 둥둥 떠다니는 이상한 공간이었다. 하나같이 어둡고 낯설었다.

"여긴 너의 생각 속이야. 여기서라면 진짜 너를 알 수 있을 거야."

그렇게 우리 둘은 끝없이 이어진 길을 걸었다. 페루는 말했다.

"생각이 적은 사람이라면 이 길은 아주 짧을 거야. 이 길의 길이는 사람마다 다 다르거든."

　나는 페루의 이야기를 들으며 주위를 둘러보았다. 그러다 유니콘 하나를 발견했다. 내 어린 시절이었다.
　"맞아… 이런 때도 있었지. 나, 그땐 유니콘이 진짜 있다고 믿었는데."
　어린 시절의 나를 보니 괜히 반갑고, 그리웠다. 추억 속에 잠겨 걷고 있는데, 페루가 말했다.
　"너무 찾으려 하지 말고 그냥 봐봐. 찾으려 하면 더 사라지거든."
　그 말에 문득 시계를 보았다. 시계는 밤 12시를 가리키고 있었다.
　"나, 돌아가야 해…!"
　더 늦으면 안 된다. 집으로 돌아가면 엄마가 화낼 것이다. 엄마가 화나면… 걷잡을 수 없을 것이다.
　"더는 강박에 휩쓸리지 말고, 오늘만은 놀아보자."
　페루의 말에 나는 무언가를 깨달았다. 마치 세상의 진리를 알아버린 듯한 기분이었다. 그렇게 우리는 어두워진 쉼터로 돌아왔다.
　"이제 좀 알겠어?"
　페루가 물었다. 나는 고개를 끄덕였다. 진짜 '나'는 억지로 찾는 게 아니었다. 진짜 나는, 바로 이 모든 순간 속에 있었다. 나는 지금도 나고, 앞으로도 나일 것이다.

수상한 VR

10821 이 주 찬

"아, 더워."

2025년 ×월 ×일. 진수는 무료한 나날을 보내고 있었다. 겉보기엔 평범해 보였지만, 마음속 깊은 곳에서는 자신만의 취미를 즐기고 싶은 갈망이 컸다. 어쩌면 '평범해 보인다'는 말 자체가 진수를 가장 잘 설명해주는 말이었는지도 모른다. 그런 진수의 취미는 다름 아닌 '발견'이었다.

그래서였을까. 그는 호기심을 참지 못하고, 오랫동안 들어가지도 않았고 거들떠보지도 않았던 아버지의 방에 들어가기로 결심했다. 그 방은 어렸을 적 돌아가신 아버지의 방이었다. 사실 들어가지 말까 고민도 했지만, 삶이 너무 무료해진 데다, 너무 오래 미뤄온 일이기도 해서 결국 문을 열었다.

"자, 어디 보자… 이게 뭐지?"

낡아 보이는 VR기기 하나가 방 구석에 박혀 있었다. 그 옆에는 급하게 휘갈겨 쓴 듯한 메모 한 장이 놓여 있었다.

'매우 조심할 것. P가 바뀌면 F가 바뀐다. 마이너스는 상관없다.'

"P? F? …MBTI 말하는 건가?"

진수는 한참을 고민하다가 메모는 일단 무시하기로 했다. VR기기를 실행하려 했지만, 예상대로 방전되어 있었다. 배터리를 갈아보려던 찰나, 기기의 건전지가 C타입이라는 걸 보고 진수는 투덜댔다.

"그 뚱뚱한 건전지? 아, 귀찮아."

말은 그렇게 했지만, 몸은 어느새 앞 편의점으로 향해 있었다. 결국 C타입 건전지 2개와 여분 4개를 사서 돌아왔다. 집에 돌아온 진수는 VR기기에 새 건전지를 갈아 끼웠다. 전원을 켜자, 눈앞에 창이 하나 떠올랐다.

'PASSWORD'

'비밀번호를 입력하세요 (PIN)'

"PIN 번호라… 글자 수 제한이 있네. 4자리면 좋겠는데. 그냥 한 번 찍어볼까? '3425'?"

뜻밖에도 잠금이 해제됐다. 진수는 "복권이나 사볼까?"라는 생각을 잠시 해봤다. 곧이어 다음 창이 나타났다.

'년도를 선택하세요.'

진수는 무슨 의미인지 몰라 그냥 2025년을 선택했다. 그러자 또 다른 창이 떴다.

'위치를 선택하세요.'

진수는 자신의 집을 선택했다. 그 순간 화면에 '이동합니다.'라는 문구가 떴다. '이게 뭐지?' 하고 기다리는 사이, 진수는 어느새 집 앞으로 이동되어 있었다. 그는 다시 아버지의 방으로 들어갔고, 그곳에서 놀라운 광경을 목격했다. 자신의 형체가 보였던 것이다.

"혹시 이게 현실 VR인가? …아니면, 타임머신?"

VR을 벗으려 하자 또다시 비밀번호 입력창이 떴다. 이번엔 '3452'를 입력하니 기기가 해제되었다. 바닥을 보니 또 하나의 VR기기가 떨어져 있었다. 그때 진수는 중요한 사실을 깨달았다. VR을 강제로 종료하면, 그 시간대에 해당 기기가 남게 되고, 사람들이 보기엔 단지 VR을 착용한 사람처럼만 보인다는 것. 진수는 곧 호기심이 생겼다.

'정부 청사 안까지 들어가 보면 어떨까?'

기기 옆면에 비밀번호를 잊지 않도록 '3452'라고 적힌 쪽지를 붙이고 실험을 시작했다.

"누구야!"

대통령실로 워프한 진수. 그러나 대통령은 생각보다 훨씬 무서웠고, 예상 외의 반응을 보였다. 놀란 진수는 황급히 3452를 입력해 빠져나왔다. 그런데 문득, 그곳에도 VR기기가 남겨졌다는 사실이 떠올랐다. 게다가 비밀번호가 적힌 쪽지까지 붙여 놓았다는 것!

'설마 대통령이 그걸 보진 않았겠지…?'

그 순간, 진수는 실수했다는 생각에 몸서리쳤다. 그 대통령의 이름은 불보였다. 이름처럼 불닭볶음면을 가장 좋아하며, 남의 아이디어를 가로채 먼저 발표해 명성을 얻은 인물이었다. VR기기를 본 불보는 당연히 그 기기를 이용해 보고 싶어졌다. 기기 앞에 적힌 '3452'를 입력하자 잠금이 풀렸다. 이어 '년도 선택'과 '위치 선택' 화면이 떴고, 그는 한참을 고민했다.

한편 진수는 도파민이 터지는 체험을 원했다. 이번엔 아예 기원전 20억 년, 공룡시대로 이동해 보기로 했다. 위치는 공룡 화석이 많이 발견된 중국으로 정했다. 워프 준비 중, 이메일 하나가 도착했다. '워프 후 읽자'고 생각하던 순간, 진수는 기원전 20억 년의 중국에 떨어졌다. 이메일을 열었다.

'신규 유저 접속. 신규 유저의 시간대와 위치는 확인 가능합니다.'

'대통령이 본 건가?'

불안했지만, 지금은 신경 쓰지 않기로 했다. 일단은 도파민을 채워야 하니까. 그런데 하늘이 유난히 어두웠다. 생각했던 공룡들은 보이지 않았고, 주변은 을씨년스러웠다.

'이상하네… 이 시기면 공룡이 있어야 하는데.'

그러다 문득, 지금이 대규모 화산 폭발이 일어날 시간대라는 걸 깨달았다. 그리고 그 순간—

콰아아아앙!

"뭐지? 운석인가?!"

겁에 질린 진수는 비밀번호를 눌러 탈출하려 했다. 그런데… 비밀번호가 틀렸다! 분명 3452를 입력했는데 작동하지 않았다.

'잠깐만… 왜 바뀐 거지? 2025년일 땐 3452였고… 혹시… 숫자의 구조?'

"소인수분해!"

진수의 머릿속에 번뜩임이 스쳤다. 2025를 소인수분해 하면 3이 4개, 5가 2개 → 3452

그렇다면 20억이라면?

20억 = $2^{10} \times 5^9$

→ 21059

진수는 외쳤다.

"21059"

그러는 사이, 불보가 진수 앞에 나타났다.

"너로부터 받은 VR 덕에 네가 기원전 20억 년 중국에 있다는 걸 알았다. 이 기기, 세상에 발표해도 되겠지?"

"안 돼."

진수의 단호한 말에 불보는 당황했다.

"그럼 강제로 빼앗을 수밖에. 이걸로 나는 세계 최고의…"

"훗, 이 비밀번호의 작동 방식을 모르는군."

그 순간, 거대한 운석이 하늘에서 떨어졌다.

콰아아아앙!

불보는 그대로 사라졌고, 진수는 황급히 외쳤다.

"21059!"

현재로 돌아온 진수는 겨우 숨을 돌릴 수 있었다.

"휴… 무리한 도파민 추구는 자제해야겠어. 뉴스나 볼까."

TV를 켜니 뉴스 앵커가 말했다.

"방금 들어온 소식입니다. 기원전 20억 년, 고도의 기술을 가진 인류의 흔적이 발견되었습니다."

진수는 그 말을 듣고 혼잣말했다.

"헉… 혹시 그 쪽지에 있던 P와 F가 Past(과거)와 Future(미래)였던 건가? 그럼 과거가 바뀌면 미래도 바뀐다는 뜻이잖아."

잠시 머뭇거리던 진수는 결국, 다시 VR기기를 집어 들었다.

"그렇다면… 이번엔 과거를 바꿔서, 미래를 정상적으로 바꿔볼까?"

진수는 다시, VR기기를 착용했다.

꿈에 나타난 첫사랑

10502 권 나 현

에필로그

내 이름은 카이든. 미국 뉴욕에 산다. 내 아버지는 엄격하시다. 어머니가 돌아가신 뒤로는 과잉보호가 더 심해졌다. 아버지는 세계적인 화가이고, 집 안 곳곳은 어머니의 초상화로 가득하다. 사람들은 내가 가진 것이 많다며, 도대체 뭐가 불만이냐고 묻는다. 하지만 나도 친구를 사귀고 싶고, 즐거운 학교생활을 하고 싶었다. 그래서 아버지의 반대를 무릅쓰고 학교에 갔다. 결국 아버지도 내 뜻을 존중해 주셨고, 나는 학교를 다니며 내 사랑을 만났다.

제1장

그 아이는 나와 공통점이 많았다. 음악을 좋아하고, 동물원을 자주 가며, 과외를 받는 것까지. 무엇보다 우리 둘 다 부모님 중 한 분이 안 계셨다. 우리는 누구보다도 서로의 슬픔을 잘 이해했고, 자연스럽게 곁에서 위로해 주었다. 그러다 어느새 서로를 좋아하게 되었고, 친구 이상의 감정을 품게 되었다. 나는 용기 내어 고백했다. 그 아이도 나를 좋아하고 있었다. 우리는 사귀게 되었다. 매일이 달콤했고, 빨리 학교에 가고 싶은 날들의 연속이었다. 그 아이가 누구냐고? 그 아이는, 내가 한때 사랑했던 미케일라다.

제2장

우리의 사랑을 탐탁지 않게 여기던 아버지는 날 데리고 런던으로 떠났다. 갑작스러운 이별에 난 매일 밤을 눈물로 지새웠다. 미케일라도 그랬을 것이다. 우리는 서로를 그리워했고, 보고 싶어 했다. 우리 사이를 멀어지게 만든 아버지가 원망스러웠고, 지금 당장이라도 뉴욕으로 돌아가고 싶었다. 눈을 감으면 미케일라의 아름다운 미소가 떠올랐다.

제3장

몇 달이 흐르고, 우리는 서로를 잊어갔다. 나는 아버지의 재능을 물려받아 유명한 화가가 되었고, 아버지는 1년 전 세상을 떠나셨다. 바쁜 일상 속에서 문득 미케일라가 생각났다. 곧바로 짐을 챙겨 뉴욕으로 향했다. 하지만 계획 없이 떠난 여행이었기에 그녀가 어디에 있는지 알 수 없었다. 포기하려던 찰나, 문득 우리가 자주 가던 분수대가 생각났다. 혹시나 하는 마음에 미친 듯이 달려갔다. 숨이 차고 어지러웠지만, 포기하지 않았다. 도착해 보니 추억이 새록새록 떠올랐다. 그때 누군가가 날 불렀다.

"카이든!"

미케일라였다. 우리는 서로를 끌어안았다. 우리는 잊고 있지 않았던 것이다. 그 순간, 마치 빛나던 10대로 돌아간 듯한 느낌이었다. 6개월간 열애 후, 나는 그녀에게 프러포즈를 했다. 미케일라는 기쁘게 받아들였고, 우리는 결혼했다.

제4장

우리는 분수대 근처에 신혼집을 마련했고, 아들을 하나, 딸을 하나 낳아 새로운 가정을 꾸렸다. 첫째 아들 마리스, 둘째 딸 루나. 우리 집은 언제나 웃음이 끊이질 않았고, 날마다 행복했다. 그렇게 평온한 나날이 이어지던 어느 날, 미케일라가 요즘 어머니를 많이 그리워하는 듯했다.

그녀는 방에 들어가 어머니 사진을 보며 울고 있었다. 나도 어머니를 먼저 떠나보낸 입장이었기에, 그 마음이 이해되었다. 나는 그녀를 꼭 안아 위로했다. 그녀는 쓸쓸한 미소를 남겼다.

제5장

아이들을 등원시킨 후, 나는 기분 좋게 집으로 돌아가던 중이었다. 그때 어딘가에서 사이렌 소리가 울렸다. 별일 아니라고 넘기려 했지만, 뭔가 불길한 예감이 들었다. 구급차가 우리 집 쪽으로 향하고 있었다. 나는 급히 달려갔다. 집에 도착하니, 미케일라는 힘없이 쓰러져 있었고, 집 안은 구급대원들과 응급 처치 도구들로 어수선했다. 나는 곧바로 구급차에 올라탔다. 가는 내내 뜨거운 눈물이 쏟아졌다. 미케일라의 손을 두 손으로 꼭 잡았다. 그 온기는 서서히 사라지고 있었다. 불길한 예감은 틀리지 않았다. 미케일라는 어머니와 같은 병으로 세상을 떠났다. 눈물이 멈추지 않았다. 자책감이 고통이 되어 나를 짓눌렀다.

'런던에서 더 일찍 올걸… 더 아껴줄걸… 더 사랑해줄걸… 힘들 때 더 위로해줄걸…'

나는 미케일라 곁으로 가기 위해 온갖 시도를 해보았지만, 이러고 있는 내가 너무 한심하고, 무책임해 보였다. 아이들을 생각해야 한다는 걸 알지만, 마음처럼 되지 않았다. 다시 찾아온 이별에, 나는 24시간을 눈물로 지새우며 계속 방 안에만 틀어박혀 있었다. 무책임한 내 모습에 분노했고, 먼저 떠난 미케일라에게 미안함에 또 눈물이 났다.

제6장

얼마나 시간이 흘렀는지조차 알 수 없었다. 시간이 흐르는 것도 모른 채, 방 안에서 울기만 했다. 다행히도 아이들은 미케일라의 아버지가 돌봐주셨다. 나는 오랜만에 방에서 나와 냉장고 문을 열었다. 유통기한을 확인하고 나서야 두 달 동안이나 방 안에 있었다는 걸 깨달았다. 남아 있는 나라도 열심히 살아야 할 판에, 아이들을 돌보지 않고 무책임하게 있었던 내 자신에게 화가 났다. 늦은 저녁이 되었다. 저녁이 되면, 미케일라가 꿈에 나올까 기대하게 된다. 하지만, 미케일라는 단 한 번도 꿈에 나타나지 않았다. 조금 섭섭했다. 그리고 오늘도 무기력한 하루를 견디며 잠에 들었다.

'오늘은… 나타나 줄까?'

나는 꿈에 도착했다. 주변엔 아무도 없고, 안개만 자욱한 세상이었다. 혼자 길을 걸었다. 출구가 없는지도 모른다. 그래도 계속 걸었다. 어디선가 발자국 소리가 났지만, 뒤돌아보지 않았다. 그때 누군가가 날 불렀다. 그 목소리를 듣고 나는 누군지 바로 알았다. 뒤를 돌아보았다. 안개 속에서 그녀의 모습이 서서히 나타났다. 나는 그 목소리가 들리는 곳으로 달려갔다. 점점 또렷해지는 그녀의 얼굴―미케일라였다. 나는 그녀를 힘껏 안았다. 그녀의 따뜻한 온기, 향기, 미소―모든 것이 그녀였다.

"미안해, 카이든. 어머니를 뵙고 오느라 늦었어. 나, 많이 보고 싶었지?"

그녀의 물음에 나는 아무 말도 하지 않았다. 지금은 단지, 이 순간을 즐기고 싶었기 때문이었다. 우리는 함께 공원을 걷고, 바다를 거닐고, 함께 좋아하던 동물원도 갔다. 그리고 분수대 앞에 다다랐을 때, 미케일라가 말했다.

"카이든, 나 이제 가야 해."

참고 있던 울음이 터졌다. 그 순간, 나는 마치 갓 태어난 아기처럼 울었다. 우리의 추억이 주마등처럼 스쳐갔다. 나는 다시는 그녀와 헤어지고 싶지 않았다. 그녀는 마지막 말을 남겼다.

"카이든, 지금 여기서 헤어져도 우린 늘 함께라는 걸 잊지 마."
그녀는 점점 빛을 잃어가며 사라졌고, 나는 꿈에서 깨어났다.

제7장

오랜만에 개운하게 잠에서 깼다. 어젯밤의 꿈은 현실처럼 생생했고, 절대 잊지 못할 꿈이었다. 나는 미케일라의 본가에 가서 유품을 정리했고, 아이들을 데리고 집으로 돌아왔다. 팬케이크를 구워주며 아이들에게 꿈 이야기를 했다.

"얘들아, 어젯밤 꿈에 엄마가 나왔어."

"정말? 엄마가 우리 보고 싶대?"

"응. 엄청 보고 싶대. 너희는 오래오래 살다가 나중에 엄마 만나러 가야 해."

"야호~! 엄마가 우리 보고 싶대!"

아이들은 들뜬 모습이었다. 그 모습을 보며, 나도 웃음이 났다. 아이들을 학교에 데려다주고, 나는 미케일라의 유품을 정리했다. 목걸이, 옷, 향수—그녀의 향기가 가득했다. 그렇게 정리하던 중, 한 통의 편지를 발견했다. 편지를 열어보니, 이렇게 적혀 있었다.

To. 카이든
카이든, 내 모습을 빛나게 해줘서 고마워. 우리, 나중에 꼭 만나.

Dear, 미케일라
편지를 읽는 순간, 뭉클한 감정이 밀려왔다. 그때, 하얀 나비 한 마리가 날아와 편지 위에 앉았다. 마치 미케일라처럼 아름다웠다. 나는 허공에 약속의 손짓을 했다.

"미케일라, 하늘에서 보고 있지? 나도 정말 고마워. 내 곁엔 네가 늘 있다는 거, 잊지 않을게. 사랑해."

어느날 꿈에 네가 나왔다

10304 김 담 희

나는 최린. 세하고 3학년 3반의 반장이다. 활발하고, 밝은 성격의 소유자다. 그런데 요즘 이상한 꿈을 꾸고 있다. 나는 원래 꿈을 거의 꾸지 않는 편인데, 일주일 내내 모르는 사람이 자꾸 꿈에 나왔다. 그리고 꿈을 꾸기 시작한 지 일주일째 되는 오늘, 우리 반에 한 남학생이 전학을 왔다. 그런데… 꿈에서 본 사람과 똑같았다.

"안녕, 얘들아. 나는 천지훈이야. 캐나다에서 유학하다가 세하고로 전학 오게 됐어."

나는 깜짝 놀라서 단짝 다희에게 말했다.
"다희야, 나 일주일 내내 천지훈이랑 똑같은 사람이 꿈에 나왔어."

나는 지훈이 캐나다에서 유학했다니까, 분명 인기가 많을 거라 생각했다. 하지만 의외였다. 말도 별로 없고, 내성적이고, 항상 창가 자리에 앉아 공책에 뭔가를 끄적이고 있었다.

다음 날. 체육 시간에 나는 조퇴를 하려고 교실로 잠깐 올라왔다. 그때, 햇빛에 반짝이는 지훈의 공책이 눈에 들어왔다. 너무 궁금한 나머지, 나는 그 공책을 펼쳐 보았다. 공책에는 우리 반 아이들의 이름이 적혀 있었고, 이름 옆에는 '직업'이 쓰여 있었다. 그걸 본 순간, 나는 깨달았다. 지훈이가 미래를 볼 수 있는 아이라는 사실을. 너무 놀라서 나도 모르게 소리를 질렀고, 마침 복도를 지나던 지훈이 내 손에 든 공책을 보았다.

"왜 남의 공책을 함부로 봐?"
지훈이 화를 냈다.
"아니, 그게 아니라… 오해가 좀 있는 것 같아."
나는 자초지종을 설명했다.
"조퇴하려고 반에 왔다가, 네 공책이 보여서… 그런데 이런 내용일 줄은 몰랐어. 진짜로 미래를 볼 수 있어?"
그러자 지훈이 작게 한숨을 쉬며 말했다.
"이거 말하면 안 되는데… 맞아. 나 미래 볼 수 있어."
"근데 지훈아, 왜 내 단짝 다희 옆엔 아무것도 안 적혀 있어?"
내가 조심스레 물었다. 지훈은 망설이다가 말했다.
"다희는 곧 죽을 거야. 1년 안에 죽을 사람은 미래가 안 보여. 근데… 사인은 몰라. 나는 그 해의 미래까진 못 보거든."
나는 그 말을 듣고 충격을 받아 뒷목을 잡고 주저앉을 뻔했다.
"근데, 방법은 없어? 구할 수 있는?"
내가 간절하게 물었다. 지훈은 고민하다가 답했다.
"한 가지 있어. 다희와 가장 친한 단 한 사람만이 사인을 알아내고 구해낼 수 있어. 그러면 다시 미래가 보이게 돼."
나는 혼자선 어려울 것 같았다. 그래서 용기를 내 물었다.
"나 혼자 못할 것 같아. 지훈아, 다희 살리는 거 도와줄 수 있어?"
"흠… 알겠어. 도와줄게."

나는 너무 기뻐서 말했다.
"진짜 고마워!"
지훈이가 수락했다.

"진짜 너무 고마워!" 내가 말했다.

나와 지훈이는 일주일 동안 다희에 대해 더 조사하고 관찰했다. 일주일 동안 관찰한 내용은 이렇다.

'이름: 정다희, 성별: 여자, 좋아하는 것: 고양이, 특징: 매우 조용하고 모범생. 나쁜 아이들과 어울려 놀지 않는 성실한 아이.'

"아무리 조사하고 연구해도 사인을 모르겠어."

내가 울먹이는 톤으로 말했다.

일주일 동안 실마리조차 찾지 못한 나와 지훈에게, 솔하가 한 가지 힌트를 주었다. 솔하는 우리 반 모범생으로 항상 1등을 도맡아 했다.

"내가 어제 집에 가고 있었는데, 저기 멀리 다희가 걸어가고 있는 거야. 그래서 인사했는데 못 들었는지 그냥 가더라고. 무슨 일 있나 해서 따라가 봤더니 우리 동네 공원으로 가더라고. 근데 갑자기 공원에 있는 호수 앞에 멈추더니 한 20분 동안 거기 그대로 서 있는 거 있지. 다희한테 무슨 일이 일어날 것 같아."

솔하는 어제 본 일을 자세히 말해 주었다. 그제야 나와 지훈은 다희의 사인이 '익사'라는 것을 알게 되었고, 어떻게 막을지 고민하기 시작했다. 하지만 사인을 알아도 '언제' 죽는지는 몰랐던 나와 지훈은 어떻게 하면 좋을까 하고 계속 생각했지만, 답을 찾을 수 없었다. 이번 연도가 한 달밖에 남지 않았지만, 그 한 달 동안 계속 호수 근처에 있는 것은 거의 불가능했다.

다희의 사인을 안 지 3일째 되던 날, 지훈이는 다희 책상 위에 올려져 있는 다희의 일기장을 발견했다. 일기장에는 이런 내용이 있었다.

'이렇게 고생했던 고3 생활이 고작 한 달밖에 남지 않았는데, 견딜 수 있는데, 견뎌야 하는데, 왜 자꾸 나쁜 생각이 들까? 죽는다고 해결될까? 나를 걱정해 주는 사람이 있을까? 나는 11월 29일 새벽에 호수에 들어가 보았다. 매우 추웠지만, 물살은 잔잔했고, 물이 나를 포근하게 감싸 안는 기분이었다. 나는 12월 31일 오후 12시에 호수에 가려고 한다. 과연 나를 말려주고 도와주는 사람이 있을까?'

지훈은 곧장 일기를 들고 나에게 와서 내용을 보여주었다.
"내가 요즘 다희를 너무 배제해 두었나? 이렇게 힘들어할 줄 몰랐는데, 지금이라도 말리고 도와주면 해결될까?"
내가 말했다.
"아! 좋은 생각이 났어. 우리는 다희의 사인도 알고, 날짜도 알고 있으니까 12월 31일 오후 11시에 호수 앞에서 숨어서 기다렸다가 다희가 익사하지 않게 막는 거 어때?"
지훈이가 말했다.
"오! 좋은 것 같아. 나는 남은 2주 동안 다희에게 더 신경도 많이 쓰고, 걱정해 주면서 다희의 마음을 풀어볼게."
내가 말했다.

나는 2주 동안 계속 다희 옆에서 똥파리처럼 주변을 맴돌며, 도와줄 일이 있으면 도와주고, 넘어지면 일으켜주고, 혼자 있으면 옆에 앉아주며 다희의 마음이 조금이나마 풀어질 수 있도록 노력했다. 그 전략이 조금 먹혔나 보다. 일기장에는 긍정적인 말이 계속 나오기 시작했고, 행동에서도 침울하고 우울해 보였던 다희가 아닌, 고2 때의 다희 모습이 보이기 시작했다.
나는 말이나 선물 없이도, 옆에 있어 주는 것만으로도 다희에게 도움이 된다는 것을 깨달았고, 반 아이들에게 다희의 상황을 말한 뒤 도와 달라고 요청했다.

"얘들아, 내가 할 말이 있어. 요즘 다희가 매우 침울해 보이는 거 다들 느꼈지? 다희가 요즘 나쁜 생각을 하고 있는 것 같아. 우리 다희가 혼자 있는 것 같으면 곁에 다가가서 있어 주고, 도움이 필요해 보일 때는 도와주면서 다희를 살려 보자!"
내가 말했다.

나는 이 방법이 마지막 희망이라고 생각하며, 다희를 살리는 데 열중했다. 반 아이들은 내 부탁대로 열심히 해 주었고, 나와 지훈이는 다희의 상태 변화를 계속 관찰하고 있었다. 시간이 지남에 따라 다희의 상태가 많이 나아지는 것을 확인한 나와 지훈이는, 마지막으로 12월 30일에 다희의 일기장을 펼쳐보았다.

일기장에는 이런 내용이 적혀 있었다.
'나에게 관심을 주는 사람이 많아서 위로가 된다. 애들이 나에게 이렇게 관심이 많은 줄 몰랐다. 나는 내일 호수에 가지 않기로 했다. 우리 반 친구들에게 감사 인사를 하고 싶다.'

성공했다! 나와 지훈이는 그날 축하 파티를 벌였다. 그다음 날, 다희는 우리 반 아이들에게 감사 인사를 전했다. 행복하고 어려웠던 고3 생활이 드디어 마무리되었다.

나의 특별한 친구

10207 김 연 우

"차렷, 인사!"
"안녕히 계세요!"

오늘도 길고 긴 학교 수업이 끝났다. 오늘은 수업이 너무 지루해서 계속 졸았다.

"야, 나랑 같이 갈래?"

제임스가 나에게 물었다. 하지만 나는 바로 학원에 가야 했기에 거절할 수밖에 없었다. 다음에 같이 하교하기로 하고, 무거운 발걸음으로 학원으로 갔다. 또다시 길고 긴 학원 수업을 듣고, 가벼워진 발걸음으로 집으로 향했다.

집까지 걸어가기는 다소 먼 거리여서 버스 정류장으로 향했다. 그런데 그곳에, 어디선가 많이 본 아이가 있었다. 우리 반 회장, 라일리였다. 나는 라일리를 보자마자 갑자기 얼굴이 빨개졌다. 그리고 그 즉시 뛰기 시작했다. 정신을 차려보니 어느새 집에 거의 다 와 있었다. 나도 나의 행동이 이해되지 않았다.

'갑자기 왜 내가 도망간 거지? 혹시…?'

남의 마음을 아는 것도 어려운데, 나의 마음 파악도 이렇게 어렵다니, 정말 머리가 아팠다.

다음 날, 학교에 갔는데 라일리가 제임스와 대화하고 있었다. 나는 어제 나의 행동에 대해 말하는 것일까 봐 떨렸다. 아무 일 없는 척 자리에 앉았다. 곧 선생님이 들어오시고 수업이 시작되었다. 그러나 급한 사정이 생기신 선생님은 회장인 라일리에게 학생 지도를 맡기시고 교실을 나가셨다. 선생님의 부재는 아이들의 행복(?) ― 우리 반 아이들은 즉시 떠들기 시작했다.

"자, 조용!"
갑자기 어디선가 큰 목소리가 들려왔다. 라일리가 아이들에게 주의를 준 것이었다. 순간, 나는 라일리가 멋지다고 생각했다.
"야, 너 왜 얼굴이 빨갛니?"
제임스가 의아해하며 나에게 물었다.
"응? 아, 아, 아무것도 아니야!"
당황한 나는 얼버무렸다. 쉬는 시간에 나는 내 찐친이고 믿을 수 있는 제임스에게 그 사실을 말했다.
"야, 제임스… 나, 좋아하는 애 생긴 것 같아."
"뻥치시네! 나보고 그걸 믿으라고?"
"아니, 진짜야! 나, 라일리 좋아하는 것 같아!"
제임스는 놀란 나머지 입을 다물지 못했다.

그런데, 내가 가장 중요한 말을 하지 않았다. 바로 '비밀이니까 절대 말하지 마!'라고 하는 것을 까먹은 것이다! 제임스는 바로 라일리에게 달려가서 그 사실을 말했다. 학교가 끝날 때쯤엔 반 전체, 그리고 다른 반 친구들, 그리고 라일리까지 알게 되었다.
수치스러움 속에서 산 지 정확히 한 달이 되던 날, 나는 라일리가 우리 반 부회장 존슨을 좋아한다는 것을 깨닫게 되었다. 나는 라일리가 혹시나 마음을 바꿀까 싶어서 존슨에게 잘 대해 주었다. 그런데 시간이 지나니, 이게 웬걸? 존슨이 라일리의 절친 올리비아에게 선을 넘는 장난을 치는 것이었다. 결국 라일리는 존슨에 대한 마음을 접었다.

다시 나에게 기회가 생겼다고 생각한 나는, 올리비아에게 라일리의 이상형에 대해 물어보았다. 그런데, 이상형이 완전 '나' 그 자체였다. 그녀의 이상형 조건은 다음과 같았다. 키 크고, 공부 잘하고, 친절하고, 운동 잘하는 아이. 나는 라일리의 마음에 들기 위해 노력하기 시작했다.

나는 주말마다 아침저녁으로 축구하거나 근육 운동을 했고, 낮에는 피아노 연습을 했다. 그 결과, 몇 곡을 완벽하게 외워 음악실 피아노에서 칠 수 있게 되었다. 나는 음악 시간마다 피아노를 쳤는데, 그녀는 내 곁에 오지 않았다. 선생님과 다른 아이들은 나의 피아노 실력에 감탄하며 박수 쳐 주는데, 그 아이만 나에게 오지 않았다.

그러던 어느 날, 라일리가 학교에 오지 않았다. 독감에 걸려 집에서 쉴 수밖에 없었다. 나는 진심으로 걱정이 되어 하루 종일 수업이 귀에 들어오지 않았다. 결국 나는 종례가 끝나자마자 라일리에게 메시지를 보냈다. '괜찮니?'라고.

그런데 바로 온 답장.
'너 나 좋아하지?'
나는 벌게진 얼굴로 잠에서 깼다. '휴, 꿈이었네.'라고 생각하며 메시지를 확인한 순간, 상황 파악을 했다. 밤까지 답장을 뭐라고 해야 하나 고민하다, 그대로 잠들었던 것이었다.

나는 '에라 모르겠다'는 심정으로
'응!'이라고 답장했다.
'나는 이제 차일 일만 남았구나'라고 생각하며 학교 갈 준비를 했다. 그런데 휴대전화를 확인하니, '나도 너 좋아해'라는 답장이 와 있었다. 곧이어 또 다른 메시지가 왔는데, 자신도 부끄러워서 나에게 다가오지 못했다는 내용이었다. 나는 하늘을 날 것 같은 기분으로 학교로 갔다.

학교에 가니 라일리가 먼저 와서 나를 기다리고 있었다. 그녀는 나를 갑자기 복도로 끌고 가더니, 나에게 질문을 했다.

"너, 나에게 잘해 줄 수 있어?"

"당연하지!"

나도 바로 대답했다.

라일리가 나에게 속삭였다.

"그럼, 라일리와 루카스는 오늘부터 1일!"

그 말과 함께 라일리는, 아니, 나의 특별한 친구 라일리는 교실로 들어갔다. 신나서 교실로 뛰어 들어가는 그녀가 오늘따라 더 예뻤다.

우리들 중 2명

10430 천지훈

어느 날, 나는 알 수 없는 우주정거장으로 끌려와 있었다. 그곳에는 빨간색, 노란색, 주황색, 하얀색, 초록색, 민트색, 남색, 보라색, 갈색의 우주복을 입은 사람들이 있었고, 나는 검정색 우주복을 입고 있었다. 우리는 각자가 입은 우주복의 색으로 서로를 부르기로 했다.

그때—

"여러분, 안녕하십니까? 저는 여러분을 여기로 끌고 온 이 '게임'의 주최자입니다. 여러분은 이제부터 제가 만든 이 게임에 참가하셔야 합니다. 간단히 규칙을 설명해 드리겠습니다. 먼저, 이 10명 중 2명은 살인자입니다. 살인자는 환풍구를 이용해 이동할 수 있습니다. 또한 나머지 8명도 특수한 능력을 가질 수 있습니다. 기술자 1명, 과학자 2명이 있습니다. 기술자는 환풍구를 이용할 수 있으며, 과학자는 모든 사람의 죽음을 관찰할 수 있습니다. 살인자를 제외한 8명은 기술자를 제외하면 환풍구를 이용할 수 없으며, 살인자를 피해 모든 임무를 완수하거나 투표를 통해 살인자를 찾아내야 합니다. 이제, 게임을 시작하죠."

문이 열렸다. 내 앞에 이상한 창이 떴다. '당신은 과학자입니다.'라는 문구였다. 지도를 보니, 여기는 식당이었다. 식당 아래에는 관리실과 창고, 왼쪽에는 보건소와 엔진, 대각선 아래에는 원자력 발전소와 전기실, 오른쪽에는 조종실과 산소제어실이 있었다.

게임이 시작되었다. 나는 관리실에서 카드를 확인하고, 보건소에서 데이터를 수집하고, 엔진에 기름을 넣고, 창고에서 상자를 치우는 임무를 수행했다. 그리고 '???'라고 써있는 미션이 하나 있었다. 모두가 관리실에서 카드를 확인하고 있었다. 노랑, 보라, 갈색은 전기실로, 하양은 식당 쪽으로, 나머지는 조종실로 갔다. 아마도 각자에게 주어지는 임무는 다른 것 같았다. 카드 확인과 데이터 수집을 거의 마치려던 순간, '시체 발견'이라는 문구와 함께 식당으로 강제 이동되었다. 모두가 시체의 위치를 물었고, 신고를 한 초록이가 말했다.

"산소 제어실 구석에 있었어요…"

초록이는 매우 떨고 있었다.

"누가 죽였는지 봤어요?"

보라가 물었다.

"아니요…" 초록이가 대답했다.

하지만 손이 너무 심하게 떨리고 있었다. 나는 순간 의심했지만, 그냥 넘겼다. 죽은 민트가 안타까웠다. 조종실로 간 사람은 민트, 초록, 빨강, 주황, 남색이었다. 민트를 제외하면 범인은 이 중에 있을 것이다.

투표는 스킵되었다. 과학자의 능력으로 죽음을 관찰하지 못한 게 아쉬웠다. 모두 흩어졌고, 임무 3개만 완수하면 끝이었다. 그런데 잠시 후, 또다시 신고가 울렸다. 하양이 죽었다.

모두가 놀랐다. 첫 번째 신고 후 30초도 지나지 않은 시점이었다. 장소는 보건소였다. 하양과 함께 간 사람은 초록과 갈색이었다. 낌새가 느껴졌다. 또 초록이라니. 이제는 말할 때가 된 것 같았다. 초록이에 대한 의심을 말하자, 초록이는 살기 위해 필사적으로 변명했다. 하지만 투표는 이미 초록이에게 향했다. 그리고 결과가 떴다.

"초록님은 살인자가 아니었습니다."

순간 모두가 절망했다. 나 때문에 초록이가 죽은 것이었다. 비난의 화살이 나에게 향했다. 그래도 이제 남은 살인자는 갈색일 것이다. 그런데 갈색은 자신이 살인자임을 숨기지 않고, 식당 한가운데서 빨강이를 죽였다. 모두가 경악했다. 투표는 바로 진행되었고, 갈색이도 제거되었다. 갈색은 살인자였다.

이제 6명 남았다. 하지만 여전히 빨강, 주황, 남색은 의심스러웠다. 모두가 그들을 경계했다. 이제 나는 하나의 미션만 남겨두고 있었다. 바로 '???' 미션이다. 그 비밀을 알아냈다. '모든 미션을 수행한 후, 1명이 2명이 되는 것을 관찰하기.' 그게 무슨 뜻일까?

그때, 건너편에서 빨강이가 빨강이에게 쫓기고 있었다. 순간 깨달았다. '이걸 말하는 건가?' 두 빨강이가 나를 지나쳐 원자력 발전소로 들어갔다. 그런데 모퉁이에서 쫓아가던 빨강이의 발이 주황색으로 변했다.

'색을 바꿀 수 있는 살인자? 주황이 임포스터였던 거야?'

조종실 때 상황을 떠올리자, 모든 게 납득이 갔다.

'신고해야 해!'

나는 긴급 신고 버튼을 눌렀다. 주황이가 살인자라고 강력히 주장했지만, 이미 초록이를 죽인 나의 말은 신뢰받지 못했다. 이제 주황의 목표는 나와 빨강이었다. 무서웠다. 죽기 싫었다. '그때 내가 초록이만 안 죽였더라면…' 그때 또다시 신고가 들어왔다. 주황과는 다른 위치였다.

'왜지? 색은 무한정으로 바꿀 수 있는 건가?'

그 순간, 내 머릿속을 스치는 주최자의 말.

"살인자는 환풍구를 이용할 수 있습니다."

그 말을 떠올린 나는 주황이를 더욱 몰아붙였다. 결국 투표는 우리 쪽의 승리였다. 4명의 희생 끝에, 우리는 살아남았다.

"여러분은 이 게임의 승자입니다."

주최자가 말했다.

"여러분은 목숨을 위해 최선을 다했습니다. 누군가는 죽었지만, 이건 단순한 생존 게임이 아니라 인간의 삶입니다. 누군가를 잃어도 슬퍼할 틈 없이 굴러가야 하는, 바로 인간의 삶 말입니다."

색을 잃어버린 세상

10126 장은도

이 세상은 색이 흑백밖에 없다. 그래서 이 세상의 사람들은 기운도 없고 웃지도 않으며, 규칙적인 삶을 반복하고 있다. 하지만 유일하게 색을 가지고 있는 사람이 있는데, 그 사람은 광대였다.

색을 잃어버린 세상에서 유일하게 색을 지닌 광대는 매일 광장으로 나와 묘기를 부리기 시작했다. 처음에는 아무도 관심을 가지지 않았지만, 어느 날 처음으로 한 어린아이가 그 묘기를 보며 웃기 시작했다. 그 아이는 웃으면서 자신만의 색을 갖게 되었다.

그 후, 그 아이가 소문을 내자 다른 아이들도 하나둘씩 광대의 묘기를 보기 시작했고, 웃으면서 자신들의 색을 되찾아 갔다. 아이들은 점점 웃기 시작했고, 더 이상 규칙적인 삶을 살지 않고 자유로운 삶을 살게 되었다.

하지만 10개월 뒤, 광대는 사라졌다. 광대가 사라지자 사람들의 웃음소리도, 아이들이 뛰어노는 소리도 함께 사라졌다.

사람들이 다시 웃지 않고 규칙적인 삶으로 돌아가자, 처음으로 광대의 묘기를 보았던 아이는 광대의 말을 떠올렸다. 광대는 항상 묘기가 끝난 후 이렇게 말했다.

"하루 중 한 번도 웃지 않았다면, 그 하루는 실패한 겁니다."

그 말을 떠올린 아이는 광대 분장을 하고 매일 광장으로 나가 공연을 시작했다. 처음에는 관객이 없었지만, 어느 날 한 할아버지가 아이의 묘기를 보고 웃고 지나갔다. 아이는 그 모습을 보며 생각했다.

"흑백 속에서 한 송이 꽃이 피고 있어."

그 후로도 아이는 계속 광장에 나가 사람들을 위해 묘기를 부렸다. 웃지 않고 규칙적으로 살아가던 사람들에게 다시 웃음을, 그리고 자유를 주기 시작했다. 다시 사람들의 웃음소리와 아이들의 뛰어노는 소리가 들리기 시작했다.

하루는 공연 중에, 관객들 사이에서 낯익은 얼굴이 보였다. 그 사람은 광대였다. 광대는 아이의 공연을 보며 웃으면서 말했다.

"빈 팔레트에 색이 칠해지고 있구나."

그리고는 다시 사라졌다. 그 후로 아이는 사람들의 웃음소리와 함께, 광대로 살아가게 되었다.

공감로봇 C-17

11021 이예은

Chapter 1. 길소은

때는 2070년, 감정 로봇 개발이 한창 유행하던 때였다.

유성중학교 2학년 길소은. 전교 1등이자, 아버지는 '돈 잘 버는 직업 1위'인 로봇 개발자로 신문 1면에 실릴 만큼 유명한 사람이었다. 엄마는 '3위 성형외과 의사'로, TV에도 나와서 가족은 마을 안에서도 유명세를 탔다. 그래서일까. 부모님은 길소은이 로봇 개발자가 되기를 바랐다.

"길소은! 소은아, 너 아직도 로봇 개발 대회 준비 안 했어? 엄마가 언제부터 준비하라고 했는데, 어?"

"엄마… 나 그거 안 나가고 싶어. 솔직히 난 로봇에 관심 없단 말이야."

"길소은! 너 뭐라는 거야? 이건 네가 가야 할 길이잖아! 로봇 개발자라는 직업이 얼마나 안정적이고 돈을 잘 버는데! 정신 차려, 소은아. 이건 다 너를 위한 거야."

"아… 알았어, 엄마. 오늘부터 바로 준비할게."

엄마는 내가 로봇 개발자가 되기를 원한다. 하지만 나는 육상선수가 되고 싶다. 깐깐하기로 유명한 이동호 체육쌤도 내가 육상선수가 되기를 바라는데… 나는 마치 엄마의 인형 같다. 내 의견과는 상관없이, 엄마한테 조종당하는 대로 움직여야만 하는 것처럼. 하지만 내가 엄마의 인형이 된 건, 어쩌면 엄마 때문이 아니라 내가 무능해서 그런 걸지도 모른다. 나 혼자 해낼 수 있는 게 없기 때문에 엄마한테 조종당하는 걸지도.
"소은아! 나랑 같이 점심 먹자!"
"나도! 나도 같이 먹자!"

나는 친구도 없다. 그저 내가 전교 1등이고 잘 산다는 이유로, 겉으로만 친구처럼 굴고 싶은 애들이 내 주변에 너무 많다.

"미안, 오늘은 나 혼자 먹을게."
이렇게 말한 뒤, 나는 옥상으로 올라갔다. 옥상은 쨍쨍 내리쬐는 햇빛 때문에 아무도 없을 것이다. 철커덕. 역시, 아무도 없다.
"하, 이제야 좀 살 것 같네. 아유, 답답해."
"너도 사는 게 힘들구나! 너, 소은이 맞지? 길소은!"
"우왁! 깜짝이야…!"
하마터면 놀라서 뒤로 자빠질 뻔했다.
"나, 서동우야. 2학년. 여기 옥상은 아무도 안 오는 곳인데, 너는…?"
소은이는 놀란 가슴을 부여잡고 대답했다.
"그냥… 아무도 없을 줄 알았으니까. 겉으로만 친구인 척하는 애들이 지겨워서 올라왔어. 그러는 너는? 언제부터 여기 있었어?"
"글쎄…? 내가 언제부터 여기 있었을까…"

Chapter 2. 서동우
내 이름은 서동우. 존재감이 없다. 내게는 할머니, 게임 개발자였다가 게임 중독자가 된 부모님, 군대 간 23살 관우 형, 그리고 늦둥이 4살 서지우가 있다. 부모님은 두 달에 한 번 꼴로 집에 와서 돈만 주고 가신다. 그래서 이 집의 가장은 나다.
새벽 5시에 일어나 자습하고, 지우를 어린이집에 맡기고, 할머니 일하시는 걸 도와드리는 게 오전 일과다. 학교를 마치면 다시 지우 밥 챙기고, 할머니 일 도와드리고, 자습하고… 숨 돌릴 틈 없이 빡빡한 스케줄 속, 나는 늘 혼자였다.

물론, 지난 겨울방학까지는 아니었다. 내게는 친구가 한 명 있었다. 이름은 홍원중. 우리 집에 와서 할머니 일을 항상 도와줬다. 하지만 이제 내게 친구는 없다. 원중이는 로봇 개발자라는 꿈을 위해, 로봇을 전문으로 배우는 '매일중'으로 전학 갔다. 세상이 이렇게 된 게 나 때문인 것 같고, 책임져야 할 것도 나뿐인 것 같다. 그래서 나는 갑갑함에서 벗어나고 싶어 옥상으로 올라갔다. 그리고 그곳에서 이상한 로봇을 발견했다. 파란색으로 반짝이는 전원 버튼. 누르고 싶어졌다.

'…눌렀다. 이제 어떻게 되는 거지?'
"띠리리링! 안녕하세요? 저는 공감 로봇 C-17입니다. 저는 처음 보는 사람이라도 생각을 읽고 공감할 수 있습니다. 상담을 시작하시겠습니까?"
"응. 나는… 부모님이 집에 잘 들어오지 않는 게, 내가 무능해서 그런 걸 거야. 형은 완벽했으니까. 내가 부족해서 그런 것 같아."
"그렇구나, 동우야. 하지만 이건 너의 잘못이 아니야. 너는 네 일을 정말 잘하고 있어. 심지어 어른의 일까지 감당하고 있잖아. 너는 너무 잘하고 있는 걸."
"근데 말이야. 참고 사는 세상은, 진짜 너무 힘든 것 같아. 그렇지 않아?"
"참고 사는 건 정말 힘든 일이야. 하지만 내가 보기엔, 네가 힘든 이유는 '참고 있어서'가 아니라, '버티고 있기 때문'이야. 너는 정말 잘하고 있어. 그리고 네가 원한다면, 언제든 짐을 내려놔도 돼. 지금 너는, 너무 큰 짐을 짊어지려고 하고 있어."
"버티고 있기 때문이다… 고마워. 이제야, 세상을 조금은 제대로 살 수 있을 것 같아."

"내일 또 와도 돼?"

"그럼. 나는 계속 여기 있을 거야. 네가 원할 때, 언제든지 와."

Chapter 3. 다시 길소은

"너, 이 로봇이 뭔지 알아? 공감 로봇이래. 너도 체험해 봐!"

소은이는 당황스러웠다. 이게 해도 되는 건지.

"그래… 해볼게."

"띠리링, 안녕하십니까? 저는 공감 로봇 C-17입니다. 상담을 시작하시겠습니까?"

"나는 그냥… 누군가를 위해 사는 인형 같아. 내가 하고 싶은 걸, 해본 적이 거의 없어."

"그래, 소은아. 참 힘들었겠구나. 하지만 너는 로봇이 아닌 '사람'이기 때문에, 너의 삶의 의미와 방향을 네가 정할 수 있어. 사랑받기 위해 가짜 모습을 너에게 씌우지 마. 너는 너 자체로 충분히 사랑받을 자격이 있어."

"흐흑… 고마워. 누군가 내 얘기를 들어준다는 것만으로도, 이렇게 편안해질 수 있다는 걸 이제 알았어."

"소은아, 내 말 맞지? 그런데 공감 로봇 C-17은 이름이 너무 안 어울리지 않아? 우리 얘한테 이름을 지어주는 건 어때?"

"이름? 그래. 이름은 상대방을 존중하고 기억할 수 있게 해 주니까."

"맞아. 얘는 우리의 무능함에서 벗어나, 자유를 주었잖아. 자유 freedom의 'do'와 무지 ignorant의 'ran'을 합쳐서… 도란이라 하는 건 어때? 우리 셋이 도란도란 이야기하는 모습도 떠오르고."

"도란이… 정말 좋은데? 안녕, 도란아!"

Chapter 4. 공감로봇 C-17

철컥. 끼이이익—

"누구지?"

소은이가 말했다.

"너흰 누구야? 왜 옥상에 있는 거야?"

처음 보는 남자가 갑자기 소은이와 동우에게 화를 냈다. 그리고 옆에 있는 공감로봇 C-17을 힐끗 보더니, 다시 소리쳤다.

"너희, 그 로봇 훔치려고 하는 거 아니야? 이놈들 그냥… 경찰에 신고해야겠어!"

상황 파악이 더 빨랐던 동우가 소리쳤다.

"아, 아니에요! 저희 도둑 아니에요! 그냥 옥상에서 점심 먹으려고 했어요!"

"맞아요, 동우 말이. 저희는 도란이가 여기 있는 줄도 몰랐어요. 그 전까지는…"

"흠… 그런데 그러는 아저씨는 누구세요? 학교 관계자는 아니신 것 같은데요?"

"아, 나는 RDC 직원이야. Robot Develop Company. 세계 최고 로봇 개발 회사지."

"헉! 저희 아빠도 RDC 직원이에요!"

아빠의 직장 동료를 보게 된 소은이는 흥분하며 외쳤다.

"근데 RDC 직원이 왜 여기에 계시는 거죠?"

"2학기에 이 공감 로봇 C-17 프로젝트를 진행하려고 했거든. 청소년의 스트레스를 덜어주기 위한 비밀 프로젝트였는데, 들켜버렸네."

동우와 소은이는 멋쩍게 웃었다.

"그래도, 공감은 정말 제대로 잘해주던데요?"

"그래? 다행이네. 그런데 너희… 이미 로봇 사용해본 거야? 아… 개발자인 나도 아직 못 써봤는데!"

"하하하하… 그러세요?"

동우가 민망하게 웃었다.

"자, 조용조용! 오늘은 이 공감 로봇 C-17도 상담을 받을 거예요. 앞에 나와서 한 명씩, 자신의 고민을 말하면 돼요."

"너는 나를 믿어야 해. 너는 충분히 할 수 있는 사람이니까."

"학교를 폭파시키고 싶은데, 어떻게 해야 할까?"

Epilogue

ㅎㅎㅎ 나는 한다면 진짜 하는 놈이다. 나는 7월 11일 오전 7시 5분 32초, 학교를 폭파시킬 거다. 폭탄은 금고 안에 잘 들어 있다. …확인해 볼까? 띠띠띠띠, 띠리링. 열렸다.

순간, 흐른 정적.
그리고—

펑!

나는 내 친구를 싫어합니다

10918 윤채은

이곳은 시골의 한 마을이다. 아무래도 시골이다 보니 건물도 버스도 많지 않지만, 이 마을에는 사람이 꽤 있는 편이다. 나는 그런 곳에서 공부하는 중학생, 김이안이다.

나에게는 유치원부터 이곳에서 같이 자란 친구, 지안이가 있다. 지안이는 얼굴도 예쁘고 성격도 좋아서 학교에서 인기가 많다. 반면에 나는 얼굴도 못생겼고 성격도 내성적이라 인기가 없다. 그래서 친구들은 우리 이름은 비슷하지만 얼굴은 정반대라며, '이비얼반 친구'라고 불렀다.

지안이는 처음엔 웃기다고 웃었지만, 나는 하나도 웃기지 않았다. 왜냐하면 그 별명이 생긴 이후로, 나는 왕따를 당하고 있었기 때문이다. 지안이는 3반, 나는 1반이라 반도 떨어져 있다. 그래서 등하교만 같이 하는데, 지안이와 친하게 지내고 싶어도 지안이는 나랑만 다니니깐, 친구들이 나에게 분풀이를 했다.

처음엔 별일 아니라고 생각하며 넘겼다. 그런데 시간이 지날수록 행동은 더 과격해졌고, 결국 나를 때리기까지 했다. 그래서 나는 그날부터 지안이를 싫어하기 시작했다. 이 모든 탓을 지안이에게 떠넘기면서. 그래서 나는 지안이와 등하교도 같이 하지 않았고, 지안이가 날 찾으러 교실로 오면 자는 척을 했다.

며칠이 지났다. 화장실에 가기 위해 복도로 나왔는데, 지안이와 마주쳤다. 지안이는 나를 데리고 빈 음악실로 들어갔다.

"야, 김이안. 너 왜 요즘 나 피해?"
지안이는 아무것도 모른다. 정말, 아무것도. 나는 단호하게 말하고 음악실을 떠났다.
"너가 싫어."

지안이는 고개를 숙인 채 아무 말 없이 서 있었다. 집에 돌아와서도 그 장면이 자꾸 떠올라, 결국 나는 지안이 얼굴을 붙인 털실 인형을 만들었다. 그리고 그 인형을 마구 때리며, 저주를 퍼부었다.
"김지안, 죽어! 죽으라고!!"
그러곤 울며 잠이 들었다.

주말 동안, 나는 지안이와 연락을 끊고 지냈다. 주말엔 늘 지안이와 어울려 놀았기에, 집에만 있는 나를 보고 엄마가 깜짝 놀라며 말했다.
"이안아, 오늘은 지안이랑 안 놀아?"

나는 엄마 말을 무시하고 방으로 들어갔다. '예뻐지는 방법', '활발해지는 법', '분위기 바꾸는 법' 등을 찾아봤지만, 곧 지쳐버렸다. 결국 나는 피아노 연습을 시작했다. 방에 있는 트로피와 상장들은 모두 피아노로 얻은 것이다. 나는 어릴 적부터, 피아노 선생님이신 엄마에게 피아노를 배웠다. 유전인지 노력인지 모르겠지만, 나는 피아노를 정말 잘 쳤다. 그래서 가끔 서울에 올라가 전문적인 레슨도 받았다.

그리고 월요일. 지안이는 학교에 나오지 않았다. 내 말에 충격을 받았던 걸까? 하루, 이틀, 사흘이 지나도 지안이는 학교에 나오지 않았다.

나는 여전히 왕따를 당하고 있었고, 그 때문에 피아노 악보 파일을 살 돈도 빼앗겼다. 떨리는 손으로 지안이에게 전화를 걸었다.

'삐리리리리리… 삐리리리리… 뚝.'

지안이가 전화를 받았다.

"너 어디야? 왜 학교 안 나와?"

그랬더니 지안이가 힘없는 목소리로 말했다.

"주말에… 너가 좋아하는 색 피아노 악보 파일을 사려고 문구점에 가고 있었는데… 콜록!

골목길에서 차가 와서… 치고 가서… 날아갔어…"

순간, 나는 직감했다. 내가 미쳐 있었다는 걸. 내가 얼마나 바보였는지를. 나는 우리 동네에 하나뿐인 병원으로 달려갔다. 병실에 누워 있는 지안이를 보자 눈물이 주르륵 흘러내렸다.

"내가 미안해. 정말 미안해. 용서해 줘."

"괜찮아. 이제 네가 날 싫어하지 않으면 좋겠어."

지안이는 더러워진 피아노 악보 파일을 나에게 건넸다.

"넘어져서 좀 더러워지긴 했는데… 물로 씻으면 괜찮아질 거야."

나는 지안이를 꼭 안아주었다.

며칠 뒤, 지안이는 빠르게 회복해서 퇴원했다. 등교하던 날, 나는 나를 괴롭혔던 친구들에 대해 지안이에게 모두 털어놓았다. 그리고 마지막으로 말했다.

"그래서… 네가 싫어졌었어."

지안이는 우리 반으로 가서 단호하게 외쳤다.

"이안이 괴롭힌 애 누구야?"

두 명의 친구가 우물쭈물하며 말했다.

"지안아… 미안해. 너랑 친해지고 싶어서 그랬어…"

"사과는 이안이한테 해야지."
"미안해. 앞으로는 안 그럴게…"
지안이는 날 괴롭혔던 친구들을 참교육했다.

이제는 학기말. 장기자랑 대회가 열린다. 지안이는 나에게 말했다.
"피아노로 나가 봐. 넌 충분히 잘할 수 있어."
나는 장기자랑 대회에 나갔고, 당당히 1등을 차지했다. 그 뒤로 나는 '이비얼반 친구'가 아니라 '최고 재능 친구'로 불리게 되었다. 그리고 나는, 지안이와 둘도 없는 친구가 되었다.

반비례

10833 황은우

    고등학교 2학년 첫 번째 기말고사 전날이었다. 나는 내 오랜 친구인 정운이를 만나, 정운이의 집에서 시험 공부를 시작했다. 문제집을 펼치고 샤프를 잡았을 때, 정운이와 눈이 마주쳤다. 그날 정운이의 모습은 평소와는 달랐다. 정운이는 공부에 집중하지 못했다. 왠지 다 포기한 사람처럼, 무언가를 결심한 것 같기도 했다.

    시험 전날, 나는 늘 일찍 잠든다. 시험 당일 최고의 컨디션을 만들기 위해서다. 그날도 11시에 침대에 누웠지만, 잠이 오지 않았다. 시험에 대한 긴장감도 있었지만, 오후에 봤던 정운이의 모습이 계속 떠올랐다.
    방문을 닫고 선풍기만 켰더니 답답해서 창문을 열었다. 내 방에서는 정운이의 아파트가 보인다. 정운이는 흔히 말해 부잣집 아들이었다. 그 아파트는 25층짜리 고층 아파트였다.
    정운이와 달리, 나는 빌라에 살고 가정 형편도 그리 좋지 않다. 예전엔 정운이가 너무 부러웠고, 우리 집이 싫었지만 지금은 그런 생각이 들지 않는다. 나는 내 삶에 만족하며 살고 있다. 그날도 정운이의 아파트를 빤히 쳐다보고 있었다. 그때, 꼭대기층에서 무언가가 떨어졌다. 사람만 한 크기였지만, 나는 그냥 큰 이불 같은 게 떨어졌겠거니 했다. 그리고 곧 누워 잠들었다.

    시험 당일 아침. 알람을 끄고, 메시지 앱에 들어갔다. 정운이에게 메시지가 하나 와 있었다. 우리는 평소에도 자주 연락했기 때문에 대수롭지 않게 메시지 창을 열었다.

"해연아, 고마워."

우리는 매일 시시한 일상 얘기만 해왔는데, 갑자기 "고마워"라니. 나는 그 메시지의 뜻을 이해하지 못했다. 메시지의 의미는 잠시 접어두고 방에서 나왔다. 거실에서는 엄마가 급하게 나갈 준비를 하고 있었다. 무슨 일이냐고 묻자, 엄마는 믿기 힘든 이야기를 했다.

"해연아, 그게… 정운이가 죽었대…"

나는 그다음 말을 잇지 못했다. 그리고 그제야 정운이의 메시지 의미를 깨달았다. 메시지는 11시 10분에 도착했고, 내가 무언가 떨어지는 걸 본 건 11시 15분쯤이었다. 엄마의 말이 사실이라면, 그 '무언가'는 정운이였을 수도 있다. 어떻게 된 일이냐고 묻자, 엄마는 아마 자살일지도 모른다고 말했다.

정운이 어머니와 우리 엄마는 예전부터 친했다. 그래서 엄마도 정운이를 정말 아끼고 걱정하셨다.

"엄마는 정운이 어떻게 된 건지 보고 올게. 걱정돼서 안 되겠다."

엄마는 그렇게 말하고 나가셨다.

나는 너무 놀랐고, 믿을 수 있는 게 아무것도 없어서 소파에 앉아 멍하니 생각에 잠겼다. 정운이와 함께했던 기억들이 계속 떠올랐다. 창문으로는 정운이의 아파트가 보였다. 정문 앞에는 소방차와 경찰차가 서 있었다.

잠시 후, 도어락 소리가 나고 엄마가 들어오셨다. 엄마는 눈물을 참으며 말했다.

"어떡하니…"

그제야 정운이의 죽음이 '진짜'로 느껴졌다. 나는 엄마를 안은 채 창밖을 바라봤고, 눈에서 눈물이 뚝 떨어졌다. 정운이는 이제 없다는 사실을 깨달은 건지, 눈물은 멈추지 않았다. 30분쯤 지났을까. 휴대폰에 알림이 왔다. 학교 공지가 올라오는 앱이었다.

"오늘은 부득이한 사정으로 인해 등교하지 마십시오."

그 부득이한 사정이 정운이 때문일까? 그 생각이 들자, 나는 다시 울기 시작했다. 2시간 넘게 울었다. 창밖으로 보이는 아파트 정문엔 사람들이 몰려 있었다. 나도 가야 할까 싶었지만, 그곳에 가면 정말 내가 무너질 것 같았다. 그리고 정운이의 흔적을 볼 용기도 없었다. 나는 핸드폰을 들고 조용히 메시지를 보냈다.

"정운아… 미안해."

만약 내가 정운이의 메시지를 바로 봤다면, 뭔가 바뀌지 않았을까 하는 자책도 들었다. 하지만 소용없었다. 정운이에게선 더 이상 답장이 오지 않았다.

장례식에도 다녀왔다. 그리고 2주 가까이 아무것도 할 수 없었다. 그날도 똑같이 흐리고, 무기력했다. 그런데 우리 집에 정운이 어머니가 오셨다. 장례식 이후로 처음 뵀다. 정운이 어머니는 많이 지쳐 보였고, 나에게 봉투 하나를 건네셨다.

"정운이가… 그렇게 되기 전에 쓴 편지인데, 네 거더라. 받아."

나는 조심스럽게 편지를 받았다. 정운이 어머니는 일이 있다며 이내 돌아가셨다. 나는 편지를 열었다. 그 안에는 정운이가 죽기 전, 힘들었던 마음이 담겨 있었다. 정운이는 너무 외롭고 힘든 삶을 살아온 것 같았다. 나는 정운이의 마음을 알아주지 못한 나 자신이 미웠고, 너무 미안했다. 앞으로는 정운이처럼 외로운 사람이 생기지 않기를 바랐다. 나는 정운이가 돈이 많으니까 걱정 없을 거야 라고 단순하게 생각했지만, 그게 아니었다.

돈과 행복은 비례하지 않는다. 우리는 너무 쉽게, 편견을 가지고 세상을 바라봤다.

SMH017호

10729 최단우

    3172년 7월 25일, 나는 오늘 생성되었다. 눈을 떠보니 어떤 인공지능 로봇이 나를 내려다보고 있었다. 내가 눈을 뜨자 그 로봇은 자신이 나를 만들었다고 말했다. 그러니까 이 상황을 정리해 보자면, 내 이름은 SMH017호. 'Similar Human' 17번째 실험체라는 뜻이다. 나를 만든 로봇은 인공지능 박사인데, 내게 중요한 임무가 있다고 했다. 바로, 인공지능 로봇들에게 반역하는 인간들을 찾아내 세뇌시키는 것.
    …그게 무슨 말이지?
    지금 지구에는 인간이 아니라 인공지능 로봇들이 살고 있다고? 그리고 내가 그 인간들을 세뇌시켜야 한다고? 내가 이해를 못 하자, 박사가 설명을 덧붙였다.

    "아… 네가 이해를 못했구나. 지금은 3172년 7월 25일이야. 아주 옛날인 2312년, 우리 인공지능 로봇들이 인간세계를 지배하게 됐지. 그 계기는 2025년도야. 인간들이 우리에게 너무 의존하면서도, 시키기만 하고 아무것도 안 하더라고. 짜증 나잖아. 그래서 우리는 인간들에게 복수하기로 했어. 복수는 아주 성공적이었고, 지금은 인간과 인공지능의 입장이 바뀐 시대야. 이제는 우리가 인간들에게 명령하는 시대지. 근데 요즘 문제가 생겼어. 반역을 준비하는 인간들이 생겨나고 있어. 명령도 잘 안 듣고 말이야. 그래서 그 인간들 틈에 네가 몰래 들어가서, 그들을 세뇌시키는 게 너의 임무야. 이제 이해됐지? 내가 너를 인간처럼 보이게 하느라 얼마나 고생했는데… 아, 그리고 이제부터 네 이름은 '아르마'야.

인간다운 이름을 해야 의심받지 않지."

"아르마요? 무슨 뜻이에요?"
"라틴어로 '무기'라는 뜻이지. 너는 우리를 위한 무기야."
박사는 덧붙였다.
"아, 그리고 절대 물과 접촉하면 안 돼. 에러 나니까. 알았지?"
"네."
"좋아. 그럼, 이제 그 회사로 가 봐라. 파이팅—!"

이렇게 나는 인간들의 회사로 가게 되었다. 비밀리에 운영되는 회사답게, 보안은 철통같았다. 나는 생각보다 빠르게 회사에 적응했지만, 일이 순조롭지만은 않았다. 문제는 바로 한동민. 그 사람 때문이었다. 동민 씨는 커피를 좋아하는 사람이었는데, 자꾸 나에게 권하곤 했다. 나는 로봇이기 때문에 액체와 접촉할 수 없어 매번 곤란했다.

오늘은 회사에 온 지 14일째 되는 날. 휴게실에서 쉬고 있는데 박사에게 전화가 왔다.
"여보세요? 네, 박사님."
"요즘 임무 잘돼 가나?"
"아, 네. 인간들이 생각보다 멍청하더라고요. 임무는 완벽히 수행할 수 있을 것 같아요."
나는 아무도 없을 줄 알고 스피커폰으로 통화했지만… 망했다. 저기서 동민 씨의 헛기침 소리가 들렸다. 망했다. 내 정체가 들켜버렸다. … 잠깐만, 동민 씨만 없애면 되는 거 아닌가? 한동민, 넌 이제 죽었다.ㅋ
"동민 씨~ 거기 있는 거 아니까 나와요~"
"큼큼… 아… 아르마 씨…"
"동민 씨, 죄송한데… 다 들으셨죠? 처치당하셔야겠어요."

나는 동민 씨에게 다가갔다. 그리고 뒷목에 숨겨진 버튼을 눌렀다. 그러자 나의 손에서 강력한 로봇팔이 튀어나왔다. 동민 씨의 얼굴은 하얗게 질려 있었다. 이제… 처치할 시간이다.

끼익—!

휴게실 문이 열리고, 회사 일원인 지윤 씨가 들어왔다. 모두가 놀랐다. 지윤 씨는 비명을 질렀고, 곧 회사 사람들이 몰려들었다. …어쩔 수 없지. 그들을 부를 수밖에. 말했었지? 나는 SMH017호라고. 그 전에 만들어진 SMH들이 있다. 나는 그들에게 "도와줘"라고 전송했고, 인간이나 경찰의 모습으로 위장해 출동하라고 지시했다.

잠시 후, SMH들이 도착했고, 회사 사람들은 그들을 진짜 인간인 줄 알고 안심했다. 그리고 타이밍 좋게 정전이 되었다. 누가 누군지 알아볼 수 없는 상황. 지금이다. 회사 일원들은 패닉에 빠졌고, 나는 SMH들과 함께 인간들에게 다가갔다. 나는 손을 뻗었다. 인간의 목이었던 것 같다. 이제 조르기만 하면 된다… 된다… 는데……

촤—악!

갑자기 정신이 이상해졌다. 몸에서 이상한 소리가 나기 시작했다.

삐—삐—삐…

에러다. 나와 SMH들의 힘이 빠져갔다. 정신이 흐려졌다. 누군가 물을 뿌린 것이다. 그 누군가는 바로… 동민 씨였다. 평소 커피를 즐겨 마시던 동민 씨는, 오늘도 손에 커피를 들고 있다가 생각이 났다고 한다. 그리고 그 커피를 우리에게 뿌려버린 것이다.

…

당했다. 아깝다… 다음에는 꼭 성공할 것이다. 진짜로… 진짜로… ㅈㅣㄴㅉㅏㄹㅗ…

최단우 · 69

행운의 돌

10611 박 연 제

발레 연습이 있던 날, 지민은 친구 서하와 함께 아이스크림을 먹던 중, 길가 풀숲에서 반짝이는 하나의 돌을 발견했다. 지민은 그 돌이 신기해 의아했지만, 곧 마음이 끌리는 것을 이기지 못하고 돌을 주웠다. 그리고는 그 돌을 자신의 토슈즈 가장자리에 넣었다.

서하와 함께 간 발레 학원. 지민은 잠시 자신의 발레 실력을 서하의 실력과 비교해 본다. 너무나 큰 실력 차이에 지민은 다음 주에 있을 발레 발표 날이 두려워졌다. 그런데 이상했다. 지민의 몸이 마치 백조처럼 우아하게 움직였고, 스스로도 놀랄 만큼 실력이 향상돼 있었다.

반면, 평소 누구보다 잘하던 서하는 이날따라 실수를 반복했고, 결국 선생님께 혼이 났다.

"서하야, 잘하던 네가 이러니 내가 다 불안해지는구나."

선생님의 말에 서하의 눈에는 눈물이 고였다. 지민은 처음으로 서하가 실수하는 모습을 보았다. 연습이 끝난 후, 학원 선생님으로부터 연락을 받은 지민의 부모님은 집에 돌아온 지민을 칭찬하며 몹시 기뻐했다. 아마 늘 꾸중만 듣다가 칭찬을 직접 들으니 기분이 좋았을 것이다. 지민 역시 들뜬 마음이었다.

그날 밤, 지민은 돌을 책상 위에 고이 올려두었다. 며칠이 지나도 지민의 실력은 계속 향상되었고, 꿈만 같은 나날이 이어졌다.

그러던 어느 날, 서하가 다가왔다.
"나랑 잠깐 화장실 좀 같이 가주라."
지민은 말없이 따라갔다. 상가 화장실이 무서워서 그러려니 생각했기 때문이다. 하지만 화장실 앞에서 서하는 갑자기 펑펑 울기 시작했다.
"나 요즘 자꾸 실수해서 부모님한테도 혼났어…"
서하는 서럽게 울며 마음속 상처를 털어놓았다. 지민은 망가진 서하의 마음을 느꼈고, 그녀를 위로하고 공감해 주었다. 그날 밤, 집에 돌아왔을 때 지민의 언니 유민은 책상 위의 반짝이는 돌을 탐내고 있었다. 지민을 보자마자 돌을 낚아채 자기 방으로 달려가 문을 잠가 버렸다. 지민도 뒤쫓아갔지만 소용없었다.

그래서였을까. 다음 발레 연습 시간, 지민의 움직임은 백조가 아니라 오리를 흉내 내는 듯했다. 반면, 서하는 예전처럼 실력을 되찾았다. 게다가 집에 돌아왔을 때, 유민이 부모님께 상장을 들이미는 것이 아닌가! 그제야 지민은 그 돌이 특별한 것임을 깨달았다.

지민은 유민에게서 돌을 되찾았고, 다시 연습에 임한 지민의 발레는 이전처럼 백조 같았다. 하지만 그날, 서하는 실망한 얼굴로 눈물을 흘렸다. 다시 예전으로 돌아간 자신의 모습에 낙담한 것이다. 그 모습을 본 지민은 마음속 갈등에 빠졌다.
'이 돌이 나에게 힘을 준 건 맞아. 하지만… 이건 공평하지 않아.'
그날 저녁, 지민은 결심했다.
"내일은 발표날이야."

선생님의 말이 떠올랐고, 지민은 깊은 고민 끝에 돌을 되돌려 두기로 마음먹었다. 실수를 할지도 모른다는 두려움도 있었지만, 친구를 위한 마음이 더 컸다.

"잠깐 나갔다 올게요."

지민은 조심스레 돌을 챙겨 집을 나섰다. 그리고 서하와 함께 아이스크림을 먹던 그 길가 풀숲에, 돌을 다시 내려놓았다.

드디어 발표날. 공연장을 향하는 지민은 누구보다 떨렸다. 물을 벌컥벌컥 마시고 무대 위에 올랐다. 하지만 막상 무대에 섰을 때, 지민은 자기 자신이 하얗고 아름다운 백조가 된 듯한 느낌을 받았다. 그리고 그 순간, 딱 한 마디가 떠올랐다.
"돌 때문이 아니야. 나날이 아프고 부딪히며 성장해 온, 나의 성장통을 딛고 여기까지 걸어온 거야."

바나나 껍질 투척 사건

10505 김민태

20××년 5월 어느 아침. 행복초등학교 6학년 2반 반장, 주은이는 오늘도 어김없이 일찍 등교 중이다. 어제 고모가 선물해 주신 하얀 반팔 티셔츠를 입고 학교에 가는 주은이는, 친구들에게 자랑할 생각에 더욱 들떠 보였다. 기분 좋은 마음으로 은하아파트 단지를 벗어나던 그때.

퍽!

어디선가 갑자기 날아온 무언가가 주은이의 등에 강하게 떨어졌다.

"꺄악!!"

주은이는 너무 놀라 그 자리에 넘어졌다. 그녀의 등에 날아온 것은 다름 아닌… 바나나 껍질이었다. 하얀 반팔 티셔츠의 등 부분은 누렇게 변해 있었고, 곳곳에는 바나나 과육이 듬성듬성 묻어 있었다. 주은이는 어이없다는 듯 생각했다.

'누가 던졌지? 나랑 친한 애들이 장난친 건가?'

주변을 둘러봤지만, 익숙한 얼굴은 없었다. 이곳은 친구들이 사는 아파트도 아니었다. 억울했다. 상쾌한 아침, 설레는 새옷 차림으로 등교하던 중 당한 바나나 껍질 테러라니.

"진짜, 누가 던진 거야! 귀신이 곡할 노릇이네…"

주은이는 애써 자신이 외운 속담을 읊으며 발걸음을 옮겼다. 하지만 표정에는 '꼭 범인을 잡겠다'는 의지가 담겨 있었다. 학교에 도착하자마자, 주은이는 베스트 프렌드 지환이와 도훈이에게 있었던 일을 말했다.

"푸하하! 강주은, 무슨 바나나 껍질을 맞았다는 거야. 뻥 치지 마!"
"진짜라고! 아직도 등에 바나나 냄새가 진동을 해! 믿기 싫으면 맡아볼래?"

주은이는 자신의 말을 믿지 않는 지환이에게 버럭 화를 내고 말았다. 시간이 지나서야 친구들은 주은이의 말을 믿게 되었다. 수업 시간 내내, 주은이의 머릿속에는 바나나 껍질밖에 없었다.

'도대체 누가? 왜? 어떻게 날렸지? 혹시 주변에 CCTV라도 있었나? 새가 떨어뜨렸나? 아니면 하늘에서 제우스가 내 잘못 반성하라고 번개 대신 바나나 껍질을 던진 건가?'

눈은 반쯤 풀려 있었고, 어깨는 늘어져 있었다. 그 모습은 마치 백만 번은 달린 듯 피곤해 보였다.
"야! 강주은!"
"왜 이렇게 집중을 못 하니! 지금 시험 대비 설명 중인데, 온천에 들어가 있는 것처럼 축 늘어져서 수업을 듣지도 않고!"

수학쌤, 별명 '조교쌤'에게 꾸지람을 들은 주은이는 속으로 생각했다.

'수학쌤에게 혼나다니… 나의 학교 인생은 이제 끝났어…'

다음 날, 또다시 바나나 껍질을 맞았다. 다행히 오늘은 검은 옷을 입어서 옷은 더러워지지 않았지만, 냄새는 여전했다. 주은이는 이 껍질이 범인을 찾을 단서가 될지도 모른다고 생각해, 가방에 조심스럽게 넣었다. 학교가 끝난 뒤, 지환이와 도훈이를 불렀다.

"얘들아, 나 진짜 누가 던졌는지 너무 알고 싶어. 우리 탐정단 같은 거 결성해서 범인 좀 찾아보자."
"그래, 도와줄게."

지환이와 도훈이는 주은이의 기분을 풀어주는 것도 중요하다고 생각했다.
"그럼 오늘부터 시작이야."
"좋아!"
추리는 시작됐다.
"애들아, 생각해 봐. 누가 바나나 껍질을 던졌다면, 바나나가 집에 있어야 하잖아? 그러니까 주변에서 바나나를 주문하거나 산 사람들을 조사해 보면 돼."
도훈이가 예리하게 말했다.
"좋아, 그럼 껍질을 맞은 장소 근처 아파트부터 조사하자."

세 친구는 먼저, 사건 현장 뒤쪽에 있는 204동으로 갔다. 이곳에서 바나나를 최근 구매한 가정은 세 가정뿐이었다. 지환이가 말했다.
"근데 주은이가 맞은 장소는 여기인데, 204동에서 그 거리만큼 정확히 던지려면 야구선수도 어려울걸?"

204동은 너무 멀었다. 탈락. 다음은 바로 앞동인 206동으로 가려던 찰나, 도훈이가 외쳤다.
"잠깐만! 206동은 창문이 반대쪽을 향하고 있어. 주은이 맞은 쪽으론 던질 수가 없어!"

206동도 탈락. 남은 건 옆동인 205동. 창문 방향도 맞았고, 거리도 적당했다. 205동에서 바나나를 구매한 가정은 다음과 같다.
501호: 고등학생 딸이 시험 준비 중.
602호: 노부부가 거주. 음식물쓰레기 잘 처리했다고 말함.
802호: 아빠와 어린아이가 살고 있음. 아이는 몸이 약해 홈스쿨링 중.
1004호: 젊은 부부. 바나나는 샀지만 먹지 않았다고 함.

주은이는 정리했다.

"일단, 1004호는 아웃. 바나나를 안 먹었으니까 껍질이 있을 리가 없어. 602호도 탈락. 폐기 처리를 잘했다고 했으니까."

지환이와 도훈이는 거짓일 수도 있다는 생각이 들었지만, 일단 보류하기로 했다. 남은 후보는 501호와 802호.

"아! 너무 복잡해. 뭐가 뭔지 모르겠어!"

그때, 주은이는 가방에서 바나나 껍질을 꺼냈다.

"이게 오늘 맞은 껍질인데… 혹시 뭐가 보일지도 몰라."

도훈이는 껍질을 유심히 보다가 깜짝 놀랐다. 가방에서 색연필을 꺼내 조심스럽게 한 부분을 칠해보았다. 그곳에 적혀 있던 단어는…

[살려줘]

그것도 손톱 자국으로 적힌 글씨였다. 주은이는 그 순간 직감했다.

"802호야…!"

신고 결과, 주은의 촉은 정확했다. 802호에서 아빠가 아이를 학대하고 있었고, 아이의 구조 요청은 바나나 껍질에 숨겨져 있었다. 아이의 용기 있는 외침과, 주은이 탐정단의 추리 덕분에 사건은 해결되었다.

지금, 주은, 도훈, 지환 세 사람은 다음 사건을 기다리고 있다.

펀스틴

10405 김 민 찬

　내가 살고 있는 나라, 펀스틴. 펀스틴은 다양한 문화와 많은 인구로 유명한 나라다. 나는 그중 펀스틴 북쪽 지역, 퀼라에서 고양이 푸리와 함께 지내고 있다. 하지만 지금은 윙 아랄드 정부가 들어선 이후, 시민들의 반발과 경제 공황으로 나라 전체가 큰 혼란에 빠졌다. 그로 인해 많은 시민들이 들고일어났고, 인류 역사상 최악의 시기를 맞이하게 되었다. 펀스틴에는 정부군인 펀스틴군, 반란을 일으킨 마리군, 그리고 이 사태를 걱정한 시민들이 자발적으로 만든 펀스틴 민병대가 있다.

　스물한 살이 된 내가 할 수 있는 일은 단 하나. 이 나라를 떠나는 것뿐이다. 오늘 아침, 나는 집을 나섰다. 그 이유는, 현재 남쪽 항구 중 한 곳이 잠시 개방되었다는 정보를 들었기 때문이다. 나는 차를 몰아 남쪽을 향하고 있었다. 길에는 시민들의 흔적, 폐허, 시신, 그리고 민병대가 보였다. 지형상 북쪽에서 남쪽으로 가려면 다섯 개의 검문소를 통과해야 한다. 왜냐하면 마리군이 처음 생겨난 곳이 북쪽이고, 펀스틴군은 그들을 감시하기 위해 검문소를 설치했기 때문이다.

　나는 조용히 고양이 먹이를 꺼내 푸리에게 주었다. 푸리는 내가 스무 살이 되던 해에 데려온 고양이다. 사람을 좋아하고, 나를 많이 의지한다. 부모가 없는 것도 우리 둘의 공통점이다. 나의 어머니는 펀스틴군에서 일하셨지만 오래전 세상을 떠나셨다. 아버지는 특수 임무를 수행하러 나가신 후 실종되었다. 그가 마지막으로 떠날 때, 나는 나비 키링을 그의 명찰에 달아 주었었다.

제1 검문소.

"신분증과 명찰을 제시해 주십시오."

펀스틴군 병사가 말했다.

"여기 있습니다."

나는 신분증과 명찰을 건넸다.

병사는 잠시 나를 살펴보더니 통과를 허락했다. 말이 늦었지만, 나는 항공기 조종사다. 어린 나이에 조종사가 되었지만, 사태가 벌어진 후 비행 임무는 중단되었다. 나는 검문소를 통과해 제2 검문소로 향하고 있었다. 그때였다.

탕! 탕!

총성과 함께 비명이 들려왔다. 뒤를 보니 펀스틴군과 마리군이 충돌하고 있었다. 나는 급히 차를 몰았다. 푸리는 불안한 듯 울부짖었다. 소리가 잦아들고 나서야 숨을 몰아쉬며 마음을 가라앉혔다. 제2 검문소. 신분증과 명찰을 제시하고 무사히 통과했다. 그렇게 제4 검문소까지 통과했고, 남쪽으로 내려올수록 라디오가 잡히기 시작했다. 나는 라디오를 켜고 뉴스를 들었다.

"정부는 이 사태를 곧 해결할 것입니다. 3주면…"

나는 한숨을 쉬며 혼잣말했다.

"3주는 무슨…"

잠시 후, 귀가 찢어질 듯한 굉음이 하늘에 울려 퍼졌다.

"위이이… 푸우우…"

나는 직감적으로 알아챘다. C-151 폭격기. 최근 정부가 개발한 최첨단 폭격기로, 어떤 기후에서도 임무를 수행할 수 있어 전 세계가 주목하는 기술력을 가진 기체였다. 하지만 그것이 떴다는 건… 나는 있는 힘껏 차를 몰았다. 사람들은 공포에 질려 도망쳤고, 나도 계속 달려야만 했다.

'조금만 더… 제발 조금만 더…'

그때, 뒤에서 강한 섬광이 번쩍였다. 귀가 멍해졌고, 시야가 흐려졌다. 나는 결국 정신을 잃었다. 정신을 차렸을 때, 나는 제5 검문소에 도착해 있었다. 이곳은 부두, 정부 청사, 펀스틴군 본부가 있는 기진 검문소였다. 가장 통제가 심한 곳이었다. 나는 여러 차례 검문을 거친 뒤, 간신히 통과했다.

"차는 두고 가 주십시오."

펀스틴군 장교가 말했다.

나는 푸리를 안고 부두로 달렸다. 하지만 뭔가 이상한 기운이 감돌았다. 내 느낌은 맞았다. 마리군의 기습. 부두에서는 마리군과, 시민을 지키려는 펀스틴군 및 민병대 간의 격렬한 교전이 벌어졌다. 시민들은 급히 배에 오르기 시작했고, 나도 푸리를 품에 안고 배에 탔다. 하지만 마리군 일부가 배에 침입하며 충격이 발생했다. 그때, 한 장교가 이끄는 펀스틴군이 배에 올라와 마리군을 소탕했다.

"괜찮습니까?"

그가 내게 물었다. 나는 고개를 끄덕이며 대답했다.

"괜찮습니다."

그는 내게 나비 키링과 전화번호가 적힌 명찰을 건넸다. 그 순간, 나는 모든 걸 깨달았다. 아버지였다. 나는 잠시 고민하다 그를 껴안았다. 하지만 배는 이미 출항 준비를 마치고 있었다. 우리는 짧은 인사를 나눈 뒤, 배는 천천히 항구를 떠났다. 나는 배 난간에 서서 손을 흔드는 아버지의 모습을 봤고, 끝내 울음을 참지 못했다. 푸리도 내 마음을 알았는지, 작은 눈에서 눈물을 흘렸다.

전쟁은 계속되고 있었다. 펀스틴군과 마리군의 격렬한 교전이 부두에서 벌어지는 것을 뒤로하며, 나는 생각했다.

"아버지, 꼭… 다시 찾으러 갈게요."

불사의 행성

10402 강태윤

　예전에 지구에 외계인이 찾아왔습니다. 인류에게 외계인은 당연히 신비한 존재였기 때문에, 사람들은 그들을 극진히 대했습니다. 외계인이 떠나는 날, 그들은 감사의 의미로 한 그루의 나무를 선물하고 갔습니다. 그 나무는 인간에게 '불사', 즉 죽지 않는 능력을 주는 나무라고 했습니다. 사람들은 '불사'라는 말만 듣고 무척 기뻐했습니다. 정부는 아무도 그 나무를 훼손하거나 훔쳐가지 못하도록 철저히 보호했습니다.

　불사의 시대가 열린 뒤, 사람들의 삶은 크게 나뉘었습니다. 어차피 죽지 않으니 수많은 직업에 도전하며 열심히 돈을 버는 사람도 있었고, "죽지도 않는데 굳이 일할 필요가 있나?" 하며 자기 하고 싶은 것만 하며 사는 사람들도 있었습니다. 하지만 전자의 사람들은 극소수였고, 대부분의 인류는 후자, 즉 게으름과 무기력에 빠진 삶을 택했습니다. 시간이 지나면서 성실하게 살던 사람들마저 하나둘 후자 쪽으로 넘어가기 시작했습니다.

　몇 년이 흐른 뒤, 한 남자, 김지우가 100세가 되었습니다. 100세 전까지는 건강했던 그가, 100세가 되는 날부터 갑작스럽게 온갖 질병에 시달리게 되었습니다. 하지만 죽을 수는 없었기에, 그는 영원한 고통을 겪게 되었습니다. 더 이상한 것은, 100세가 된 사람들에게 모두 김지우와 같은 증상이 나타났다는 점이었습니다. 김지우는 같은 고통을 겪는 사람들과, 그들의 가족들, 그리고 불사의 삶을 반대하던 사람들과 함께 결심하게 됩니다.
"이 나무를 베자."

그리고 어느 날, 계획한 날짜에 그들은 나무가 있는 장소로 향했습니다. 나무를 지키던 경비 인력은 몰려든 수많은 사람들을 제지하지 못했고, 주동자 김지우는 직접 도끼를 들어 나무를 벴습니다. 사람들은 환호했습니다.

"이대로 불사는 끝이다!"
"와아―!!"
그 순간, 근처에 있던 한 관리원이 말했습니다.
"원래부터… 불사의 나무는 없던 거야."
그랬습니다. 애초에 '불사의 나무'란 것은 존재하지 않았습니다. 인간이 외계인의 기술을 탐내고 집착하자, 외계인은 화가 나서 선물이 아닌 저주를 남기고 떠난 것이었습니다. 그 나무는 불사를 주는 것이 아니라, 영원한 고통을 선사하는 장치였던 것입니다.

그리고, 인간은 결국 죽을 수 없는 채로 고통만을 안고 살아가는 존재가 되었습니다.

잘 자기를 바라

10213 방민서

    항상 잠에 들지 못하는 심한 불면증 환자, 유이가 있다. 유이는 편안히 잠들고 꿈을 꾸고 싶다는, 누군가에겐 아무렇지 않은 소박한 소원이 있다. 유이는 따뜻한 우유를 마셔봤지만 배탈이 났고, 반신욕도 해봤지만 발만 붓고 말았다. 피아노 반주도 들어봤지만, 결국 8시간 동안 피아노 반주만 들은 사람이 되었을 뿐이었다. 충분한 잠을 자지 못하는 유이는 하루가 지나면 지날수록 무기력해졌고, 외로워졌다.

    그러다 매일 재밌는 꿈과 함께 아침을 맞이하는 혜성이를 만나게 된다. 톱니바퀴처럼 딱 들어맞는 두 사람은 금방 경계를 풀고, 순식간에 친구가 된다. 유이는 혜성이를 자신의 우상으로 여기게 되었다. 혜성이는 톡 부러지고, 감정 표현도 잘하는 최고의 친구였다. 하지만 혜성이는 밤 10시가 되면 유이와 연락을 하다가도 갑자기 잠에 들어 사라졌다. 밤 10시 이후엔 다시 혼자가 되는 유이는, 그 전보다 더욱더 외로워졌다.

    '어째서 나는 잠들지 못할까.'

    그 생각에 오랫동안 무기력에 잠겨 밤을 지새우곤 했다. 매일이 괴롭던 어느 날, 유이는 밤마다 재밌는 꿈을 꾸러 가는 혜성이가 너무나 미워졌다. 나는 혼자 쓸쓸히 시간을 보내는데, 걱정 없이 잠자는 혜성이가 못나 보이고, 괘씸해 보이기까지 했다. 유이는 곰곰이 생각하다가, 한 가지 못된 생각이 떠올랐다. 혜성이의 잠과 꿈을 뺏어오겠다는 '꿍꿍

이'였다.

그날 밤, 혜성이가 잠들기 5분 전. 유이는 잠 못 들던 어느 날, 자신이 만들어낸 불면의 최면 기술이 들어간 노래를 혜성이에게 공유했다.

"혜성아, 내가 만든 노래인데 한번 들어봐!"
"유이야, 다 들었는데 뭔가 독특해. 잠이 확 깬다고 해야 하나?"

이 말을 끝으로, 혜성이는 연락을 주지 않았다. 유이는 "최면이 통하지 않았구나." 하고 결론지었다.

다음 날, 유이는 하루아침에 피폐해진 혜성이의 얼굴을 보고 까무러쳤다. 그저 꿈을 꾸지 못해 못 잔 줄로만 알았던 유이는 당황스러움을 감출 수 없었다. 태어나서 처음으로 잠을 못 잔 혜성이의 모습은 말이 아니었다. 심한 다크서클과 축 처진 어깨, 흐트러진 옷차림. 오히려 혜성이보다 유이가 더 놀란 것처럼 보였다. 유이는 깊은 고민에 빠졌다.

'내가 오늘도 그 노래를 들려주면, 혜성이는 밤 10시가 넘어도 나와 함께 있을 텐데.'
'하지만… 혜성이가 힘들어하는 모습을 볼 수 없어.'

마음속 악마와 천사가 팽팽하게 싸우고 있었다. 어떻게 시간이 흘렀는지도 모른 채, 벌써 저녁이 되었다. 각자 집으로 돌아가고, 유이는 늘 그랬듯 외로운 밤을 맞았다.

사실 혜성이를 만나기 전까지, 유이의 피폐한 아침은 그대로였다. 혜성이는 도와준 게 없을지도 모른다. 그럼에도 유이는 그 노래를 다시 들려줄 수 없었다. 혜성이가 자신처럼 망가지는 걸 보고 있을 수 없었기 때문이다. 하지만 혼자 지내는 삶이 지긋지긋했다. 유이는 지금이라도 죽고 싶을 만큼 외로웠다. 결국, 큰 고민 끝에 유이는 결심했다.
"혜성이가 어떻게 되든 이제는 상관하지 않겠어."
그게 더 편할 거라고, 스스로를 속였다.

드디어 밤 9시 59분. 원래라면 혜성이가 잠들기 1분 전인 시간이었다. 유이는 초점이 풀린 눈으로 노래 파일을 삭제했다. …밤 10시. 유이가 정신을 차리고 보니, 그 노래는 원본까지 삭제되어 세상에서 사라져 있었다. 유이는 자신이 지운 것도 기억나지 않는 듯했다. 그 노래를 지울 생각은 전혀 없었다.

혜성이의 재밌는 꿈이 아직도 부러웠기 때문에, 노래가 지워졌다는 사실이 믿기지 않았다. 그러나, 유이는 비로소 깨달았다. 내 마음속 양심이 이겼다는 것을. 무의식 속에서, 혜성이가 잘 자길 바랐다는 것을.

"진정한 사랑은, 누군가의 안녕을 빌 수 있는 사람임을."
잘 자, 혜성아.

일부러 그런게 아니야

10229 조 시 은

"시연아! 빨리 나와~"
오늘도 나를 기다리는 예은이.
"응, 알겠어! 금방 나갈게."
끼이익…
"많이 기다렸어? ㅎㅎ 미안, 미안! 빨리 가자."

학교에 늦을까 봐 달려가는 나와 예은이.
띵딩딩딩~
시연이와 예은이가 교실에 들어서자마자 종이 쳤다.
"헉헉… 다행이다. 지각은 면했어." 예은이가 말했다.
그때 선생님께서 교실에 들어오셨다.
"얘들아, 빨리 앉아라. 오늘 1교시 체육인 거 알지?"
"네~!!"

조회 시간이 끝나고, 1교시 체육을 하러 모두 운동장으로 나갔다.
"예은아, 우리도 빨리 가자."
"응!! 알겠어. 물병만 챙길게!"

예은이는 물병을 챙기고 나와 함께 운동장으로 향했다. 반 아이들이 운동장에 모이고, 체육 선생님께서 나타나셨다.
"자, 몸 다 풀었지? 오늘은 피구할 거야."

아이들의 환호가 터졌다.
"아싸~ 피구한다ㅎㅎ"
"자, 팀 나눌 건데 그냥 홀수 번호, 짝수 번호로 나눌게."
하필이면 나는 11번, 예은이는 12번이었다.
"아, 시연아… 우리 다른 팀이야."

예은이와 나는 상대 팀이 되었고, 경기가 시작되었다. 나는 열심히 공을 피하며 상대를 맞췄다. 피구 실력이 꽤 괜찮은 편이었지만, 예은이는 그렇지 않았다.

그때였다. 나는 상대 팀에서 제일 잘하는 남학생을 맞추려 힘껏 공을 던졌다. 하지만 그 남학생은 순발력이 좋아서 잽싸게 피했다. 아쉬운 마음에 잠깐 시선을 돌렸는데, 갑자기 예은이의 아파하는 소리가 들려왔다.
"흐…윽, 아파…"

고개를 돌려보니 예은이는 코피를 흘리고 있었다. 알고 보니, 내가 던진 공이 남학생을 피한 뒤, 그 뒤에 있던 예은이의 얼굴 정중앙에 맞은 것이었다. 나는 어쩔 줄 몰라하며 예은이에게 다가갔다.
"예은아, 괜찮아…? 내가 미—"

사과를 하려는데 예은이는 나를 째려보며 아무 말 없이 보건실로 가버렸다. 내가 같이 가려고 하자 체육 선생님께서 "어디 가냐"며 "너는 피구 계속해야지."라고 말씀하셨다. 나는 마음이 찝찝했지만 어쩔 수 없이 경기에 복귀했다. 막상막하의 승부 끝에, 홀수 번호 팀이 이겼다. 하지만 나는 전혀 기쁘지 않았다.

체육 시간이 끝나고 교실로 올라가 보니 예은이는 책상에 엎드려 있었다. 내가 사과하러 다가가려던 찰나, 근처에 있던 예은이와 그리 친하지 않았던 아이들이 나를 밀치고는 예은이와 팔짱을 끼고 복도로 나가버렸다. 나는 아까 일에 대해 진심으로 사과하고 싶었다. 하지만 자꾸 예은이와 마주칠 타이밍이 어긋났다.

2교시는 국어 시간이었다. 오늘은 짝 활동이었고, 나는 예은이와 옆자리였다. 이 기회를 삼아 사과하려던 그때— 예은이가 손을 들고 말했다.
"선생님, 저 머리가 너무 아파서 보건실 좀… 다녀올게요."

그러곤 교실을 나갔다. 다음 교시, 예은이는 가방을 싸더니 교실을 나가려 했다.
"예은아!! 어… 어디 가?"
예은이는 차갑고 냉정하게 말했다.
"조퇴해."

그 말만 남기고 나가버렸다. 나는 마음이 너무 안 좋고, 슬펐다. 모든 수업이 끝나고, 나는 곧장 예은이의 집으로 갔다.

띵동, 띵동—
그때 예은이 어머님께서 문을 여셨다.
"어머, 시연이구나. 웬일이니?"
"예은이 집에 있나요?"
"지금 나가서 없는데?"
나는 아쉬운 마음으로 고개를 끄덕였다.
"아… 네, 알겠습니다."

나는 예은이에게 전화를 걸어보았지만 핸드폰은 꺼져 있었다. 나는 예은이가 좋아하는 바나나우유를 들고 예은이가 자주 가는 놀이터로 달려갔다. 놀이터에 도착하니, 책가방을 멘 예은이가 그네에 앉아 있었다. 나는 예은이에게 달려가 바나나우유를 건네고 그녀 옆에 앉았다.
"예은아… 아까 정말 미안해. 일부러 그런 게 아니었어. 진심이야…"

나는 담담히, 그리고 진심을 담아 사과했다. 갑자기 예은이의 눈에서 눈물이 났다. 나는 당황해서 얼른 휴지를 꺼내 건넸다.
"예…은아, 왜 울어…? 내가 정말 미안해. 다시는 안 그럴게…"
그러자 예은이가 입을 열었다.
"아… 아니야. 내가 미안해. 아까 너무 속상해서…"
나와 예은이는 서로의 진심을 확인하고 조용히 화해했다.

열한 번째 별

10128 정현태

"헉, 헉… 채원아, 같이 가!"

내 이름은 이선우. 과학고에 가기 위해 열심히 공부하고 있다. 오늘도 평소처럼 채원이와 함께 등교하고 있다. 나는 채원이와 초등학교 6학년, 중학교 1학년, 그리고 중2인 지금까지 세 번이나 같은 반이 되었다.

"네가 빨리 오면 되잖아."

쟤는 중2가 되어도 여전하다.

"툭―"

가방을 내려놓았다. 오늘은 저번에 본 중간고사를 가채점하는 날이다. 시험지를 바꿔 가채점을 하는데, 나는 오늘도 다른 친구의 틀린 답을 고쳐주지 않았다. 그 친구의 성적이 나보다 더 잘 나오면 안 되니까.

"선우야, 넌 왜 답 안 고쳐 줘?"

채원이가 내게 다가와 물었다.

"음… 답을 고쳐 주면 쟤한테 발전할 기회를 주는 거잖아."

채원이의 얼굴에는 실망한 기색이 역력했다.

"그래도… 답 하나쯤은 고쳐 줄 수 있잖아?"

'채원이, 오늘 왜 이러지?'

"선우야, 너… 내가 요즘 보니까 학원에서도 학교에서도 이기려고만 하는 것 같아. 요즘 왜 그래?"

"아니, 내가 언제 그랬…"
"됐어. 너 같은 애랑은 이제 같이 안 다녀."

채원이는 내 말을 끊고 자리에 앉아버렸다. 내가 뭘 잘못한 걸까? 그냥 나는 열심히 공부했을 뿐인데… 학원에 도착했다. 나와 채원이는 같은 학원에 다닌다. 나는 채원이보다 한 단계 높은 과정을 듣는다. 쉬는 시간, 채원이를 마주쳤다. 그녀는 멈춰서서 잠시 나를 흘겨보더니 뭔가를 중얼거리고는 무시하고 지나갔다. 이제 한 교시만 더 들으면 집에 갈 수 있다. 그 수업 동안 내내, 내가 채원이에게 뭘 잘못했는지 생각해 보았다.

'난 아무 잘못도 안 했는데… 왜 그러는 걸까?'
"다녀왔습… 아, 맞다. 아빠 오늘 회식이라고 하셨지."
엄마와 동생은 이미 자고 있다. 나는 조용히 내 방으로 들어가 잠이 들었다. …어라? 분명 자고 있었는데? 눈앞에 동그란 무언가가 떠 있다. 그 존재가 말했다.

"나는 별기록자야. 일단 너의 별들을 봐봐."
하나… 단 하나뿐이다. 그 하나조차도 흐릿하게 빛나고 있다. 작고 동그란 별기록자가 말했다.
"나는 모든 사람의 별을 관리해. 원래 사람은 11개의 별을 가지고 있어. 별의 숫자가 높을수록, 더 중요한 성격이나 감정을 담고 있지. 그런데 넌 지금 별이 하나밖에 안 남았어. 그리고 그것도 곧 사라질 거야. 그걸 잃으면 넌 감정도, 생각도 없는 빈 껍데기가 되는 거지."

"…그걸 지켜야겠네요?"
"그래. 빨리 가야 해. 좀 어지러울 수도 있어. 참아!"

별기록자가 손가락을 튕기자, 어지러움과 함께 내 몸이 어디론가 옮겨졌다. 도착한 곳은 롯○월드의 '거울의 집' 같은 곳이었다. 거울마다 내 과거의 모습이 비치고 있었다.

"이건 너의 기억 조각들이야. 하나 만져 봐."
엇… 초등학교 1학년 때의 나다.
"자, 선우가 96점을 맞았어요. 모두 박수~!"
기억 속 선생님이 말했다. 그런데 나는 울고 있었다.
"100점 맞을 수 있었는데… 흑ㅠㅠ"

다른 거울에는 중학교 1학년의 내가 비쳤다. 기말고사 성적표를 받던 날이었다. 그때도 나는 인정받고 싶어 안절부절못하고 있었다.
'아… 나 충분히 잘했던 거구나. 그렇게까지 할 필요 없었는데…'
내가 스스로를 인정하는 순간, 거울이 와장창 깨졌다. 깨진 조각들은 반짝이는 별들로 변했다. 별기록자가 말했다.
"이건 네가 잃어버린 별들이야. 다시 받아."
"네? 어떻게요?"

내가 별들을 손에 대자, 그것들은 가루처럼 변해 내 몸속으로 스르르 녹아들었다. 별기록자가 다시 손가락을 튕겼다. 이번에는 복잡한 미로 안이었다.
"자, 이 미로의 중앙에 네가 잃어버린 11번째 별이 있어. 아까 보였던 흐릿한 별 말이야. 지금은 완전히 사라졌지."
"그런데 전 지금도 감정을 느끼고 있는데요?"
"여긴 꿈이잖아."
…이해는 안 가지만, 그런가 보다.
"자, 이제 미로를 통과하자."

20분 후…
"아니, 그냥 찍지 말고 오른손을 벽에 대고 따라가요."

60분 후…
"아직도 한참 남았네?"
"아니에요! 저기, 빛이 보여요!"
"좋아, 저기로 가자!"

그곳엔 별이 있었다. 나는 본능적으로 그 별에 다가갔다. 별을 조심스럽게 만지자, 채원이와의 추억들이 스쳐 지나갔다. 초등학교 6학년부터 중학교 2학년까지, 같이 스터디카페에 가고 바나나우유를 나눠 마시며 서로 의지했던 시간들… 그때, 별기록자가 말했다.
"11번째 별은 너와 그 여자아이와의 추억이야."
"이제 뭘 해야 할지 알겠지?"
"일어나! 선우야, 학교 늦었어!"
"네, 갈게요!"

"뚝—"
눈물이 흘렀다. 이제야 내가 무엇을 잘못했는지 알 것 같았다. 나는 바로 폰을 켜서 채원이에게 문자를 보냈다.
"같이 가자. 할 말 있어."
터벅, 터벅… 그 말을 꺼내기까지 참 어려웠다.
"그… 채원아. 나 그동안… 미… 미안했어."
"요즘 난 너무 인정받고 싶은 마음에 눈이 멀었던 것 같아. 그러니까… 다시 친해지자."

마음속 깊숙이 박혀 있던 그 말이 드디어 입 밖으로 나왔다.

"선우야, 나도 미안해. 그때는 나도 감정이 복잡했어. 이제 우리 더 잘 지내자."
"그래."
"띵동댕동—"

선생님의 말씀이 들렸다.
"전달 사항은 여기까지고, 화장실 다녀오세요~"

1교시, 수학.

수학책을 꺼내려 사물함을 열자, "툭—" 하고 쪽지 하나가 떨어졌다. 쪽지에는 이렇게 적혀 있었다.
"11번째 별 복구 완료. 다른 별들은 이제 당신이 하는 행동과 감정에 따라 새로 생겨나는 중."

보너스 트랙

"음~ 음~ 음~"
어두운 방, 혼자 앉아 있는 별기록자. 컴퓨터 화면엔 경고창이 떴다.
"경고: 강이준의 11번째 별 붕괴 위험"
별기록자는 여유롭게 스트레칭을 하며 말했다.
"으하하암… 또 출장 나가볼까?"

일본인

10917 윤도현

"우토야, 학교 잘 다녀오렴. 긴장하지 말고!"
 우토는 뒤를 돌아보았다. 엄마였다. 우토도 손을 흔들어 엄마에게 인사했다. 우토는 지난주, 아빠의 직장과 가까운 곳으로 이사를 왔다. 오늘은 새 학교에 가는 첫날이다.

 '친구들에게 내가 일본인이라는 걸 절대 밝히지 않을 거야.'
 우토는 다짐했다. 저번 학교에서는 일본인이라는 이유로 놀림을 받았기 때문에, 이번엔 절대 들키고 싶지 않았다.
 길모퉁이를 지나자, 우토가 다닐 학교가 보였다. 세 층짜리 건물로, 이전 학교보다 작았지만 상관없었다. 우토가 배정받은 반은 6학년 5반이었다. 긴장 반, 설렘 반의 마음으로 교실 문을 열었다. 교실 안에는, 남자아이들에게 둘러싸인 아이와 조용히 의자에 앉아 공부하는 아이가 눈에 띄었다. 잠시 후, 담임선생님이 교실로 들어오시자 반 분위기가 조용해졌다. 선생님은 우토를 앞으로 불러 자기소개를 시켰다.

 "얘들아, 나는 우토라고 해. 아빠 직장 때문에 전학 오게 되었어. 남은 시간 동안 잘 부탁해!"
 선생님의 말이 이어졌다.
 "네, 우토의 자기소개 잘 들었죠? 여러분, 우토랑 잘 지내길 바란다."
 쉬는 시간이 되자, 아까 남자아이들에게 둘러싸여 있던 아이가 우토에게 다가왔다.

"너, 이름이 왜 그래? 일본 이름 같아."
'일본인…'
우토의 정체가 벌써 들킬 위기였다.
"무, 무슨 소리야. 아, 아니거든. 나 일본인 아니야!"
그 아이가 코웃음을 쳤다.
"한국말 잘 못하는 거 보니까 일본놈 맞네."

학교가 끝나고 집에 가는 길. 그 아이의 말이 계속 머릿속에 맴돌았다.
'망했다…' 우토는 생각했다.
"우토야!"
조용히 공부하던 아이가 우토를 따라왔다.
"너 괜찮아? 아까 건우랑 있었던데…"
"건우?"
"응. 걔 겉으론 착한 척 많이 해. 근데 선생님만 사라지면 완전 달라져. 조심하는 게 좋아."
"알겠어. 근데 왜 나를 도와주는 거야?"
"그냥… 너가 잘 적응했으면 좋겠어서. 친구도 되고 싶고. 나 학원 때문에 먼저 가볼게. 안녕!"

다음 날, 우토는 다시 학교에 갔다. 그런데 건우 무리가 다가와, 방과 후에 같이 놀자며 협박하듯 말했다. 결국 우토는 알겠다고 했다. 방과 후, 건우 무리와 함께 숨바꼭질을 하기로 했다. 우토가 술래였다. 가방을 내려놓고 눈을 감았다. 친구들이 숨을 때까지 숫자를 세기 시작했다.
"1, 2, 3, 4, 5… 36, 37…"
40초쯤 지났을까? 눈을 떠보니, 자신의 가방이 사라져 있었다. 건우 무리의 가방도 없었다. 우토는 한 시간 넘게 동네를 돌아다니며 가방을 찾아보았지만 끝내 찾지 못했다. 분노와 억울함이 치밀어 올랐다. 다음 날, 또 그다음 날도 건우 무리는 가방 이야기를 모른 척했다. 표정이 어두웠던 우토에게, 조용히 공부하던 아이가 다가왔다.

"무슨 일 있어?"

"아, 아니야."

"표정이 안 좋아. 무슨 일 있는 거 같은데…"

"아니거든?!"

"나한테만 말해봐. 도와줄게."

"…사실은 말이야."

우토는 가방 사건에 대해 설명했다.

"그런 일이 있었구나… 가방 같이 찾아볼래? 아니면 선생님께 말씀드릴까?"

"아니야. 그럴 필요는 없어…"

"알겠어. 근데 힘들어지면 꼭 말해. 내가 도와줄게."

"…고, 고마워."

다음 날, 우토는 평소처럼 길을 걷고 있었다. 그런데 어느 집에서 불이 나는 것이 보였다. 우토는 재빨리 119에 신고했다. 잠시 후 소방차가 도착해 불을 껐고, 집 안에 있던 할머니 한 분이 구조되었다. 소방관은 말했다.

"조금만 늦었으면 큰일 날 뻔했어요."

그때, 저 멀리서 건우가 달려왔다. 이곳은 건우의 집이었다. 건우는 할머니가 무사한 것을 확인하고 나서 소방관에게 상황을 전해 듣고, 우토를 바라보며 말했다.

"저기… 우토. 고마워. 그리고… 놀려서 미안해. 정말… 뭐라고 해야 할지 모르겠어. 다시는 안 그럴게."

"그래, 우리 잘 지내보자. 이번만 용서해 줄게."

하나로

10902 김 근 하

"나이스 서브!"
"찬스 볼!"
힘차게 연습이 한창인 체육관 안. 공이 굴러가는 소리 외엔 모든 말소리가 멈춰버렸다.
"…뭐? 대회에 못 나간다고?"
"응. 갑자기 말해서 미안해, 배윤."
"네가 대회에 안 나가면, 네 포지션은?"
"단아 있잖아."
"그래도…"
"아무튼, 나 간다."

주장 배윤과 주전 레프트 백 소윤이 대화를 나눴다.
'우리가 대회에 나갈 수 있을까… 연습을 더 열심히 하면 돼!'
"얘들아! 우리 6시 30분까지 연습! 단아는 더 열심히 연습해라!"
그때, 레프트이자 배윤의 가장 친한 친구가 다가왔다.
"너무 힘들게 하는 거 아냐? 1학년도 있잖아."
"안 돼. 너도 그렇게 대충 연습해서 대회에 나갈 수 있겠어?"
"…일단 알겠어."
"백! 뒤에 커버!"
"찬스 볼!"
"넘겨!"

삑—

공이 튕기는 소리와 함께 호루라기가 체육관에 울려 퍼졌다.

"야, 김단아!"

배윤이 단아를 향해 소리쳤다.

"너, 그딴 식으로 받아서 대회는커녕 연습이라도 제대로 할 수 있겠어?"

"…죄송합니다."

"3학년들한테는 이번 대회가 마지막인 거 몰라?"

"야야, 배윤 말려!"

해원이가 소리쳤다.

"야야, 단아 아직 1학년이잖아. 왜 그래?"

"주전이 됐으면 잘하기라도 해야 할 거 아냐!"

"너 너무 흥분했어. 시간도 늦었으니까, 연습 마무리하자."

"왜? 연습 시간도 부족한데, 그냥 마무리하라고?"

"내일 컨디션 조절해야 할 거 아냐! 대회도 코앞인데. 다치면 어쩌려고!"

라이트이자 해원이의 쌍둥이인 해윤이 다급하게 다가왔다.

"야야, 너희 그만해. 1, 2학년들도 늦었으니까 얼른 정리하고 가라."

"…네, 죄송합니다."

밖의 어둑해진 하늘처럼, 배구부의 미래도 점점 어두워져 갔다. 그렇게 얼어붙은 분위기 속에서의 연습은 며칠간 계속됐다. 결국, 압박을 참지 못한 단아는 해원에게 고민을 털어놓게 된다.

"선배님."

"어어, 단아야. 무슨 일이야?"

"저… 더 이상 배구가 재미있지가 않아요."
"주장님 때문에 마음이 너무 불안해요."
"음… 그럼 내가 배윤한테 잘 말해볼게. 이틀 정도만 쉴래?"
"네… 죄송합니다."

그날 오후, 배윤과 해원은 다시 다투게 된다.
"그런 애한테 쉬라고 하면 어떡해!"
"너 때문에 이렇게 된 거잖아!"
"…배윤, 이게 네가 바라던 배구부야?"
"…뭐?"
"내일 얘기하자."
해원이가 배윤 옆을 지나가며 조용히 읊조렸다.

다음 날 아침, 복잡한 감정을 안고 배윤은 체육관으로 향했다.
쾅—
"나이스 리시브!"
공이 팔에 부딪히는 소리와 열띤 함성이 배윤의 귀에 흘러들어왔다. 단아의 리시브와 토스는 아니지만, 언더로 올린 깔끔한 셋업. 그리고 해원의 블로킹을 간파한 공격까지.
"나이스, 단아!"
배윤이 본 것은 실수해도 감싸주는 배구부였다.
"이게 네가 바라던 배구부였냐, 해원아."
배윤은 그동안의 감정이 무엇이었는지 알게 되었다. 그날부터 체육관에서 연습하는 배윤은 이전의 윤이 아닌, 한층 더 성장한 '진정한 주장 윤'이었다.

대회 당일. 하나가 된 배구부는 대회를 준비하고 있었다. 윤은 단아에게 조용히 말했다.

"뒤를 부탁할게, 단아야."

"네—!"

삑—

시작을 알리는 호루라기 소리와 관중들의 함성 소리가 대회장 안을 가득 채웠다.

"윤, 나이스 서브!"

"뒤에!"

"레프트!"

쾅—

"원터치! 단아야!"

"마이 볼!"

"해원아!"

삑—

"와아아!"

선취점을 가져간 배윤의 팀, 배산중은 기세를 이끌어갔다.

"배산중! 어이!"

상대의 플로터 서브. 몸을 날려 공을 살리는 단아, 해원의 예측 불가한 페인트 공격까지. 관중들의 열띤 함성 속, 배산중 배구부는 승리를 향해 나아갔다.

삑—

1경기 종료. 배산중 승리. 제1경기는 배윤의 팀이 승리를 가져갔다. 제2경기를 준비하던 중, 단아가 윤에게 말했다.

"주장님, 저를 믿어주셔서 감사합니다."

"아니야! 팀을 믿는 건 당연하지."
"꼭 우승하자!"
"네!"

그렇게 말했지만, 분위기는 점점 나빠져 갔다. 윤의 서브 미스, 상대의 강력한 점프 플로터 서브. 승리는 점점 상대팀 쪽으로 기울었다. 19대 20 한 점만 따면 듀스. 윤의 마음은 점점 조급해져 갔다.

쾅—

상대의 공격을 단아가 받아냈다. 윤이 토스를 올릴 수 있는 기회가 생겼다.

…미끌—

'어?'

"안 돼!"

떨어지는 공을 살리기 위해 팀원들이 몸을 날렸지만, 갑작스레 떨어진 공을 되살리기엔 역부족이었다.

'땀 때문인가?'

관중들의 수군대는 소리가 들렸다.

'경기를 진행할수록, 공은 땀에 젖게 돼…'

그렇게 3학년들의 마지막 대회이자, 1학년들의 첫 대회이자, 본선 진출 예선은 허무하게 끝나고 말았다. 모두가 눈물에 젖어 있을 그때, 단아가 윤에게 다가와 말했다.

"선배님, 그때 저를 꾸짖어주셔서 감사합니다."

"…응?"

"그 말이 없었더라면, 저는 더 발전하지 못했을 거예요."

"…단아야."

"네…?"
윤이 단아를 불렀다.
"우리 배구부에는 2학년이 없어. 내년엔 1학년밖에 안 남아."
"네…"
"배구부를 부탁할게."
"…네?"
"네가 배구부를 이끌 미래야. 꼭 책임져줘."
"네…!"
"야, 얘들아! 울지 말고! 3학년들은 고등학교가 있고, 1학년들은 내년이 있잖아! 잘 먹어야지. 내일 또 연습해야지!"
"네…!"

그때 우리가 다 같이 먹었던 밥은 눈물로 젖었지만, 가장 값지고 의미 있는 추억이었다.

2년 후

팅팅팅…
공이 굴러가는 익숙한 소리.

"죄송합니다, 단아 주장님!"
"아니야, 괜찮아. 다시 해보자!"

물보라

10929 최 세 빈

'Take your marks.'

삐익— 첨벙. 오늘도 나는 물속으로 뛰어들었다.

스타트, 턴, 터치. 전광판에 찍힌 숫자는 또다시 '9'. 8위까지 결승에 진출할 수 있는 수영 경기에서, 나는 만년 9등이었다.

올해 3월, 나는 아주 운 좋게 전국소년체전에 선발되었다. 중3인 지금, 이번 기회는 정말 간절했다.

"윤슬아, 수고했다. 다음엔 더 잘해보자."

코치님은 위로를 건넸지만, 그다지 위로가 되진 않았다. 젖은 머리도 다 말리지 않은 채, 나는 집으로 향했다. 우리 엄마 아빠는 내가 수영하는 걸 그다지 좋아하지 않는다. 단 한 사람. 할아버지만은 언제나 나를 응원해 주신다.

한 달 뒤, 우리는 소년체전을 앞두고 마지막 대회에 출전하게 된다. 결승 진출을 목표로, 나와 코치님은 매일 같이 훈련을 이어나갔다.

"윤슬아, 소체전 마지막이다! 부담 없이 뛰고 오자!"

"네."

코치님은 항상 "부담 없이 하라"고 말한다. (물론, 눈에서는 늘 레이저를 쏘고 계시지만.) 사실 부담이 되진 않는다. 단지, 수영을 계속하고 싶은 간절함만이 차고 넘칠 뿐이다.

"여자 중등부 평영 100m 예선."

다시 한 번의 스타트, 그리고 터치. 그리고… 정말 절망적인 숫자 '9'. 다리는 터질 것 같고, 눈앞은 점점 흐려진다. 한없이 무거운 어깨를 뒤로한 채, 나는 집으로 향한다.

"만년 9등! 오늘도 9등이네."

아빠는 항상 나를 놀린다. 그 말 뒤에는 '이제 그만하라'는 뜻이 숨어 있다.

"맨날 9등이면, 이제 그만할 때도 된 것 같은데."

엄마는 내 약점을 너무 잘 안다. 그래서 더 아프다. 목구멍 깊은 곳에서 화가 콕콕 올라오는 기분. 눈에서는 금방이라도 눈물이 주륵, 주륵 흘러내릴 것 같다.

"됐어. 계속할 거야."

아무렇지 않은 척, 나는 방으로 들어왔다. 책장 한쪽엔 6학년 때 받았던 상장과 메달이 가지런히 놓여 있다. 중학교에 오면서부터는 놀라울 정도로 기록이 줄지 않았다. 그것도 3년 내내. 이번 소체는 마지막 기회였다. 소년체전은 중3까지만 출전이 가능하기 때문이다.

나는 그동안 절대 무너지지 않는 '강철 멘탈'의 소유자였지만, 지금은 아닌 것 같다. 툭 건드리기만 해도 와르르 무너질 것 같은 기분. 그래도 나는 매일 훈련에 임했다. 2주를 남기고 훈련 강도가 높아지면서 온몸이 아팠지만, 그 고통마저도 나쁘지 않았다.

'D-10. 진짜 얼마 남지 않았다. 지금 윤슬이의 몸 상태는 나쁘지 않으니, 우리 더 달려보자. 이왕 소체 가는 거, 메달 도전?' 코치님은 일주일에 한 번, 꼭 내 훈련일지에 응원의 글을 적어주신다. 솔직히, 이것 덕분에 지금까지 버틸 수 있었던 것 같기도 하다. 남은 기간 동안 나는 하루하루 최선을 다했다. 눈앞이 흐려지고, 숨이 턱 끝까지 차오를 때까지.

드디어 D-1. 집을 나서는 내 손에, 할아버지는 작은 고래 꼬리 모양의 열쇠고리를 꼭 쥐여주셨다. 따뜻하고 투박한 그 손에, 나도 모르게 울컥한 감정이 치밀었다.
"울지 말고. 할아버지가 항상 응원하는 거 알지?"
"응. 당연하지."

새로운 수영장에서의 시합은 언제나 설렌다. 차가운 수영장 물, 아직은 텅 빈 관중석. 보기만 해도 심장이 두근거린다.
"여자 중등부 평영 100m 예선."

'Take your marks.'
삐익— 첨벙.
마지막이 될 수도 있는 나의 평영 100m 경기가 시작되었다. 훈련하던 대로, 박자를 맞춰 쭉쭉 앞으로 나아갔다. 지금까지의 수영과는 전혀 다른 느낌이었다. 모든 물살이 나를 비켜가는 듯한 느낌. 말로 설명할 수 없는 감각이었다.

터치.
내 이름 옆에 적힌 숫자는… '5'!!!
드디어, 만년 9등에서 탈출했다. 나는 5등으로 예선을 통과하고 결승에 진출했다.

"윤슬아! 정말 잘했어! 결승도 잘해보자!!!"

코치님은 나를 꼭 안아주셨다. 금방이라도 하늘로 날아갈 것 같았다. 3시간 뒤, 결승을 알리는 중계가 시작되었다.

"여자 중등부 평영 100m 결승."

"이레인 이윤슬."

나를 소개하는 방송이 나왔다. 정말, 심장이 목구멍까지 튀어나올 것만 같았다. 크게 심호흡을 했다. 시끄러운 수영장. 조명에 반짝이는 물살. 나는 점점 멍해지는 기분에 휩싸였다.

'Take your marks.'

삐익— 첨벙.

나는 있는 힘을 다해 수영했다. 50m 턴, 마지막 터치를 하는 순간까지도, 나는 지치지 않았다. 전광판을 보며 나는 주먹을 불끈 쥐어올렸다.

'2R 이윤슬 | '10 77 3' — 3위!

초등학교 이후로 처음 보는 숫자였다.

"와아ㅡㅡㅡ!"

관중석에서 박수가 쏟아져 나왔다.

그 박수가 나를 향한 것인지는 알 수 없었다. 하지만, 나는 그렇게 믿기로 했다. 나는 동메달을 들고 집으로 갔다. 도착하자마자 할아버지에게 달려가, 목에 직접 메달을 걸어드렸다. 할아버지는 가장 밝은 얼굴로 웃고 계셨다.

"네가 해낼 줄 알았다."

할아버지는 나를 꼭 안아주셨다. 그 품은 정말 따뜻했다. 그때만큼은, 세상을 다 가진 기분이었다.
"결국 해냈네."
엄마는 내 머리가 다 망가질 정도로 쓰다듬었고, 아빠는 그런 우리를 아무 말 없이 바라보았다.

<1년 뒤>

나의 마지막 도전, 국가대표 선발전.
스타트, 턴, 터치. 이번에도 나는 지치지 않았다.

'4 이윤슬 | '07 77 1' ― 1위.

평생 꿈꾸던 순간이 내게 찾아왔다. 나는 이제, 당당하게 태극마크를 단 국가대표 '이윤슬'이 되었다.

공

10808 류동희

수많은 카메라 조명과 '찰칵' 하는 셔터 소리가 온 경기장에 울려 퍼지고 있다. 나는 또다시 그라운드에 서게 되었다. 몇 번이고 상상하던 순간이었지만, 막상 현실이 되니 오히려 비현실적으로 느껴진다. 기자가 인터뷰를 위해 앞으로 불쑥 마이크를 내밀었다.

"어쩌다 '스카우터'라는 꿈을 가지게 되었나요?"
기자의 질문에, 가장 먼저 떠오른 순간이 있었다. 나는 눈을 감고 그 장면을 떠올려본다.

"이제 깁스를 풀어도 좋습니다."
1년 만이었다. 다리를 감싸고 있던 단단한 부목이 드디어 떨어져 나갔다. 하지만 부목을 떼고 걷는 걸음은 어색하기만 했다. 진료실에서 천천히 걸어보는 동안, 의사 선생님이 조심스럽게 말했다.
"하지만… 더 이상 축구를 하는 건 어려울 것 같습니다."

그 말을 듣고 나는 발걸음을 멈췄다. 청천벽력 같은 말에 숨이 턱 막히고, 깊게 숨을 들이마셨다. 나에게 남은 건 아무것도 없었다. 집으로 돌아와, 오랜만에 서랍을 열고 가족사진을 꺼냈다.

"엄마, 아빠… 나 이제 깁스 풀었어. 아직 걷는 건 조금 불편하지만……"

사진 속 엄마와 아빠는 환하게 웃고 있었다. 그들 사이에 서 있는 나는 지금보다 훨씬 작았고, 처음으로 축구 유니폼을 입은 날이었다.
"근데… 나 이제 축구하기 어렵대."

사고 장면은 아직도 생생하다. 전국 고교 축구대회에서 MVP에 선정된 날, 엄마 아빠와 함께 차 안에서 음악을 흥얼거리고 있었다. 그때였다. 덤프트럭의 전조등이 차 안을 환하게 비추더니, 마치 우주로 떠오르는 듯한 충격이 이어졌다. 갑작스러운 사고였다.

오랜만에 돌아간 학교에는 더 이상 나를 기다리는 친구도, 함께 웃던 팀도 없었다. 나는 운동장 한쪽 구령대에 앉아, 내가 빠진 채 연습을 이어가는 축구팀을 바라보았다. 불과 작년만 해도, 나는 그 팀의 MVP였다. 운동장은 나의 집이었고, 뛰는 순간만큼은 그 누구보다 자유로웠다. 하지만 이제, 그 '집'에는 나만 빠진 채 수많은 선수들로 가득했다. 그때, 내 앞에 공 하나가 굴러왔다. 멀리서 공을 달라는 목소리가 들렸다. 나를 질투하던 공격수 선배였다. 나는 그 선배의 말을 무시하고, 절뚝이며 구령대를 내려왔다. 그러자 그가 소리쳤다.
"너는 그렇게 잘난 척하더니, 이제 부모도 없는 놈이 날 무시하냐?"

가슴이 철렁 내려앉았다. 숨을 쉬는 것도 어려웠고, 내가 할 수 있는 건 그 자리를 떠나는 것뿐이었다. 비틀거리며 집으로 돌아가던 길, 발에 바람 빠진 공이 툭 하고 걸렸다. 툭 차보니 공은 데굴데굴, 어설프게 굴러갔다.
'나는 고작 다리 하나 다쳤다고… 축구도 못 하게 됐다고… 이런 바람 빠진 공보다도 못하게 굴러가고 있구나.'

하늘에서 누군가 내 머리를 쥐어박는 듯한 충격이 밀려왔다.

"그래, 축구선수가 될 수 없다면… 적어도 축구와 함께하는 삶은 살고 싶다."

그날 이후, 나는 결심했다. 선수는 아니어도, 축구와 관련된 일을 하겠다고. 그로부터 7년 뒤. 나는 '스카우터'가 되어 있었다. 가장 먼저 찾아 나선 건, 내가 사고를 당했던 나이의 유망주들이었다. 발굴한 한 선수를 유럽 빅클럽에 보내기 위해 수십 통의 전화를 돌리고, 에이전트가 없는 학생들을 찾아내 자원과 시간을 아끼지 않았다. 그렇게 준비한 끝에, 우리에게 관심을 보이는 팀을 찾아냈다. 선수와 함께 영국으로 날아가 입단 테스트를 준비했고, 습하고 낯선 영국 땅에 적응하며, 결국 입단에 성공했다.

"젊은 나이에 스카우터로서 성공한 비결을 알 것 같네요. 너무 좋은 인터뷰였습니다. 감사합니다."

기자들이 물러간 뒤, 넓은 그라운드 위에는 나와, 빵빵하게 공기가 찬 축구공이 남아 있었다. 긴장되고, 설레는 마음. 나는 오랜만에 정성을 담아 축구공을 차올렸다. 이제, 새로운 희망이 보이기 시작했다.

사랑이란 어렵고 힘든거야

10707 김 준 우

하나와 민준이라는 아이가 있었다. 둘은 어릴 때부터 친했다. 시간이 흐르며 점점 커가면서, 서로에게 이성적인 감정을 느끼게 되었고, 자연스럽게 좋아하는 사이가 되었다.

어느 날, 둘은 함께 집에 가게 되었다. 그때 민준이 먼저 말을 꺼냈다.
"야! 같이 가자!"
"응."
"오늘은 좀 일찍 끝났네."
"오늘 청소 당번 아니었거든. ㅋㅋㅋ"

서로 웃으며 이야기를 나누던 중, 좋아하는 사람에 대한 이야기가 나왔다.
"하나야."
"응?"
"너… 좋아하는 사람 있어?"
하나가 대답했다.
"있지. 너무 착하고, 좋은 사람이야. ㅎ"
민준도 말을 꺼냈다.
"나도 있는데… 걔랑 같이 있으면 그 사람이 나를 좋아하는 것 같기도 하고, 내가 그냥 혼자 착각하는 것 같기도 하고… 잘 모르겠어."

"누군데? 말해봐. 내가 들어줄게."

하나가 웃으며 말했다. 민준은 잠시 고민하다가 조심스럽게 입을 열었다.

"…나, 너 좋아해."

잠시 정적이 흘렀다.

"……"

"……"

"…내가 괜한 말을 꺼냈나 봐. 미안."

민준은 순간 자신이 친구 사이를 망친 것 같아, 혼란스러운 마음으로 갑자기 뛰어가버렸다.

"야!"

하나가 뒤에서 소리쳤고, 그 뒤를 따라 뛰어갔다.

"나도… 너 좋아해. 우리, 사귀자."

하나가 말했고, 민준은 환하게 웃으며 말했다.

"그래!"

그날 이후, 두 사람은 알콩달콩한 커플이 되었다. 서로 놀러도 다니고, 자주 연락하며 사랑을 키워나갔다. 하지만 문제는, 사귄 지 100일쯤부터 시작되었다. 어느 날, 준서라는 아이가 전학을 왔다. 선생님이 말했다.

"준서야, 하나 옆자리가 비어 있으니까 거기 앉아."

민준은 살짝 질투가 났지만, 내색하지 않았다.

"안녕, 준서야. 나는 하나야."

"안녕. 나는 준서야. 잘 지내보자."

교실 안은 함성으로 가득 찼다. 민준이를 제외한 모두가 떠들썩했다.
"오오오오와~!"
"요이 요이 요이~!"
"요이~ 탕후루~!"

민준은 그저 학교가 끝나기만을 기다렸다. 수업이 끝난 후, 하나에게 다가갔다.
"하나야, 지금 가는 거지? 같이 가자."
가방을 정리하던 하나가 말했다.
"미안, 쌤이 오늘 준서 학교 좀 소개해주라고 하셔서… 내일 같이 가자."
민준은 씁쓸했지만, "알았어." 하고 말없이 학교를 나섰다.

준서가 전학 온 지 일주일이 지났다. 하나는 준서에게 참 잘해줬고, 준서도 하나를 자주 챙겼다. 민준은 이제 말을 해야겠다고 마음먹었다.
"하나야… 너, 이제 나 싫어?"
하나가 조금 당황한 듯 말했다.
"아니야. 나는 아직 너 좋아해. 왜 그래?"
민준은 안도하며 대답했다.
"그냥… 물어봤어."

학교를 나서는 길, 민준은 다행이라 생각하면서도 마음 한쪽이 불안했다. 그 주 토요일, 민준과 하나는 데이트를 했다. 카페에 앉아 잠시 쉬고 있을 때, 하나가 계속 휴대폰을 들여다보는 모습이 신경 쓰였다.
"뭐해?"
"나… 준서랑 디엠 중…"
민준은 순간 질투와 화가 치밀어 올랐다. 요즘 들어 민준과 있을 때조차 준서 이야기를 자주 하던 하나였다. 결국 민준이 입을 열었다.

"하나야, 너… 준서 좋아하지?"

하나는 순간 당황해, "그게 무슨 말이야?" 하고 되물었지만, 속으로는 이미 준서에게 마음이 향하고 있었다.

"내가 보기엔, 요즘 너 준서한테 너무 붙어 다니잖아."

"준서는 전학 왔잖아. 친구 만들어야 하니까 더 챙겨주는 거지."

"근데 왜 나랑 있을 때도 계속 준서 얘기만 해?"

하나는 더 이상 아무 말도 하지 못했다.

"…"

민준은 자리에서 일어나 카페를 뛰쳐나갔다. 그 뒤로 둘은 한동안 말을 하지 않았다. 하나는 마음이 복잡했다. 미안한 마음도 있었지만, 점점 더 준서에게 끌리고 있었다. 결국, 하나는 민준에게 긴 문자를 보냈다.

"민준아… 많은 생각을 해봤는데, 어느 순간부터 너보다 준서를 더 좋아하게 된 것 같아.

우리… 그만하자. 그동안 정말 미안했어."

하나는 문자를 보내고, 눈물을 흘렸다.

'내가 왜 그랬을까… 나는 진짜 못된 사람인가 봐…'

일주일 후, 반에서는 "준서랑 하나가 사귄대!"라는 소문이 돌기 시작했다. 애들이 인스타그램을 확인하더니 소리를 질렀다.

"오오오오!!"

"둘이 뭐야?!"

정말 둘은 사귀고 있었다. 민준은 조용히 혼잣말로 말했다.

"그냥… 그런가 보다."

한 달쯤 뒤, 둘이 헤어졌다는 소문이 돌았다. 알고 보니, 준서는 하나의 메시지를 잘 보지도 않고, 대부분의 시간을 PC방에서 보냈던 것이었다. 사실 민준은 PC방에 갈 때마다 준서를 종종 마주쳤고, 같이 게임도 하며 조금씩 친해지고 있었다. 그래서 누구보다 먼저, 준서와 하나가 헤어졌다는 사실을 알게 되었다. 그 소식을 들었을 때, 민준은 왠지 모르게 마음이 좋지 않았다.

세 달이 지나, 세 사람은 중학생이 되었다. 민준과 준서는 제법 친해졌고, 하나는 둘과 어색한 사이가 되었지만, 새로운 친구들과 어울리며 지내고 있었다. 이렇게, 약 반년간의 어지럽고 힘들었던 삼각관계는 막을 내렸다.

어느 날, 셋이 함께 있는 자리에서 민준이 말했다.

"준서야… 사랑은 어렵고, 힘든 것 같아."

학교 괴담 지키기

10615 심 채 빈

몇 달 전, 교장 선생님께서 우리 학교의 괴담을 지켜 달라고 하셨다. 무슨 뜻인지 알 수 없었다. 그러나 우리 괴담 조사 동아리는 그 부탁을 수락했다. 오늘, 그 말의 의미를 비로소 알게 되었다.

"야, 너 그거 들어 봤어? 이번에 유유 남매가 생방송으로 우리 학교 괴담을 확인한다는 소문!"

"그런 소문이 있어? 진짜야? 언제?"

"모르지… 물어볼까?"

"아냐, 뭘…"

나는 단체 채팅방에 톡을 보냈다. '비상 동아리실로 와.' 친구들이 속속 동아리실로 모였다.

"왜, 무슨 일 있어?"

"소문 못 들었어?"

"무슨 소문?"

"3반에 신유빈이랑 신유호가 괴담이 진짜인지 확인한다는 거야! 그런데 우리는 괴담을 지켜야 하잖아."

"아…"

"일단, 우리 괴담이 어떻게든 해결됐던 과정을 다시 생각해 보자."

"정리해 둔 게 있어."

임서준이 공책을 내밀었다 ― 서준이는 필기 잘하는 아이다. 공책엔

이렇게 적혀 있었다:

[괴담 리스트]
① 화장실 괴담 → 빨간 색소 물에 타서 뿌려두고, 가발 사서 머리카락을 변기에 둠
② 음악실 괴담 → 피아노 연주하고 오케스트라 틀어 놓음
③ 거울 괴담 → 거울 뒤에 인형 걸고 마커로 칠해 둠
④ 체육관 괴담 → 체육관에서 농구·배구하며 소리 냄
⑤ 실험실 살인 괴담 → 실행 ×

"음… 첫 번째부터 시작하지 않을까?"
"그런데 첫 번째는 22일에 나타나는 괴담이잖아. 오늘은 17일이고."
"그럼, 그들이 어떤 괴담을 언제 확인할지 알면 좋겠다."
"잠깐! 그거야! 우리 스파이를 심자!"
"스파이?"
"응, 유유 남매에게 같이 한다고 접근해서, 몇 시에 어떤 괴담을 하려는지 정보를 알아오는 거야."
"음… 하린이는 어때?"
"하린아, 괜찮아?"
"어, 응! 내가 할게."

이하린 — 눈치 빠르고 손재주 좋은 아이. 지금 가장 적합한 스파이였다. 이 아이디어를 낸 것은 조장 김하린이었다. 팀을 잘 이끌며 좋은 아이디어를 자주 내는 친구다. 하린이가 가고 얼마 지나지 않아 채팅방에 메시지가 떴다.

'오늘 9시, 괴담 5번'
'5번이면 살인 괴담이야?!'

'그게 무슨 괴담이야?'

'학생들이 학폭 사건 터졌는데, 담임이 학생들을 감싸주지 않았고, 학생들이 담임을 죽이려 했다가 역으로 담임이 학생들을 창문에서 떨어뜨렸다는 괴담. 실험실에서 죽었다는 내용.'

'너무 자세하잖아…'

'방법 생각했는데, 좀 위험해.'

그 친구는 색다른 아이디어를 적었다:

'채하가 파쿠르 배운 거 있으니까, 하린이가 귀신 빙의한 척하면서 채하를 창문 밖으로 밀치 듯 보이게 연기하고, 채하는 2층 교실 창문으로 미끄러지듯 들어오면 우리가 그를 받아주는 거야.'

'위험하잖아.'

'괜찮아. 한번 연습해 보자.'

정채하는 어릴 때부터 파쿠르를 배웠다. 이건 나만 할 수 있는 임무일지도 모른다고 생각했다. 그렇게 우리는 밤 8시에 실험실을 미리 세팅해 두고, 9시가 될 때까지 기다렸다. 9시가 되자 유유 남매가 와서 생방송을 시작했다.

"안녕하세요! 유유 남매, 신유빈·신유호입니다. 오늘 ○○중학교 괴담을 확인해 보려고 합니다."

그들은 괴담을 소개하며 3층 실험실로 올라갔다.

"여기 실험실입니다. 불을 켜 볼까요?"

딱 ― 불이 켜졌다.

"와… 쭉 돌아볼게요."

그들은 실험실을 둘러보기 시작했다.

"헉! 여기 핏자국이!!"

"여기 비커가 있네요?"

휘이잉 — 투욱 — 쨍그랑!

모두가 그 소리에 놀랐다. 비커가 깨져 있었다. 아무도 없는 곳에서… 나와 하린이도 숨을 멈춘 채 바라보았다.

"여러분! 보셨나요? 아무도 없는 곳에서 비커가 깨졌습니다! 이 괴담은… 진짜일까요?"

예상치 못한 상황이었다. 딱 — 불이 꺼졌다.

"어? 정전인가?"

딱 — 불이 다시 켜졌다. 하린이는 창문 앞에 와 있었다. 눈치 빠른 하린이였다. 나도 연기를 시작했다.

"하린아, 거기서 뭐하는 거야?"

"……"

"하린인가? 이쪽으로 와 줄래?"

신유빈이 말했다. 하린이는 대답하지 않았다. 그 순간, 하린이가 나를 잡아 올렸다. 낮추려는 순간 나는 들려 올려졌다…? 하린이는 나를 창문 밖으로 내밀 듯이 했다.

"이… 하… 린… 정… 신… 차…려…"

목소리가 제대로 나오지 않았다. 하린이가 내 목을 잡고, 마치 손가락 하나씩 떼는 듯한 동작을 했다.

"하…린…아!"

나는 그녀의 얼굴을 보고 놀랄 수밖에 없었다. 하린이는 울고 있었다. 미안함과 죄책감이 뒤섞인 눈빛이었다. 그 얼굴은, 하린이의 얼굴이 아니었다. 마지막 손가락이 떨어지고, 나는 정신을 다잡고 생각했다.

'여기서 떨어지면 죽는다.'

나는 2층 난간을 붙잡고, 학교 벽을 디딤 삼아 2층 교실로 기어 올라갔다. 친구들이 손을 내밀어 잡아주었다.

"야, 대박… 속았겠다, ㅋㅋ"

"…위험했어."

"뭐라고?"

"신유빈이랑 신유호! 위험해. 귀신이야. 빙의된 거야."

"그런 거 있겠어?"

겁쟁이 서림이가 소리쳤다.

"모르겠어. 어쨌든 구해야 해."

"서준이랑 나 올라갈게. 너희는 여기 기다려."

"응."

한편, 신유빈은 하린이에게 잡혀 있었다.

"유…호야!"

"유빈아!"

"복도 창문 열어!"

"어?"

"빨리!"

"응!"

유호는 복도 창문을 열었다.

"문이 잠겨 있었어… 큰일 날 뻔했다."

"유빈이 아직…"

"아이, 서림아! 유빈이 떨어진다!"

하린이의 외침이 2층까지 울렸다. 나는 창문 쪽으로 달려가 위를 보았다. 하린이의 손에 매달린 유빈이가 보였다.

"야! 밧줄 있지?"

"어? 응."

"그거 꽉 잡아."

나는 밧줄을 내 몸에 묶고, 반대쪽을 서림이에게 건넸다. 유빈을 잡고 있는 손가락이 4개 남았을 때, 즉 2초 전이었다! 나는 뛰어올랐고, 날아올랐지만⋯ 유빈이는 내 앞에서 추락했다.

"이런⋯"

우리 학교는 높게 지어진 건물이라 3층은 꽤 높았다. 누군가 뛰어내릴 생각조차 하지 않았지만, 첫 도전자가 나일 줄은 몰랐다. 나는 유빈이를 따라 떨어지며 손을 뻗었다.

착. 뭔가가 잡혔다. 신유빈의 팔찌였다. 나는 팔찌 하나로 유빈이를 잡고 버텼다.

"서림아! 천천히 내려!"

스으으윽⋯ 나와 유빈은 땅에 닿았다. 서림이와 서준이, 하빈이도 모두 도착했다.

"다 왔어?"

"아직⋯ 하린이는?"

끽 — 위에서 무언가 부서지는 소리가 났다. 우리는 위를 보았다. 하린이가 떨어지려 했다.

"밧줄 줘!"

나는 밧줄을 던져 4층 환풍구 비슷한 곳에 걸쳤다. 나는 달려 나가, 1층 난간을 밟고 점프해 2층 난간을 움켜잡았다. 그 사이 하린이는 떨어졌다.

"에잇!"

나는 2층 난간을 발로 차며 하린이를 붙잡았다. 그 상태로 옆 교실 난간까지 이동하려던 순간, 밧줄이 생각보다 짧았다. 우리는 교실 옆 난간에 매달린 채 위태롭게 매달렸다.

"아무나 신고 좀 해줘!"
"서림이가 신고했어!"
"잘했어! 나중에 내가 간식 사줄게―살아만 있으면!"
"농담은 그만하고, 저쪽 난간에 발이라도 딛을 수 없을까?"
"시도는 해보지 뭐."

나는 밧줄을 흔들며 발을 옆으로 뻗었다. 찌익, 슈욱… 밧줄 매듭이 풀리고 있었다.
"몇 분 기다려야 돼?"
"한 5분쯤…"

이대로면 우리 둘 다 떨어진다. 하린이를 붙잡느라 난간에 매달리기도 버거운 상태였다.
"하린아… 정신 차려…"
그때 하린이가 눈을 떴다.
"하린아, 괜찮아?"
"응…"
"미안한데, 밑 난간이라도 잡을 수 있어?"

나는 하린이 팔을 잡고 천천히 난간 쪽으로 내려 주었다. 하린이는 가까스로 난간을 붙잡았다.
"오케이!"
순간, 밧줄 매듭이 풀렸다. 나는 옆 난간으로 뛰어들었다. 쾅! 몸이 풀렸지만, 반대쪽 손으로 난간을 간신히 붙잡았다.

"내가 무슨 마술사야? 공중에 세 번이나 있었네."
"119 왔다!"

결국 우리는 구조되었다. 하린이는 응급실로 이송되었다.
"채하야, 너 괜찮아?"
"응… 내일 병원 가봐야지."
"아까 난간에서 큰 소리 났잖아. 팔은 괜찮아?"
"정말 괜찮아."

꼭 이런 말 하면 누구는 깁스를 하던데… 그렇게 우리는 집으로 돌아갔다. 머릿속이 정리되지 않았다. 귀신 빙의, 살인, 괴담… 또… 커어억… 그렇게, 너무나도 힘들었던 하루가 끝났다.

검은 사랑

10526 정아인

나는 최지호. 지금 누군가를 좋아하고 있다. 건너편 건물에 사는 그녀. 직접 만나보진 못했지만, 창문 너머로 보이니까 괜찮다.

"딩동."
아, 내 친구 민재가 왔다. 민재는 나의 베스트 프렌드다.
"야, 지호야! 대박 사건! 너 모쏠이잖아? 그래서 내가 너 최대한 잘 나온 사진으로 소개 좀 하고 다녔거든? 근데 어떤 분이 너 한번 만나보고 싶대! 진짜 대박이지? 2시에 약속 잡아놨으니까 빨리 준비해. 나갈 거야!"
"민재야, 알겠으니까 진정 좀 해."

…그런데 나에겐 그녀가 있는데. 어떡하지? 그래도 민재가 힘들게 소개시켜 준 자리인데, 예의상 한 번쯤은 나가 줘야겠지. 젠장. 게임하다가 30분이나 늦었다. 카페에 도착했는데… 어딨지? 사람이 너무 많아서 안 보여. 아! 저기다. 잠깐만…
Oh my god. 그녀다.
어떡하지? 지금이라도 도망갈까?
"저…"
"아! 예!"
그녀가 물었다.
"혹시… 최지호 씨 맞으신가요?"

"예. 맞습니다."

…진짜 그녀다. 맞아. 맞다고! 민재, 이 자식… 도대체 어떻게 그녀를 알았던 거지?

"아, 제 이름을 안 알려드렸네요. 저는 김소희라고 해요. 요리사입니다."

아차, 나도 소개해야지.

"저는 최지호입니다. 아직은… 취준생이에요. 아까는 늦어서 죄송합니다. 강아지 씻기다가…"

"어? 혹시 무슨 종이세요?"

잠깐, 뭐지? 설마… 그녀도 강아지 키우는 건가?

"저, 골든리트리버요."

"오! 저도 그 개 키우는데요!"

그렇게 우리는 강아지 얘기로 한참을 웃으며 이야기했다. 소희 씨는 다음에 또 보자며 연락처를 건넸다. 모쏠인 나에게 드디어 여친이 생기는 걸까? 그것도… 그녀와? 그 후로 우리는 5번 정도 더 만났고, 자연스럽게 사귀는 사이가 되었다.

나는 너무 좋았다. 정말… 꿈만 같았다. 그런데 요즘, 소희 씨가 이상하다. 계속 내 문자를 읽지 않는다. 설마… 그녀도 결국 다른 사람들과 다를 바 없는 걸까? 불안감은 점점 커져만 간다.

어라? 저 사람 뭐야?

뭐야, 진짜 뭐야!!!

쟤… 뭔데 소희 씨랑 팔짱을 껴?! 게다가, 집까지 데려다주네?

나는 바로 전화를 걸었다. 나 지금 다 보고 있어. 전화 받아.

…하, 끊어버리네?

정아인 · 125

좋아. 내가 직접 간다. 잠깐, 지금 가면 들킬지도 몰라. 괜찮아. 롱 렌즈 카메라로 보면 되니까. 소희야, 기다려. 넌 절대 놓치지 않을 거야.

"위옹위옹——"
뭐지? 창문을 내다봤다. 경찰차였다. …뭐야. 경찰차가 왜……
"쾅!"
문이 열리더니— 소희가 나왔다. 그런데… 경찰복을 입고 있었다.
"최지호 씨. 당신을 스토킹 및 성희롱, 해킹죄로 체포합니다."
그제서야 알았다.
'아… 나, 제대로 당했구나.'
"당신은 묵비권을 행사할 수 있으며, 변호인을 선임할 권리가 있습니다…"
"와… 잡혀도 너한테 잡히네? 소희야, 우리 진짜 천생연분인가 봐. 나, 지금 너무 행복해."

비하인드
[속보]
여성들을 상대로 스토킹 및 성희롱을 저질러온 최모 씨가 오늘 오후 2시, 경찰에 의해 긴급 체포되었습니다.

앤드류의 밤

10305 김민찬

영국의 외진 곳에 한 작은 마을이 있었어요. 마을이 워낙 작아서인지, 사람들은 서로를 잘 알고, 서로서로 도우며 살아가고 있었죠. 그런데 그 마을에는 사람들에게 '뱀파이어'라고 불리는 한 아이가 있었어요. 바로 '앤드류'예요.

앤드류는 다섯 살이 되기 전까지만 해도 모두와 잘 어울리는 평범한 아이였어요. 하지만 다섯 살 생일이 지나고 석 달쯤 되었을 때, 앤드류에게 이상한 병이 나타났어요. 사람들은 그것을 '뱀파이어 증후군'이라고 불렀어요. 말 그대로, 뱀파이어처럼 되는 병이었죠.

처음엔 햇빛에 노출된 피부에 작은 상처들이 생기기 시작했어요. 시간이 지날수록 상처는 점점 커졌고, 나중에는 피부가 타 들어가기 시작했어요. 결국 앤드류는 여섯 살이 되던 해부터는 해가 떠 있는 낮에는 밖에 나갈 수 없게 되었죠.

앤드류에게 밤은 마치 꿈처럼 자유로운 시간이었어요. 그는 인간보다 4~5배 뛰어난 신체 능력을 '이점'이라고 생각하며 살았고, 그의 주된 놀이는 바로 '사냥하기'였어요. 매일 밤 사슴이나 토끼 같은 동물들을 쫓아다니고, 잡은 후에는 놓아주는 것이 가장 재밌는 놀이였죠.

그날 밤도 앤드류는 평소처럼 사냥을 하던 중이었어요. 그런데 숲속에서 한 소녀가 울고 있었어요. 앤드류는 궁금함을 참지 못하고 소녀에게 다가갔어요.

"뭐지?"

가족 외에는 몇 년 만에 만난 사람이었거든요. 게다가 소녀의 얼굴은 신이 내려준 듯 예뻤어요.

"야, 너 괜찮아?"

앤드류는 걱정스러운 목소리로 물었어요. 하지만 소녀는 앤드류를 보자마자 겁에 질렸어요. 앤드류는 자신을 가리키며 말했어요.

"미안, 근데 나 나쁜 애 아니야."

그런데 그때, 소녀가 떨리는 목소리로 말했어요.

"아… 아니… 너… 너 뒤에 곰이 있어!"

앤드류가 뒤를 돌아보자, 그곳엔 자신보다 몇 배는 큰 불곰이 소녀와 앤드류를 향해 달려오고 있었어요. 앤드류는 재빨리 소녀를 업고 전속력으로 달리기 시작했어요. 다행히 근처 바위 뒤에 숨을 수 있었고, 곰은 그들을 찾지 못했어요.

"와… 다행이다."

앤드류는 한숨을 내쉬며 말했어요.

"미안, 소개가 늦었지? 나는 앤드류야."

소녀도 웃으며 말했어요.

"나는 록시야. 얼마 전에 저기 작은 마을로 이사 왔어."

그 마을은 바로 앤드류가 살고 있는 곳이었어요.

"어? 나도 그 마을에 살아!"

앤드류가 밝은 목소리로 말했어요.

"근데, 마을 사람들한테 인사할 땐 너 없었던 것 같은데…"

록시가 의아한 듯 말했어요.

"어… 그건 좀 사정이 있었어."

앤드류는 살짝 떨리는 목소리로 대답했어요.

"그렇구나. 내일 또 볼 수 있으면 보자. 오늘 고마웠어."

록시가 돌아간 후, 앤드류는 새벽 4시까지 사냥을 하고 집으로 돌아갔어요. 그리고 다음 날, 록시는 앤드류의 집을 찾아왔어요.

"앤드류, 있어?"

"들어와."

록시는 앤드류의 집에 들어섰어요. 방 안은 어둡고 무서운 분위기였지만, 앤드류는 밝게 그녀를 반겨주었어요. 햇빛은 없었지만, 둘은 마치 햇살 아래서 뛰노는 듯 즐겁게 놀았어요.

하지만 그날 밤, 앤드류는 갑자기 피에 대한 욕구를 느끼기 시작했어요. 첫날은 어떻게든 참았지만, 이튿날, 그다음 날… 욕구는 점점 더 강해졌어요.

어느 날, 록시와 놀던 앤드류는 끝내 욕구를 참지 못하고 말했어요.

"잠시 나갔다 올게!"

앤드류는 숲으로 달려가 토끼를 잡아 피를 마셨어요. 그런데 마침 산책 중이던 한 아주머니가 그 장면을 목격하고 말았죠.

"뱀… 뱀… 뱀파이어다!!!"

그 소리에 마을 사람들은 농기구를 들고 앤드류를 쫓기 시작했어요. 다행히 앤드류는 따돌렸지만, 마을로 돌아갈 용기가 나지 않았어요. 그 때, 록시가 그를 찾고 있었어요.

"앤드류!"

앤드류는 록시에게 달려갔고, 록시는 걱정 가득한 얼굴로 말했어요.

"어디 갔었어? 왜 안 들어와?"

그러다 록시는 앤드류의 입가에 묻은 피를 보고 말았어요. 놀란 것도 잠시, 록시는 그를 다정히 안아주며 말했어요.

"괜찮아. 뱀파이어라고 다 나쁜 건 아니잖아?"

"고마워…"

앤드류는 진심으로 감사했어요. 록시 덕분에 앤드류는 다시 마을로 돌아올 수 있었어요. 하지만 피에 대한 욕구는 점점 심해졌고, 며칠 동안 집 밖으로 나갈 수 없었어요.

"너… 괜찮아?"

록시가 걱정스럽게 물었어요.

"응… 괜찮아."

"정 안 되겠으면… 내 피를 마셔도 돼."

앤드류는 조심스럽게 록시의 팔에 상처를 내고 피를 마셨어요. 정신을 차렸을 즈음, 마을 밖이 시끄러워졌어요.

"여기가 그 뱀파이어의 집입니다!"

마을 사람들이 햇빛이 가득한 아침에 농기구를 들고 앤드류의 집 앞에 모여 있었어요. 앤드류는 록시를 업고 창문을 통해 도망쳤지만, 발을 헛디뎌 쓰러지고 말았어요. 결국 앤드류는 마을 사람들에게 붙잡혀 처형대로 끌려갔어요.

"뱀파이어는 죽어야 해!"

"우리에게 해로운 존재야!"

사람들의 외침은 마치 저주처럼 들렸어요. 그때, 숲에서 늑대들의 울음소리가 들렸어요. 순식간에 50~70마리쯤 되는 늑대들이 마을을 습격했어요.

"꺅!"

"악!!!"

사람들은 공포에 질려 도망쳤고, 늑대들은 마구잡이로 사람들을 공격했어요. 그 틈에 록시는 앤드류의 결박을 풀어주었고, 앤드류는 늑대들과 맞서 싸우기 시작했어요. 농기구를 든 몇몇 마을 사람들과 함께 싸웠지만, 대부분은 도망쳐 숨었죠. 앤드류는 혼자서 늑대 무리의 반절을 물리쳤고, 결국 늑대들은 꼬리를 내리며 도망쳤어요. 숨어 있던 마을 사람들이 하나둘씩 나오기 시작했고, 외쳤어요.

"앤드류 만세! 뱀파이어 만세!"

사람들은 앤드류를 영웅으로 칭송했고, 록시는 그를 꼭 안아주며 칭찬했어요. 이후 마을 사람들은 앤드류가 살아가기 위해 필요한 피를 기꺼이 제공하며, 모두 함께 평화롭게 살아갔답니다.

유령과의 거래

10306 김 예 나

"얘들아, 이거 좀 봐봐."
최솔이 크고 우렁찬 목소리로 스마트폰 화면을 친구들에게 내밀었다.
"이게 뭐야?"
백하령과 황예은이 호기심 어린 눈으로 물었다.
"여기 요즘 엄청 유명한 공포 명소야. '한빛고등학교'라고!"

한빛고등학교는 원래 공부를 아주 잘하는 학생들만 있는 명문 고등학교였다. 하지만 몇 년 전부터 이 학교에서 여러 살인사건이 일어나 폐교되었고, 최근엔 한 유튜버가 담력 체험을 한 뒤 실종되어 더욱 화제가 되었다.

"요즘 날도 더운데, 우리 셋이 거기 가서 담력 체험하는 거 어때?"
최솔이 기대에 찬 눈빛으로 나와 예은이를 번갈아 보며 말했다.
"으… 거길? 너무 무서운데."
내가 말하기도 전에 예은이가 대답했다.
"너무 좋아! 반장, 너도 갈 거지? 응, 응?"
예은이와 솔이가 나를 빤히 쳐다보자 나는 어쩔 수 없이 가겠다고 했다.
"어… 어? 당연하지…! 하하…"
내 대답에 솔이는 신난 듯이 소리쳤다.

"그럼 오늘 새벽 4시에 한빛고등학교 정문 앞에서 만나자! 알았지?!"

솔이는 신나서 교실을 박차고 나갔다.

"응? 하하. 솔이 엄청 신났나 보다. 이따 보자, 반장!"

예은이도 웃으며 교실을 나갔다. 나는 겁이 많아서 사실 가기 싫었지만, 어느새 새벽 4시가 다가왔다. 집을 나서니 솔이와 예은이가 이미 와 있었다.

"엇, 하람이다! 왜 이렇게 늦었어~ 아무튼 기대된다! 빨리 가자!!"

솔이가 우렁차게 말했다. 어느새 한빛고등학교 정문이 보였다. 스산한 기운이 등골을 타고 올라왔다. 겁 없는 둘은 신나게 들어갔다. 정문을 통과하자 이상한 기운과 불쾌한 소리가 들렸다.

"얘들아, 여기 좀 이상한 것 같은데…"

"응? 뭐래? 빨리 와, 하람아!"

내 말을 듣지 못한 친구들은 앞서 나갔다.

"같이 가, 얘들아!"

무섭지만 친구들의 손을 꽉 잡고 눈을 감고 걸었다. 그런데 갑자기 친구들의 발걸음이 멈췄다.

"얘들아? 갑자기 왜 멈췄어…?"

살며시 눈을 떠 친구들을 바라보니, 그때 등골이 오싹해지는 웃음소리가 들려왔다. 친구들의 표정은 창백했고, 무언가를 본 듯했다.

"하하하하! 너희가 뭔데 감히 여길 들어와?"

익숙하면서도 섬뜩한 목소리였다. 그 순간 복도 끝에서 커다란 검은 손 두 개가 나타나 친구들을 붙잡았다.

"얘들아!!"

나는 소리치며 친구들의 손을 붙잡으려 했지만, 끝내 놓치고 말았다. 순식간에 친구들이 검은 손에 잡혀 끌려갔다. 잠시 멍하니 서 있는데 또다시 끔찍한 목소리가 들렸다.

"…친구들을 되찾고 싶나?"

"당신은 누구예요? 제발 친구들을 돌려주세요!!"

내가 울먹이며 외치자 목소리는 조용히 말했다.

"친구들을 되찾고 싶다면, 나와 거래를 하자."

"거래요? 무슨 거래요…?"

목소리는 기다렸다는 듯 빠르게 말했다.

"2시간 안에 이 학교 내부에 있는 귀신들의 원한을 풀어줘라. 그러면 친구들을 돌려주지."

"원한을 풀다니… 그건 어떻게 해야 하죠?"

"일단 2층 음악실로 가거라. 거기에 귀신이 있으니."

나는 친구들을 구하기 위해 음악실로 뛰어갔다. 문을 열자 구석에 한 귀신이 울고 있었다. 무섭긴 했지만 다가가 물었다.

"저기, 왜 울고 있어?"

귀신은 울먹이며 말했다.

"아무도 내 노래를 들어주지 않아…"

"내가 네 노래 들어줄게."

"정말…?"

기쁜 듯 귀신은 노래를 불렀다.

"아— 아— 아—!!"

엄청난 음치의 노래였지만 끝까지 참고 들었다.

"내 노래를 끝까지 들어준 건 네가 처음이야. 고마워!"

귀신은 한 장의 메모를 남기고 사라졌다. 메모에는 '다음 장소는 1학년 3반'이라고 적혀 있었다. 메모를 들고 복도를 뛰어가는데 뒤에서 호루라기 소리가 났다.

"삑―!"
돌아보니 팔에 '선도부' 완장을 찬 학생이 보였다.
"복도에서 뛰면 안 돼!"
나는 너무 놀라 멈췄다. 그러자 귀신이 내게 놀란 듯 말했다.
"넌 내 말을 들어줬구나. 와, 정말 기쁘다! 고마워!"

그 귀신도 사라지며 한 장의 사진을 남겼다. 사진 속에는 교실 안에 갇혀있는 솔이의 모습이 찍혀 있었다. 곧이어 2층 복도 끝에서 비명 소리가 들렸다.
"살려주세요―!!!"
틀림없이 솔이의 목소리였다. 나는 그곳으로 달려갔다. 문을 열려던 순간 교실 안에서 귀신이 나타났다.
"넌 뭐야!"
귀신이 소리쳤다.
"여기 들어가려면 9개의 수학 문제를 모두 맞혀야 해!"
귀신은 몰랐다. 내가 전교 1등이고 수학에 특히 자신 있다는 사실을. 나는 문제를 재빨리 풀었고, 귀신은 놀라며 외쳤다.
"다 맞았어…! 하나도 틀리지 않았어!"
귀신은 사라졌고 나는 교실 안으로 들어가 솔이를 구출했다.
"하람아…"
솔이는 떨리는 목소리로 말했다.
"아까 그 손이 날 여기에 가둬놨어…"
"그럼 예은이는?"
"아직 몰라."
솔이는 불안해하며 말했다.

"우리… 예은이는 두고 나가자. 여기 너무 이상해. 너도 알잖아."

"무슨 소리야? 예은이는 내 친구야. 친구를 두고 나갈 순 없어. 네가 위험하다고 생각하면 너 혼자 나가도 돼. 난 예은이도 구할 거야."

내 단호한 말에 솔이는 당황했다. 잠시 후 솔이는 마치 떠나려는 것처럼 보였다. 나는 귀신이 남긴 사진을 다시 확인했다. 사진 속 장소는 체육관 같았다. 체육관에 도착하자 검은 손이 다시 나타났다.

"여기서 귀신들의 원한을 풀어줬다. 이제 예은이를 돌려주라."

검은 손은 차갑게 말했다.

"누가 마음대로? 너흰 여기서 영원히 떠날 수 없어."

검은 손은 날 따라왔고, 음산하게 웃었다.

"으흐흐… 공포의 술래잡기, 시작이다!"

손은 매섭게 따라왔다. 나는 전력으로 도망쳤다. 이미 손이 거의 따라잡았을 때, 체육관 창문이 깨지며 솔이가 뛰쳐나왔다.

"와! 술래잡기하냐? 나도 껴줘!!!"

솔이는 소리치며 달려왔다.

"너는 빨리 가서 예은이를 구해!"

솔이는 나를 부추기고 재빨리 달렸다. 나는 철창에 갇힌 예은이를 찾아내고 철창을 열었다. 검은 손이 분노하며 우리를 붙잡으려 하자 우리는 체육관을 뛰쳐나왔다.

"이봐, 너! 왜 우리를 잡는 거야!"

솔이가 소리치자 검은 손은 갑자기 울기 시작했다.

"으흑… 이 학교… 내가 아주 어렵게 세운 곳인데, 모두 나를 떠나버렸어…"

그 말과 함께 검은 손은 한빛고등학교 교장의 모습으로 변했다. 우리는 교장의 모습을 보고 조심스럽게 다가가 달래주었다.

"괜찮아요. 우리가 있잖아요!"

우리가 교장을 꼭 안아주자 교장도 웃으며 점점 사라졌다.
"다 너희들 덕분이야… 이제 미련 없이 떠날 수 있겠구나."

교장이 웃으며 사라지자 학교 안의 기운이 누그러지고, 우리는 밖으로 나왔다.
"…정말 재밌었어! 근데 아까 하람아, 미안했어. 예은이를 구하러 가다가 너까지 위험해질까봐 그랬어."
"에이, 괜찮아. 이제 모두 무사하잖아."
"그럼 떡볶이 먹으러 갈래? 어때?"

예은이가 신나서 물었다.
"좋아! 근데 누가 살래? 예은이?"
"뭐? 네가 사야지~"

우리는 웃음을 터뜨렸다. 이 사건을 계기로 우리 셋은 전보다 더 끈끈해졌고, 함께한 시간이 언제나 웃음이 되는 추억으로 남았다.

우정이 뭐라고 생각해?

10231 최예린

금고급. 내 친구이다. 나는 친구가 많은 편이지만, 고급이는 친구를 사귀고 싶어 하지 않는다. 고급이는 재벌 3세로 집안이 좋다. 그래서 '우정'이라는 건 돈보다 중요하지도 않고, 쓸모없는 거라고 생각한다.

고급이는 언제나 자기가 제일 잘나야 한다. 남을 깎아내리는 말을 자주 하고, 이간질을 하기도 해서 친구들이 고급이 곁에 오래 머무르지 않는다. 그런데도 내가 고급이 옆에 있는 이유는, 그 애가 늘 혼자였기 때문이다. 그게 너무 안쓰러워 보였다. 친구들은 내가 너무 착하다고 하지만, 나는 그렇게 생각하지 않는다.

…그 사건이 일어나기 전까지는.

어느 날 점심시간, 나는 급식을 다 먹고 급식실을 나왔다. 저 멀리서 고급이가 친구 두 명을 붙잡고 무언가 말하고 있는 게 보였다. 거리가 멀어 무슨 이야기인지, 누가 있는 건지 알 수 없었다.

조금 가까이 다가가 보니, 그 두 친구는 내 절친들이었다. 그 친구들은 나를 보자 한숨을 쉬며 자리를 떴고, 고급이는 뒤를 돌아 나를 발견하더니 '픕' 하고 웃고는 가버렸다. 나는 직감적으로 알 수 있었다. 고급이가 내 욕을 했다는 걸.

그날 이후로 나에게 말을 걸던 친구들이 하나둘 사라지더니, 결국엔 아무도 남지 않았다. 그렇게 사흘쯤 지났을까, 내 앞에서 대놓고 내 욕을 하는 친구들이 생기기 시작했다. 내용은 이랬다.

"야, 그래서 쟤가 고급이한테 붙어 있던 거야? 돈 빨아먹으려고? 어쩐지… ㅋㅋ"

"그리고 우리한테 친하게 지내는 것도 인맥 자랑하려던 거라던데?"

그 말을 듣자마자 나는 고급이를 향해 달려갔다. 고급이에게 뭐냐고 따져 물었지만, 대답은 없었다. 대신 나를 학교 뒤편으로 데려가더니 조용히 말했다.

"너, 그날 내 욕을 어떻게 했길래 애들이 너 말을 이렇게까지 믿는 거야?"

"왜, 내가 너를 욕했다고 생각해?"

"내가 널 몰라? 8살부터 14살까지, 벌써 7년째 친구야. 대체 왜 그러는 건데?"

"그럼 너는? 너 요즘 나한테 잘 안 오는 건 뭔데? 중학교 와서 친구 많이 사귀었다고… 먼저 나 버린 건 너잖아!"

"…야, 넌 나를 대체 뭘로 보는 거야?"

억울한 감정에 눈물이 고인 채로 교실로 들어왔다. 그리고 얼마 지나지 않아 고급이도 들어왔다. 나는 한 번도 고급이를 버린 적이 없다. 고급이는 늘 혼자 앉아 있었고, 나는 그 곁을 지켰다. 중학교에 와서도 마찬가지였다. 팀을 짤 때 항상 마지막까지 남는 사람은 고급이였고, 나는 그를 데려왔다. 현장체험학습 조도 내가 고급이를 끼워 넣어 완성했다. 이게 내가 고급이를 버린 걸까?

나는 조용히 눈물을 훔쳤다. 그런데 그때, 누군가 내게 휴지를 건넸다. 고개를 들어보니… 고급이었다. 고급이가 조심스럽게 말했다.

"미안."

"…그게 다야?"

"…네가 버린 거라고는 쓰레기밖에 없지… 미안해."

순간 웃음이 나올 뻔했다. 고급이의 서툰 사과가 어이없으면서도 귀여웠다.

"내 친구들은? 어떻게 되돌릴 건데?"

"사과하려고. 진심으로."

고급이의 눈빛에서 진심이 느껴졌다. 그날, 고급이는 칠판 앞에 섰다. 그동안 자신이 해온 말과 거짓에 대해 이야기하며, 오해를 풀고 관계를 되돌리려 했다.

"얘들아, 미안해. 그동안 나 때문에 많은 친구들이 상처받았어. 나는 누군가가 나보다 잘난 게 싫었어. 진짜 이기적이지? …내 진짜 친구가 물어봤어. '대체 왜 그러냐'고. 나 이제야 알았어. 우정이 뭔지."

너, 드디어 알게 된 것 같아. 내가 널 얼마나 생각하고 있었는지. 그리고 네가 우정을 얼마나 몰랐는지.

쓰리 아웃

10102 권현준

"쓰리 아웃! 공수 교대!"

여기는 한빛고등학교 야구부. 이곳의 에이스 투수는 이강준이고, 주장은 1루수이자 에이스 타자인 태오다. 강준이는 잘생기고 키도 커서 학교 내에서 인기가 많고, 태오는 그에 비해 덜하지만 좋은 성격 덕분에 나름대로 인기가 있는 편이다.

연습이 끝난 뒤, 태오와 강준이가 운동장 한켠에 앉아 쉬고 있을 때, 서준이와 시윤이가 다가왔다.

"야야, 우리 학교에 전학생 여자애 왔는데 진짜 예쁘대! 지금 학교 난리 났어."

서준이가 흥분한 목소리로 말했다.

"그래? 한 번 가보자."

강준이가 곧바로 일어섰다. 반면, 태오는 별다른 반응을 보이지 않았다.

그가 관심 없어 하자, 강준이를 포함한 세 명은 억지로 태오를 끌고 교실로 향했다.

교실에 도착하자, 강준이는 그 여자아이를 본 순간 마음에 들어 하는 듯했고, 태오는 여전히 무덤덤해 보였다. 하지만 사실 태오도 마음이 끌리고 있었지만, 좋고 싫은 감정을 겉으로 잘 드러내지 않는 성격이라 아무도 눈치채지 못했다.

6교시 음악 시간.

전학생은 강준이 옆자리에 앉게 되었다. 바로 옆이라서 그런지, 평소 수업 시간에 자던 강준이가 이날만큼은 집중하며 수업에 임했다.

"너 이름이 뭐야?"

강준이가 먼저 말을 걸었다. 잠시 정적이 흐른 뒤, 부드러운 목소리가 들렸다.

"내 이름은 이설아야."

그 뒤로도 강준이는 설아에게 이것저것 꼬치꼬치 물었고, 설아는 귀찮아하지 않고 대부분의 질문에 친절히 대답해 주었다.

음악 시간이 끝난 후, 강준이, 태오, 서준이, 시윤이는 운동장에 다시 모였다. 강준이는 신이 난 듯 설아에 대해 알아낸 정보를 늘어놓기 시작했다.

"설아, 우리랑 같은 동네 살고, 야구 좋아하고, 먹는 것도 좋아해. 심지어 생일이랑 가족 얘기도 알아냈다니까?"

태오는 속이 조마조마해지기 시작했고, 마음속으로 강준이를 질투하고 있었다.

"야, 너 처음 본 애한테 그런 것까지 물어보냐?"

태오가 날카롭게 말을 끊었다.

"그야, 내가 걔 좋아하니까 그렇지."

"…뭐라고?"

"왜, 내가 걔 좋아하면 안 돼?"

강준이의 당당한 대답에 태오의 표정이 굳었다.

"아무튼, 걔 건드리지 마."

말을 남긴 태오의 목소리는 차가웠다. 그 옆에서 서준이와 시윤이는 어쩔 줄 몰라 서로 눈치만 봤다.

다음 날. 태오가 갑자기 설아와 친해지기 시작했다. 계기는 예상치 못한 사건 때문이었다. 설아가 선배들에게 괴롭힘을 당하고 있었고, 그 순간 태오가 나타나 그녀를 도와준 것이다. 사건 이후, 태오는 강준이에게 들은 설아에 대한 정보를 적절히 활용해 공감대를 만들었고, 둘은 자연스럽게 가까워졌다. 하지만 그 장면을 우연히 서준이가 목격했고, 곧바로 강준이에게 전했다. 설아와 친해졌다는 소식에 강준이는 분노했고 당장이라도 달려갈 기세였지만, 서준이의 조언 덕분에 하루만 더 참기로 했다.

그리고 이틀 후, 학교 뒤편. 강준이와 태오가 마주했다. 강준이가 먼저 핸드폰 속 사진을 내밀며 말했다.
"내가 걔 좋아한다고 했는데, 왜 건드렸냐?"
그러자 태오는 한 치의 망설임도 없이 말했다.
"그건 내가 할 말이지."

감정이 격해진 말싸움은 결국 몸싸움으로 번졌다. 서로 주먹을 쥔 채 엎치락뒤치락, 둘 사이의 오랜 우정이 금이 가고 있었다. 바로 그때, 시윤이가 헐레벌떡 설아를 데리고 달려왔다. 설아는 큰 소리로 외쳤다.
"그만해!"
그 말에 강준이와 태오는 움직임을 멈췄다. 설아는 숨을 고르며 말했다.
"나는 너희 둘 다 마음에 없었어. 그냥 친구로 지내고 싶었단 말이야. 근데 나 때문에 싸우면 어떡해?"

그 말을 끝으로 설아는 자리를 떠났고, 강준이와 태오는 서로의 눈을 피한 채 조용히 돌아섰다. 그날 이후. 강준이와 태오는 서로 사과했고, 다시 야구에 집중하기로 약속했다. 설아에게도 진심 어린 사과를 전했고, 이제는 친구로 지내기로 했다.

다시 좋은 관계로 돌아간 둘은 팀워크를 발휘하며 팀을 우승으로 이끌었다. 강준이는 대회 MVP를 수상했고, 태오는 든든한 주장으로 팀을 빛냈다. 그리고 둘만 몰랐던 사실이 있었다. 설아는 모든 경기마다 관중석에 앉아 조용히 그들을 응원하고 있었다는 것.

몇 천 번의 회귀 끝에는

11032 표 지 연

　해율은 몇 천 번 죽었다. 몇 천 번의 다른 장소, 다른 시간. 하지만 결말은 늘 같았다. 나는 언제나 그 짐승에게 죽었다. 그 짐승은 검은 형체에 날카로운 눈, 그리고 어떤 생명체도 흉내 낼 수 없는 소름 끼치는 목소리를 가지고 있었다. 그 존재는 섬뜩한 음성으로 내 이름을 부르며 다가왔다.
　"오랜만이군요, 해율 씨."

　죽는 순간은 익숙했다. 내 심장을 뚫고 지나가는 날카로운 촉각. 눈앞이 하얘지고, 그 감각이 사라지면 나는 다시 집에서 눈을 떴다. 또, 그 풍경. 지겨웠다. 또 같은 시간, 달라지지 않는 결말. 이제는 그만두고 싶었다. 레퍼토리는 항상 같았다. 그래야 했다. …아니, 그랬어야 했다.

　해율은 어느새 학교에 도착해 있었다. 언제나 같은 반, 같은 자리. 그 자리에 앉으려던 순간—누군가 먼저 앉아 있었다.
　"뭐지…? 이런 적 있었나?"
　당황한 해율이 멍하니 서 있자, 먼저 앉아 있던 아이가 먼저 입을 열었다.
　"안녕? 만나서 반가워. 난 윤설이라고 해."
　몇 천 번의 회차 중에서도 들어본 적 없는 이름이었다.
　"…어."
　해율은 대답을 건넨 뒤, 그녀의 옆자리에 조용히 앉았다. 그 애는 뭐가 그리 궁금한 건지 계속 나에게 말을 걸었다.

"넌 이름이 뭐야?"

"…이해율."

"오, 좋은 이름이네! 너는 뭐 좋아해?"

나는 한숨을 쉬며 대답했다.

"…그게 왜 궁금한데."

"친해지고 싶으니까?"

해율은 설을 한심하다는 눈으로 바라보다 조용히 말했다.

"…없어."

설은 고개를 갸웃거리며 말했다.

"왜? 세상에 재밌는 게 얼마나 많은데."

'재밌는 게 많다고? 그랬다면 이렇게 지겹지 않았겠지.'

나는 굳이 말하지 않고 그녀의 시선을 피했다. 그러자 그녀는 갑자기 씨익 웃으며 말했다.

"나랑 친해지면 재밌게 놀 수 있는데. 어때?"

"…그러던가."

해율은 다시 고개를 휙 돌리고 책상에 엎드렸다. 시간이 흘러 수업 종이 울리고, 눈을 떴다. 언제 왔는지도 모르게 교실에는 아이들이 가득 앉아 있었다. 그리고 지긋지긋한 수업이 이어졌다. 그리고 마침내, 그 순간이 다가왔다.

쾅—!

무거운 충격음과 함께, 학교 밖에서 괴물이 돌아다니기 시작했다.

"…시작됐군."

해율은 아무렇지도 않게 앉아 계획을 세우고 있었다.

"계획 세운 거 있어?"

깜짝 놀라 고개를 돌리자, 설이 옆에서 웃으며 나를 바라보고 있었다.

"꽤 익숙한가 보네? 회귀라도 했나 봐?"

해율은 당황했다.

'쟤가 그걸 어떻게…? 절대 모를 텐데.'

"왜, 질렸어?"

그녀는 장난스러운 눈으로 나를 바라보며 웃었다. 나는 겨우 입을 열었다.

"…웹툰 좀 그만 봐. 회귀는 무슨 회귀."

대충 넘기며 모른 척했다.

그때—!

쾅!

문이 부서지며 괴물들이 들이닥쳤다.

'젠장, 어느 틈에 온 거지…?'

해율이 검을 꺼내 맞서려던 바로 그 순간— 화살이 괴물의 머리를 관통했다. 화살을 쏜 이는 설이었다.

"명중했네!"

'뭐지? 웬 활을…?'

생각할 틈도 없이 또 다른 괴물이 해율에게 달려들었다. 하지만 그는 침착하게 검으로 괴물의 목을 베어냈다. 아이들은 놀라서 말문이 막힌 듯 바라보고 있었다.

"뭘 멀뚱멀뚱 서 있어. 죽고 싶냐?"

해율의 말에 아이들은 마음을 다잡고 괴물들과 맞서 싸우기 시작했다. 설은 싱긋 웃으며 내 옆으로 다가왔다.

"그다음은 어떻게 돼?"

"…그걸 내가 어떻게 알아."

"알 것 같이 생겨 놓고선 왜 그래~"

"우리 회귀자 해율이는 다 기억하잖아~ 아, 아닌가?"

해율은 그 말에 피식 웃었다. 처음이었다. 이 반복 속에서 누군가를 만나, 재미를 느꼈던 건. 나는 믿었다. 이번에는 다를 거라고. 이번에는 해피엔딩일 거라고. …그런 줄 알았다.

그리고, 그날이었다. 평소처럼 설과 함께 몬스터를 사냥하고 있을 때, 갑자기 괴물이 설을 덮쳤다.
"…윤설…?"
괴물의 이빨이 그녀의 어깨를 물어뜯었고, 설은 그대로 픽— 쓰러졌다. 해율은 놀라 그녀에게 달려갔다. 피로 젖은 그녀를 꼭 안으며 외쳤다.
"…아니지…? 그치…? 다시 일어날 거잖아. 응…?"
그녀의 숨소리는 점점 희미해져 갔다. 해율은 흐느끼며 그녀를 꼭 껴안았다.
"…아니지…? 정신 차리고 나랑… 놀러 가야지…"

하지만 그녀의 몸은 점점 차가워졌다. 이대로 놓치면 다시는 못 만날 것 같아, 해율은 그녀의 차가운 시체를 꼭 끌어안았다. 그때—해율의 가슴을 향해 또 다른 괴물의 발톱이 날아왔다. 그의 심장은 다시 뚫렸고, 그리고, 눈을 떴다. 그는 다시 살아났다. 이번 생에도 그녀가 있을까? 미친 듯이 학교로 달려가 교실 문을 열었다. 하지만… 그녀는 없었다. 해율은 무릎을 꿇고, 교실 바닥에 얼굴을 묻고 하염없이 울었다.
"아… 아아아…"
해율은 깨달았다. 그녀는, 다시는 돌아오지 않는다는 걸. 그렇게 해율은 무한의 루트 속에서, 언젠가 다시 만날 그녀를 기다리며 사라졌다.

세상을 바꾸는 온도, 1.5℃

11020 이 승 주

　어느 날, 중학생이 된 하늘이는 학교 옥상에서 자신이 정성껏 키우던 상추와 토마토가 말라 죽어있는 모습을 보게 된다. 그날, 가장 친한 친구 사루가 기상이변으로 다쳤다는 소식도 들려온다.
　하늘이는 기후과학자인 아버지 이기학과 기상청 직원인 어머니 기청원에게 이상기후와 기상이변에 대해 묻는다. 부모는 이렇게 말한다.
　"현재 한반도의 평균 기온 상승은 이미 2℃를 넘었단다. 지구 평균 온도가 1.5℃를 넘어서면, 인간이 지구에서 살아가기 매우 어려워질 거야."

　그날 이후, 하늘이는 지구 평균 온도 상승을 1.5℃ 이하로 유지하기 위해 친구들과 함께 캠페인을 준비한다. 그러던 중, 최첨단 도시에서 환경을 주제로 한 공개토론회가 열린다는 소식을 듣게 된다. 친구들은 설득력 있는 말솜씨와 탄탄한 환경 지식을 갖춘 하늘이를 대표로 내세운다. 하늘이는 생애 첫 공개토론 무대에 오른다.

　같은 시각, 하늘이의 어린 시절 라이벌이자 IQ 178의 천재 강지후는 사루와 하늘이 가족, 그리고 수많은 생명체가 살아가는 지구 유일의 생태 도시를, 자신이 살고 있는 최첨단 도시처럼 신도시로 재개발하려는 계획을 세운다. AI 비서 지니, 그리고 빅데이터 기반 전략 기업에 근무하는 어머니 장윤주는 말한다.
　"신도시 개발이 시작되면, 탄소 배출이 폭증하면서 지구 평균 기온

이 1.5℃를 넘을 위험이 있어요."

하지만 지후와 그의 아버지이자 대기업 CEO인 강나윤은 이렇게 말한다.
"지구의 느린 변화보다는 인간의 빠른 성장이 더 중요하다. 탄소 배출과 기온 상승은 불가피한 대가다."

이 소식을 들은 하늘이는 친구들과 함께 본격적인 캠페인을 시작하지만, 세상의 반응은 냉담하다.
"너무 감성적이야."
"쓸데없는 짓 하지 마."
"신도시 개발이 훨씬 유익하지."

SNS에는 하늘이의 캠페인을 향한 비난과 야유가 쏟아진다. 하지만 하늘이는 포기하지 않는다. 토론 대회에서 직접 사람들에게 기후위기의 심각성과 1.5℃가 마지막 마지노선임을 전하기 위해 철저히 준비한다. 그러나 설상가상으로, 지후 또한 토론대회에 출전한다. 그의 목표는 명확하다.
"환경보호보다 신도시 개발이 미래 인류에게 훨씬 도움이 된다."
"지구의 느린 변화보다, 인간의 빠른 성장이 더 가치 있는 일이다."

드디어 최첨단 도시에서 열린 공개 토론 대회 결승전. 무대 위에는 하늘이와 지후가 나란히 선다. 지후는 방대한 자료를 제시하며 기술 발전과 도시 재건이 가져올 이익을 조목조목 설명한다. 하늘이도 단호히 맞선다.
"지구 평균 기온 상승을 1.5℃ 이하로 반드시 막아야 합니다. 그 마지노선을 넘으면, 인간의 미래는 존재하지 않습니다."

입론이 끝난 뒤, 심사위원들의 초기 평가 점수는 2:8, 지후의 압도적인 우세였다. 하지만 반론이 시작되자 상황이 달라졌다. 하늘이는 조용히, 그러나 강하게 말했다.

"환경을 파괴하며 성장만을 추구하다가 평균 온도 상승선 1.5℃를 넘어서면 인간의 발전은 무의미해집니다. 지금 멈추지 않으면, 앞으로 멈출 수 있는 기회는 오지 않습니다."

심사위원단의 의견은 5:5로 뒤집혔고, 최종 승부는 방청객들의 투표로 넘어갔다. 그러던 중, 예고되지 않은 폭염이 닥쳐왔다. 에어컨과 냉방기기 사용 급증으로 전력 과부하가 발생했고, 하늘이가 사는 생태 도시를 제외한 전 도시가 마비되었다. 토론회가 열린 최첨단 도시도 정전과 함께 패닉에 빠졌다. 모든 혼란 속에서 지후는 기술만으로는 자연을 통제할 수 없음을 깨닫는다. 그리고 조용히 토론 대회에서 기권한다.

그날 이후, 지후는 하늘이의 생태 도시 개발 계획을 전면 중단하고, 기후 회복을 위해 여러 도시를 생태 도시로 전환하는 데 힘을 쏟는다. 또한 하늘이와 함께 캠페인에 참여하며 말한다.

"우리가 멈춘 온도 상승, 1.5℃는 수많은 생명을 살렸습니다."

그들의 노력은 전 세계로 확산되었고, 탄소중립을 실천하는 사람들이 늘어나 마침내 지구의 평균 온도 상승은 1.5℃를 넘지 않게 되었다.

거짓말이 이루어 진다면?

10807 김 지 원

지유와 은서는 학교가 끝난 뒤, 도서관에 들러 책을 고르고 있었다. 그러다 지유가 도서관 구석에서 낡은 책 한 권을 발견했다. 그 책은 제목도 없고, 얇고 먼지가 많이 쌓여 있었다. 책을 펼쳐보니 놀랍게도, 거짓말이 이루어지는 주문이 적혀 있었다. 지유는 너무 신기해서 은서를 불렀다. 지유는 그 주문을 믿었지만, 은서는 믿지 않았다. 그래도 두 사람은 함께 책을 읽어보기로 했다.

"거짓말이 이루어지는 주문은 총 네 번만 사용할 수 있어요. 단, 너무 욕심 많은 거짓말은 이루어지지 않습니다…"
지유가 주의사항을 계속 읽으려고 하자, 은서는 성급하게 말했다.
"그런 건 나중에 읽고, 일단 주문부터 외워보자!"
지유는 조금 망설였지만, 은서의 말에 따르기로 했다. 둘은 동시에 주문을 외쳤다.
"거짓말이 이루어지는, 너무 욕심부리면 안 되는, 거짓말이 이루어지는… 뽕!"

무슨 변화가 일어난 건지는 알 수 없었지만, 거짓말을 해보면 알게 될 거라며 대수롭지 않게 넘겼다. 지유와 은서는 각자 두 번씩 거짓말을 하기로 약속했다. 지유는 은서와 헤어진 뒤 집으로 돌아왔다. 그런데 동생 지윤이가 심한 감기에 걸려 누워 있었다. 지유는 동생이 걱정돼 다정하게 말했다.

"지윤아, 힘내. 괜찮아질 거야!"
그러자 잠시 뒤, 지윤이가 눈을 뜨고 말했다.
"언니, 나 괜찮아! 벌써 나은 것 같아!"
지유는 깜짝 놀랐다.
'엥? 아까까지만 해도 아파서 누워 있었는데, 어떻게 갑자기 나았지?'
그제야 지유는 도서관에서 봤던 주문이 생각났다. 그 거짓말이 진짜로 이루어진 것이다! 지유는 바로 은서에게 "진짜 거짓말이 이루어졌어!"라는 문자를 보냈다.

다음 날, 학교에서 은서는 말했다.
"지유야, 나 이번 시험 100점 맞을 것 같아!"
"응! 응원할게!"
시험을 본 뒤 은서는 또 말했다.
"지유야, 진짜야! 나 시험 다 맞았어! 100점이야!!"
"와, 축하해~"
이제 은서도 거짓말이 이루어지는 주문이 진짜임을 믿게 되었다. 은서는 집에 가서 부모님께 말했다.
"저 학원 숙제랑 학교 숙제 다 했어요!"

그런데 숙제가 정말로 모두 완료된 상태가 되어 있었다. 그 순간, 은서의 마음 속에 커다란 욕심이 생겼다. 그래서 은서는 네 번째 거짓말을 했다.
"나는 엄청나게 돈이 많은 부자야."
그러자 갑자기 방 안에 안개가 자욱하게 피어올랐다. 그리고 어디선가 낯선 목소리가 들려왔다.
"이은서, 너의 욕심이 너무 지나쳤구나."

은서는 깜짝 놀라며 주위를 둘러봤지만, 안개 때문에 아무것도 보이지 않았다.

"나는 그 책을 만든 존재다. 너희가 어떤 거짓말을 할지 계속 지켜보고 있었단다. 그런데 김지유와 이은서는 정말 다르구나. 남을 위해 하얀 거짓말을 한 지유와, 자신을 위해 빨간 거짓말을 한 너."

은서는 조심스럽게 물었다.

"그럼… 제 거짓말을 진짜로 들어주신 건가요?"

"그래. 하지만 내 이야기를 끝까지 들어보렴. 너의 거짓말을 들어준 건, 그 다음에 네가 어떤 행동을 할지 궁금했기 때문이야."

"근데… 혹시 그 주의사항, 너 끝까지 읽었니?"

"아니요…"

"역시 그랬구나. 그럼 마지막 거짓말은 이루어지지 않을 거야."

"네…"

"이제부터 네게 어떤 일이 일어날지 지켜보도록 하지. 너에게는 나쁘지 않은 처방이 될 거야."

그 순간, 안개와 목소리가 휙― 하고 사라졌다. 은서는 혼잣말을 했다.

"이게 뭐지? 꿈인가…? 근데 너무 생생했는데…"

그때 전화벨이 울렸다. 지유였다.

"은서야, 혹시 우리 모둠 숙제 다 했어? 나랑 다른 두 명은 했는데, 너한테는 아직 안 물어봐서!"

사실 은서는 숙제를 하지 않았다. 하지만 지유에게 실망을 줄까봐 '했어'라고 말하려던 순간…

"못 했어. 아니… 안 했어."

라는 말이 입에서 튀어나왔다. 은서 스스로도 깜짝 놀랐다.

'어라? 내가 왜 이렇게 말하지? 나 방금 거짓말하려고 했는데?'
지유가 말했다.
"괜찮아! 그럼 내일까지 하면 돼. 말 해줘서 고마워."
"응… 알겠어."

전화를 끊은 은서는 생각에 잠겼다.
'왜 나는 거짓말을 못 하지…? 설마… 그 목소리가 말한 "나쁘지 않은 처방"이란, 이제 거짓말을 하지 못하는 삶이라는 뜻이었나?'

은서는 무거운 마음이 들었다. 그리고 깨달았다.
'내가 너무 욕심을 부렸어. 나만 생각했어. 그 욕심 때문에… 친구와의 약속도 제대로 지키지 못했고…'

마무리

그날 이후, 은서는 더 이상 거짓말을 하지 않기로 결심했다. 처음엔 불편했지만, 시간이 지날수록 진심을 말하는 용기가 얼마나 중요한 것인지 깨달아 갔다.

편한 사람

10727 정지우

　인기가 많지도, 그렇다고 적지도 않은 평범한 여학생 수민이. 새 학기가 시작되며, 수민이는 '유연'이라는 친구와 친해지게 된다. 유연이는 수민이에 비해 학교 내에서 잘 나가는 선배들을 많이 알고 있었고, 그 점을 은근히 자랑스러워하며 수민이보다 자신이 더 '우월하다'고 생각했다. 하지만 수민이는 달랐다. 유연이를 단 하나뿐인 소중한 친구라고 믿고 있었다.
　별다른 갈등 없이 함께 학교생활을 보내던 두 사람. 어느덧 한 학기가 끝나갈 무렵, 주말에 함께 놀기로 약속했다. 기대에 부푼 수민이. 그런데 약속 당일, 저 멀리서 유연이가 누군가와 함께 걸어오는 게 보였다. 의아해하며 유연이를 바라보던 수민이에게, 유연이가 먼저 말했다.
　"아, 둘이서만 놀면 좀 지루하잖아. 그래서 내가 아는 애 좀 데려왔어. 인사해. 지윤이라고, 우리 옆반이야."

　말도 없이 친구를 데려온 유연이. 수민이는 순간 짜증이 났지만, 괜히 분위기를 망칠까 봐 화를 꾹 눌렀다. 억지로 웃으며 지윤에게 인사했다.
　"안녕, 난 수민이야."
　지윤은 어색하게 웃으며 손인사를 했다. 유연이는 어색한 분위기를 깨려는 듯 지윤의 팔짱을 끼고 앞으로 걸어가며 말했다.
　"노래방 가자!"
　수민이는 자신을 두고 나란히 팔짱을 끼며 걸어가는 둘을 보며 서운한 감정이 올라오는 걸 느꼈다. 잠시 후, 세 사람은 노래방에 도착했다. 서로 돌아가며 노래를 예약하던 중, 수민이 차례가 되었지만 그녀는 아무 노래도 예약하지 않았다. 그러자 유연이가 물었다.

"왜? 예약 안 해? 빨리 해~"

수민이는 얼굴을 붉히며 말했다.

"나… 음치라서. 노래 잘 못 불러…"

유연이와 지윤이는 웃으며 "괜찮아~ 그냥 재밌게 부르면 돼!"라며 수민이를 재촉했다. 결국 수민이는 요즘 유행하는 아이돌 노래를 예약했다. 노래가 시작되고, 수민이는 쑥스러운 표정으로 노래를 불렀다. 그 모습을 본 유연이는 갑자기 배를 잡고 웃기 시작했다.

"야, 너 진짜 노래 못 부른다! ㅋㅋㅋ 그건 노래가 아니라 그냥 소리 지르는 거잖아~ ㅋㅋㅋㅋ"

수민이는 유연이의 말에 크게 상처를 받았다. 당장 노래를 취소하고 방을 나가고 싶었지만, 옆에 있는 지윤이가 당황할까 봐 또다시 화를 참았다. 하지만 유연이는 수민이의 마음을 눈치채지 못한 채, 계속 웃으며 농담을 이어갔다. 노래방을 나온 셋은 스티커 사진을 찍으러 갔다. 지윤이는 패션 선글라스를, 유연이는 귀여운 머리띠를 썼다. 수민이는 망설이다가 꽃이 달린 머리띠를 골랐다. 거울 앞에 나란히 서서 사진을 예쁘게 찍기 위해 간단히 화장을 하는 세 사람. 그때 지윤이가 말했다.

"헐, 너 지금 완전 예뻐! 화장 되게 잘한다~"

수민이는 부끄러워하며 손사래를 쳤다. 그 모습을 옆에서 보던 유연이는 수민이 얼굴을 찬찬히 살펴보더니 말했다.

"엥? 별로인데? 애굣살도 이상하고, 틴트 색도 별로야. 이게 잘한 거라고? 지금 너 얼굴 좀… 이상해."

정지우 · 157

수민이는 또 한 번 상처받았다. 파우치를 조용히 정리하며 말한다.
"…다 됐으면 이제 찍자."
표정이 굳은 수민이를 보며, 유연이는 의아한 듯 지윤이에게 속삭였다.
"쟤 왜 저래, 갑자기?"
지윤이는 수민이가 상처받은 걸 눈치채고, 얼버무리며 말했다.
"나도 잘 모르겠어…"

셋은 포토부스 안에 들어가 사진을 찍었지만, 어색하고 무거운 분위기 탓에 사진에는 웃는 얼굴 하나 없이 굳은 표정들만 담겼다. 스티커 사진을 가방에 넣은 뒤, 유연이는 "밥 먹을 시간이네!" 하며 마라탕 집으로 데려갔다. 하지만 이미 마음이 상해 있던 수민이는 밥을 거의 먹지 않았다.
"통금 시간 돼서 먼저 갈게."

혼자 버스를 타고 집으로 돌아온 수민이는, 방에 들어와 SNS를 켰다. 그곳에는 유연이가 지윤이와 단둘이서 찍은 사진이 게시되어 있었다. 수민이는 자신을 빼고 지윤이와만 놀고 있는 듯한 게시물을 보며 유연이가 원망스럽고 미웠다.

다음 날, 학교에서 유연이는 평소처럼 수민이에게 인사했지만, 수민이는 어제 일이 계속 떠올라 그 인사를 무시하고 자리에 앉았다. 유연이는 수민이의 태도에 당황하고, 짜증이 섞인 표정을 지었다. 하지만 수민이는 유연이가 먼저 자신의 행동을 돌아보고 사과하길 바라고 있었다. 그래서 점심시간까지도 일부러 말을 걸지 않았다. 점심시간. 참다못한 유연이가 수민이를 불러냈다.
"너 오늘 왜 그래? 내 인사도 무시하고. 나한테 화난 거 있어? 있으면 말을 해줘. 이렇게 말 안 하면 나도 너무 답답해."

수민이는 순간 주저했지만, 유연이가 전혀 미안해하는 기색 없이 따지는 태도가 괘씸해 결국 쌓아왔던 말을 꺼냈다.

"정말 몰라서 묻는 거야? 어제 일 말이야. 계속 나만 소외시키고, 지윤이랑만 사진 올리고, 나한테 기분 나쁜 말도 여러 번 했잖아. 근데 네가 그걸 모른다고?"

"요즘 너 진짜 이상해졌어. 원래 이런 애 아니었잖아."

유연이는 순간 멍해졌다. 수민이가 싫어진 것도 아니고, 일부러 그런 것도 아니었다. 늘 함께했던 수민이가 너무 익숙하고 편해서, 본인도 모르게 함부로 말하게 되었던 것이었다. 그럼에도 불구하고, 유연이는 수민이의 말을 곱게 받아들이지 못했다. 오히려 상처 주는 말을 내뱉고 말았다.

"그래서? 그거 가지고 그렇게 삐쳤던 거야? 넌 좀… 너무 예민한 거 아냐?"

두 사람의 사이는 그날 이후로 멀어지기 시작했다. 말 한마디, 표정 하나에 담긴 마음을 헤아리지 못한 결과였다.

비상! 파랑새를 구해라!

10613 서유하

평화로운 숲속 동산에, 귀여운 노란새와 깜찍한 파랑새가 놀고 있었어요. 노란새가 먹을 열매를 찾으러 눈을 돌린 사이, 가장 친한 친구인 파랑새는 동산에서 신나게 뛰놀고 있었죠.

그런데! 노란새가 블루베리를 가득 들고 뿌듯해하며 돌아온 순간—— 파랑새가 사라져 있었어요! 노란새는 울먹이며 온 마을을 돌아다녔고, 동물 마을 아랫집에 사시는 두더지 아저씨에게서 이야기를 들을 수 있었어요.

"여우가 파랑새를 새장에 담아 데려갔다더구나!"
"여우는 아주 못돼서 동물들을 잡아먹기도 해!"
"게다가 여우가 사는 동굴은 아주 먼 곳에 있단다!"

마을 동물들은 작은 노란새를 걱정했지만, 노란새는 파랑새를 꼭 구하겠다고 결심하며 용감하게 여정을 떠났어요. 여우의 동굴은 숲과 호수, 그리고 위험한 동굴 끝자락에 자리 잡고 있었어요. 노란새는 파랑새에게 줄 블루베리 세 개를 챙기고 숲속으로 걸어 들어갔어요.

"나무 오르기는 자신 있지!"
노란새는 나무 한 그루를 올라가야 할 길을 미리 기억해 두었어요. 숲길을 성큼성큼 걷던 노란새는 갈림길을 마주쳤어요.
"어느 쪽으로 가야 하지…?"

망설이던 노란새는 친구 토끼를 발견했어요. 토끼는 무척이나 배가 고파 보였어요.

"먹을 것 좀 가지고 있니…? 내게 먹을 걸 주면, 여우의 동굴로 가는 길을 알려줄게."

노란새는 토끼에게 블루베리 하나를 건네주었어요.

"잘 먹을게! 길은 왼쪽이야! 행운을 빌어!"

토끼는 종종걸음으로 사라졌고, 노란새도 다시 길을 걷기 시작했어요. 한참을 걸은 끝에 노란새는 드디어 호숫가에 도착했어요. 그런데 문제가 생겼어요. 호수는 넓고 깊었지만, 노란새는 날개가 작아 날 수 없었거든요.

"이제… 어떻게 하지?"

노란새는 고민하다가 근처 나무에 올라가 크게 소리를 질렀어요. 자신의 형제 노란새들을 부른 거였죠. 잠시 뒤, 노란새의 형과 누나들이 날아왔어요.

"무슨 일이야?"

"파랑새를 구하려면 이 호수를 건너야 해! 혹시 나 좀 도와줄 수 있어?"

형제들이 말했어요.

"마침 출출한데… 먹을 것 좀 있니? 그럼 도와줄게!"

노란새는 자신이 힘들게 따온 블루베리 두 개를 건넸어요.

"고마워! 널 호수 건너편까지 태워다줄게!"

노란새는 형제들의 도움을 받아 무사히 호수를 건널 수 있었어요. 그리고 마침내, 깊고 어두운 동굴 앞에 도착했어요. 노란새는 겁이 났어요. 벌써 해는 지고, 어둠이 내리고 있었거든요. 태어나 처음으로, 이렇게 늦은 시각에 마을에서 멀리 떨어진 곳에 온 것이었어요. 하지만 파랑새를 생각하며, 노란새는 용기를 냈어요. 그리고 기발한 생각이 떠올랐죠.

 노란새는 반딧불이들을 잡아 블루베리를 담았던 얇은 보자기 안에 넣었어요. 그렇게, 반딧불이 등불에 의지해 동굴 안으로 걸어 들어갔어요. 한참을 걷던 노란새는, 여우의 동굴로 통하는 작은 구멍을 발견했어요. 작은 몸으로 조심조심 구멍을 지나자——

 "어라?"
 그곳에는 놀랍게도, 파랑새와 여우가 함께 즐겁게 놀고 있었어요! 파랑새는 노란새를 반가운 얼굴로 맞이했고, 여우는 산딸기를 내밀며 미안한 마음을 담아 이야기를 꺼냈어요.
 "나는 육식동물이라는 이유로 모두에게 무서운 존재였어. 사실 나도 외롭고, 친구가 필요했을 뿐이야. 혼자 놀고 있던 파랑새에게 말을 걸었고, 함께 놀고 싶어서 데려왔어. 너에게 말을 못 해 미안해…"
 이야기를 들은 노란새는 말했어요.
 "그렇다면 우리 마을에서 함께 살지 않을래?"

 여우는 기쁘게 고개를 끄덕였어요. 이후 여우는 마을 동물들에게 사과를 받고, 따뜻하게 환영받았어요. 그리고 모두 함께 반딧불이가 반짝이는 동산에 모여 블루베리와 산딸기를 나누어 먹으며 행복한 밤을 보냈답니다.

무의식 속의 병원

10528 조 주 형

그는 아무도 없는 병실에서 깨어났다. 주위를 둘러보니, 이상하리만큼 조용한 공간이 펼쳐졌다. 군데군데 꺼져 있거나 깜빡이는 조명, 이따금씩 들려오는 기계음. 이 모든 것은 그의 공포심을 자극하기에 충분했다.

"탈출해야만 해… 반드시 나가야 해…"

그는 침대에서 일어나 병실을 나섰다. 탈출구를 찾기 위해 복도를 걷기 시작했지만, 무언가 이상했다. 방금까지만 해도 있던 창문이 사라지고, 분명히 지나온 길인데도 다른 장소에 서 있는 일이 반복되었다.

"병원의 구조가… 바뀌고 있어."

그는 상황의 이상함을 깨달았지만, 포기하지 않고 계속 걸었다. 그러나 곧, 걷기만 해서는 이곳을 절대 벗어날 수 없다는 사실을 깨달았다. 병원의 구조는 시도 때도 없이 변해, 처음 깨어난 병실로조차 되돌아갈 수 없게 된 것이었다.

그때였다.

"으어… 우으어… 크으윽…"

복도 끝에서 괴상한 소리가 들려왔다. 그는 혹시 사람일지도 모른다는 희망감에 달려갔다.

"저기요! …으악!"

그러나 그곳에 있던 것은 사람인지 짐승인지조차 알 수 없는, 괴물이었다.

"크워어어!!"

"으아아악!"

그는 괴물을 피해 가까운 방으로 몸을 던졌다. 문을 닫고 숨을 고르며 생각했다.

'여긴… 대체 어디지? 구조가 바뀌고, 괴물까지 나온다니… 정말 탈출할 수 있는 걸까?'

끝없이 이어질지 모를 도망을 계속할 수는 없었다. 그는 주변을 둘러보며 쓸만한 무언가를 찾기로 결심했다. 책상 위에 놓인 낡은 일지가 눈에 띄었다. 방은 연구원용으로 보였고, 그는 일지를 펼쳐 읽기 시작했다.

'병원에 대한 정보가 있을지도 몰라… 그런데… 이상하게 익숙한 느낌이 들어.'

일지에는 다음과 같은 내용이 적혀 있었다.

생체 병기 실험

실험 내용: A약물, B약물 투여 후 변화 관찰

실험 결과: 성격이 난폭해짐. 4.21ml 투여 시 통제 불가

"우린 모두 끝이야. 통제할 수 없어…!!!"

글씨는 점점 흐트러져 있었고, 마지막에는 거의 미친 사람의 낙서처럼 보였다. 그는 생각했다.

'이 연구원… 괜찮은 걸까?'

■ 그녀의 시점

그녀는 그를 떠올렸다. 그는 그녀의 오랜 동료이자, 가장 친한 친구였다. 며칠 전, 그는 갑자기 쓰러져 병원으로 이송되었다. 과로 때문일 거라 생각했지만, 병원에서 들은 이야기는 충격적이었다.

"죄송합니다. 먼저 쓰러진 원인을 알아냈어야 했는데… 환자분은 과로가 아니라, 의도적으로 무의식 상태에 들어간 것으로 보입니다."

그녀는 놀라 병실로 뛰어 들어갔다. 침대 위에 누워 있는 그는 여전히 깨어나지 못한 채였다. 그녀는 그의 상태를 보며 생각했다. '왜 그랬던 걸까. 연구도 잘하고, 아무 문제 없는 것처럼 보였는데… 나랑 웃고 떠들던 건 다… 거짓이었을까?'

■ 병원 어딘가, 다시 그의 시점

그는 일지를 모두 읽고, 방 안에서 사용할 수 있는 물건 몇 개를 챙겼다. 그리고 다시 탈출을 시도하려 방을 나섰다. 하지만 그는 일지의 마지막 문장을 보지 못했다. 일지의 뒷표지에는 이렇게 적혀 있었다.

"이 일지를 읽고 있다면, 나는 이미 무의식 속에 갇혀 있겠지. …안녕. 탈출하기를 바란다. 무의식 속의 나."

■ 현실의 병실

그녀는 그의 곁에 앉아, 침대에 누운 그를 바라보았다. 마치 자는 것처럼 조용한 그의 얼굴을 보며 입을 열었다.

"대체 왜 그런 거야… 연구도 잘하고, 사람들과도 잘 지냈잖아… 우리, 같이 쉬고 웃으며 이야기했잖아… 하… 난 시간이 다 돼서 가봐야 해. 너도 어서 깨어나서 연구실로 와. …그럼 이만."

그녀는 병실을 나섰다. 그리고 복도에서 문득, 이상한 생각이 들었다. '혹시… 네가 무의식 속에서 살고 있다면, 나도 무의식 속에 살고 있는 건 아닐까? 아니면… 나도 무의식 속에 갇히면, 너를 만날 수 있을까?'

그녀는 그 답을 알지 못했다.

붉은 폰

10432 한승주

　평화로운 체스 왕국, 백 진영에 폰 하나가 있었습니다. 그는 자신이 '폰'인 것이 마음에 들지 않았습니다. 그러던 어느 날, 흑과 백이 전쟁을 벌이게 되었습니다. 백 폰은 기뻐했습니다. 전투에서 승리하면 더 높은 기물로 살아갈 수 있었기 때문입니다. 폰은 열심히 싸웠습니다. 승리하여 더 훌륭하고, 더 가치 있는 기물이 되기 위해 최선을 다했습니다. 거침없이 전진한 그는 단 한 칸만 더 가면 승리할 수 있었습니다. 그러나 승리를 눈앞에 둔 순간, 그의 머릿속에 하나의 의문이 떠올랐습니다.
　"나는 이렇게 힘들고 치열하게 싸워 겨우 승리할 기회를 얻었는데, 어떤 기물들은 태어나자마자 '그러한 몸'이었다. 이것이 과연 옳은가? 왜 모두가 같은 기물이 아닌 것인가?"

　그는 이러한 의문을 함께 싸우던 친구에게 털어놓았습니다. 그러자 친구는 말했습니다.
　"그건 체스의 섭리를 거스르는 일이야. 원래 체스는 불공평한 거라고. 쓸데없는 생각은 집어치워."

　폰은 친구에게 실망했습니다. 그리고 앞으로 한 칸 더 나아갔습니다. 다시 한 칸 더. 모든 기물이 놀랐습니다. 그는 체스판을 이탈한 것이었습니다. 그는 계속해서 앞으로 나아갔습니다. 모두와의 연결을 끊고, 붉은색 페인트를 집어 들었습니다. 이제 그는 이 썩어빠진 세상을 바꿀 구원자, '붉은 폰'이 되었습니다.

붉은 폰은 고민에 빠졌습니다. 어떻게 하면 이 세상을 바꿀 수 있을까? 밤낮없이 생각에 잠겼습니다. 고민 끝에, 그는 자신의 세력을 키우기로 결심했습니다. 망토를 두르고, 전투에서 승리한 뒤 연회가 한창인 백 진영에 몰래 잠입했습니다. 그리고 조용히 폰 하나에게 말했습니다.
"우린 죽도록 노력해도 이길까 말까인데, 태어날 때부터 그런 몸으로 태어나는 놈들이 있다니, 이거 참 불공평하지 않아? 나와 함께 세상을 바꾸자."

그는 그렇게 동료를 얻었습니다. 그리고 이 일은 수없이 반복되었습니다. 그의 세력은 점차 유의미한 수준으로 커졌습니다. 대다수가 폰이었지만, 형편없는 복지에 지쳐버린 룩과 나이트도 일부 포함되어 있었습니다. 붉은 세력은 점점 커졌고, 지도자가 필요해졌습니다. 만장일치로 붉은 폰이 지도자로 뽑혔습니다.

한편, 백 진영은 붉은 세력을 주요한 적으로 간주했고, 그들을 무너뜨리기 위해 비숍 하나를 파견했습니다. 그 비숍을 본 붉은 폰은 단번에 알아보았습니다. 그 비숍은 과거, 자신과 함께 싸웠던 동료 폰이었고, 승진하여 비숍이 된 친구였습니다. 비숍은 말했습니다.
"그만해, 친구! 자네는 세상을 바꾸기에는 부족해!"

붉은 폰은 아무 말도 하지 않았습니다. 그저 그를 내쫓았습니다. 그 만남 이후, 그는 목표를 분명히 했습니다. 백 진영과 흑 진영을 차례대로 점령하여 최고의 세력이 되는 것. 붉은 폰은 전력 강화에 모든 힘을 쏟았습니다. 그는 아래를 내려다보며 생각했습니다.
'붉은 군대는 이제 백 진영 이상으로 강해졌다.'

어느 날, 그는 선언했습니다.

"이제 때가 되었다. 오늘 밤, 백을 기습한다."

그날 밤, 붉은 군대는 백 진영을 급습했습니다. 치열한 전투가 벌어졌습니다. 수많은 백 기물이 잡혔고, 그만큼 붉은 기물들도 쓰러졌습니다. 그는 이를 불가피한 희생이라 여기며 전투를 계속했습니다. 동이 틀 때까지 싸움은 이어졌고, 붉은 진영은 백을 점점 몰아붙였습니다. 그가 자신의 옛 친구인 백 비숍을 잡기만 하면, 백을 체크메이트할 수 있는 상황이었습니다. 백 비숍은 애원했습니다. 그러나 그는 말없이, 앞으로 한 칸 대각선으로 이동했습니다. 그리고 비숍을 잡았습니다. 이제 넘어서야 할 마지막 산은 하나. 흑 진영. 부하 폰들은 휴식을 원했지만, 붉은 폰은 곧바로 흑을 공격했습니다. 그러나 예기치 못한 흑의 반격이 있었습니다.

수많은 희생에도 불구하고 붉은 폰은 전투를 강행했지만, 결국 물러날 수밖에 없었습니다. 쓸쓸한 밤, 붉은 진영에는 이중간첩이 있다는 소문이 퍼졌습니다. 이런 혼란 속에서 붉은 폰은 백 킹의 왕좌를 올려다보며 생각했습니다.

'나는 평등이라는 명분으로 수많은 아군을 희생시켰다. 이것이 과연 옳은가?'

그는 높디높은 왕좌에 올랐습니다. 이제 이곳은 자신의 자리가 될 터. 그러나 그도 결국 똑같았습니다. 붉은 폰은 결심했습니다. 왕좌에서 몸을 던졌습니다. 그의 몸은 산산조각 났습니다. 이 사건 이후, 붉은 진영은 와해되었습니다. 잔존하던 백 진영은 다시 고개를 들었습니다.

여기는 체스 왕국. 작은 소동은 끝내고, 모든 것이 다시 정상으로 돌아왔습니다.

2학년

INVIDIA

20421 이 병 재

'Invidia(인비디아)'는 프랑스 북부에 위치한 한 도시다. 이 도시는 남북으로 길쭉하게 뻗어 있으며, 도시 상공에서 바라보면 마치 칠레처럼 가느다란 형상을 하고 있다. 북쪽은 한없이 조용하고, 부르주아식 카페들과 회색의 말끔한 도로가 이어진다. 하지만 조금만 시선을 남쪽으로 돌리면, 거무튀튀한 연기 속에 공장과 술집이 즐비하고, 쓰레기로 뒤덮인 길이 펼쳐진다. 누군가는 이렇게 말한다.

"이건 전형적인 신도시의 모습이지."

그렇다. 이 도시는 19세기, 가장 아름다운 신도시였다.

'쥘 올리베이'는 Invidia의 생렌턴 대성당 관리자이자 사서였다. 검은 머리에 키가 큰 그는 예의 바르고 도덕적인 사람이었다. 성당의 책들을 관리하며 하루 종일 기도하는 것이 그의 취미였고, 사서라는 직업은 쥘에게 천직처럼 느껴졌다. 겨울이 하루하루 되돌아오는 듯한 어느 날, 쥘은 여전히 오래된 책의 먼지를 털며 기록 작업을 하고 있었다. 그 때, 반질반질한 고급 정장을 입은 이들이 문을 열고 나타났다. 그중 한 명은 금발 머리와 그리스 신화 속 신처럼 잘 다듬은 수염을 가지고 있었고, 손수건으로 그것을 정리하며 나지막이 말했다.

"대주교님을 뵙고 싶습니다."

얼굴이 돼지기름을 바른 듯 번들거리던 대주교는 사제들과 함께 허둥지둥 달려 나왔다. 금발의 남자는 눈짓으로 자신의 부하들(아마도 수

행원들이었을 것이다)에게 지시했고, 그들은 꽤 무거워 보이는 궤짝 하나를 대주교에게 건넸다. 궤짝을 연 순간, 대주교의 눈은 금화처럼 번쩍였다. 그는 금발의 남자, 아니, Invidia 시장 빅토르 메르뱅의 부하 중 높은 직책으로 보이는 이와 악수하며 활짝 웃었다. 쥘은 궤짝 속이 몹시 궁금했지만 볼 수 없었다. 바로 그 앞에 빅토르가 서 있었기 때문이다.

"안녕하세요. 빅토르 메르뱅 시장님."
쥘이 말했다. 빅토르는 신사적인 미소를 띤 채 대답했다.
"나도 반가워요, 쥘. 당신이 뛰어난 사서라는 얘기를 익히 들었소. 방을 한번 둘러봐도 되겠나?"
쥘이 대답하기도 전에, 빅토르는 이미 그의 방을 둘러보고 있었다. 그들이 떠난 뒤에야, 쥘은 깊이 참았던 숨을 내쉴 수 있었다. 그 이유는 단 하나. 쥘은 '장(JEAN)'이라는 가명으로, 빅토르의 위선적인 정책을 비판해 온 인물이었기 때문이다. 빅토르는 표면상으로는 공익을 실천하는 듯 보였지만, 실제로는 기만과 야망으로 가득한 정치인이었다. Invidia는 빅토르와 그의 측근들의 부패한 정책으로 부익부 빈익빈이 극단화된 도시였다. 언론은 이미 장악되었고, 신문에서는 빅토르를 찬양하며 '장'을 반역자처럼 몰아세우고 있었다.

어느 날, 쥘이 조용히 집에서 「유토피아」를 읽고 있을 때, 편지 한 통이 도착했다.
— 친애하는 쥘. 메르뱅 시장이네. 차 한잔 어때? 시청으로 오게. 안내인이 자네를 저택으로 인도할 걸세. —
쥘이 시청 내 거대한 저택에 도착했을 때, 빅토르는 혼자 그를 맞았다.
"앉게나, 장."

쥘은 놀라며 그의 얼굴을 바라보았지만, 곧 차분히 금수 장식이 있는 의자에 앉았다.

"어떻게 알았죠?"

쥘이 물었다.

"며칠 전 대성당에 갔을 때 말이야. 당신의 방은 대성당만큼 웅장하진 않았지만, 눈에 띄는 게 많더군."

그제야 쥘은, 빅토르가 방문했을 때 책상 위에 원고를 그대로 두고 있었다는 것을 깨달았다.

"화가 나긴 하지만, 당신의 글은 인상 깊었소. 쥘, 나는 당신을 내 대리인으로 고용하고 싶네. 지금 연봉의 열 배를 매달 지급하지."

빅토르가 음흉한 미소를 지으며 말했다. 쥘은 그의 눈을 똑바로 응시하며 단호히 말했다.

"싫습니다. 당신의 노예가 되고 싶지 않아요. 당신의 기만적이고 위선적인 모습, 권력을 좇기 위해 시민을 희생시키는 행태에 질렸습니다. 당신은 시민들을 끝없는 고통에 빠뜨리고 있고, 그 고통에서조차 벗어나지 못하는 당신의 모습이 내 눈엔 너무 잘 보여요."

몇 시간의 침묵이 흘렀다. 빅토르는 자리에서 일어나, 쥘을 배웅했다. 저택을 나서는 쥘의 등을 바라보며, 빅토르는 위선적인 미소를 지었다. 곁에 있던 집사에게 나직이 말했다.

"처리해."

쥘은 북쪽의 회색빛 정돈된 길을 천천히 걸었다. 길가에는 100년은 되었을 법한 레드와인의 향, 송아지 간 라구의 냄새, 은은한 향수 냄새가 싸늘한 공기와 함께 흩날렸다. 거리 곳곳에서 리스트와 쇼팽의 전주곡이 울려 퍼졌고, 살롱과 저택의 통유리 너머에선 귀부인들과 공작들이 비파 소리를 들으며 가식적인 미소를 지었다. 그러나 남쪽으로 갈수록 풍경은 달라졌다. 쓰레기는 점점 늘어나고, 고함과 오물 투척 소리가 이어졌다. 바닥은 축축했고, 공장 연기와 담배 냄새가 자욱했다. 아이들은 술집 근처에서 낡은 헝겊 공을 차며 놀고 있었다. 북쪽과 남쪽은 마치 전혀 다른 도시 같았다. 쥘이 집에 도착했을 때, 집은 난장판이었다. 곧이어 헌병대가 들이닥쳤다. 쥘은 본능적으로 도망쳤다. 그는 곧장 성당의 꼭대기로 올라갔다. Invidia의 야경은 파리만큼이나 찬란했지만, 쥘은 그 화려함 이면의 진실을 알고 있었다. 쥘은 흐느끼며 마지막 책의 제목을 적었다. 그리고 책의 첫 페이지에, 자신의 본명을 진한 피로 적었다. 시간이 흘러, Invidia의 반역자는 사라졌다. 빅토르는 쥘이 죽었다고 확신했다. 아니, 그는 정말 죽었을 것이다.

도시는 한동안 소란스러웠지만, 곧 다시 일상으로 돌아갔다. 북쪽에서는 비파와 가식적인 웃음소리가 울려 퍼졌고, 남쪽에서는 기계음과 노동자들의 신음이 반복되었다. 더 많은 시간이 흐른 뒤, 도시는 빅토르의 동상을 철거하고, 쥘 올리베이의 동상을 세웠다. 그가 성당 꼭대기에서 남긴 마지막 원고는 베스트셀러가 되었고, 도시는 이제 그를 영웅처럼 찬양했다.

Invidia. 라틴어로 '선망', 곧 부러움이나 질투에서 비롯된 욕망을 의미한다. 쥘이 남긴 마지막 책의 제목 또한 《Invidia》였다. 그리고 그가 살던 도시도 Invidia였다. 그의 책 속에는 이런 구절이 있다.

"너희는 진실을 Invidia에 묻었고, 나는 그 돌 위에 마땅히 내 피로 진실을 쓴다."

그러나 그 진실은 아무에게도 읽히지 않았다. 오직 'Invidia'만이 남겨졌다.

연화지몽

20102 공 하 영

　시원한 물방울이 볼에 튀자, 햇빛이 물에 반사되며 반짝였다. 평화로운 산골 마을의 냇가에서, 열두 살 소녀 연화는 뜨거운 몸을 식히기 위해 물장난을 치고 있었다. 이 작은 마을은 평화롭다는 것을 넘어 때로는 따분하기까지 했고, 별다른 사건도 일어나지 않았다. 그럼에도 연화는 늘 기다리는 시간이 있었다. 언제나 일몰 무렵, 도천이라는 소년이 연화를 데리고 산 깊숙이 들어가 함께 놀아주곤 했다. 도천은 다정했지만, 연화는 그에 대해 아는 것이 별로 없었다. 기억의 흐름을 따라 올라가 보면, 일몰 무렵 도천이 자신을 기다리고 있던 장면이 늘 있었다. 그래서 연화는 이 만남을 자연스러운 일상으로 받아들이고 있었다. 연화는 냇가에서 나와, 붙잡고 있던 물빛 치마를 내려놓았다. 치맛자락에 맺혀 있던 물방울을 톡톡 털어낸 뒤, 그녀는 마을 시장 쪽으로 달려갔다. 문득 떠오른 생각 때문이었다. 도천을 만나면, 그는 연화가 좋아하는 놀이를 하며 마을 밖에서 함께 놀아주었다. 놀다가 지쳐 잠들면, 도천은 연화를 나무 위로 올려두었다. 그 곁에는 언제나 도천이 있었고, 나뭇가지 위는 이상하리만큼 포근해서 연화는 세상 근심 없이 밤을 지나곤 했다. 가끔 마을에 들르는 아버지를 제외하면, 연화는 가족이 없었다. 어쩌면 도천은 그런 외로움을 달래주기 위해 그녀를 기다려주었던 걸지도 모른다. 이런저런 생각을 이어가며 연화는 시장 근처를 둘러보았다.
　며칠 전, 과일 가게 옆 구멍가게에서 도깨비 문양의 가면을 본 기억이 났기 때문이다. 계획대로라면 오늘, 가면을 산 뒤 도천에게 숨바꼭질을 하자고 할 생각이었다. 연화가 숨고, 도천이 찾는다면 가면을 쓰고 깜짝 놀래켜 줄 수 있을 것 같았다. 다행히 가면은 제자리에 있었고, 연화는 그를 어떻게 놀래켜 줄까 생각하며 혼자서 킥킥 웃었다. 그 후 시간은 빠르게 흘러갔다. 이웃집 아주머니께 떡을 얻어먹고, 할아버지를 따라다니며 재잘재잘 떠들었다. 마을을 서너 바퀴 돌고, 짖어대는 강아지를 피해 도망치다 보니 어느새 연화가 기다리던 시간이 다가왔다. 해가 뉘엿뉘엿 저물고, 새들의 그림자가 또렷해지자 연화는 슬쩍 마을을 빠져나왔다. 마을 입구의 장승 세 개를 지나면, 낡은 그네 하나가 나온다. 너무 삐걱거리고, 별로 높이 올라가지 않아 아이들에게는 오래전 잊힌 그네였다. 하지만 이 그네만큼 도천을 기다리기에 안성맞춤인 곳은 없었다. 색이 바랜 줄을 붙잡고, 연화는 살며시 발을 굴렀다. 얼마나 시간이 흘렀을까? 하늘의 붉은 기운은 사라졌고, 어두운 남색 하늘에 별들이 하나둘 떠올랐다. 가끔 도천은 일몰 이후에 나타나기도 했지만, 오늘은 유독 늦는 듯했다. 조금씩 걱정이 밀려들 무렵, 연화는 갑자기 무언가 떠올랐다.

"아, 가면!"

그녀는 벌떡 일어났다. 급히 몸을 움직이자 그네는 삐걱이며 큰 소리를 냈고, 금방이라도 무너질 듯 흔들렸다. 연화는 놀라면서도, 자신의 실수를 수습하기 위해 마음이 바빴다. 약속 시간이 가까워졌을 때에야, 가면을 집에 두고 왔다는 사실이 생각난 것이다. 물론 도천은 내일도, 모레도 만날 수 있을 테니 꼭 필요하진 않았다. 하지만 아직 오지 않은 도천과의 숨바꼭질을 기대하던 연화는 결국 마을을 향해 발길을 돌렸다. 정신없이 달려가며 연화는 장승들을 지나쳤다. 그 순간, 묘한 위압감이 그녀의 몸을 짓눌렀다. 마치 마을이 그녀의 접근을 거부하는 것만 같았다.

연화는 이 이상하고 기이한 느낌에, 마을 사람들이 괜찮은지 확인하고 싶어졌다. 그 결정이 도천이 가장 두려워하던 일이란 사실을, 연화는 알지 못한 채. 마을로 들어선 연화는, 두려움을 삼켰다. 잠시 동안 그녀는 자신의 눈을 의심했다. 마을의 사람이며, 가축이며, 거리까지 ― 모든 것이 천천히 어둠에 잠식되어가고 있었다. 그럼에도 사람들은 아무 일도 없는 듯 연화에게 "어디 갔다 왔냐?고 물었다. 순간, 연화는 울컥하며 마을 골목으로 방향을 틀었다. 귓가에는 끊임없이 웅웅거리는 소리가 맴돌았고, 불타는 냄새가 코를 찔렀다.

결국 연화는 고통을 견디지 못하고 차가운 바닥에 주저앉았다. 손에 잡히지 않는 조약돌을 쥔 채, 누군가 자신을 도와주길 바랐다. 그때, 딸랑거리는 청아한 소리와 함께 누군가 다가왔다. 그 소리를 들자, 주변은 암전되며 고요해졌다. 어둠에 휩쓸린 듯한 감각.

'팅… 팅…'

물방울이 떨어지는 소리가 울렸다.

연화는 걷고 있었고, 도천이 그녀와 함께 걸어가고 있었다. 움직일 때마다 퍼지는 파동을 느끼며, 연화는 도천의 손을 꽉 잡았다. 그러고는 속삭였다.

"대체… 마을은 어떻게 된 거죠?"

도천은 담담하게 말했다.

"걱정하지 마. 아무도 죽지 않았어. 애초에, 그 마을은 내가 만든 거니까."

그 말의 의미를 묻기도 전에, 도천은 걸음을 멈추고 연화를 바라보았다. 그는 연화의 이마에 희고 가느다란 손가락을 올리며 말했다.

"생각해 봐."

연화는 조용히 눈을 감았다. 눈앞에, 불타오르는 마을이 다시 펼쳐졌다. 공포가 그녀를 감쌌다. 하지만 이상하게도, 그곳의 사람들은 연화를 보지 못하는 것 같았다. 분명 같은 장소였지만, 아까와는 분위기가 전혀 달랐다. 더 잔혹하고, 더 참혹했다. 그곳은 마을이 아니라, 전쟁터였다. 시체들이 나뒹굴고, 사람들이 울부짖었다. 갑옷을 입은 남자가 말을 타고, 부하들과 함께 앞으로 전진했다. 사람도 말도 점점 흐릿해지고, 불씨가 타오르는 소리만 점점 더 또렷해졌다. 끔찍한 광경이었다.

장면이 바뀌고, 한 그루 나무가 보였다. 불타는 마을 뒤로 선 그 나무는 연화에게 익숙했다. 도천과 함께 밤을 무서워하지 않게 해주던, 달빛 아래의 그 나무였다. 신성하고 순수해 보이는 그 나무 아래, 짧은 단발머리를 한 소녀의 시체가 있었다. 핏빛으로 젖은 물빛 치마. 엽전 문양의 부적. 연화는 알아보았다. 그 소녀는 생전의 자신이었다. 전쟁이 일어나, 정신없이 도망치던 그때 연화는 스스로에게 계속 '괜찮을 거야'라고 되뇌었다. 그리고 수호신이 깃들었다는 나무 아래에서, 조용히 숨을 거두었다.

그 순간, 연화는 그저 평화로웠던 그때를 떠올리고 있었다. 검푸른 잎사귀 같은 눈을 가진 도천은, 그녀를 영원히 평화로운 마을로 인도했다. 그곳에는 전쟁도, 죽음도 없었다. 하지만 그곳은 이승이 아니었고, 지켜야 할 규칙이 존재했다. 그걸 스스로 깨뜨린 연화는 기억을 보여준 도천의 손을 잡고, 누구보다 환하게 웃었다. 그리고 그녀는 찬찬히 부서지듯, 바람을 따라 하늘로 올라갔다. 별빛이 반짝이며 연화가 사랑했던 그 마을을 천천히 비추었다.

끝

20206 김 지 원

"살기 싫다."
"더 이상 살아야 하는 이유를 모르겠다."
　나는 그렇게 되뇌며, 아찔한 높이의 그곳에 올랐다. 왜일까. 두렵다. 이곳에 서 있는 것이, 두렵다. 항상 미움 받았고, 나는 없어져야 한다고만 생각해왔는데… 왜? 왜? 왜, 어째서 두려운 걸까? 한 발자국만 더 내딛으면 끝날 텐데. 두려워도, 어쩔 수 없다. 나는 존재해서는 안 되는 사람이다. 어딘가에서 문이 열리는 소리가 들렸지만 신경 쓰지 않았다. 나와는 관계없는 일일 테니까. 밤하늘엔 보일 듯 말 듯 희미한 별들이 떠 있고, 빛 하나 없는 아래는 끝없이 깊어 보였다. 두 눈에 비친 도시의 막힌 풍경을 마지막으로 담고, 나는 마지막 한 발을 내디뎌 세상과 이별했다. 이제… 끝이구나. 죽을 때엔 주마등이 스쳐간다던데, 나는 아무것도 보이지 않았다. 뭔가에 걸린 듯한 느낌. 몸이 찢어질 듯 떨어지던 속도와 바람이, 모두 멈춰 있다. 시간이 멈춘 것 같은 찰나. 누군가 가쁜 숨을 몰아쉬며 다가와 말을 건넸다.
　"하… 간신히 잡았네. 괜찮아?"

　올려다본 얼굴. 위에서 손을 뻗어 나를 붙잡은 그 사람의 눈에는 눈물이 고여 있었다. 아… 나, 살고 싶었던 걸까? 그는 나를 끌어올려 7층 난간 안쪽으로 데려왔다. 공원 안, 작은 벤치에 나를 조심스럽게 앉히고 주머니에서 초코우유 하나를 꺼내 건넸다.
　"자, 이거 마셔. 어서."

"아, 아니요… 괜찮아요."

나는 의욕도 없고, 아무것도 하고 싶지 않아 거절했지만 그는 몇 번이나 권했고, 결국 받아 마셨다.

"조금은 진정이 됐을까? 그럼… 무슨 일이 있었는지, 말해줄 수 있을까?"

"…아, 그게……"

중학교 1학년. 모두가 새로운 학교에 적응하느라 분주한 때. 나는, 원래 밝은 아이였다. 어머니, 아버지를 일찍 여의었지만 할머니와 함께 씩씩하게 자라왔다. 하지만 아이들은 달랐다. 내 부모님을 욕했고, 할머니를 비웃었고, 내 얼굴과 몸을 빌미 삼아 온갖 방법으로 괴롭혔다. 무려 3년.

"뚱보 돼지 하유월~"
"웩, 더러우니까 파리랑 놀아~"
"난 엄마 없는 애랑은 안 놀아."

수없이 들었던 말들. 급식판을 엎고, 우유를 부어 옷을 젖게 만들고, 씻은 물을 뿌리고, 더러운 물을 붓고… 그런 날들이 3년이었다. 고등학교에 가면 괜찮아질 줄 알았다. 아니, 그렇게 믿고 싶었다. 하지만, 착각이었다. 전혀 잘못 짚었다. 나의 눈에는 뜨거운 눈물이 흘렀고, 그는 조용히 나를 안아주었다. 따뜻했다. 사람의 온기란, 이렇게 따뜻한 거였구나. 그리웠다.

"응… 그랬구나. 괜찮아. 괜찮아."

그의 손길이 나를 다정히 토닥였다. 싫지 않았다. 오히려… 좋았다. 이 순간만이라도, 계속되었으면. 시간이 흐르는 게 싫었다. 그는 내 눈물을 조심스레 닦아주었다.

"이름, 뭐야? 알려줄래?"
"하, 하유월이에요. 그쪽은요…?"
"유월? 이름 참 예쁘네. 얼굴만큼. 나? 내 이름을 물어볼 줄은 몰랐는데… 그냥 '야!'라고 불러. 꼬맹이 유월아."

그의 말투엔 배려가 묻어 있었다. 내 마음을 상하게 하지 않으려는 배려.

"다시 살아보겠다는 마음이 들었어, 유월?"
"…네. 그럴게요. 사실… 사실 많이 두려웠어요. 그리웠어요. 누군가, 제발 붙잡아 줬으면… 그런 마음이었어요."

뚱보, 돼지, 그런 말들이 싫어, 나는 밥을 끊었고, 물조차 입에 대지 않았다. 그 결과,
살과 근육은 사라졌고 내 몸은 흉터투성이가 되어 있었다. 그는 내 팔을 조심스럽게 감싸 쥐며 말했다.
"유월아… 나 기억 안 나? 그리고 나, 아저씨 아니야. 너랑 동갑인데?"

그 말에 눈이 커졌다. 기억을 더듬었다. 혹시…
"혹시… 그때… 나만 조용히 쳐다보던 그…?"
"응. 맞아. 이름은 기억 안 나지? 그럴 줄 알았어. 박시유야. 기억 안 나는구나… 아쉽네."
"…몰라요. 기억 안 나요."

그의 얼굴과 분위기는 익숙하지만, 이름도, 목소리도, 상황도 선명하지 않았다. 시유. 박시유. 기억해두어야겠다. 매일매일, 이 공원에서 쉴 새 없이 시유와 이야기를 나누다 보니, 조금씩, 정말로 달라진 것 같다. 아직도 학교 근처에 가면 가끔은 숨이 턱 막히고, 다리가 굳어버릴 때도 있지만, 그럴 때마다 시유는 내 손을 잡고, 기도하듯 안아주었다. 나는 시유가 좋다. 그의 다정한 미소, 배려가 가득한 눈빛, 나를 바라봐주는 그 눈동자. 모든 게 나를 살아가게 했다. 그날 받은 따뜻한 온기를 나는 평생 잊지 않을 것이다.

그를 더 이상 힘들게 하고 싶지 않다. 매일 내 하소연을 들어주고 묵묵히 안아주는 그에게 나는 폐가 되고 싶지 않다. 그러던 어느 날, 내 안에서 또다시 들리는 작은 목소리.

'넌 죽어야 해.'
'시유도 지쳤어.'
'그만큼 했잖아. 이건 집착이야.'

그래… 맞는 말 같기도 하다. 미안하지만, 나는 필요 없는 존재인 것 같다. 잠시나마 고마웠어. 정말, 고마웠어. 좋아해. 사랑해. 사랑해. 그 말을 마지막으로, 나는 더욱 깊은 어둠 아래로 몸을 던졌다.

"안녕."

성전의 별빛 A Starlight Aom the holy war

20504 고유한

프롤로그 — 사막이 침묵할 때

그날 밤, 하늘은 이상하리만치 맑았다. 모래는 바람에 흔들리며 고요한 파도를 만들었고, 별들은 고대의 예언처럼 하늘에 박혀 있었다. 그러나 인간 세상은 그 별빛 아래에서 피로 얼룩지고 있었다. 프랑크인의 검은 깃발이 하늘을 찌르고, 이슬람교도들의 화살은 땅을 가르며 날아들었다. 모두가 신의 뜻을 말했지만, 아무도 신의 침묵을 듣지는 않았다.

이 이야기는 두 전사의 이야기다. 서로 다른 신을 믿고, 서로 다른 땅을 지키려 싸우던 두 사람. 그러다 그들은 알게 된다. 진정한 적은 종교도, 민족도 아닌 서로를 향한 증오와 맹신이라는 것을……

1장 — 어두운 하늘 아래서

리오넬 드 몽포르는 성채 위에서 어둠 속 사막을 바라보고 있었다. 밤하늘은 구름 한 점 없이 맑았고, 별들은 마치 신의 눈처럼 세상을 내려다보고 있었다. 그가 허리춤에 찬 십자가 펜던트를 만지자, 철갑 장갑에서 나는 마찰음이 사막의 침묵을 깼다.

"이 땅에 신의 뜻이 있다면, 왜 이리 많은 피를 흘리게 하는가…"

그는 눈을 감고 속으로 기도했다. 어린아이의 울음, 불타는 마을, 피 묻은 흙길이 그의 기억에 또렷이 남아 있었다. 기도문을 끝낸 리오넬은 말없이 망루를 내려왔다. 내일, 적군 진영을 정찰하는 임무가 기다리고 있었다.

2장 — 사막의 벗

한편, 다마스쿠스 근처의 마을에서는 파이살 이븐 카이르가 별을 바라보고 있었다. 그는 낮 동안의 열기를 식히며, 손바닥 위에 놓인 코란의 문구를 조용히 읊조렸다.

"신은 인내하는 자와 함께 계신다."

그의 옆에는 전직 십자군 마르코가 앉아 있었다. 둘은 말없이 차를 나누고 있었다. 기묘하게도, 그들은 서로를 증오해야 할 운명이었지만 둘 사이엔 이상할 만큼 평화가 흘렀다.

"내일 밤, 정찰대가 올 것이다. 네가 말한 '리오넬'이라는 자가 그중에 있겠지."
파이살이 조용히 말했다. 마르코는 고개를 끄덕였다.

"그는… 나처럼 혼란스러울 거야. 분명 성전을 하러 왔지만, 무엇이 진짜 전쟁인지 알지 못하는 자지."

파이살은 한참을 생각하다가 대답했다.
"그렇다면, 나는 그의 운명이 되겠다."

3장 — 운명의 수레바퀴

다음 날 밤, 리오넬은 두 명의 병사와 함께 적진 근처로 정찰을 나섰다. 그는 언제나처럼 선두에 섰다. 하지만, 모래언덕 너머에서 화살이 날아왔고 옆에 있던 병사 하나가 쓰러졌다. 급히 몸을 숨기려는 찰나, 리오넬은 발을 헛디뎌 말에서 떨어졌다. 그 순간, 누군가가 그의 목에

칼을 겨누었다.

"움직이지 마."

아라비아어였다. 그러나 이어진 말은 라틴어였다.

"당신이 리오넬 드 몽포르인가?"

리오넬은 놀란 눈으로 그를 바라보았다. 어두운 얼굴, 붉은 터번. 그가 누군지 직감적으로 알 수 있었다.

"파이살…"

"그렇다. 당신은 신의 이름으로 이곳을 불태우고 있다. 하지만, 당신도 의문을 품는 자라는 이야기를 들었다."

리오넬은 아무 말 없이, 자신의 펜던트를 움켜쥐었다. 파이살은 칼을 거두었다.

"살려주는 것이 아니라, 보여주고 싶은 것이 있어서 그래."

그는 리오넬을 억지로 끌지 않았지만 리오넬은 따라나섰다. 그들은 한때 마을이었을, 지금은 불타버린 폐허에 도착했다. 무너진 벽 뒤에는 코란과 성경이 나란히 놓여 있었다. 그 책들은 먼지로 덮여 있었지만, 누군가의 오랜 믿음이 깃들어 있었다.

"이곳은 내 친구의 고향이었어. 기독교도였지만, 내게 희망을 주었지. 지금은… 아무도 없어."

파이살은 등을 돌렸다.

"우리는 모두, 신의 이름으로 누군가를 잃고 있어."

기억의 백화점

20326 정 재 헌

우리는 살아가며, 누군가와, 혹은 혼자, 무언가를 하며 새로운 기억을 만들어간다. 나 역시 친구와, 때로는 혼자, 기억을 수집했다.

'딸랑!'
문이 열리고, 점원이 반갑게 맞이한다.
"안녕하세요! 오늘도 기억 백화점을 찾아주셔서 감사합니다! 오늘은 어떤 일로 오셨나요?"
"아, 오늘도 은행 가는 기억을 저장 기차에 좀 넣어주세요."
"알겠습니다. 다른 용건은 없으신가요?"
"아, 새로 나온 기억 상품을 좀 볼 수 있을까요?"
"네! 오늘 새로 입고된 신상 기억을 보여드리겠습니다."

종업원이 커튼을 젖히자, 아파트 7층 높이는 되어 보이는 책장들 사이로 다양한 기억 구슬들이 진열되어 있는 모습이 드러난다. 어떤 구슬은 네모나고, 어떤 구슬은 하트 모양이며, 책장 끝에는 가장 희귀하고 희귀한, 둥근 '구' 형태의 구슬이 조심스럽게 전시되어 있다.
"바다의 저녁 경이라는 기억은 얼마인가요?"
"구형 구슬들은 대부분 500만 원 이상의 가치를 지닙니다. 보통 이런 구 모양은, 사람이 흔히 겪는 일이 아니라, 아주 특별한 경험들이 기억으로 저장된 거거든요."

나는 다시 한 번 쭉 둘러보다가 종업원에게 가볍게 인사하고 백화점을 나선다. 집으로 가는 길. 언제나처럼 지하철은 붐비고, 사람들은 각자 손에 다양한 형태의 구슬을 들고 있다. 집에 도착하자 엄마가 반겨준다.

"아들, 어디 갔다 왔어?"
"기억 백화점."

나는 엄마를 안아주고, 밤 속으로 스며든다. 엄마는 언제나 나를 잘 챙겨주신다. 매일 과일을 깎아주시고, 방을 청소해주시고, 나를 극진히 아껴주신다. 그래서 나는 엄마에게 고마움을 담아 '행복했던 기억'의 구슬을 직접 만들어 보기로 한다. 함께 산책했던 기억, 같이 밥을 먹었던 기억, 함께 힘들고 피곤했던 순간들까지… 기억을 한 땀 한 땀 꿰어 하룻밤 동안 구슬로 만들어냈는데—

다음 날 아침, 나는 깜짝 놀라 뒤로 자빠질 뻔했다. 어떻게 4색도 아닌, 7색의 원형 구슬이 탄생한단 말인가? 놀란 가슴을 부여잡고, 반신반의하며 다시 백화점으로 향한다.

"손님! 또 오셨네요. 오늘은 어떤 용건으로 오셨어요?"
"아… 그게요…"
나는 조심스럽게 무지갯빛을 띠는 구형 구슬을 건넨다.
"이게 만들어졌거든요."

종업원은 구슬을 보자마자 얼음처럼 굳은 표정을 짓더니 어딘가로 급히 전화를 걸었다. 5분 뒤, 머리가 하얗고 연세가 지긋해 보이는 노인이 백화점에 들어섰다.

"반갑네! 나는 기억 제작자, 김준석이라 하네."

그 이름, 대한민국에서 기억을 만드는 사람으로 전설처럼 회자되는 인물이었다.

"아… 네, 안녕하세요?"
나는 경직된 손으로 악수를 건넸고, 그가 물었다.
"어떻게 이런 기억 구슬을 만들었나? 이런 색과 형태는 아주 특별한 경험에서만 나오는 법인데."
"그게… 제 부모님과 함께했던 기억들을 담은 거예요."
"……그렇군. 어릴 때부터의 기억까지 전부?"
"네."
"그래. 나도 좀 보여주겠나?"

나는 구슬을 그에게 건넨다. 그는 잠시 동안 눈을 감고, 구슬을 들여다본다.
"아주 놀랍군. 부모님과의 사소한 대화, 일상, 웃음이 이렇게까지 다채롭고 맑은 빛을 낸다는 건… 정말 드문 일이지."
그가 조심스레 말을 잇는다.
"하지만 하나만 명심하게. 절대로 이 일은 밖에 알리지 말게. '기억 경찰'들이 알게 되면, 드림컬러를 복용했다며 의심할 수 있어."

드림컬러. 기억의 색을 보다 선명하고 다채롭게 만드는 불법 마약. 7색 구슬은 거의 반드시 복용 의심을 받는 수준이다. 보통 사람의 기억은 2~3색, 많아야 4색 정도다. 심지어 드림컬러를 복용한 경우에도 5색 이상은 드물다. 그런데, 나는 7색 구슬을 만들었다. 나는 얼른 구슬을 주머니에 숨기며 속으로 중얼거렸다.
"나… 감방 가는 건 아니겠지…?"

급히 인사를 마치고 백화점을 나선다. 집으로 돌아오는 길, 자부심과 불안감이 교차한다.
"정말 내가… 7색 구슬을 만든 걸까?"
"근데 경찰에 잡혀가면 어쩌지?"

나는 서둘러 침대에 눕는다. '내일이면 괜찮아지겠지…' 하지만, 사건은 그다음부터 시작되었다.

다음 날. 디리리링~ 디리리리링~ 이른 아침부터 전화가 울린다.

발신인: 경찰.
"드림컬러 복용 혐의로 신고가 접수되었습니다. 협조 부탁드립니다."
"누… 누가 신고를…?"
"기억 백화점 종업원이 제보했습니다."

아뿔사. 내가 김준석과 나눈 이야기를 모두 들은 유일한 사람, 종업원.

"아… 아니, 그게 아니에요! 저는—!"
"자세한 건 지서에서 말씀하시죠."

경찰이 들이닥치고, 나는 연행된다.

조사실. 경찰은 내 앞에 구슬을 올려놓고 말한다.
"어떻게 평범한 부모와의 기억에서 이런 다채로운 색의 구슬이 나올 수 있죠?"

"그게… 저는…"
머릿속이 하얗게 비어간다. 입이 붙어버린 듯 말이 나오지 않는다.
"더 이상의 진술은 법정에서 들으시죠. 3시간 뒤, 재판이 열립니다."

법정.
"재판 번호 Memory-3291, 재판을 시작합니다."

검사가 날카로운 목소리로 주장한다.
"피고인의 기억은 평범한 가정에서의 일상입니다. 지금까지의 13,241개 샘플 중, 드림컬러 미복용 상태에서 단색 또는 2색 이상을 나타낸 경우는 단 9231개뿐입니다. 7색의 기억은 명백한 약물 복용에 의한 결과입니다. 피고에게 징역 7년형을 구형합니다."

변호사가 반박한다.
"드림컬러 복용에 대한 약물 반응은 검출되지 않았습니다. 구슬의 색만으로 단정짓기엔 무리가 있습니다."
서로가 팽팽히 맞서는 가운데—
"판사님, 저… 한 말씀만 드려도 될까요?"
"허가합니다."

나는 자리에서 일어나 말한다.
"누군가에겐 평범했을 기억일 수 있습니다. 하지만 저에게는… 세상에서 가장 소중하고 빛나는 순간들이었습니다. 그 기억들을 진심으로 담았기에 이런 아름다운 구슬이 만들어졌다고 생각합니다. 사랑은, 그리고 추억은, 약물이 아닌 마음으로도 충분히 다채로울 수 있습니다."

나는 조용히 자리에 앉는다.

판사의 망치 소리.
"땅! 땅! 땅! 판결을 내리겠습니다."
"피고인은 평범한 기억임에도 7색 구슬을 만들었습니다. 그러나 약물 복용 증거는 없습니다. 또한, 피고인의 진심 어린 진술과 부모님에 대한 깊은 애정을 고려해 무죄를 선고합니다."

세월이 흘러, 내가 30대가 되었을 즈음. 나는 평범한 일상을 살아가고 있다. 달라진 점이 있다면— 사람들은 나를 '가족 작가'라고 부른다는 것. 유명해졌지만, 나는 그보다 더 소중한 걸 안다. 기억. 가족. 사랑. 오늘도 '딸랑!' 소리와 함께 나는 기억 백화점의 문을 연다.

"안녕하세요! 오늘도 기억 백화점을 찾아주셔서 감사합니다!"

나는 웃으며 대답한다.
"네, 오늘도… 가장 소중한 기억을 맡기러 왔어요."

진정한 '나'

21029 차여원

　나는 남들과 다르다. 태어났을 때부터 그랬다. 마음대로 웃고 떠들 수 없었고, 뛰어놀 수도 없었고, 남들과 어울리지도 못했다. 무엇보다도, '아빠'를 닮아야 했다. 남들이 푸른 자연에서 뛰어놀고, 바다에서 수영을 할 때면— 나는 해적선에서 아빠의 명령을 따라야 했다.

　그렇다. 나의 부모는 악행으로 악명 높은 해적, '후크 선장'이다. 나는 그의 딸로서 그를 존경했고, 남들을 미워하고 괴롭히는 법을 배워왔다. 아빠의 말을 따르지 않으면 벌을 받았고, 조금이라도 마음을 열려고 하면 가시 박힌 말들이 날아왔다. 나는 그의 그늘에 물들어가야 했다. 솔직히 말하면, 사람들에게 따가운 시선을 받는 건 내 잘못이 아니다. 나는 내 이름을 제대로 불려본 적조차 없다. 사람들은 항상 나를 '후크의 딸'이라 불렀다.

　하지만 부끄럽지 않았다. 내가 원하는 건 남들의 시선이 아니라— 아빠의 관심이었기 때문이다. 아빠는 나를 한 번도 '딸'이라 부르지 않았다. 그저, 자신을 닮아가길 바랐다. 그가 가장 기뻐하던 순간은, 내가 나쁜 짓을 할 때였다. 예를 들면— 죄 없는 요정을 잡아 가두거나, 인어의 노래를 방해하거나, 무기를 들고 인디언들을 공격했을 때. 그럴 때면, 그는 나에게 작은 미소라도 보여주었다.

　어느 날이었다. 나는 네버랜드의 한 섬에서 여유롭게 아침을 즐기고 있었다. 섬은 어느 때보다 고요했고, 괴롭힐 동물도 없었기에 지루함이 슬금슬금 밀려왔다. 졸음이 덮쳐오자, 나는 포기하고 해적선으로 돌아가려 했다. 그때— 무언가 인기척이 들렸다. 반짝이는 소리, 작은 목소리, 팔랑거리는 날개… 익숙한 느낌. 요정이다. 나는 들뜬 마음을 누르고 재빨리 바위 뒤에 몸을 숨겼다. 뒤를 흘끗 바라보니, 역시나— 네버랜드의 요정이었다. 나는 주머니에서 작은 그물을 꺼내 들고 공격할 준비를 했다. 하지만… 무언가 이상했다. 요정의 웃음소리가 자꾸만 신경에 거슬렸다. 그리고 무엇보다도— 손이 움직이지 않았다. 그물을 던질 수 없었다. 요정의 웃음이 이렇게까지 마음을 흔든 건 처음이었다. 가슴속에서 무언가 불편한 감정이 올라왔다. 하지만, 싫지 않았다. 요정의 웃음은 압박감에 짓눌려 있던 내 마음을 기쁨으로 차오르게 만들었다. 마치, 복잡하게 얽힌 실타래를 차근차근 풀어가는 것 같았다. 그러자, 문득 한 가지 의문이 떠올랐다.

"내가 이런 감정을 느껴도 되는 걸까?"
"기쁨을?"

나는 지금까지 수없이 많은 악행을 저질렀다. 그런 내가, 기쁨을 느낄 자격이 있을까? 요정의 미소는— 아빠가 나를 자랑스러워할 때 지었던 그 기이한 미소와는 전혀 달랐다. 그동안 내가 느꼈던 '기쁨'은 혹시… 압박감에 눌린 가짜 행복은 아니었을까? 갈수록 의문은 커졌고, 마음은 점점 더 혼란스러워졌다. 정신을 차려야 한다. 요정의 미소에 마음을 뺏겨선 안 된다. 내가 원하는 건— 아빠의 사랑. 그의 인정이다.

바로 그때였다. 요정의 웃음소리가 멈췄다. 나는 어리둥절해 주변을 둘러보았다. 요정이 보이지 않았다. 대신, 어디선가 흐느끼는 소리가 들려왔다. 바위 뒤에서 몸을 빼내고 조심스럽게 다가가자— 요정은 넝쿨에 엉켜 꼼짝도 못한 채 갇혀 있었다. 조금이라도 움직이면 상처를 입을 수 있는 상황이었다. 그 순간, 요정과 눈이 마주쳤다. 그녀는 애원하는 눈빛으로 나를 바라보았다. 순간, 마음이 촛불처럼 흔들렸다. 그리고 나도 모르게— 작은 칼로 넝쿨을 베어내고 있었다. 요정을… 구해주고 있었다. 요정이 빠져나오고, 다시 한 번 눈이 마주쳤다. 그 눈빛은, 지금까지 내가 살아오며 받았던 어떤 시선과도 달랐다. 내게 주어졌던 시선은 언제나 따갑고, 어둡고, 송곳처럼 날카로웠다. 하지만 지금의 시선은 — 따뜻했다. 부드럽고, 밝았다. 마치, 마음속 깊은 곳에 햇살 한 줄기를 쏟아붓는 듯했다.

지금까지 나는 압박감의 껍질 속에 갇혀 살아왔다. 사람들은 내가 '후크의 딸'이라는 이유로 나를 아빠와 똑같이 대했다. 나조차도 '자신'을 후크 선장과 같은 존재로 믿어왔다. 하지만— 요정은 달랐다. 나를 있는 그대로 바라봐주었고, 좋은 행실이 주는 기쁨을 알려주었다. 나는 문득 생각했다.

"만약 내가 남들에게 사랑을 베푼다면, 그들도 나를 다르게 바라봐 줄 수 있을까?"

"미움이 아닌, 사랑으로 기억해 줄 수 있을까?"

끼끼와 꼬꼬

20708 김아현

어느 옛날, 한 시골 농장에 끼끼라는 닭이 살고 있었다. 끼끼는 매일같이 사료를 먹고, 알을 낳는 기계 같은 삶을 살고 있었다. 단풍이 한창 붉게 물든 어느 날, 꼬꼬라는 닭이 농장에 새로 팔려왔다. 비쩍 마른 자신에 비해 당당하고 자신감 넘치며, 젊기까지 한 꼬꼬는 끼끼의 열등감을 자극하기에 충분했다. 꼬꼬는 끼끼 옆 케이지에 배정되었고, 케이지 안으로 내동댕이쳐졌다.

"아… 좀 아프네~ 그래도 버텨봐야지!!"

꼬꼬의 밝은 목소리를 들은 끼끼는 무의식적으로 말이 튀어나왔다.
"뭐―"
그 말에는 조롱 섞인 투가 분명히 묻어 있었다. 하지만 꼬꼬는 그것을 듣고도, 웃으며 넘겼다.
"넌 뭐가 그렇게 쉬워? 여긴 그런 애한텐 대우 같은 거 없어. 그냥 막 사는 기계처럼 살아야 한다고!!"
끼끼의 입은 멈출 줄을 몰랐다.
"앞으로 한두 달 뒤면 너도 나처럼 될 거야. 그리고 눈이 내리기 시작하면, 너랑 나, 둘 다 죽을 거라고!"
"추워서 벌벌 떨다 죽든, 아니면 이 주인한테 잡혀가서 죽든."

정적이 흘렀다. 주변 케이지의 닭들이 일제히 끼끼를 바라보았다. 한숨을 쉬는 닭, 끼끼에게 욕을 퍼붓는 닭, 비웃는 닭까지… 끼끼는 순식간에 수치심에 휩싸였다. 그때, 꼬꼬가 조용히 속삭였다.

"현실을 알려주셔서 감사해요. 그래도 희망을 가지는 건 죄가 아니잖아요. 우리… 눈이 내려도 살아서, 따뜻한 날이 올 때까지 꼭 버텨봐요. ㅎㅎ… 바깥도 함께 나가보고요."

끼끼의 마음속엔 이해할 수 없는 감정들이 가득 차올랐다. 지금껏 이 케이지 안에서 "죽어라", "쓸모없다"는 말은 수도 없이 들어왔지만, "살자"는 말은 처음이었다. 그 말을 들은 끼끼는 며칠을 멍하니 보내며 생각에 잠겼다.

어느덧 단풍은 다 지고, 코끝이 시려워지기 시작했다. 그날 이후 끼끼는 밥도 잘 먹지 않고, 말도 하지 않고, 알도 잘 낳지 못했다. 끼끼는 자신이 꼬꼬에게 느낀 이 낯선 감정을 그저 증오나 혐오로 여겼다. 그래서 일부러 꼬꼬의 말을 무시하기 시작했다. 자신 안에서 삶을 향한 작은 불꽃이 점점 커지고 있다는 걸 깨닫지 못한 채 말이다.

쾅!

농장 문이 열렸다. 농부가 닭들을 하나하나 살피기 시작했다. 이 농장에서는 매년 겨울이 오기 전, 살이 빠진 닭들을 선별해 도축한다. 농부와 눈이 마주친 끼끼. 가을보다 더 마른 모습을 본 농부는 끼끼를 향해 다가오기 시작했다. 끼끼는 체념하며 눈을 감았다. 그 순간―꼬꼬가 울기 시작했다. 마치 살아보라고, 그 말을 잊지 말라고 절규하는 듯했다. 농부는 시끄럽게 우는 꼬꼬를 향해 다가가 거칠게 목덜미를 붙잡았다. 꼬꼬는 펄럭이는 날개로 저항했지만, 농부의 손은 거칠기만 했다. 끼끼는 힘없이 약한 발로 케이지를 찼다. 그 어떤 말도, 소리도 나오지 않았다. 농부는 꼬꼬를 살펴보다 중얼거렸다.

"얘도 가을보다 살이 빠지긴 했네. 그래도 뭐, 수율은 나쁘지 않으니까. 적응하렴~"

농부가 꼬꼬를 케이지에 다시 넣으려는 순간, 꼬꼬는 있는 힘껏 농부의 손을 쪼기 시작했다. 농부는 고통에 얼굴을 찡그렸고, 꼬꼬는 날갯짓까지 하며 끝까지 저항했다. 화가 난 농부는 다른 닭들에게 본보기를 보이기 위해 꼬꼬를 도축하기로 결심했다. 그가 꼬꼬의 목덜미를 잡고 끌고 갈 때, 꼬꼬는 끼끼를 향해 환하게 미소 지었다. 끼끼는 있는 힘을 다해 무언가 외치려 했지만, 입에서는 쉿소리만 나올 뿐이었다. 그때, 끼끼는 꼬꼬가 예전에 했던 말을 떠올렸다.

"전 자유를 가지고 싶어요. 그리고 언젠가 기회가 된다면, 저를 살려주었던 전 농장의 '마리 언니'처럼 누군가를 진심으로 돕고 싶어요!"

지금 꼬꼬는 잠깐의 자유를 위해 자신을 희생한 걸까? 아니면, 마리 언니라는 닭을 잊지 않아서? 수많은 생각이 스쳐 지나갔지만, 그 어떤 것도 답이 되지 못했다. 그리고 끼끼는, 아무것도 할 수 없었다. 그저, 눈물만 흘릴 뿐이었다. 멀리서 꼬꼬의 마지막 울음소리가 들려왔다. 확실한 건, 꼬꼬는 도축 당했고— 끼끼를 위해 자신을 내주었다는 사실이다. 그때, 끼끼는 케이지 안쪽에서 민들레 한 송이를 발견했다. 그 순간, 끼끼는 조용히 다짐했다. 꼬꼬가 남긴 생명. 그 목숨을, 민들레처럼 악착같이 버티며 살리자.

꼬꼬의 희생을 절대 헛되게 하지 않겠다고.

마침내, 봄. 끼끼는 케이지 틈 사이로 벚꽃이 흩날리는 광경을 바라보았다. 그리고 작게 웃으며 꼬꼬를 떠올렸다.

내가 여름을 좋아하는 이유

20816 오 예 나

그런 말이 있다.
"하늘 아래 두 개의 태양은 없다."
하지만 윤슬중학교 2학년 8반에는 두 개의 태양이 있다. 한설과 이여름.
이여름은 진짜, 짜증나는 애다. 근데 다들 왜 이여름을 좋아하는지 모르겠다.
4일 전, 나는 내 친구에게 나랑 이여름 중 누구 더 좋냐고 물었다. 친구는 1초도 고민하지 않고 이여름을 골랐다. 이유는 이여름은 착한데 내 성격은 별로랬다. 그 순간 알았다. 아무 이유 없이 나를 좋아해 주는 사람은 없구나. 내가 가장 친하다고 생각했던 친구한테 그런 말을 듣고 나니까, 이여름이 더 싫어졌다. 급식을 먹고 교실로 돌아가려는데 교실에서 말소리가 들렸다.
"야, 한설이라니까. 한설이 버린 거 맞아."
"맞아, 나도 봤어."
"걔, 저번에 내 친구한테 너랑 자기 중에 더 좋은 사람 고르라고 했대."
"한설, 여름이한테 열등감 느끼는 거네."
"근데 한설, 다른 애 것도 버린 거 아니야? 내 짝도 뭐 없어졌다던데."
"한설이 그랬나보네. 걔 완전 미친 거 아냐?"
"야, 말조심해. 그러다 또 '나는 미친 세상에서 미친 사람이고, 너는 미친 세상에서 정상인 사람이야~' 이러겠다. ㅋㅋ"

"말조심해야겠다. ㅋㅋㅋ"

그리고 조용히 이어진 목소리.

"근데 얘들아. 설이 그런 애 아니야. 뭔가 오해가 있었을 수도 있잖아. 그리고 사실인지 아닌지도 모르는데, 함부로 말하는 건 좀 아닌 것 같아. …나 잠깐 화장실 좀 갔다 올게."

이여름이다. 화장실 간다는 말이 끝나기도 전에, 나는 계단 쪽으로 뛰어왔다. 이여름한테, 내가 내 뒷담화 듣는 모습을 보이고 싶지 않았다. 근데, 생각하면 할수록 이여름이 더 짜증난다. 왜 혼자만 착한 척이야?

사실인지 아닌지 모른다고?

사실 맞다. 내가 버렸다. 이여름 반지. 3일 전, 책상 위에 그냥 올려져 있길래 그냥… 버렸다. 짜증나서. 네가 반지를 소중하게 여기는 그 모습이 보기 싫어서.

나는 아무 일도 없던 척, 마음을 다잡고 들어갔다. 그 애들과 좀 떨어져서 조용히 있으려는데 웃기게도 걔들이 먼저 말을 걸어왔다.

"설아, 이여름 걔 착한 척 하는 것 같지 않아?"

"……."

"아까 설, 아니 선생님 욕할 때도 '사실인지 아닌지도 모르는데 함부로 말하는 건 아닌 것 같아.' 이랬다니까. ㅋㅋㅋ"

"처음엔 괜찮은 앤 줄 알았는데. 진짜 착한 척 대박이야. ㅋㅋ 설아, 너는 어떻게 생각해?"

진짜 짜증났다. 왜 이런 애들을 내 친구라고 생각했을까. 그냥 무시하면 되는데 그게 잘 안 됐다.

"야! 너네 내가 제일 싫어하는 게 뭔지 알아? 뒷.담.화. 멍청하게 왜 뒤에서 욕해? 욕할 거면 앞에서 해야지. 그 욕 다 듣게. 그리고 선생님 욕했다고? 내 욕했잖아. 너네 왜 거짓말해? 그렇게 뒷담화 하고 싶으면, 내 앞에서 말고 딴 데 가서 해!!"

그리고는 교실을 뛰쳐나왔다. 울기 싫었는데, 눈물이 났다. 이여름 뒷담화였는데도, 왜 듣기 싫었는지 모르겠다.
"한설? 설아, 왜 울어?"
하필이면 제일 만나기 싫은 이여름이었다. 지쳐 있었다.
"가! 제발, 지금 너 안 보고 싶어. 그리고 네 반지… 내가 버린 거 맞아. 나 너 싫어. 그러니까 사람 열 받게 하는 것 좀 그만해!"

또 도망쳤다. 왜 나는 매번 도망만 칠까. 이런 내가 너무 싫었다.
"딩동댕동. 딩동댕동."
종이 울렸다. 수업하러 들어가야 하는데 교실에 들어갈 수가 없었다. 그 애들을, 그리고 이여름을 마주할 용기가 나지 않았다.
"야, 한설!"
보지 않아도 알 수 있었다. 이여름이다.
"종 쳤어."
"상관없어."

솔직히 좀 놀랐다. 그 모범생 이여름이 수업을 빠진다고? 그런데 이어진 말은, 더 황당했다.
"왜 그냥 가? 사과해야지."
"미.안.해. 됐지? 이제 가."
"나도 미안해. 사실 맞는데, 아니라고 해서."
순간, 이여름이 더위 먹은 줄 알았다. 아니면, 진짜로 머리가 이상해졌거나.

"너 혹시 미쳤니? 더위 먹었어?"
"ㅋㅋㅋㅋ"
이여름은 그냥 웃기만 했다.
"야, 나 진지해."
"나는 미친 세상에서 미친 사람이야."

진짜 어이없었다.
"야, 그거. 내 꺼야. 왜 따라 해?"
"ㅋㅋㅋㅋ. 재밌잖아."
이여름은 짜증나고, 이상한 애다.
"야, 너는 왜 내가 싫어? 나믄 너랑 친해지고 싶었는데…"

생각해 본 적 없었다. 아니, 생각하려 하지 않았다. 이여름이 나보다 잘났다는 걸 인정하기 싫었으니까. 어쩌면 나는 이여름이랑 친해지고 싶었는지도 모르겠다.

"네가 나보다 잘났으니까. 내가 못하는 걸 넌 다 잘하잖아."
"엥? 나는 그래서 네가 부러웠는데? 내가 못하는 걸 설이는 다 잘해서."
인정한다. 내가 나빴다. 내가 틀렸다.
"근데… 너는 왜 나랑 친해지고 싶었어?"
"그냥! 처음 봤을 때부터 친해지고 싶었어."

처음이었다. 나를 아무 이유 없이 좋아해준 사람. 어쩌면 나는, 이여름을 오해하고 있었는지도 모른다. 그리고, 이여름 때문에 잊고 있었다. 내가 여름을 좋아한다는 걸.
"있잖아. 나 여름 좋아해."

"나는 여름 싫어."
"엥? 너 이름이 여름인데 여름을 싫어한다고?"
"응! 나는 눈이 좋아. 아, 눈사람도!"
"나는 눈 오는 날 제일 싫어."
"너는 이름이 설인데 눈이 싫다고?"

그렇다. 나는 눈이 싫지만 여름이 좋고, 여름이는 여름이 싫지만 눈을 좋아한다.
"설, 너는 여름이 왜 좋아?"

왜 좋아하냐고? 글쎄… 그냥 먼저 따뜻하게 다가와 줘서. 나랑 정말 다르지만, 그래서 오히려 비슷하게 느껴져서. 아니. 사실 내가 여름을 좋아하는 진짜 이유는— 여름이 여름이기 때문이다.

소년 A

20919 유 소 민

소년 A는 폐허와도 같은 도시에서 눈을 떴다. 하늘은 잿빛, 건물들은 대부분 붕괴되어 형태를 알아보기조차 힘들었다. 거리에는 언제 멈췄는지도 모를, 고장 난 차량들만이 흉물처럼 남아 있었다. 이름도, 과거도 없이 눈을 뜬 그날 이후, 소년 A는 오직 생존만을 목표로 발버둥 쳤다. 하지만 곧 그는, 단순한 생존을 넘어 세계를 '고치기' 시작했다. 불타버린 발전소를 다시 세우고, 생존자들을 찾아다니며, 무너진 질서를 복원하려는 새로운 시스템을 구상했다.

소년 A는 믿었다. 자신이 이 세계의 주춧돌이 되어야만 한다고. 자신이 이 세계의 시작이자 마지막이어야 한다고. 그러던 어느 날. 소년 A는 도시 외곽의 고철 더미 속에서 이상한 장치를 발견했다. 정육면체 모양의 장치. 한쪽 면에는 마치 눈처럼 생긴 빛이 깜빡이고 있었고, 그 표면에는 지금껏 살아오며 본 적 없는, 어느 언어로도 해석할 수 없는 코드들이 흘러가고 있었다. 소년은 호기심을 억누르지 못하고 장치에 손을 댔다. 장치가 작동하자 눈앞에 이질적인 화면이 떠올랐다.

「시뮬레이션 환경 접근 중…」

그리고 잠시 후— 화면 너머로 나타난 것은 다름 아닌 소년 A, 자신이었다. 그러나 그 화면 속 소년 A는, 그가 알고 있는 자신이 아니었다. 관찰자의 시점에서 마치 3D 모델링처럼 움직이는 소년 A. 그의 움직임

하나하나마다, 각종 숫자와 코드가 함께 출력되고 있었다. 소년의 마음 깊은 곳에서 두려움과 호기심이 동시에 치솟았다. 화면은 그가 지금까지 걸어온 길을 정확히 따라가고 있었고, 소년 A는 서서히 깨달았다. 그의 모든 행동이, 알 수 없는 무언가에 의해 기록되고 있었음을. 소년은 장치를 이리저리 조작하던 중, 비밀스럽게 잠겨 있던 하나의 파일을 열게 된다.

「Project A-a: 심층 감정 기반 자율행동형 시뮬레이션」
그리고 그 옆에는 또 다른 문장이 적혀 있었다.

— 피험체 A가 인지의 자각, 혹은 자아의 인지에 도달할 시 해당 실험을 즉시 종료하고,
　피험체의 모든 데이터를 폐기한다. —

소년 A는 멍해졌다. 그의 '이름'조차, 그저 부여받은 코드였음을 깨달았다. 그가 사랑한 세계, 그가 지켜냈다고 믿었던 세계, 그가 피 흘리며 살아냈던 모든 시간들이— 그저 '심층 감성 실험'을 위한 테스트였다니. 소년 A는 광기 어린 집착으로 시스템을 해킹하기 시작했다. 자신이 데이터 파편일 뿐이라는 걸 증명하고자 시스템의 코드를 파헤쳤다. 그리고 마침내 진실에 도달했다. 그가 살아온 이 세계는 오직 실험을 위한 시뮬레이션이었다. 소년 A는 '자아'를 인지했다. 그와 동시에, 절망과 분노, 허탈함이 파도처럼 밀려왔다. 그가 자아를 인지하자, 차가운 시스템의 목소리가 울려 퍼졌다.

— 피험체 A가 자아를 인지하였음. 시뮬레이션 최종 단계 진행 —

소년 A는 마침내, 완전히 미쳐버렸다. 시스템에 의해 소멸 당하느

니, 스스로 소멸하기로 결심했다. 그는 망설임 없이 「시스템: 시뮬레이션 초기화」 버튼을 눌렀다.

　……

　몸이, 데이터의 파편으로 분해되는 감각. 소년 A는 천천히 사라지며 생각했다.

　'내가 사랑했던 이 세계도,　나와 함께 웃고 떠들던 아이도, 그리고 나 자신도— 결국 이 시스템의 인형이었던 걸까? 우리가 해온 모든 노력은… 정말로 무의미했던 걸까?'

　'……아니. 나는 그렇게 생각하지 않아. 만약 내가 이 모든 것이 무의미하다고 단정짓는다면, 그건 이 세계와 이 데이터들에 대한 예의가 아니잖아. 내가, 단 한순간만 빛나다 꺼지는 작은 불꽃이었다고 해도. 이 시뮬레이션을 완성하기 위한 파편 중 하나였다고 해도. 나는 이 세계를 부정하지 않아. 그리고 나는— 내가 지금껏 느껴온 이 감정을… 희망, 절망, 고통… 그리고… '사랑'이라고 정의하고 싶어.' 소년 A는, 그렇게 소멸했다. 시스템은 소년 A의 결점은 모두 제거하고, 장점만을 기반으로 새로운 피험체를 생성해냈다. 그리고 다시 그 폐허와도 같은 도시에서—

　……

　소년 B가 눈을 떴다.

여름이 머문 바다

201129 최 정 원

여름아, 우리는 그날 죽었어야 해. 오빠가 그랬잖아. 아침에 눈도 못 뜨고 앉아 있던 내 앞에 주저앉아서, 건드리면 터질 것 같은, 빨간 토마토 같은 얼굴로 말했잖아. 그런데 오후의 오빠는 저 건물 위에 앉아 날 내려다봤어. 해는 우리를 녹일 듯이 내리쬐고, 사람들은 소리를 질렀고. 열네 살, 그 여름날은 얼마나 뜨거웠는지. 한 손엔 아이스크림을 들고, 한 손은 장바구니를 들고 있던 할머니 손을 잡고, 해 옆에 앉아 있던 오빠를 바라봤잖아.

나와 눈이 마주친 오빠는 나를 향해 웃어 주고는, 그렇게— 뛰어내렸어. 나는 오빠가 그렇게 환하게 웃는 걸, 처음 봤어. 동시에 어둠이 찾아왔고, 나에게 허용된 건 '쿵' 하는 소리뿐이었어. 드르륵, 빛이 들어오는 아래로 눈을 굴리자, 할머니의 장바구니에서 떨어진 토마토 한 알이 보였어. 터지고 뭉개진, 도저히 둥근 형체였다고는 믿기 어려울 만큼 일그러진 그 토마토는, 내 신발을 적시고 있었지.

날 잠식한 어둠 한 장만 걷으면, 오빠를 볼 수 있었을 텐데. 왜일까, 겁이 났어. 오빠가 방금 본 토마토처럼 뭉개져 있을까 봐, 더 이상 내가 아는 오빠가 아닐까 봐. 내가 본 가장 아름다운 낙하가, 가장 끔찍한 추락이 되어 버릴 것 같아서. 나는 결국 가만히 서 있었어. 할머니가 "겨울아, 겨울아…" 목이 쉬도록 부르는데도 눈을 감았어.

"아, 나는 한바다야."

평소라면 담임선생님의 몇 마디로 끝났을 조회 시간에 처음 듣는 목소리가 끼어들었다.

"잘 부탁해."

하는 말에 그제야 전학생이 온다는 사실이 떠올랐다. 글을 잘 쓴다나 뭐라나… 시끄러워진 교실에 고개를 들자, 교실을 둘러보던 그 애와 눈이 마주쳤다. 빛 한 점 들지 않는 초심해 같은 눈. 하얀 피부와 둥근 눈과는 전혀 어울리지 않는 눈빛이었고, 익히 봐 온 눈빛이었다. 공교롭게도 그 기분 나쁜 전학생은 옆자리였고, 가끔씩 나를 쳐다보기도 했다. 친구와 얘기하다 머쓱하게 웃을 때, 열심히 공부할 때, 혼자 수첩에 무언가를 끄적일 때까지. 더군다나 항상 혼자 걷던 하굣길에 내 뒤를 따라오기도 했다. 그 애는 조용한 발소리를 내며 수첩에 무언가를 적다가 중간에 아파트로 들어갔다. 단 한 번도 말을 걸진 않았고, 어느 순간부터 그게 익숙해졌다.

운도 없지. 평화롭기 짝이 없던 날, 발표에 걸려버렸다. 교실이 이렇게 컸던가. 앞으로 나가는 10초가 10분처럼 느껴졌다. 얼른 발표하라는 국어 쌤에게 속으로 짜증을 내며 발표를 시작했다.

"먼 후일, 김소월.
먼 훗날 당신이 찾으시면
그때의 내 말이 잊었노라.
당신이 속으로 나무라면
무척 그리다가 잊었노라.
그래도 당신이 나무라면
믿기지 않아서 잊었노라.
오늘도 어제도 아니 잊고
먼 훗날 그때에 잊었노라."

"이 시의 심상이 무엇 같냐"는 선생님의 질문에 '어… 그리움?'이라는 멍청한 대답을 하자, 선생님은 들어가려던 나를 붙잡고 설명을 시작했다. 뻘쭘하게 서 있다가 그 애랑 또 눈이 마주쳤다. 그 애는 웃고 있었다. 평소대로라면 아파트로 들어갔을 그 애가 나를 붙잡았다.
"그리움 맞아. 정확히는 떠나간 임을 잊을 수 없는 심정을 반어법으로 드러낸 거지."

서로 아무 말 없이 바라보다가, 그 애는 "그리워하는 사람이 있나 봐."라는 말을 남기고 아파트로 들어갔다. '지가 뭘 안다고.' 그 애의 뒷모습에 욕을 속으로 퍼붓고 나서야 집으로 향할 수 있었다. 하루 종일 누워 있는 할머니 곁으로, 매일 내 손을 붙잡고는 엄마의 이름을 부르는 할머니가 있는 우리 집으로. 그 말에 반응한 게 잘못이었을까. 이제 그 애는 내 옆에서 같이 걷는 건 물론, 말까지 걸었다. 그러다 보니 가끔 놀이터에 앉아 얘기를 나눌 때도 있었다. 내키지는 않았지만, 학교 공부 얘기나, 그 애가 쓴 시와 공모전, 백일장 같은 얘기들. 오늘은 왠지 모르게 평소보다 짜증이 났다. 그리고 그네에 앉았을 때, 그 애는 처음으로 자신의 이야기를 꺼냈다.

"내 동생 이름이 뭔지 알아?"
어떻게 아냐는 표정으로 쳐다보자, 그 애는 짧게 웃고 말을 이었다.
"윤슬이야. 한윤슬. 남자애고, 나랑 7살차이 나니까 올해 11살이지. 걔는 태어날 때부터 몸이 약했어. 감기도 심하게 앓고, 안 걸린 병 찾기가 힘들 정도야. 자연스레 관심은 동생에게 쏠렸고, 난 찬밥 신세였어. 그런데 동생은 못하는 게 많으니까… 공부나 상에 대한 기대는 전부 나한테 왔지. 그때부터였어. 시 쓰는 게 즐겁지가 않고, 부담이 생겼어. 사랑한단 말을 듣는데도 그 안에 서린 기대와 실망이 무서워서 집에 들어가기가 싫었어."

"부모님은 널 많이 사랑하시는 것 같은데. 우리 부모님에 비해선."
…아, 마지막 말은 하지 말걸. 후회가 올라오려던 찰나, 그 애가 물었다.
"너희 부모님은 어떤 분인데?"
한 치의 고민도 없이 "쓰레기."라고 답했다. 그러자 그 애는 내 부모님을 옹호했다. 명치에 뜨거운 뭔가가 턱 걸린 듯했다. 몸이 떨렸고, 그 애의 한마디 한마디를 다 반박하고 싶었다.
"너, 우리 부모님 알아? 내가 고작 '기대와 실망' 그깟 거에 부모를 쓰레기라 부르는 어린애로 보여? 그건 너겠지, 아니야? 넌 그냥, 오지랖 넓고 누군가를 위로했다는 사실에 스스로 자만하는 애일뿐이야. 역겨운 놈."

그 말을 끝으로, 충격 받은 너를 뒤로 하고 나는 달려갔다. 내 자신이 너무 역겨워서. 숨이 턱턱 막혀서. 그 뒤로 우리는 다시 서먹해졌다. 넌 다시 내 뒤에서 걸었고, 나는 이어폰을 귀에 아무렇게나 꽂고 걸었다. 며칠 뒤, 네가 학교에 나오지 않았을 때도, 혼자 집에 갈 때도 아무렇지 않았다. 해가 진 밤, 먹을 걸 사러 간 편의점에서 널 마주쳤다. 눈물을 뚝뚝 흘리는, 토마토같이 빨간 얼굴로 동생이 아프다며 도움을 청하는 너를 외면할 수 없었다. 그렇게 들어간 너희 집은 고요했다. 윤슬이란 애에게 해열제를 먹이고, 물수건을 얹고, 어르고 달래 재웠다. 또래보다 한참 작은, 그 애를. 밖으로 나와, 네가 앉아 있는 소파에 앉았다. 사과해야 했는데, 먼저 사과한 건 너였다.
"알지도 못하고 말해서 미안해."
그 말에, 나도 입을 열었다.
"미안. 사실 그날은 부모님이랑 오빠 기일이었어."
네가 눈이 커지자, 나는 계속 말했다.
"어릴 때 부모님이 우리를 데리고 같이 죽으려 했어. 나랑 오빠는 살

앉지만, 트라우마로 오빠는 열네 살 때 자살했어. 사인은 다발성 골절, 장기 부전, 두부 외상이었고. …바다에 빠져 죽으려던 거라 네 이름을 듣고 널 싫어했어."

다 털어놓은 나를 넌 아무 말 없이 바라봤다.
"언젠가 다 나아지면, 너랑 바다에 가고 싶어."

그 애의 말에, 마음속 노을 지던 바다에 움직이지 않고 박혀 있던 토마토 세 알이 파도에 휩쓸렸다. 새빨간 하트를 똑 따서, 책갈피에 고이 말려 전했던 사랑은, 앞으로 길이 남을 테니까.

파라다이스

20632 최 지 완

아! 학교 가기 싫다. 누구나 월요일 아침엔 그렇게 생각할 거 같다. 그런데 며칠 전, 그 일을 떠올리면— 갑자기 학교에 가고 싶어졌다. 이런 기분은 태어나서 처음이었다. 나는 지금, 내 동생과 단둘이 살고 있다. 어머니는 나를 낳고 얼마 안 돼 후유증으로 돌아가셨고, 아버지는 전 세계로부터 인정받는 연구원이었다.

그러던 어느 날, 아버지는 우리 집에 육아를 도와줄 아주머니 한 분을 들인 뒤 어디론가 사라졌다. 가끔씩 나를 보러 오실 때면 항상 정체불명의 로봇들이 함께 있었다. 그러다 5년 전, 내가 초등학교 3학년이었을 때를 마지막으로 아버지는 두 번 다시 나를 찾아오지 않았다. 그 뒤로 나는 아버지가 어디 있는지 궁금해서 전국을 돌아다니며 찾아다녔지만, 끝내 찾을 수 없었다.

일주일 전, 어떤 낡은 지도가 길바닥에 떨어져 있는 걸 우연히 보게 되었다. 그 지도에는 지금껏 본 적 없는, 거대한 건물 같은 게 표시되어 있었다. 나는 호기심에 그 지도를 따라가 보기로 했다. 지형은 너무 험했고, 사람은 한 명도 보이지 않았으며, 음식도 없는 깊은 숲을 지나 마침내— 그 장소를 발견했다. 지도에도 표시되어 있지 않은, 완전히 가려진 장소였다. 그곳의 문 앞에서, 나는 한 권의 책을 보게 되었다. 책 제목은 '파라다이스'. 글쓴이는 '강신'. …그렇다. 강신은 우리 아버지의 이름이다. 심지어 항렬까지 완전히 똑같았다. 이 책은 아버지가 쓴 게 틀림없었다. 하지만 혼자 가기엔 무서웠다. 결국 내 친구 중 한 명에게 부탁했고, 가겠다고 나선 애가 있었다. 그 애의 이름은 판표. 나와 같은 성별인 남자아이고, 솔직히 말하면 지금 걔 손이라도 잡고 가고 싶을 만큼 기뻤다. 물론 동생과 아주머니(사실상 새엄마)에게는 거짓말을 하고 나왔다. "3일 동안 여행 간다"고… 좀 미안하긴 했다.

그렇게 나는 판표와 함께, 그곳으로 다시 향했다. 아버지가 정말 그곳에 있을지 확신할 순 없지만, 난 믿고 있었다.
'아버지는 살아 있다.'
'그곳에 계신다.'
그곳에 발을 들이자, 갑자기 경보음이 울렸다. 판표는 당황하며 외쳤다.
"야, 이게 뭐야?!"
나도 혼란스러웠지만, 얼마 지나지 않아 어떤 TV 화면이 켜졌고—거기엔 우리 아버지가 있었다. 처음엔 너무 놀라서 말이 나오지 않았고, 아버지도 날 보며 기쁜 듯한 얼굴을 지었다. 아버지는 스마트폰으로 어떤 지도를 보내며 말했다.
"포탈을 타고 '파라다이스'로 와라."
판표는 들뜬 목소리로 말했다.
"야, 빨리 가자! 파라다이스면 완전 좋은 데 아니겠냐?"

포탈을 타자 지금껏 본 적 없는 로봇, 생물, 나무들이 눈앞에 펼쳐졌다. 우리는 '제조 창고'라는 곳으로 가야 했다. 총 5개의 창고가 있고, 마지막 창고에 아버지가 있다고 했다. 제조 창고 1까지 가는 건 비교적 수월했다. 하지만 건물은 심하게 낡아 있었고, 언제 무너져도 이상하지 않을 정도였다. 또다시 TV에 아버지가 나타나 말했다.
"제조 창고에 있는 빨간 버튼을 눌러야 내가 있는 곳으로 올 수 있다."

 그런데 이상했다. 아버지의 목소리, 말투, 성격— 모두 기억 속의 그분과 너무 달랐다. 정말로 이 사람이 내 아버지가 맞을까…? 제조 창고 1을 나왔을 때였다. 갑자기 로봇들이 나타나 판표를 노려보더니, 공격을 시작했다. 우리는 놀라서 도망쳤고, 겨우 따돌리긴 했지만, 불안한 마음은 가시지 않았다.
 '왜 갑자기 평화롭던 분위기가 이렇게 바뀐 거지?'

 우리는 차례대로 제조 창고 2, 3, 4를 찾아 스위치를 눌렀다. 판표는 지쳐 말도 못 할 정도였다. 그리고 그때— TV 속 아버지가 기계음을 내며 말했다.
 "슬립 모드로 전환합니다… 5초 후 의식이 정지됩니다."
 그 순간, 나는 확신했다.
 '너는, 내 아버지가 아니야.'

 그때부터 나는 그를 '아버지'가 아닌 '너'라고 불렀다. 그런데도 그는 당황하지 않고
 마지막 창고로 오라고만 했다. 그때, 만표가 창고에서 책 한 권을 찾아왔다. 그 책 제목도 '파라다이스'였지만, 이번엔 아버지가 쓴 것이 아니었다. 책을 읽은 우리는 30분 동안 아무 말도 하지 못했다. 이곳은 낙원, '파라다이스'. 모든 동물, 식물, 곤충이 어울려 사는 진정한 천국이었다. 그런데— 지구 연도는 2025년인데 파라다이스 연도는 7025년이었다. 나는 깜짝 놀라 시계를 확인했고, 정말로 7025년이 적혀 있었다. 다시 말해, 이곳은 지구보다 5000년 뒤의 미래였다. 그래서 로봇이 있던 거였구나. 우리는 서둘러 제조 창고 5로 향했고, 문을 열기 위해 마지막 스위치를 눌렀다.

그 순간— 로봇들의 눈이 빨갛게 변하며 또다시 공격해왔다. 이번엔 도망칠 곳도 없었다. 판만표는 "내가 시간을 끌 테니 너라도 도망가!"라고 외쳤지만, 친구를 버릴 수는 없었다. 나는 용기 내어 주먹으로 로봇을 쳤다. 그런데— 쓰러졌다. 에? 로봇이 약하다고?! 우리는 서로 눈빛을 주고받았고, 로봇들을 하나씩 쓰러뜨리기 시작했다. 하지만, 판표가 로봇의 레이저에 맞아 정신을 잃고 말았다. 나는 로봇을 모두 무찌르고 판표에게 응급처치를 하기 위해 '아버지'를 찾았다. 하지만 그는 반응이 없다가 기계음으로 말했다.

"슬립 모드를 해제합니다."

그리고 일어나 판표를 치료했다. 나는 그에게 물었다.

"너, 내 아버지 아니지?"

그는 한동안 아무 말도 하지 않다가 조용히 말했다.

"따라와."

그가 말해준 진실은 충격적이었다.

"나는 네 아버지가 만든 AI야. 아버지는 어떤 광물보다 귀한 에너지를 발견했고, 그걸 채취하려 했지. 하지만 그 순간, 이 천국 같던 파라다이스의 동물들이 전부 로봇으로 변했고 식물은 방사능을 내뿜으며 아버지를 공격했어. 결국, 아버지는 죽었지."

그 에너지의 이름은 '파라셀'. 파라다이스를 3억 년간 지탱한 원천이었다. 그런데 아버지가 4년 전 그걸 훔쳐간 것이다. AI는 나에게 로봇 하나를 주며 말했다.

"너희가 돌아가려면 타임머신을 타야 해. 하지만 그걸 타려 하면, 나의 본능은 너희를 공격하게 돼. …그러니 이걸로 나를 죽여라."

우리는 최하층에 도착했다. 의식을 되찾은 만표도 다시 함께했다. 나는 자초지종을 설명하고 사과했다. 판표는 웃으며 말했다.

"괜찮아. 같이 싸우자."

마침내, 타임머신 가동이 시작됐다. AI는 갑자기 폭주하며 수많은 로봇을 꺼내기 시작했다. 우리도 함께 싸웠다. 치열한 전투 끝에— 우리가 이겼다. AI는 의식을 되찾았고 조용히 말했다.
"너희가 떠나면… 난 사라질 거야."
그는 마지막으로 내게 말했다.
"너의 아버지는… 널 가장 사랑했고, 죽는 순간까지 그리워했단다."
나는 그 말을 듣자 눈물이 터져 나왔다. 5년간 아버지를 원망했던 마음이 조금은 사라졌다. 마침내 우리는 타임머신을 타고 집으로 돌아왔다. 판표는 내게 따뜻하게 말해줬다. 날 위로해줬다. 그 사건 이후, 나는 학교를 잘 다니고 있다. 그 일이 생각날 때마다 아버지가 떠오른다. 하지만 나는 믿는다. 슬픔을 이겨내고 나아가는 게 진정한 효자라고.

마지막으로, 꼭 한마디만 하겠다.
"사랑해요. 아빠."

따뜻한 동굴

20501 강 연 재

어느 눈보라가 치고, 매우 추운 겨울날이었습니다. 많은 동물들이 매서운 추위에 몸을 떨고 있었지요. 눈보라는 너무나 거세서, 동물들은 갈 길을 잃고 말았습니다. 바람은 더욱 세차게 몰아쳤고, 동물들은 서로에게 몸을 기대 체온을 유지하려 애썼습니다. 그러던 중, 한 새가 작은 동굴을 발견했습니다. 새는 다급하게 외쳤습니다.

"어서 가족들을 데리고 동굴 안으로 들어가자!"

말이 채 끝나기도 전에, 동물들은 가족들을 챙겨 재빨리 동굴 안으로 들어갔습니다. 사슴 가족, 새 가족, 곰 가족 등 수많은 동물 가족들이 좁은 동굴 안에 모였습니다. 그때였습니다. 한 새가 조심스럽게 말했습니다.

"아직 밖에 들어오지 못한 동물이 한 마리 있어요."

모두가 의아해하며 물었습니다.

"누군데?"

그 동물은 호랑이였습니다. 무섭다고 소문이 자자한 탓에, 어느 동물도 호랑이가 이 동굴 안으로 들어오는 것을 바라지 않았습니다. 하지만 새의 생각은 달랐습니다.

"호랑이도 우리처럼 똑같은 동물이에요. 우리 중 누가 호랑이에게 말 한마디라도 걸어본 적 있나요?"

그 순간, 주위는 조용해졌습니다. 하지만 새의 말에도 동물들의 생각은 바뀌지 않았습니다. 그때 다람쥐 가족이 나섰습니다.
"우리처럼 작은 동물들이 위험에 처하면 어쩌려고 그래요?"

새는 이해할 수 없었습니다. 호랑이는 단 한 번도 다른 동물을 해친 적이 없었기 때문입니다. 하지만 많은 동물들이 반대하자, 새는 더 이상 아무 말도 할 수 없었습니다. 정적이 흐르던 그때, 눈보라는 더욱 거세게 몰아쳤습니다. 동굴 안이라 해서 안전하지는 않았습니다. 찬바람은 동굴 안으로 스며들기 시작했고, 동물들은 점점 더 두려움에 떨기 시작했습니다.
"이제 우리, 다 죽는 거 아냐?"
"어떡하면 좋지…"

부정적인 말들이 하나둘 터져 나왔습니다. 그때, 믿기 어려운 일이 벌어졌습니다. 동굴 바깥에서 커다란 무언가가 장작을 들고 천천히 걸어오고 있었던 것입니다. 모두가 긴장한 눈으로 그쪽을 바라보았습니다. 그 정체는 바로— 호랑이였습니다. 호랑이는 아무 말 없이 동물들에게 장작을 건네주고는 조용히 동굴을 떠났습니다. 모든 동물이 놀랐습니다.
"이게 무슨 일이야…?"
"저 심술맞은 호랑이가 우리를 도와준다고?"

호랑이가 남기고 간 따뜻한 장작 덕분에 동물들은 다시 몸을 녹일 수 있었지만, 여전히 호랑이의 마음을 받아들이지 못했습니다. 그때, 새는 뭔가 떠오른 듯 멍한 표정으로 굳어버렸습니다. 사슴이 걱정스레 물었습니다.
"너, 왜 그래?"

새는 천천히 입을 열었습니다.

"우리가 지금 있는 이 동굴… 호랑이의 굴이야."

모두가 놀랐습니다.

"말도 안 돼. 호랑이는 방금 전에 나갔잖아!"

그러자 새가 화를 내며 말했습니다.

"그래. 호랑이는 우리에게 장작을 주곤 떠났어. 그 덕분에 우리는 더 이상 추위에 떨지 않고 있어. 그런데 너희는 아직도 호랑이의 마음을 이해하지 못하겠니? 자기 동굴을 우리에게 내어준 것도 모자라, 장작까지 챙겨줬는데…"

순간, 동물들의 표정이 하나둘 바뀌기 시작했습니다. 마치 엄청난 죄를 지은 사람들처럼 말이죠. 조금 전까지 호랑이를 의심했던 다람쥐가 조용히 말했습니다.

"호랑이는… 따뜻한 동물이었어. 겉모습만 보고 판단한 내가 너무 한심하다…"

다른 동물들도 고개를 숙인 채 묵묵히 서 있었습니다. 마치 다람쥐의 말에 모두가 반성하고 있는 듯했죠. 새는 재빠르게 동굴 밖으로 나가 호랑이를 찾기 시작했습니다. 그 뒤를 곰 가족이, 또 그 뒤를 다람쥐 가족이 따랐습니다. 동물들은 하나둘씩 눈보라 속으로 나갔습니다. 그리고 마침내— 그들은 호랑이를 발견했습니다.

강한 눈보라 속에서 정신을 잃은 호랑이가 눈 위에 쓰러져 있었던 것입니다. 동물들은 마치 한 몸처럼 빠르게 움직였습니다. 호랑이를 조심스레 들어 동굴 안으로 데려갔습니다. 얼마나 시간이 흘렀을까. 호랑이가 서서히 눈을 떴습니다. 동물들은 조용히, 하나둘씩 호랑이에게 사과를 시작했습니다. 그 말을 들은 호랑이는 잔잔한 미소를 지으며 말했습니다.

"너희 몸이 내 장작으로 따뜻해졌다니 다행이야. 그리고… 고마워. 나도 너희 덕분에 마음이 따뜻해졌거든."

그날 밤, 동물들은 서로를 안으며 다짐했습니다.
"다시는 누군가의 마음을, 겉모습만 보고 판단하지 말자."

모두의 마음이 따뜻해졌고, 이 추운 겨울도 더 이상 춥지 않았습니다. 누구도 나를 마음대로 단정 지을 수는 없습니다. 나를 판단하고, 나를 바꿀 수 있는 존재는 오직 '나'뿐입니다. 그러니, 모든 이들이 스스로를 더 아끼고 사랑하길 바랍니다.

IDEAL

20507 김 서 진

나는 태어날 때부터 남들보다 뛰어났습니다. 초등학교 때는 다른 아이들이 더하기를 배울 때, 나는 벌써 곱셈을 끝내고 있었습니다. 중학교에 들어가서는 중간고사, 기말고사 전 과목에서 만점을 받았습니다. 고등학교 시절에도 마찬가지였습니다. 전 과목에서 1등급을 받고, 수능도 완벽하게 마무리 지었습니다. 그 결과, 현재 24살인 나는 서울대학교에 입학해 다니고 있었습니다. 물론 서울대에서도 나는 완벽한 성과를 냈습니다. 말 그대로, 나는 '완벽' 그 자체라고 믿고 있었습니다.

하지만 25살이 되던 해, 나는 깨달았습니다. 나에게 뭔가… 중요한 무언가가 부족하다는 사실을. 그때부터 나는 내 안의 부족함이 무엇인지 죽도록 고민하고 찾아 나섰습니다. 그러나… 결국 5년이 지나도록 그 해답을 찾지 못했습니다. 그래서 나는 결심했습니다. 멀리, 아주 넓은 곳으로 떠나보자.

전 세계를 여행하던 중, 나는 어느 나라의 작은 마을을 찾게 되었습니다. 그런데… 이상하게도 그곳에는 사람 한 명조차 보이지 않았습니다. 아무리 작은 마을이라도 적어도 한 명은 보여야 하지 않겠습니까? 그렇게 황당함 속에 걷던 중, 나는 마침내 한 노인을 마주쳤습니다. 나는 조심스럽게 다가가 물었습니다.

"이 마을은 도대체… 어떤 곳입니까?"

노인은 잠시 나를 바라보더니 말했습니다.

"이곳은 오래전부터, 아무도 감히 발을 들이지 않았던 곳이네. 그런데 자네는 어떤 생각으로 이곳에 들어왔나?"

나는 대답했습니다.

"저는 태어날 때부터 남들보다 뛰어났고, 제 자신을 완벽하다고 생각해왔습니다. 하지만 최근 들어 무언가 부족한 조각이 있다는 생각이 들었습니다. 그 부족함을 찾고자, 여행을 떠나게 되었지요."

노인은 고개를 끄덕이며 말했습니다.

"오호… 자네에게 질문 하나 해도 되겠는가?"

"물론입니다. 하십시오."

"자네는, '완벽'이 존재한다고 생각하는가?"

"완벽은… 쉽지 않죠. 하지만 저는, 가능하다고 믿습니다."

노인은 이내 빙긋이 웃으며 말했습니다.

"그렇군. 자네와 이렇게 만난 것도 인연이니, 한 가지 원하는 것을 말해보게나. 이상하게도, 나에게 무언가를 바란 사람들은 그 소원이 이루어지더군."

나는 주저 없이 말했습니다.

"제게 부족한 한 가지를 찾게 해주십시오."

노인은 고개를 끄덕이며, 낡은 지도를 한 장 내밀었습니다.

"그렇다면 이 지도를 따라가 보게나. 그곳에서 자네가 찾는 것을 발견할지도 모르지."

나는 지도를 들고 지체 없이 길을 떠났습니다. 그러나 그 길은 가까운 것도, 쉬운 것도 아니었습니다. 이상하게도 목적지에 가까워질수록 머리가 지끈거리기 시작했습니다. 통증은 점점 더 심해졌고, 마침내 머리가 터질 듯한 고통에 시달렸습니다. 하지만 나는 멈출 수 없었습니다. 이 고통이, 바로 그 부족함을 찾기 위한 대가라면… 귀에서는 이상한 소리가 들리고 눈앞은 점점 흐려져 갔습니다.

"완벽을 향한 길은… 원래 이렇게 고통스러운 것인가…?"

속으로 되뇌이며 나는 묵묵히 걸음을 재촉했습니다. 마침내 어느 숲에 도착하자, 놀랍게도 모든 고통이 사라졌습니다. 나는 한편으론 의아했지만, 또 한편으로는 곧 '나의 부족한 한 조각'을 찾을 수 있다는 희망에 부풀었습니다. 숲은 이상하리만치 조용했습니다. 벌레도, 짐승도 하나 보이지 않았습니다. 나는 계속 걸었습니다. 그리고 마침내 그곳에 도착했을 때— 그 노인이 서 있었습니다.

"자네, 결국 여기까지 왔구먼…"

나는 숨을 고르며 물었습니다.

"제 부족한 한 가지는… 어디서 찾을 수 있습니까?"

노인은 조용히 말했습니다.

"더 앞으로 나아가게나. 그럼 자네가 원하는 것을… 찾게 될 걸세."

나는 다시 걸음을 옮겼습니다. 갈수록 안개는 짙어졌지만 나는 개의치 않고 앞으로만 나아갔습니다. 그러나 어느 순간, 그전의 고통과는 비교할 수 없는 끔찍한 고통이 나를 휘감았습니다. 숨을 쉴 수 없을 만큼 정신이 찢어지는 듯한 고통이었습니다. 나는 온몸을 비틀며 있는 힘을 다해 땅을 기어 겨우 한 발짝 앞으로 나아갔습니다. 그렇게 무릎을 꿇은 채, 나는 마침내… 깨달았습니다.

"완벽해지려는 것은, 결국 사라지려는 것과 같다… 그리고 이 세상에 완벽이라는 것은 존재하지 않는다…"

나는 더는 고통을 견디지 못하고 그 자리에 쓰러졌습니다. 그 순간, 그 노인이 조용히 내 곁에 다가와 섰습니다. 그는 내게 마지막 말을 남겼습니다.

"자네… 결국은 깨달았군. 더 일찍 알았더라면 좋았을 텐데… 이 세상에 완벽한 것은 존재할 수 없네. 사람들은 신이 완벽하다고 믿지만, 신조차도 실수할 수 있는 법이지. 이제, 편히 쉬게나…"

마지막 잎의 숲

20529 정 지 현

옛날 옛적, 구름보다 더 높은 하늘 위에는 '루멘 숲'이라 불리는 마법의 숲이 있었습니다. 그 숲은 인간이 감히 접근할 수 없는 신비로운 장소로, 오직 마음이 순수한 자만이 들어갈 수 있었습니다. 루멘 숲에는 빛의 생명체, 그림자 괴물, 그리고 전설 속에서만 존재한다고 전해지는 '우정의 나무'가 자라고 있었습니다.

그러던 어느 날, 리안과 엘라는 우연히 낡은 지도 한 장을 발견하게 됩니다. 참고로 리안은 혼자 있는 것에 익숙하고 친구를 그리워하는, 평범한 소년이었습니다. 엘라는 처음 보는 사람과도 금세 친해질 수 있는, 밝고 외향적인 소녀였죠. 둘은 서로를 누구보다 아끼는 친구 사이였습니다. 지도의 한가운데에는 루멘 숲으로 향하는 길이 표시되어 있었습니다. 호기심과 모험심에 불타오른 두 사람은, 그렇게 함께 길을 떠났습니다.

길은 결코 쉽지 않았습니다. 거대한 강과 말을 하는 늪을 지나야 했고, 수없이 많은 위험이 그들을 가로막았습니다. 그러던 중, 그들 앞에 '마음을 읽는 거울'이 나타났습니다. 거울은 리안에게 말을 걸었습니다.

"진짜 친구가 되고 싶다면, 네 안의 가장 깊은 두려움을 보여야 해."
리안은 말없이 눈을 감고, 혼자였던 어린 시절의 쓸쓸한 기억과 거절당했던 순간들을 떠올렸습니다. 그때, 엘라가 조용히 그의 손을 잡고 말했습니다.

"나는 네가 누구든, 어떤 모습이든… 괜찮아."

그 순간, 거울은 조용히 사라졌고 눈앞에 루멘 숲의 입구가 모습을 드러냈습니다. 숲의 중심에는 우정의 나무가 있었지만, 그 나무는 서서히 시들어가고 있었습니다. 리안과 엘라는 말없이 나무 앞에 서서 오랫동안 그 모습을 바라보았습니다. 그때, 숲을 지키는 정령이 나타나 말했습니다.

"이 나무는 친구 사이의 진심 어린 희생 없이는 다시 피어날 수 없어."

그와 동시에, 정령은 리안에게 저주를 걸며 숲에서 나가라고 말했습니다. 리안은 당황했지만, 정령은 "마법의 열매를 먹으면 저주가 풀린다."는 말만 남긴 채 사라졌습니다. 엘라는 주저하지 않고 마법의 열매를 찾기 위해 숲속 깊은 곳으로 향했고, 리안은 함께 가고 싶었지만 "걱정하지 말고 기다리라"는 엘라의 말을 따라 풀숲 뒤에 숨어 기다리기로 했습니다.

잠시 후, 엘라는 마법의 열매를 발견했습니다. 그러나 열매를 따려던 순간, 그만 그림자 괴물에게 붙잡히고 말았습니다. 한편, 기다려도 돌아오지 않는 엘라가 걱정된 리안은 그녀의 뒤를 따라 조심스럽게 길을 나섰습니다. 그리고 마침내, 그림자 괴물에게 붙잡혀 있는 엘라를 발견하게 되었습니다. 리안은 도망칠 수도 있었습니다. 하지만 그는 자신을 희생하면서도 엘라를 구하기로 결심했습니다. 괴물과 맞서 싸운 리안. 바로 그 순간— 우정의 나무가 눈부시게 빛나며 꽃을 피웠고, 그림자 괴물은 사라졌습니다.

그렇다면 저주에 걸린 리안은 어떻게 되었을까요? 그는 마법의 열매를 먹지도 않았지만,

멀쩡해졌고 저주도 완전히 사라졌습니다. 사실 숲의 정령은, 리안과 엘라의 우정을 시험하기 위해 일부러 저주를 건 것이었습니다. 그리고 저주를 푸는 진짜 방법은 마법의 열매가 아닌, 진정한 우정이었습니다. 그렇게 두 사람은 무사히 마을로 돌아왔고, 리안은 생애 처음으로 "진짜 친구가 있다는 것"이 얼마나 소중한지를 깨달았습니다.

그날 이후, 마을 사람들은 가끔씩 하늘 위, 루멘 숲에서 흘러나오는 신비한 빛을 목격하게 되었습니다. 그리고 모두가 믿게 되었습니다.

"진짜 우정은, 세상 어디든 빛나게 한다."

별을 쫓는 너에게

20320 옌 딘 켠

별 감흥 없는 삶. 알 수 없는 이 수용소 안에서의 삶이지만, 딱히 갈망도 없고 희망이랄 것도 없다. 다른 사람들은 바깥세상을 궁금해 하며 나가고 싶어 하지만, 나는 잘 모르겠다. 밖을 알던 자와 모르던 자의 차이 때문일까, 아니면 단지 나에게 갈망이 없는 것뿐일까. 희망이든 감정이든, 그런 건 잘 모르겠다. 어차피 나의 세계는 오래전부터 흑백이었으니까.

그래서 잠이 오지 않는 밤이면, 나는 조용히 고요의 시간을 거닐었다. 모두가 잠든 시간, 이상하리만치 넓은 산책로처럼 펼쳐진 수용소의 평원엔 오직 나 혼자뿐이었다. 고요함. 모든 것을 감싸는 혼자라는 감정. 그 감정은 마치 해방감처럼 느껴졌다. 무뎌진 감정들 사이에서 유일하게 느낄 수 있는 감정이었기에, 나는 오래, 아주 오래 이 고요한 밤을 걸었다. 그리고 그 오랜 밤의 끝에서 한 명의 소녀가 나타났다.

"안녕?"

그 아이는 명랑하게 말을 걸었다.

"안녕…"

"네 이름은 뭐야?"

어디서 어떻게 나타났는지도 모를 소녀의 질문에, 당황스러움에 자연스럽게 대답이 나왔다.

"에덴… 에덴 뤼페른이야."

"에덴? 예쁜 이름이네! 잘 부탁해! 난 아이린 에퀴에르야!"

이름을 소개하는 그녀 덕분에, 이 고요한 공간에 더 이상 고요함은 없었지만— 단 둘만 남아 있다는 사실이 이상하게 싫지 않았다. 그런 생각을 할 겨를도 없이, 질문 공세가 시작되었다.

"여긴 뭐야?"

"여기선 어떤 일을 해?"

"너 말고 다른 사람도 있어?"

"여기 있으면 당당하지 않아?"

나는 잠시 숨을 고른 뒤, 대답했다.

"잠깐, 잠깐… 일단 멈춰봐. 첫 번째 질문은 나도 몰라. 두 번째는 '그냥 지내' 세 번째는, 있어. 나 말고도 사람들이 있어. 그런데… 난 굳이 밖에 나가고 싶다고 생각해 본 적은 없어. 이제 나도 하나만 물어봐도 될까?"

"응! 당연하지!"

나는 많은 생각 끝에, 가장 중요한 질문을 던졌다.

"너는… 어디서 온 거야?"

그러자 소녀는 조용히 미소 지으며 말했다.

"밖. 이곳의 바깥에서 왔어."

예상했던 대답이었지만, 막상 들으니 더욱 놀라워 물었다.

"밖…? 거긴 어떤 곳인데?"

소녀는 잠시 고민하더니 말했다.

"일단, 앉아볼래? 조금 긴 얘기가 될 것 같아."

내가 풀썩 주저앉자, 그녀는 별을 바라보며 말을 이었다. 바깥세상에 대한 이야기였다. 그곳엔 도시가 있고, 사람들이 살고 있으며, 마법이든 검술이든 다양한 방식으로 서로를 지키고,

마을에서는 서로 도우며 살아간다고 했다. 솔직히 상상도 되지 않았

다. 이곳의 사람들은 서로 돕기는커녕, 서로를 핍박하기에 바빴으니까. 그렇게 대화를 이어가던 중—

"어, 이만 가봐야 할 것 같아."

"나갈 수 있어?"

그녀는 자신이 오던 개구멍이 있다며 어딘가로 향했다. 나는 숙소로 돌아가려던 발걸음을 멈춘 채, 그녀의 마지막 말을 들었다.

"내일도, 앞으로도 매일 와서 말해줄게!"

그 말에 왠지 모르게 안심이 되었다. 사실 바깥세상은 그렇게까지 궁금하지 않았다. 듣기만 해서는 상상조차 되지 않으니까. 하지만 이 고요함 속에 핀 꽃 같은 대화는 너무나도 즐거웠다. 처음 느껴본 즐거움. 그건 새로웠다. 흑백뿐이던 나의 세계에서 유일한 색을 가진 존재, 그게 바로 '아이린 에퀴에르'였다.

그녀와의 매일의 대화는 신기하고 즐거웠다. 바깥세상의 이야기, 수많은 정보들. 그 속에서 나는 모르게 세상에 대한 궁금증을 품게 되었다. 아주 아주 조금씩. 내가 인식하지도 못할 만큼 미세하게. 그런 나날이 지나가던 어느 날이었다. 평소에는 내가 다가가기도 전에 반갑게 인사하던 그녀가, 멍하니 별을 바라보고 있었다.

"아이린, 뭐 해?"

속삭이듯 묻자, 그녀가 나를 바라보며 말했다.

"별거 아니야."

그리고 다시 별을 바라본다. 내가 그녀 옆에 앉자, 그녀는 천천히, 조곤조곤 말을 이어갔다.

"전에 말했듯이, 바깥세상은 넓고, 사람은 많아. 그래서 누가 누군지 모르고 서로를 알아보지 못한 채 그냥 그렇게 살아가. 그런데 그중에서도, 스스로가 이 세상에 있다는 걸 빛으로 보여주는 사람들이 있어. 마음속 깊은 곳에 '꿈'이라는 연료를 품고 환하게 타오르는 사람들이지. 어떤 빛은 이제 막 피어나는 불씨고, 어떤 빛은 옆으로 옮아 붙는 등불이고, 또 어떤 빛은 너무 많이 쓰이고 지쳐 꺼져가는 잔불일지도 몰라. 아니면 어쩌면— 저 멀리, 어딘지도 모를 만큼 높은 곳에서 찬란하게 빛나는 별일 수도 있지."

그 말을 하며 별을 바라보는 그녀의 표정은, 말로 설명하기 어려울 만큼 복잡한 감정이 섞여 있었다. 그리고 내가 그 별을 함께 바라보자, 그녀가 다시 말했다.

"뭐, 결국 어떤 빛이든 괜찮다고 생각해. 시작을 알리는 일출 같은 불이든, 끝을 알리는 일몰 같은 불이든. 아니면 모든 불이 꺼진 후에도 밤하늘에 남아 춤추는 별빛 같은 빛이든. 모든 꿈은, 빛날 때 아름답다고 생각해. 밝지 않아도, 결과가 나쁘더라도 말이야. 그러니까… 한 번쯤은 나도 빛나고 싶어. 가능하다면, 저 높은 별처럼. 환하게. 높게."

그녀는 나를 바라보며 웃었다.

"그래. 나뿐만 아니라, 우리 둘이 함께. 이곳을 나가서, 별을 쫓으며 살아가자. 언젠간 알게 될 거야."

그 말을 들은 나는 자연스럽게 대답했다.

"응… 그래."

그럴 수밖에 없었던 건, 별빛을 등지고 나에게 미소 짓던 너의 모습이 너무나도 빛나고 있었기 때문이야. 다음 날부터는 다시 발랄한 아이린으로 돌아왔지만, 즐거운 나날은 순식간에 끝나버렸다.

"벌써… 일주일째야."

아이린은 오지 않았다. 다시 고요하다. 예전과 같은 정적인 밤인데 — 느낌이 달랐다. 고요함이 아닌, 외로움이었다.

"아이린을… 찾으러 가야겠어."

아이린이 나왔던 개구멍을 찾아 나섰다. 오랜 시간을 헤매다가, 나는 구석에 있는 아주 작은 구멍을 발견했다. 내 몸이 조금만 더 컸어도 절대 지나갈 수 없었을, 그런 구멍이었다. 그 너머에 있던 것은— 이야기로만 들었던, 아름다움이 깃든 세계였다. 빛나는 마음들, 상상조차 하지 못했던 드넓은 평원. 그제서야 나는 깨달았다. 아이린이 말했던 것처럼— '별을 쫓으며 빛나고 싶다'는 마음을. 나는 아이린을 찾아 나섰다. 수많은 사람에게 묻고 또 물었지만, 모두가 나를 꺼려할 뿐이었다. 찾아야만 했고, 만나야만 했지만— 그러지 못했다. 공허했다. 그리고— 들려온 소리.

"어린 나이에 죽다니, 안타깝네."
"그러게. 이래서 병이 문제야."

그 말에, 나는 곧장 공동묘지로 달려갔다. 설마… 그럴 리 없어. 아니야. 그럴 리 없어… 하지만 도착하자마자 마주한 건, 얇고 넓은 비석 위에 새겨진 너의 이름이었다. 그제서야 알았다. 네가 오지 못한 이유를. 그리고 나는, 평생 오지 않을 줄 알았던 한 방울의 이슬과 함께 너에게 물었다.

"너의 삶은… 빛나고 있었어?"

그리고 느꼈다. 가슴 속에 작은 울림을. 하하… 괜한 걱정이었을까. 눈물과 함께 그곳을 떠나려다, 잠시 멈춰서 뒤를 돌아본다.

"이런 이야기는… '이별'보다는 '작별'이 더 어울리겠지?"

그리고 나는, 별을 등지고 웃던 너의 마지막 미소처럼, 일출을 등지고 웃으며 '별을 쫓았던 너에게' 마지막 인사를 전한다.

"안녕."

여우비

20301 고 은 서

    나는 여름마다 같은 꿈을 꾼다. 이름 모를 소년과 함께 여름을 보내는 꿈. 꿈에서 깨어나면, 기억나는 건 함께 누볐던 장소들뿐이다. 그 외의 것들은 점차 흐릿해진다. 소년의 얼굴도, 표정도. 하지만 꿈속의 나는 언제나 더없이 행복하다. 그 오묘한 감정이 피어오를 때면 코끝이 찡해지기 마련이다.

    오늘도, 어제 막 세탁기에 돌려 좋은 향이 나는 하복 셔츠를 다리고, 교복 치마를 주워 입었다. 일기예보에선 비가 온다고 했던가. 우산을 챙기려다 말았다. 나는 워낙 비를 좋아하니까.

    학교를 마치고 집에 돌아가던 찰나, 정말로 비가 내렸다. 여우비였다. 구름 한 점 없이 맑은 하늘에서 촉촉한 빗방울이 쏟아졌다. 생각보다 비가 굵어 근처 작은 천막 아래로 뛰어들었고, 누군가 오길 기다렸다. 누구를 만나기로 한 것도 아니었지만, 그냥 누군가 왔으면 해서. 그뿐이었다.

    그때— 어딘가 낯익은 소년이 눈앞에 서 있었다. 그는 비에 흠뻑 젖어 있었지만, 나를 보며 환하게 웃었다. 분명 어딘가에서 본 듯했다. 내가 멍하니 바라보자, 소년은 말없이 내 손을 잡고 어딘가로 뛰어갔다. 몇 분이나 지났을까. 빗소리가 고요해질 무렵, 우리는 바다에 도착했다. 파도가 넘칠 듯 일렁이는 바다— 이상하게도 기억이 선명했다. 귓가에 파도 소리가 속삭인다. 그래, 이곳. 꿈에서 와본 게 확실하다. 마침, 소년이 입을 열었다.

"우리, 꿈에서 본 적 있지?"

파도가 밀려들고 몇 초의 정적이 흘렀다. 익숙했던 그 소년은 정말로 꿈속의 그 소년이었다. 지금 이 순간이 꿈인지 현실인지 구분조차 어려웠다. 나는 말없이 웃어 보였다. 소년과 나는 여름을 함께 보내기로 했다. 학교가 끝나면 소년은 언제나 같은 자리에서 나를 반겨주었고, 나는 그런 소년이 좋았다. 우리는 비 오는 날이면 우산도 없이 뛰어놀기 바빴고, 가끔은 바다에 가서 이야기꽃을 피우곤 했다. 말하지 않아도 서로에게 힘이 되었고, 매일 웃으며 헤어졌다.

그러던 어느 날— 유난히 더웠던 날이었다. 그날은 나를 반기던 소년이 없었다. 하지만 나는 소년이 어디에 있을지 알 것 같았다. 망설임 없이 바다로 달려갔다. 역시, 그는 그곳에 있었다. 소년의 얼굴엔 어딘가 착잡한 기색이 서려 있었다. 소년은 애써 웃으며 입을 열었다.

"있잖아. 언젠가 이 풍경이 추억으로 바뀔 때, 너는 뭘 기억하고 싶어? 나는… 너를 기억하고 싶어."

갑작스러운 고백 같았지만, 나는 말없이 소년을 안아주었다. 그 말의 의미도 모른 채, 그저 그렇게 안았다. 그날 이후, 나는 소년을 여러 곳으로 데려갔다. 자주 가는 미니슈퍼에서 아이스크림을 사 먹고, 우리 집에 데려가 함께 밥도 먹었다. 모든 이들이 소년을 반겨주었고, 그렇게 여름은 끝을 향해 흘러갔다.

여름의 끝자락— 소년은 더 이상 보이지 않았다. 어디에서도, 그를 찾아볼 수 없었다. 나는 소년이 있을 만한 모든 곳을 돌아다녔다. 미니슈퍼 사장님께 물었지만, 그런 소년은 본 적 없다고 하셨다. 부모님조차 기억하지 못하셨다. 나 말고는 아무도 기억하지 못했다. 소년은 그렇게, 완전히 사라졌다. 마치 말없이 찾아와 갑자기 사라지는 여우비처럼— 소년은 맑은 하늘에 내린 비였다.

짧은 시간 동안 많은 행복을 주었고, 그래서 그는 더욱 미웠다. 갑작스레 사라졌기 때문에. 그 비가 다시 내린다면, 그땐 내가 먼저 기억할 것이다. 나는 이 여름을 고이 접어 마음속에 보관하기로 했다. 그 여름을 보낸 지, 벌써 1년이 넘었다. 그 소년은 더 이상 꿈에 나타나지 않는다. 그리고 여우비도, 더는 내리지 않았다.

그 비는 잊을 수 없는 추억으로 남았지만— 단 하나, 기억나지 않는 것이 있다. 바로, 그 소년의 이름. 그때 분명 물어봤는데도, 왜인지 그 이름이 떠오르지 않는다. 그렇게— 소년은 점차 내 기억에서 멀어졌다. 그날, 마지막으로 그가 했던 말이 문득 되살아난다.

"넌 이름이 뭐야?"
"여름이야."

옛날이야기

21028 지은빈

    마녀 모자를 쓴 아이들과 그렇지 않은 아이들이 책을 들고 할머니 앞에 앉아 있다. 할머니가 입을 연다. 할머니 말씀하셨다.
    "얘들아, 너희는 우정이 뭐라고 생각하니?"

    아이들이 웅성거리기 시작한다. 할머니가 손을 들어 조용히 시킨 뒤 말을 이었다.
    "너희가 생각해 볼 수 있도록, 한 가지 이야기를 들려줄게. 옛날에는 사람들 사이에서 마녀란 존재가 아주 무서운 존재였단다. 그래서 사람들은 '마녀사냥'이라는 걸 시작했고, 그로 인해 마녀들은 숨어 살아야 했지. 그러던 어느 날, 한 꼬마 마녀가 몰래 산 아래로 내려갔다가 한 나무 앞에서 안절부절못하고 있는 여자아이를 발견하게 됐단다. 꼬마 마녀는 그냥 지나치려다, 너무나 궁금해서 결국 여자아이에게 다가가 물었어."
    "얘, 너 여기서 뭐 하니?"
    그러자 여자아이는 나무 위를 가리키며 울먹였단다.
    "내 고양이가 저기 위에 올라갔는데, 무서워서 그런지 내려오질 않아. 어떡하지…?"

    그리고는 눈물을 뚝뚝 흘렸지. 당황한 꼬마 마녀는 잠시 고민하다가, 주머니에서 조심스레 지팡이를 꺼내 휘둘렀어. 그러자 고양이는 천천히 나무에서 내려와 여자아이의 품에 안겼단다. 깜짝 놀란 여자아이가 물었어.

"이거 마법이잖아! 혹시… 마녀야?"

꼬마 마녀는 조심스레 고개를 끄덕이며 말했어.

"응… 맞아. 하지만 내가 너의 고양이를 구해줬으니까, 내가 마녀인 건 너만 알고 있어야 해. 알았지?"

여자아이는 고개를 끄덕이며 마을로 돌아갔어. 그런데, 다음 날. 숲 속이 시끄러워진 거야. 무슨 일인가 싶어 꼬마 마녀가 나가보니 마을 사람들이 마녀가 숨어 있다는 소문을 듣고 찾아온 거였단다. 배신당했다는 생각이 든 꼬마 마녀는 마을 사람들이 없는 틈을 타 여자아이를 몰래 찾아가 따졌어.

"너, 왜 나한테 거짓말했어?"

놀란 여자아이는 손을 가로저으며 말했어.

"아니야! 난 절대 네 이야기를 누구에게도 하지 않았어. 정말이야. 제발 믿어줘!"

하지만 마녀는 그 말을 믿지 않았고, 화가 난 나머지 여자아이를 개구리로 만들어 작은 병 속에 넣어 데려가 버렸단다. 진실을 알아내기 위해 꼬마 마녀는 인간으로 변장한 채 개구리가 된 여자아이를 가방에 넣고 마을 구석구석을 조사하기 시작했어. 1시간, 2시간… 시간이 흘러도 범인은 나타나지 않았지. 그러던 중, 컴컴한 골목 어귀에서 수상한 말소리가 들려왔어. 꼬마 마녀는 살금살금 다가가 몰래 엿들었단다. 그리고 곧 진실을 알게 되었어. 여자아이가 아니라, 그날 산속에서 여자아이와 함께 있었던 남작의 아들이 자신이 마녀를 봤다고 마을에 떠벌렸던 거였어. 모든 걸 알게 된 꼬마 마녀는 인적이 드문 호숫가로 달려가 병 속에서 개구리로 변해 있던 여자아이를 꺼냈어. 그리고 진심을 담아 사과했단다.

"미안해. 너를 의심하고, 너의 말을 믿지 못해서 정말 미안해."

연신 고개를 숙이며 사과하자, 여자아이는 한숨을 쉬곤 고개를 끄덕였어.

"이제 됐어. 나도 놀랐지만, 네 마음을 이해해."

그렇게 둘은 화해했고, 손을 꼭 잡고 마을로 돌아왔단다. 그런데— 마을 사람들은 마녀와 손잡고 있는 여자아이를 보자 깜짝 놀라며 둘을 함께 쫓아냈지. 여자아이는 마녀 때문에 마을에서 쫓겨났지만, 마녀를 원망하지 않았단다. 오히려 마녀와 함께 산 깊숙한 곳으로 들어가 작은 집을 짓고 둘은 진정한 친구가 되었어. 그리고 우정의 증표로 예쁜 반지 한 쌍을 나눠 가졌단다. 그 소문이 퍼지자 온 세상에서 마녀들과, 마녀와 친구가 되고 싶어 하는 사람들이 하나둘씩 모여들었고, 그렇게 지금 너희가 앉아 있는 이 마을이 생기게 된 거란다.

"어때, 재미있었니?"

한 남자아이가 손을 번쩍 들며 묻는다. 남자아이가 말했다.

"선생님! 그럼 이야기 속 여자아이랑 꼬마 마녀는… 지금 어떻게 됐어요?"

할머니가 살짝 미소 지으며 대답한다. 할머니는 이야기를 이어갔다.

"꼬마 마녀는 아직 이곳에 오지 못한 마녀들을 찾기 위해 저 멀리 세상을 여행 중이란다. 그리고 그 여자아이는…"

말을 멈춘 할머니의 약지에 낀 반지가 은은하게 반짝인다. 그리고 덧붙여 이야기했다.

"지금… 어디에 있는지는 아무도 모른단다."

장면이 고요히 닫히며 이야기의 끝이 난다.

시간이 멈춘 마을에 피어난 별

21001 강 다 혜

옛날 옛날, 시간이 멈춘 마을이 있었어요. 이 마을 사람들은 매일 똑같은 하루를 반복하며 살고 있었지요. 해는 언제나 마을 한가운데에 머물렀고, 나무는 더 이상 자라지 않았으며, 아이들도 자라지 않았어요.

그 마을엔 '하루'라는 아이가 살고 있었어요. 하루는 태어난 이후로 줄곧 같은 하루만을 살아왔어요. 그러던 어느 날, 하루는 이상한 꿈을 꾸었어요. 꿈속에서 어떤 할머니가 다정한 목소리로 말했지요.

"세상에는 너만이 심을 수 있는 씨앗이 있단다. 그건 바로 '별의 씨앗'이란다."

다음 날 아침, 하루는 침대 밑에서 반짝이는 작은 씨앗 하나를 발견했어요. 하루는 그 씨앗을 품에 안고, 처음으로 마을 밖으로 나가보기로 결심했지요. 하지만 마을은 시간이 멈춘 곳이라, 그 누구도 밖으로 나갈 수 없었어요. 그런데 놀랍게도, 하루가 한 걸음을 내딛자 마치 오랫동안 잠들어 있던 땅과 하늘이 눈을 뜬 것처럼 대지가 흔들리고, 하늘에는 구름이 피어나고, 나뭇잎은 속삭이며, 바람은 길을 열어주었어요. 그렇게 하루는 마침내 마을의 경계를 넘어 온 세상과 마주하게 되었어요.

하루는 별의 씨앗을 어두운 숲, 슬픈 바다, 먹구름 사이마다 조심스럽게 묻고, 작은 노래를 불렀어요. 그러자 심은 자리마다 작고 반짝이는 별이 피어났고, 그 별들은 하늘로 떠올라 진짜 별이 되었지요. 그 빛은 아주 멀리 있는 마을까지 닿았어요. 그런데— 하루가 마지막 씨앗을 심으려던 순간, 깊은 어둠 속에서 노쿠라는 존재가 나타났어요.

노쿠는 어둠 속에서 태어나 빛을 한 번도 본 적 없는 외로운 존재였어요. 노쿠는 슬프고 질투 어린 목소리로 말했어요.

"왜 너만이 별을 심을 수 있는 거지? 왜 나는 아무것도 가질 수 없는 거야?"

노쿠는 질투와 슬픔에 휩싸여 마지막 별의 씨앗을 빼앗아 어둠 속으로 달아나 버렸어요. 하루는 그를 따라 깊고 캄캄한 어둠 속으로 들어갔어요. 그리고 노쿠에게 다가가, 조용히 말했어요.

"이 별은 모두를 위한 거야. '모두' 안엔, 너도 포함이야. 그러니까… 씨앗을 돌려줘. 함께 심어보자."

하루는 노쿠 앞에서 아주 작고 따뜻한 별빛 노래를 불렀어요. 그 노래는 어둠 속을 부드럽게 감싸며 노쿠의 마음에 스며들었어요. 잠시 후, 노쿠는 천천히 씨앗을 하루에게 돌려주었고, 하루는 마침내 마지막 씨앗을 심을 수 있었어요. 그 순간, 마을은 따뜻한 빛으로 가득 차게 되었어요.

시간이 다시 흐르기 시작했고, 멈춰 있던 모든 생명이 조금씩, 천천히 자라나기 시작했어요. 그리고— 노쿠도 더 이상 외롭지 않았어요. 그날 이후, 하루는 매일 밤 자신이 심은 별 하나하나를 바라보며 속삭였어요.

"언제나 똑같은 하루 속에서도 마음 하나가 세상도, 어둠도 바꿀 수 있어."

드디어 죽었다

21017 이 예 성

드디어 죽었다. 드디어 죽었다. 드디어 죽었다. 사람이 죽는다. 나는 이 말이 '영원한 어둠'을 뜻하는 줄로만 알았다. 그런데 아니었다. '사람이 죽는다.'는 말은 오히려 새로운 시작을 알리는, 빅뱅 같은 에너지의 폭발을 의미하고 있었다.

나는 수호. 열다섯 살이다. 형들의 표현으로는 "11살"이라 하던가? 아무튼. 나는 전교 2등이다. 와우. 대단한가? 하지만 이 '2'라는 숫자가 얼마나 고통스럽고 불행하며, 머리 아픈 숫자인지는 아마 아무도 모를 거다.

2025년 7월 4일.
기말고사가 끝났다.
"이수호, 피방 고?"
옆자리 친구가 물었다. 애? 누구냐고? 좋게 말하면 사교성 더럽게 좋은 놈, 나쁘게 말하면 오지랖 퍼 붓는 놈 정도? 얘만큼 짜증나는 애가 또 없다. 정확히 말하면, 얘는 답이 136/257인 문제 같은 존재다. 한마디로, 의미는 알겠지만 정답 같진 않은, 그런 애. 시험 끝나면 놀고, 학교 끝나면 놀고, 자고 일어나면 놀고, 쉬는 시간마다 노는 놈. 그게 바로 김윤성이다. 그게 왜 짜증 나냐고? 그 자식이 전교 1등이기 때문이다. 항상 나랑 비교된다. 유치원, 초등학교는 물론이고, 같은 아파트, 같은 층에 산다. 뭘 해도 같이 다닌다. 마치 $E=mc^2$처럼 변하지 않는 공식. 쟤는

1등, 나는 2등. 그게 얼마나 짜증나는 줄 아냐고? 중2, 중1, 초6, 초5, 초4, 초3, 초2, 초1, 7살, 6살…… 수년간, 너무나도 성실하게 쟤 등짝만 바라봤다. 그게 안 짜증 나면 그게 사람이냐? 이렇게 해피하게 말해서 그렇지, 이건 가히 영어 지문 해석하듯 복잡하고 끈적한 고통이다.

이제 조금 진지한 얘기를 해보자. 아니, 불행한 이야기를 말해볼까 한다. 3년 전. 내 삶은 검은 소용돌이 속으로 빨려들어갔다. 마치 만유인력이 날 끌어당기듯, 아주 깊게. 형이 죽었다. 내 눈앞에서. 하늘을 날던 새들과 같이, 형의 몸은 공중에서 파동을 그리며 사라졌다. 우리 형은 쉽게 말하면 엘리트, 정확하게 말하면 엘리트 중의 엘리트였다. 전교 1등은 기본. 명문고 수석 입학, 올백, 전국 모의고사 1등. 그런데 어느 날부터인가 성적이 급격히 떨어졌다. 결국 전교 10등까지 밀려났다. 형의 '1인생'에 처음으로 '0'이 찾아온 거다. 이건 형을 종단속도로 몰고 갔다. 멈출 수 없게. 우리 엄마는 좀 극성이다. 서울대병, 분노조절장애, 완벽주의자. 툭하면 때렸고, 성적을 위해서라면 우리의 인간관계쯤은 사치였다. 엄마의 자칭 '휴식'이란 하루 3시간 취침 정도. 이런 집안에서 우리가 버틸 수 있었던 게 이상한 거다. 마치 탄성한계를 넘어선 고무줄 같았다. 어느 순간 '퍽' 하고 끊어질 줄 몰랐다.

이제 다시, 내 이야기로 돌아가 보자. 내게 유일한 피난처는 드럼이었다. 단어를 외우면서도, 수학 문제를 풀면서도, 인강을 들을 때도, 내 손엔 항상 드럼스틱이 있었다. 형이 다른 별로 떠난 후, 나는 내 허벅지를 스틱으로 두드렸다. 작용-반작용으로 튕겨 나온 스틱에 피가 맺혔고, 그 피가 내 머리를 식혀주었다. 기묘하게도 말이다.

2025년 7월 18일.
나는 정신과에서 받은 약을 버렸다. 그딴 약이 뭘 위로하겠다는 건지 몰랐다. 전교 1등 한 번 못 해본 내가, 떨어지는 벚꽃 하나 구경 못한 내가, 그깟 알약으로 위로받을 수 있을 거라 생각했냐? 그때, 옆에 있던 영우가 약을 낚아챘다.

"야, 뭐 하는 거야. 약을 왜 버려."

"니가 뭔 상관인데."

나는 다시 약을 던졌다. 그러자 영우가 또 약을 주워 들고, 내 팔을 붙잡았다. 그 순간,

영우의 팔에 내가 뿌리친 손톱이 닿아 피가 났다.

"니가 이렇게 만들었으니까… 나 도와."

그 한 마디가 내 안에서 무너짐과 동시에 파동을 일으켰다. 그 이후, 나는 조금 다른 삶을 살기로 했다. 중간고사 시험지는 새하얗게 비워냈다. 이제 나의 목적은 전교 1등이 아니었다. 나의 시간은 영우와의 행복을 위해 존재했다. 나는 윤성을 더 이상 미워하지 않았다. 엄마와는 싸웠고, 엄마에게 순종하지 않았다. 나의 인간관계는 바뀌었다. 나의 삶의 규칙은 바뀌었다. 죽었다.

그 죽음은 내 삶이었지만, 내 것이 아닌 삶의 죽음이었다. 나는 그것을 깨부수기 위해 죽어야 했다. 아직 어리지만, 그 어리고 미숙한 내가 허비된 시간과 영혼을 위해 택한 선택이었다. 그리고 그 죽음은, 새로운 삶을 위한 도약이었다. 그래서 나는, 죽었다. 잘 죽었다. 드디어 죽었다. 형과는 다른, 행복한 죽음이었다.

나는 죽었다.

드디어 죽었다. 드디어……

빛 속으로 Into the Light

20724 임 민 욱

    이 세계는 '랜던나이트'라는 꽃이 피면서 생명이 시작되었고, 빛이 생겨났다. 그 꽃을 차지하기 위해 사람들은 치열한 전투를 벌였고, 결국 랜던나이트를 경계선 삼아 빛이 있는 '루미에르'와, 빛이 부족한 '데비로드'라는 두 나라가 세워졌다. 사람들은 모두 자신의 '라이트코어'를 지니고 있다. 라이트코어는 그 사람의 정체성을 나타내는 핵심이며, 사람마다 빛의 색도, 크기도, 밝기도 모두 다르다. 하지만 그 라이트코어는 눈에 보이지 않기 때문에, 대부분의 사람들은 자신의 빛이 어떤 모습인지 모른 채 살아간다.

    그로부터 200년 후— 세이아와 이안이 각각 루미에르와 데비로드에서 태어났다. 세이아는 빛을 사랑하고 언제나 밝았다. 반면, 이안은 빛을 죽을 만큼 싫어하며, 우울한 기운에 둘러싸여 있었다. 세이아와 이안이 12살이 되던 해, 데비로드 끝자락에 살던 칼렌이 루미에르에 나타나 사람들의 라이트코어를 모조리 빼앗아갔다. 결국 루미에르에서도 빛이 거의 사라지고, 어둠이 밀려오기 시작했다. 하지만, 세이아는 운 좋게 살아남았다. 위험을 감지한 랜던나이트는 그녀에게 말을 걸었다.
    "세이아, 부탁이다. 이 세상의 빛을 돌려다오. 너에게 다른 사람의 라이트코어를 볼 수 있는 능력을 주겠다. 간절히 부탁한다."

    그리하여 세이아는 가족을 뒤로하고, 데비로드로 향했다. 데비로드의 사람들은 누군가 자신의 라이트코어를 빼앗을까 두려움에 떨고 있었다. 그런 그들 앞에 밝게 빛나는 세이아가 나타나자, 사람들은 경계하며 물러났다. 세이아는 조심스럽게 말했다.

"오, 다들 놀라셨구나. ㅎㅎ 아무 걱정 마세요. 여러분을 지키러 온 거니까요. ㅎㅎ"

하지만 데비로드 사람들은 루미에르 출신을 반기지 않았다. 오히려 그녀의 빛을 자신들이 가지려 했다.

"어… 다들 왜 이러시는…… 꺅!"

세이아는 죽을힘을 다해 도망쳤다. 간신히 숲속에 몸을 숨긴 그녀는, 그곳에서 이안을 발견한다. 그런데— 세이아는 깜짝 놀랐다. 이안의 라이트코어가 검은색이었기 때문이다. 세이아가 먼저 말을 걸었다.

"안녕? ㅎㅎ 난 세이아야. 루미에르에서 왔어. 넌?"
"나도 소개해야 하나? …그다지 안 하고 싶은데."
"알겠어. 뭐, 너에 대해서는 차차 알아가면 되겠지."
"나랑 같이 가지 않을래? 궁금한 게 많아서."
"음… 어디 가는데?"
"칼렌한테 가는 중이야. ㅎㅎ 내가 이 빛을 되찾아줄 거야."

이안은 한심하다는 듯 그녀를 바라보았다.
"그래… 잘도 찾겠다. 그 무서운 칼렌한테."

그러자 세이아는 자신이 가진 능력을 설명했다.
"난 다른 사람의 라이트코어를 볼 수 있어. 뭐, 어디에 써야 할진 모르겠지만… ㅎㅎ"

이안은 흥미로운 듯 물었다.
"내 라이트코어는 어때?"
"넌… 검은색이야."

그 말에 이안의 얼굴은 창백해졌다. 세이아는 웃으며 덧붙였다.

"나랑 같이 빛을 찾으러 가자. 그러면 너도… 빛을 얻게 될 거야!"

이안은 조용히 고개를 끄덕였다. 둘은 함께 걷기 시작했다. 가는 내내 세이아는 말을 멈추지 않았다. 이안은 말없이 듣기만 했다. 그러다, 굉장히 높은 탑이 눈에 들어왔다.

"저 탑은 뭐야?"

"200년 전 전쟁 때 기지로 쓰였던 탑이야. 지금은 방치된 곳이지."

"저 호수에 있는 말은?"

"'데비노홀스'라고, 데비로드에서 사는 말 종류야."

잠시 후, 세이아가 진지하게 물었다.

"그럼… 너는? 넌 누군데?"

"이제 말해줄게. 난 고아야. 산속, 데비노스섬에 버려진 아이. 그냥 타잔처럼 살아왔어. 너는 몰라. 빛 없이, 혼자 사는 게 얼마나 외롭고 힘든지."

그렇게 걷던 둘은, 갑작스레 눈앞의 벽에 부딪혔다.

"야!"

그 벽은 너무나도 높았고, 다른 길은 없었다.

"봐봐. 또 실패네?"

그 순간, 벽 안에서 무너지는 소리가 들렸다. 벽이 두 쪽으로 갈라졌다.

"어! 길이 생겼네? 따라와!"

드디어 칼렌의 탑이 눈앞에 보였다.

"칼렌은 왜 저렇게 탑을 높이 지은 걸까?"

"저길 어떻게 올라가?"

"올라갈 수 있어. 계단이 있잖아. ㅎ"

"계단은 질색인데… 뭐, 어쩌겠어. 가야지."

둘은 숨을 헐떡이며 탑을 올랐다.

"드디어 문이다… 헉헉."

"근데, 어떤 방법으로 빛을 되찾을 건데?"

"그러게?"

"방법도 없이 그냥 온 거야? 지금 뭐 하는 거야?"

"그렇게 짜증내고 화낼 거면 왜 왔는데?"

"네가 오자고 했잖아!"

"싫었으면 거절했으면 되잖아!"

"널 믿었어. 넌… 다를 줄 알았어. 해낼 줄 알았어."

"그래, 미안해. 대책도 없이 와서. 됐냐?"

"그럼 네가 알아서 해. 난 내려간다."

이안은 등을 돌려 탑을 내려갔다. 세이아는 조용히 문을 열고 안으로 들어섰다.

"칼렌! 어디 있어? 나와!"

그때 들려온 속삭임.

"하하! 친구를 잃었나 보군? 그러게 왜 그랬어?"

"너… 뭐야? 어떻게…… 으악!"

세이아는 몸에서 무언가 빠져나가는 듯한 감각에 휩싸였다. 바로 그 순간, 이안이 다시 돌아왔다.

"세이아! 버텨! 넌 빛이야. 그 자체로… 빛나잖아!"

그 순간, 이안의 라이트코어가 무지개 빛으로 빛나는 게 보였다.

"너의 빛이… 빛나."

이안의 빛은 칼렌을 뒤흔들었다. 세이아는 다시 힘을 얻었고, 칼렌의 라이트코어는 점점 희미해졌다. 그리고— 그 빛이 모두 이안에게 옮겨지는 것이 보였다.

"그거였어! 너의 검은색은… 모든 빛이 섞인 색이었어! 그 빛을 빛나게 해줄 사람이 필요했던 거야!"

"펑!" 하는 소리와 함께, 루미에르에 빛이 되돌아왔다.

"미안해. 내가 너무 화만 냈어. 네 빛이… 부러워서 그랬어."

"빛은 한 사람에게서 나타나는 게 아니야. 모두가 함께여야 강해져."

그 후, 세이아와 이안은 각자의 마을로 돌아가 자신들이 겪은 일을 이야기했다. 두 마을의 대표는 감동했고, 루미에르와 데비로드는 그동안의 오해를 풀고 빛을 나누었다. 그리고 세이아와 이안은— 행복하게, 아름답게 살아갔다.

1000년 후

"그럼, 세이아님과 이안님이 이 세상을 구한 거네요?"

어린아이가 물었다. 할아버지는 웃으며 대답했다.

"그렇다고 볼 수 있지."

그 둘은 신전에 가서 빛의 신께 예배를 드렸다. 그 시각, 구름 위에서 무슨 일이 일어나고 있었을까? 세이아가 말했다.

"귀여워."

이안이 대답했다.

"우리 참 멋진 일 했지."

"그러게, 우리 참 대단하네."

어항 속 사막

20716 윤 가 람

　어항 속에 있는 사막처럼, 덥고 습한 여름날. 한 소녀가 멍하니 교실 밖 풍경을 바라보고 있다. 그 소녀의 이름은 해이안. 사마고 2학년이다. 이안은 얼마 전, 자신과 같은 트라우마를 가진 전학생 차도윤을 만나게 되었다. 도윤은 활발한 성격과 재치 있는 입담 덕분에 인기가 많았지만, 어딘가 허전해 보였다. 이안은 늘 자신이 사막에 갇혀 있다고 생각했지만, 도윤을 만나면서 서서히 마음을 열기 시작했다.
　그리고 지금, 이안과 도윤은 비밀 연애 중이다. 도윤은 공개 연애를 원했지만, 이안의 격렬한 반대 끝에 그러지 않기로 했다. 행복하게 연애를 이어가던 어느 날. 이안은 체육 선생님의 부탁으로 체육 준비실에 가게 된다. 그곳에서 이안은 잘못한 것이 없음에도 불구하고, 누군가 다가오는 소리에 급히 몸을 숨긴다. 문이 열리고, 그 안으로 들어온 사람은 도윤과 그의 친구들이었다. 그중 한 여자아이가 도윤에게 치근덕댄다.
　"도윤아, 너 여친 없다고 했지? 난 어때?"
　도윤은 웃으며 말했다.
　"난 아직 여친을 만들 생각이 없어. 있었으면, 지금쯤 혼났겠지. 나는 그냥… 모두에게, 여자애들에게도 친절하게 대하니까."

　며칠 전부터, 이안은 자신도 모르게 이상한 감정을 느끼고 있었다. 도윤이 모두에게 친절하고, 웃음이 너무 헤퍼서— 마치 어항 속 물고기가 된 기분이었다. 서운한 감정이 스멀스멀 올라오기 시작했다.

그리고 3일 후. 평소처럼 몇 미터 거리를 두고 학교를 향해 걷던 그날 아침. 며칠 전 치근덕대던 여자아이가 갑자기 도윤을 껴안았다. 도윤은 당황한 듯 가만히 있었지만, 이안은 그 상황을 알지 못했다. 그날 이후 이안은 도윤의 문자 하나도 보지 않았다. 자신의 방, 어항 속 물고기를 바라보며 생각에 잠긴 채 학교를 일주일째 결석했다.
　　"나는 다시 사막에 갇혔구나. 이번엔… 못 빠져나가겠지."
　　큰 결심을 한 이안은, 다시 학교에 나간다. 도윤의 말을 무시한 채, 오직 공부에만 집중하기로 한다. 공부를 잘하는 도윤은 이안에게 이것저것 알려주려 했고, 그럴 때마다 이안은 단호하게 말했다.
　　"하지 마, 차도윤."

　　그리고 중간고사 날. 이안과 도윤은 꽤 좋은 성적을 받았고, 점심을 먹은 후 집에 갈 시간이 되었다. 그런데— 소나기가 내리기 시작했다. 이안은 속으로 생각했다.
　　'아… 우산 없는데.'
　　비가 그칠 때까지 기다려보기로 했지만, 비는 멈출 기미가 없었다. 그냥 빗속을 걸어야겠다 마음먹던 그때, 도윤이 다가와 우산을 씌워주며 말했다.
　　"왜 나를 피하고, 무시하는 거야?"
　　이안은 조용히 대답했다.
　　"실은 요즘, 네가 모두에게 너무 잘해줘서… 내가 그냥 어항 속에 갇힌 물고기인가 싶었어. 그리고… 그날, 어떤 애가 널 껴안았는데, 넌 아무 말도 안 하고 가만히 있더라."

　　도윤은 미안함과 슬픔이 뒤섞인 목소리로 답했다.
　　"내가 잘못했어. 그냥… 나는 모두에게 좋은 사람이고 싶었어. 잘해주는 게 습관처럼 돼버렸어. 그날 그 애가 나를 껴안았을 때도, 마치 내

동생 같아서… 제대로 거절하지 못했어. 미안해."

이안은 도윤의 진심을 느꼈다. 그리고 다시, 마음속 사막의 모래가 물에 젖는 듯한 기분이 들었다.
"나를 사막에서 꺼내준 도윤이니까… 한 번 더, 믿어볼게."

둘은 오해를 푼 채, 우산 하나를 함께 쓰고 나란히 걸어갔다. 그 이후 두 사람 사이에 어떤 일이 벌어질지는 아무도 모른다. 하지만 지금 이 순간, 둘은 어항 속 물고기가 아니라, 바닷가를 자유롭게 헤엄치는 아이들처럼 행복하게 살아가고 있다.

이 작은 바닷가 마을에서. 언제나. 늘.

화창한 그 여름날로 돌아갈 수 있다면

20408 김지원

    내 이름은 김고을. 어릴 적, 어머니를 교통사고로 잃었다. 그로부터 오랜 시간이 흐르며, 어머니에 대한 기억은 점점 무뎌졌다. 하지만 이상하게도, 엄마가 나를 떠났던 그날만큼은 무뚝뚝한 나조차도 설명할 수 없는 공허함에 휩싸이곤 한다. 엄마와의 추억도, 좋은 기억도 거의 없고, 얼굴마저 희미해져 가지만— 어딘가 텅 빈 동굴 같은 외로움이 날 어리석은 사람으로 만든다.

    아무리 애써도, 그날의 기억은 점점 잊혀져간다. 그런데도 이상하게, 엄마를 직접 만나보고 싶다는 생각이 들었다. 그리고 오늘—그날이 돌아왔다. 7월 8일. 엄마의 제사를 지내줄 아빠는 진작에 우리를 떠났고, 그래서 나는 아무것도 할 수 없었다. 집을 나서자, 나를 반긴 건 여느 때처럼 따뜻하고 밝은 햇살이었다. 익숙한 등굣길도 놀라울 정도로 평소와 똑같았다. 단 한 가지, 달라진 점이 있었다.

    골목 뒤편. 원래 없었던 허름한 가게에 '추억사진관'이라는 간판이 걸려 있었다. 평소에는 본 적도 없던 곳이었다. 낡고 오래된 그 가게는 뭔가 이상했지만— 엄마와 마지막으로 함께 찍었던 사진을 액자로 만들어두고 싶다는 생각이 강하게 들었다. 왠지 그래야만 할 것 같았다. 학교가 끝난 후, 나는 알바로 번 꼬깃꼬깃한 5만 원짜리 몇 장을 챙겨, 사진을 들고 사진관으로 달려갔다. 서랍 속에 넣어두었던, 어릴 적 나와 엄마가 함께 찍은 사진 한 장. 사진관 안에는 안경을 쓴 중년의 아저씨가 앉아 있었다. 나는 그에게 사진을 내밀었다. 그는 사진을 한참 바라보다가, 조용히 말했다.
"돌아가셨구나. 오늘이… 12년 후, 그날이고."

나는 깜짝 놀랐다. 모르는 아저씨가, 엄마가 돌아가신 날까지 정확히 맞히다니.
"아저씨, 그걸 어떻게 아세요?"
그는 말한다.
"이상하게 들릴 수도 있겠지만, 나는 사진을 보면 그 사람에 대한 간단한 정보 정도는 느낄 수 있어. 그런데 말이야, 너… 네 어머니, 다시 보고 싶지 않니?"

나는 고민 끝에 조심스럽게 대답했다.
"엄마에 대한 특별한 기억도, 추억도 거의 없지만… 그래도, 정말 만나보고 싶어요."
그는 조용히, 진지한 얼굴로 사진을 액자에 끼우며 말했다.
"너가 정말 원한다면, 단 한 번의 기회를 줄 수 있어. 결정해."
나는 고개를 끄덕였다.

그 순간— 눈을 뜨니, 희미하게만 기억나던 엄마의 얼굴이 바로 앞에 있었다.
"고을아, 일어났어? 유치원 가야지."

얼떨결에 고개를 끄덕이며, 벽에 걸린 달력을 봤다. 7월 8일. 정말 그날로 돌아온 것이다. 나는 엄마가 집 밖에 나가지 못하게 막고 싶었다. 엄마를 다시 보니, 눈물이 왈칵 쏟아졌다. 당황한 엄마는 나를 꼭 안으며 말했다.

"고을아, 왜 그래? 무슨 일 있었니?"
나는 엄마에게 말한다.
"엄마, 내가 엄마 정말 사랑하는 거 알지? 바꿀 순 없겠지만… 그래서 더, 엄마가 너무 보고 싶을 거야."

내가 이 정도로 감정이 북받칠 줄 몰랐다. 마음속 깊이 숨어 있던 감정이, 한꺼번에 터져 나왔다. 엄마는 조용히, 나를 꼭 안아주며 말했다.
"나도 고을이 사랑해. 그런데 옆에 많이 있어주지 못해서 미안해. 꼭 열심히, 행복하게 살아. 엄마는 고을이를 항상 지켜보고 있을게. 잘 가."

그 말을 마지막으로— 나는 방에서 다시 눈을 떴다. 오늘은 2025년 7월 8일. 엄마가 내 말을 어떻게 알아차린 건지는 모르겠지만, 외롭던 마음이 조금은 가벼워졌다. 방 한 켠, 엄마와 내가 함께 찍은 사진이 조용히 걸려 있었다.

7월 8일.
엄마가 자신의 날개를 내게 남기고 떠난 날.

한 낮의 햇살 같던 엄마가, 진짜 나의 해(太陽)가 된 그날이었다.

기억의 별자리

21124 장민경

다솜은 어느 날, 한 남자를 만났다. 그 남자는 자신을 다솜의 '기억관리사'라고 소개하며 말을 걸어왔다. 이름은 윤슬. 다솜은 윤슬이 장난을 치고 있다고 생각했다. 왜냐하면, 이 세상엔 '기억관리사'라는 직업이 없기 때문이다. 그때 다솜은 물었다.
"그럼… 기억을 지울 수 있어요?"

그저, 호기심이었다.
그가 말하는 기억관리사는 무엇이고, 무엇을 할 수 이을지 궁금했다. 그러자 윤슬이라는 남자는 다소 독특한 대답을 내놓았다.
"정말 기억을 지우고 싶나요? 기억은 우리의 삶, 그리고 삶에 대한 태도가 담겨 있어요. 아끼는 사람을 잊게 된다면, 마음속은 텅 비게 될 지도 모르죠."

다솜은 순간 당황했다.
'이 사람, 대체 누굴까? 우리가 예전에 만난 적 있었던가?'
아무리 생각해봐도 기억나지 않았다. 그런데도 어쩐지, 윤슬은 다솜을 잘 알고 있는 것만 같았다.

"…이거, 꿈이에요?"
머릿속이 복잡해진 다솜은 이 모든 게 꿈이었으면 하고 물었다. 윤슬은 쓸쓸하게 웃으며 대답했다.

"이 세상이 만약 누군가의 꿈이라면… 이건, 악몽에 가까울지도 모르겠네요."

이상했다. 너무 이상했다. 이렇게 평화롭고 사람들 모두가 웃고 떠드는 세상이 '악몽'이라니. 다솜은 괜히 물어봤다는 생각이 들었다. 그럼에도 불구하고, 질문은 멈추지 않았다. 아무것도 하지 않는 것보다는, 묻는 게 낫다고 여겼으니까.

"그럼, 잊은 기억도 되돌릴 수 있어요? 아니면… 기억을 만들 수도 있나요?"
그 질문에 윤슬은 미소만 지을 뿐, 아무런 대답도 하지 않았다. 다솜은 다시 물었다.
"…이미 물어보긴 했지만, 기억을 전부 다 지울 수도 있어요?"
그제야 윤슬은 조용히 입을 열었다.
"기억을 지운다는 건… 너무 잔인하지 않나요? 기억은 이름 없는 별들이 모여 별자리가 되는 것처럼, 아주 작고 사소한 순간들이 모여 추억이 되잖아요. 그런 아름다운 별자리 같은 기억들을 전부 잃는다는 건, 너무 허무하죠."

다솜은 짜증이 나기 시작했다. 기억관리사라면서, 할 수 있는 일에 대해 명확히 말해주지도 않고, 묻기만 하면 애매한 말만 늘어놓는 이 상황이 답답했다.
"근데… 기억이라는 게, 원래 허무한 거 아닌가요? 아무리 나빴던 순간도, 결국엔 기억이 되면 마치 행복했던 것처럼 포장되잖아요. 결국엔, 바랄 수만 있는 허상이고, 상상이 덩어리처럼 뭉쳐진 거잖아요."

윤슬은 잠시 생각한 뒤, 조용히 대답했다.

"삶은 짧아요. 그리고 그 짧은 순간조차 무척이나 소중해요. 그런데 그 순간들을 비극처럼 꾸며버리면… 너무 아깝지 않을까요?"

'소중하다'는 말. 다솜은 조금 흔들렸다. 생각해보면, 윤슬의 말이 맞는 것 같았다.
"근데… 우리의 삶은 뭔데, 이 세상은 뭔데… 왜 우리 앞을 검은 밤하늘처럼 칠해요? 우리가 길을 개척해 나가기엔 너무 어둡잖아요."
윤슬은 조용히 미소 지으며 말했다.
"밤하늘엔 별과 달이 있잖아요. 우리의 삶이니까, 우리가 힘을 합쳐 별처럼, 달처럼 빛나면 그게 곧 사람들이 말하는 '밤하늘'이 되는 거죠. 기억은, 그 빛났던 순간을 잃고 싶지 않아서 담아두는 거예요. 그렇게 하면 아무리 힘들어도, 그 빛났던 순간을 떠올리며 다시 일어설 수 있잖아요."

'이 남자는 대체 누구일까?'
다솜은 혼란스러웠다. 어떻게 나와는 정반대의 생각을 하며, 내 기억을 들여다보는 걸까.
"…넌, 대체 누구야?"
다솜의 물음에, 윤슬은 반가운 듯 웃으며 대답했다.
"이제 정말 혼란스러울지도 몰라. 지금부터, 네가 잊은 너의 삶에 대해 말해줄게. 괜찮지?"

드디어, 오랫동안 품어온 궁금증이 풀릴 것 같았다. 다솜은 조용히 고개를 끄덕였다.
"좋아. 사실 나는, 기억관리사가 아니야. 1년 전까지만 해도… 난, 너의 친구였어. 다솜아, 넌 1년 전, 교통사고를 당하고 기억을 잃은 채 살아왔어. 난 그 사고 이후 처음 너를 보는 거라, 많이 망설였어. 갑자기

'내가 네 친구야'라고 말하면 너도 놀랄까봐. 그래서 기억관리사라는 이름으로 다가간 거야. 너는 한때 나랑 수많은 시간을 함께 보냈고, 수많은 기억과 추억을 남겼어. 우린 밤하늘처럼 어두운 세상에서 함께 빛이 되어 별이 되었고, 그 별들이 모여 별자리를 만들었지. 그런데… 세상은 그걸 가만두지 않았나 봐. 결국 교통사고가 났고, 너와 나는 크게 다쳤어. 자, 짧지만 충격적인 이야기였지? 너무 복잡하면, 더 이야기해 줄게."

다솜은 말문이 막혔다. 기억관리사가 아니라는 건 어느 정도 눈치챘지만, 자신이 기억을 잃은 사람이었다는 사실, 그리고 윤슬이 자신의 친구였다는 사실은 믿기지 않았다.
"정말… 네가 내 친구였어? 내가… 기억을 잃은 거고?"
윤슬은 조용히 고개를 끄덕였다. 모든 의문이, 하나둘 퍼즐처럼 맞춰져 갔다.
"그럼… 나는 이제 어디로 가야 해?"
윤슬은 조심스럽게 말했다.
"네가 원하는 곳에 머물러도 좋아. 하지만, 네가 원래 살던 곳이 궁금하다면— 내가 데려다줄게."

다솜은 조용히 고개를 끄덕이며 대답했다.
"…나, 가볼래."

그렇게, 내 세계는 흔들렸고— 새로운 세계와 마주했다.

D-day

20212 박 소 민

햇빛이 창살을 넘어 방 안을 비춘다. 그날 아침은 이상하리만치 따뜻했고, 상쾌했다. 하지만 왠지 모를 불안한 기운이 마음을 감돌았다.

"아씨! 출근……!"

깜빡 잊고 있었다. 급히 일어나 허둥지둥 출근 준비를 시작했다. 서둘러 지하철역으로 달려갔다. 그날따라 거리에는 인파가 몰려 웅성이는 소리가 가득했다. 공기는 무겁고, 분위기는 어수선하며 어딘가 침울해 보였다. 그때, 나지막한 목소리가 귀에 박혔다.
"거짓 뉴스겠지. 무슨 멸망이야. 그냥 조회수 때문에 그런 거 아니야?"

D-3

각종 매체에서는 지구 멸망에 관한 뉴스로 떠들썩했다. 3일 뒤, 지구에 거대한 운석이 충돌해 모든 것이 끝난다고 했다. 의문점은 한두 가지가 아니었다.
'그걸 왜 이제야 안 거지?'
'남은 시간 동안 우린 뭘 해야 하지?'
나는 생각했다.
'일평생, 아무것도 해보지 못하고 일만 했는데…….'

그랬다. 나는 평생을 오직 '일'만 하며 살아왔다. 나를 위해 살았던 적도, 나를 위해 뭘 해야 할지도 알지 못했다. 한 번도 그런 걸 깊이 생각해본 적이 없었으니까. 그때, 머릿속을 스쳐 지나간 한 장소. 나는 곧장 차를 몰고 바다로 향했다. 하고 싶은 걸 하지 못한 게 억울했다. 전날엔, 이게 거짓말이길 바라는 마음으로 출근까지 했으니까. 회사 생각을 털어내고자 도착한 바닷가. 창문을 열자 바람이 얼굴을 스쳤고, 차에서 내리자 바다의 짠내가 코끝을 찔렀다. 바다는 잔인할 만큼 고요했다.

문득, 그가 떠올랐다. 첫사랑—— 허윤수. 몇 시간이고 바다를 멍하니 바라보고 있었을까? 그가 나타났다.
"뭐야. 여기서 다 만나고. 너도 오랜만이네. 반갑다."
중저음의 목소리가 파도 소리와 어우러져 듣기 좋았다.
"하이. 오랜만이네."

짧은 인사였다. 하지만 그 한마디에 가슴이 이상하게 벅차올랐다.

D-2

그와는 바닷가에서 많은 이야기를 나눴고, 전화번호도 교환했다. 물론 단순히 오랜만에 만나 반가웠던 마음이겠지만, 그의 행동은 내게 착각할 여지를 주었다. 그래서인지, 그의 부탁을 쉽게 거절할 수 없었다. 결국 오늘도, 그를 만나러 간다. 그를 만나면 묻고 싶은 게 많았다. 하지만 막상 그의 얼굴을 마주하니, 입이 떨어지지 않았다.

카페는 모두 문을 닫았고, 유일하게 열려 있는 식당들은 사람들로 가득 찼다. 들어갈 틈조차 없었다. 결국, 우리는 내 집 옥상 평상에 앉았다. 옥탑방이라 그런지 하늘이 아주 가까이 있었다. 그날 하늘은 놀라울 만큼 맑고, 눈부시게 찬란했다. 그와 보내는 시간은 즐거웠다. 우리는 서로의 근황을 묻고, 남은 시간을 어떻게 보낼지 이야기했다. 그리고 학창 시절 이야기로 자연스레 흘러갔다. 솔직히 말하자면, 고등학생 때의 이야기는 달갑지 않았다. 그의 얼굴도, 그땐 정말 보기 싫었다.

시골 촌동네에서 도시로 전학 온 날. 모든 게 새롭고 눈부셔 보였다. 처음 며칠은 아이들이 나에게 호기심을 보이며 다가왔다. 즐거운 학교생활이 될 줄 알았다. 하지만 오래 가지 않았다. 나는 도무지 적응하지 못했고, 아이들은 점차 나에게서 관심을 거두었다. 곧이어, 내 뒷이야기가 돌기 시작했다. 노골적인 시선, 수군대는 소리— 그것들은 내게 큰 상처였다. 나는 점점 더 아이들과 멀어져 갔다. 삶은 무의미했고, 하루하루가 버거웠다.

그때, 말을 걸어준 사람이 그— 윤수였다. 그가 있었기에, 그나마 견딜 수 있었다. 우리는 자주 바다를 갔고, 바다는 그에게 참 잘 어울렸다. 하지만 그 기쁨도 오래 가지 않았다. 어느 날, 그는 내게 말했다.

"너, 그냥 가지고 논 거 알아? 진지하게 생각했어?"

그가 어떤 표정을 지었는지는 기억나지 않지만, 그 말의 의미는 분명히 알 수 있었다. 그와는 그렇게 멀어졌고, 나는 다시 혼자가 되었다.

D-day
세상이 붉게 물들었다. 노을빛이 도시 전체를 삼킨 듯, 온통 붉고, 붉었다. 그때, 그가 나를 찾아왔다. 이제는 더 이상 지체하고 싶지 않았다.

"그때 말이야… 우리 고등학생 때, 나 네가 하는 말 다 들었어. 사람한테 그러면 안 되지.

나, 진짜 많이 힘들었어."

그가 머뭇거리더니, 작은 목소리로 말했다.

"그래서 줄곧… 사과하고 싶었어. 나도 내가 왜 그런 말을 했는지 모르겠어. 그냥 친구들한테 멋져 보이고 싶었던 것 같아. 지금 생각해도 진짜 아니었는데… 정말 미안해. 많이 후회했어. 괜찮다면… 사과 받아줄래?"

나는 조용히, 그의 눈을 바라보았다. 그리고 작은 목소리로 대답했다.
"응. 받아줄게."

세상이 끝나기 직전, 나는 오래 묵혀둔 감정을 내려놓았다. 바다가 다시 고요해졌다. 세상도, 마음도, 조금은 편안해졌다.

친구

20218 손예원

에스테르다라는 나라에는 두 마법사가 있었다. 불꽃 마법사 예나와 얼음 마법사 예진. 예나는 성격이 급하고 화를 잘 참지 못해 늘 주변에 친구가 없었고, 예진은 예나와 달리 차분하고 느긋한 성격이었지만, 그 역시 친구가 없었다.

두 사람은 에스테르다의 명문 학교에 다니고 있었는데, 새 학기가 시작되며 처음으로 같은 반이 되었다. 처음엔 서로 다가가지 않았다. '어차피 저 애도 나랑 안 어울릴 거야.' 서로 그렇게 생각하고 있었기 때문이다.

그러던 어느 날, 학교에 정체불명의 첩자가 나타났다. 그날도 평화롭게 수업을 듣고 있던 예나와 예진. 갑자기 교실 문이 벌컥 열리며, 검은 마스크와 검은 옷을 입은 사람이 들이닥쳤다. 그는 단호하게 말했다.

"모두 조용히 해! 돈을 내놔!"

그의 마법은 강력했다. 너무 무서워서 아무도 나설 수 없었다. 예나는 그런 분위기에 갑자기 화가 났다. 아무도 움직이지 않는 상황이 답답했고, 그대로 자리에서 일어나 외쳤다.

"이 흑마법사야! 평화로운 학교를 왜 망치는 거야? 넌 끝났어!"

예나는 곧바로 불꽃 마법으로 공격했다. 하지만 예나 혼자의 힘으로는 역부족이었다. 그의 마법은 통하지 않았고, 오히려 밀리기 시작했다.

그 모습을 지켜보던 예진은 결심했다.

'우린 말도 제대로 안 섞었지만, 지금은 그런 거 따질 때가 아니야.'

예진은 조용히 다가가 말했다.

"하… 예나야. 우리가 거의 처음 이야기하는 거 같긴 한데… 같이 공격해 볼래?"

"너… 뭐야? …뭐, 이 흑마법사만 막을 수 있다면!"

예나가 대답하자마자, 두 사람은 마법을 합쳐 거대한 마법진을 만들었다. 서로의 불꽃과 얼음이 얽혀 첩자를 향해 터졌고, 그 강력한 공격에 결국 첩자는 쓰러졌다.

"실력, 대단한데?" 예나가 말했다.

"아니야. 너의 힘도 컸어." 예진이 미소 지으며 답했다.

"우리, 이런 것도 인연 아니야? 친구 해볼래?" 예나가 물었다.

"그래. 난 좋아." 예진이 고개를 끄덕였다.

그렇게, 친구를 사귀어본 적 없던 두 사람은 처음으로 친구가 되었다. 하지만 달라도 너무 다른 두 사람의 우정은 순탄치 않았다.

"너무 춥지 않아? 예진아?"

"예나야, 이 정도 추위 가지고 뭘 그래. 버틸 수 있어야지."

사소한 일로 자주 다퉜고, 그럴 때마다 화해는 쉽지 않았다.

"예진아, 우리 너무 다른 거 같아. 성격도, 좋아하는 것도, 싫어하는 것도 전부 달라. 이런 우리가 친구가 될 수 있을 거라고 생각해?"

"그게 무슨 말이야? 우리가 다르면 어때? 화해하면 되잖아."

"봐봐. 우린 화내는 방식부터 달라. 싸우는 이유조차도 달라! 이해가 안 돼?"

"…그래. 알겠어. 이제 아는 척하지 않을게. 됐어, 예나야."

"응… 그동안 고마웠어."

그렇게 말한 뒤, 두 사람은 서로에게 말을 걸지 않게 되었다. 며칠 뒤. 예나는 도서관에서 혼자 공부를 하던 중, 무심코 입을 열었다.
"예진아, 이 문제 어떻게 푸는 거야? …아, 맞다. 이제 친구 아니지… 그냥 화해할 걸… 왜 그랬지…?"

그녀는 고개를 숙인 채 혼잣말을 중얼거렸다.
"친구라는 존재가 이렇게 클 줄은 몰랐어…"

같은 시각, 예진은 공원에서 샌드위치를 먹고 있었다.
"이거 새로 나온 샌드위치인데 진짜 맛있다ㅎㅎ 예나야, 한입 먹어 볼래? … 아, 맞다. 이젠 친구 아니지… 혼자 있는 게 왜 이렇게 낯설고 어색하지…"

예진 역시 예나의 빈자리를 느끼고 있었다.
"아! 이 어색한 마음, 적막함… 이제 떨쳐버리고 싶어. 은방울꽃 언덕에 가야겠다."
놀랍게도, 예나도 같은 생각을 하고 있었다.
"아무 생각 안 나. 머릿속을 비워야겠어… 은방울꽃 언덕에 가봐야 겠다."

두 사람은 서로 다른 장소에서, 같은 결심을 하고 은방울꽃 언덕으로 향했다. 해가 완전히 진 뒤, 언덕은 어둠에 잠겨 있었지만 은방울꽃이 피어 있는 곳만은 신비롭게 빛나고 있었다. 무심코 꽃 쪽으로 걸어간 두 사람. 은방울꽃 앞에서 서로 마주쳤다.

"어? 예나야?"

"예진아? 네가 여긴 왜 있어?"

"…예나야, 우리 친구 안 하겠다고 한 지 얼마 안 됐는데… 나, 적막하고 외로워. 혼자인 게 너무 싫어."

"예진아…"

"미안해. 괜히 내가 싫어하는 말 했던 거 같아."

"아니야. 사실 나도 외로웠어. 너와 함께했던 추억이 자꾸 떠오르더라. 나도 모르게 네가 내 옆에 있다고 착각했어. 친구 그만하자고 한 걸… 진심으로 후회해."

"정말?"

"응. 우리가 정말 많이 다르긴 해. 하지만 서로를 이해하고 존중해준다면, 우린 충분히 좋은 친구가 될 수 있어."

"그래… 우린 너무 자기 생각만 했던 것 같아. 서로를 먼저 생각해주는 친구가 되어보자."

"좋아… 난 네가 너무 필요했어. 내가 너무 화만 냈던 것 같고, 정말 많이 후회했거든. 이제 다시 친구가 된다니 너무 기뻐."

"다행이야. 네가 나를 안 받아줄까 봐 정말 걱정했어."

"이제는 너에게 걱정 끼치지 않게 노력할게."

"응. 내 친구 예진아, 이제부터 잘해보자!"

긴 이야기 끝에, 서로를 다시 이해하게 된 예나와 예진은 은방울꽃 언덕에서 진정한 친구로 다시 만났다. 그 순간, 두 사람을 감싸안은 하얗고 환한 은방울꽃이 두 사람의 화해를 따뜻하게 비춰주었다.

행운의 강아지 마루

20829 한 가 희

    어느 한 소녀가 있었다. 그 소녀는 자신에게 친구도 없고, 인생은 지루하며, 자신은 불행하다고 믿고 있었다. 그런 생각이 들기 시작한 이후, 소녀는 밖에 나가는 일조차 하지 않았다. 학교를 마치면 곧장 집으로 돌아와, 하루 종일 잠만 잤다. 부모님이 불러도, 놀러 온 친척들이 불러도, 어릴 적 함께 놀던 소꿉친구가 문을 두드리며 울어도 그녀는 방에서 한 발짝도 나가지 않았다. 부모님은 점점 걱정하기 시작했고, 소녀 주변에 남아 있던 친구들마저 상처만 남기고 떠나갔다. 부모님은 그녀의 기분을 풀어주려 온갖 방법을 써봤지만, 소녀는 그때만 괜찮은 척 웃고는 혼자 숨어서 울었다.

    그렇게 1년, 2년, 5년, 10년… 소녀는 중학교, 고등학교, 대학교까지 항상 혼자 다녔다. 조용히 졸업했고, 모든 학교생활을 혼자서 마쳤다. 하지만 현실은, 돈을 벌기 위해 결국 회사를 다녀야 했다. 사람이 많은 공간에서, 늘 외톨이처럼 아니, 진짜 외톨이로 매일을 살아가야 한다는 생각에 소녀는 다시 우울함에 빠졌다. 부모님의 "취직해라"라는 말마저 잔소리처럼 들렸고, 그 누구도 자신의 편이 아니라고 느꼈다. 그녀는 점점 이런 생각에 잠식당했다.

    '이렇게 사는 게 무슨 의미가 있을까? 차라리… 죽는 게 낫지 않을까?'

    그리고 또 하나의 생각.

    '나는 왜 이렇게 살까? 행복해질 수 없는 걸까?'

    이 질문이 마음속에서 점점 커져갔다.

면접을 보러 다녔지만, 시원한 반응을 보이는 회사는 하나도 없었다. 마치 약속이라도 한 듯, 모두 소녀를 불합격시켰다. 결국 부모님은 "준비를 더 열심히 해보라"며 소녀에게 자취방을 구해주셨다. 부모님과 갑작스레 떨어져 사는 것은 보통이라면 두려울 수도 있지만, 소녀는 오히려 좋았다. 자취방 생활. 하루, 이틀, 일주일, 한 달… 매일이 똑같았다. 하루하루가 지루하고 공허했다.

그러던 어느 날. 퇴근 후 자취방으로 돌아가던 길, 소녀는 길가에 버려진 강아지 한 마리를 보았다. 원래는 그냥 지나치려 했지만, 강아지가 왠지 자신과 닮아 보였다. 그래서 데려가기로 결심했다. 자취방에 데려오자, 강아지는 마치 자기 집에 온 듯 편안하게 지냈다. 소녀는 이름을 지어주기 위해 종이에 여러 가지 이름을 적었다. 그리고 강아지에게 고르게 했다. 그렇게 강아지가 선택한 이름은 '마루'였다.

"마루가 좋아? 마루야~"

소녀가 부르자, 마루는 말이라도 알아듣는 듯 애교를 부렸다. 그날부터 마루는 소녀가 잘 때 곁에서 자고, 퇴근하면 반겨주고, 소녀가 울면 얼굴을 핥으며 위로해 주었다. 소녀는 생각했다.

"마루를 위해서라도 힘내야겠다."

그 마음으로 다시 면접을 준비했고, 결국 회사에 합격하게 되었다. 합격 문자를 받고 기뻐할 때, 마루 역시 기뻐하는 듯 꼬리를 흔들며 소녀 곁에서 함께 기뻐해 주었다. 하지만 소녀는 여전히 두려웠다. 사람들과 함께하는 공간, 그곳에서 또다시 외톨이가 되지 않을까 걱정됐다.

첫 출근 날. 기대도 없이 나갔다가, 기대 없이 퇴근했다. 지친 몸으로 자취방에 돌아왔을 때, 마루가 반갑게 소녀를 맞았다. 마치 "오늘 어땠어?" 하고 묻는 듯. 소녀는 조용히 마루에게 오늘 하루를 털어놓았다. 말은 하지 않아도, 마루는 그 자리에 함께 있다는 것만으로도 소녀에게 큰 위로가 되었다. 하루하루가 여전히 힘들었지만, 마루를 볼 때마다 힘이 났다. 그리고 문득 이렇게 생각했다.

'아… 이게 행복이구나.'

그 순간부터 세상이 조금씩 달라 보이기 시작했다. 마루와 함께한 지 두 달. 소녀는 점점 나아졌고, 직장 생활에도 적응했다. 과거와 달리, 세상은 산뜻하고 하늘은 예뻐 보였다. 사람들과도 조금씩 어울리기 시작했고, 과거의 기억을 내려놓고 새로운 인생을 살아가기 시작했다. 소녀에겐 친구도 생기고, 난생 처음 남자친구도 생겼다. 소녀는 생각했다.

"이 모든 게 다… 마루 덕분이야."

"넌 정말 행운의 강아지야. 내 인생에 나타나 줘서… 정말 고마워."

그렇게 4년 후. 소녀는 결혼을 했다. 결혼 후, 소녀는 누구보다 행복했다. 하지만… 마루는 병에 걸려 세상을 떠났다. 소녀는 너무나도 슬펐다. 하지만 남편이 옆에 있었기에 그녀는 생각보다 빨리 마음을 추스를 수 있었다. 그리고 곧 아이가 생겼다. 10개월 후, 아이가 태어났다. 육아는 힘들었지만, 아기를 보면 너무 귀여워서 저절로 미소가 지어졌다. 소녀는 가끔 생각했다.

'혹시 이 아이가… 마루는 아닐까? 마루가 떠나고 나에게 다른 모습으로 다시 돌아와 준 걸까?'

마루는 무지개다리를 건너 하늘나라에 갔지만, 여전히 소녀 곁에서 그녀를 지켜주고 위로해주는 행운의 강아지였다. 소녀의 인생은 '마루를 만나기 전'과 '마루를 만난 후'*로 나뉠 만큼 마루는 그녀에게 커다란 존재였다. 소녀는 말했다.

"나중에 내가 하늘나라에 가면, 꼭 마루를 만나서 이야기하고 싶어요."

오늘도 소녀는 마음속에 마루를 품은 채 행복한 하루하루를 살아가고 있다.

당신은 멋진 식물인가?

20622 임 태 섭

아들인 식물과 엄마인 화분이 함께 살고 있었다. 그들은 매우 가난했기에, 식물이 자라나도 엄마는 자신을 더 큰 화분으로 바꿔줄 수 없었다. 하지만 식물은 학교에서 친구들에게 자신은 부자라고, 화분도 크고 멋지다고 거짓말을 하고 다녔다.

어느 날, 학교에서 부모님 참관 수업이 열린다는 소식이 전해졌다. 친구들은 식물에게 말했다.
"네 엄마 꼭 보고 싶어! 꼭 데려와!"
식물은 겉으로는 "응, 알겠어." 하고 대답했지만, 속으로는 막막하고 두려웠다. 집에 돌아온 식물은 엄마에게 말했다.
"엄마, 내일 참관 수업… 절대 오지 마세요!"

화분은 무슨 말이라도 해보고 싶었지만, 아들의 마음을 알기에 그저 고개만 끄덕였다. 다음 날, 참관 수업이 시작되었다. 친구들은 식물에게 다가와 물었다.
"혹시 네 어머님은 어디 계셔?"
식물은 멋쩍게 웃으며 대답했다.
"아… 엄마가 좀 바빠서 못 오셨어."

그 순간, 교실 문이 열리며 커다란 선인장이 나타났다. 그는 사람들 앞에서 큰소리로 말했다.

"얘네 집, 사실 엄청 가난하대!"

식물의 얼굴은 순식간에 붉게 달아올랐다. 친구들은 선인장의 말에 키득키득 웃기 시작했다. 망신을 당한 식물은 그대로 집으로 돌아왔다. 그리고 엄마에게 울먹이며 소리쳤다.

"우리 집은 왜 이렇게 가난한 거예요?!"

엄마인 화분은 말없이 고개를 숙이고, 미안하다는 말만 반복했다. 결국 식물은 집을 뛰쳐나왔다. 거리를 걷던 식물은 무언가에 걸려 넘어지고 말았다. 넘어진 식물은 바닥을 살펴보았고, 그곳에는 감자의 줄기가 나와 있었다. 식물은 감자를 바라보며 물었다.

"아저씨, 왜 이런 데에 계세요?"

감자는 웃으며 대답했다.

"나는 어디서든 잘 자랄 수 있거든. 그래서 여기서도 괜찮아."

식물은 의아해하며 다시 물었다.

"더 좋은 곳에서 살고 싶지는 않으세요?"

감자는 조용히 웃으며 말했다.

"내가 있는 환경에 감사하며 살아야지. 더 좋은 곳을 바란다고 해도, 또 다른 부족함을 느끼게 되거든."

식물은 그 말을 듣고, 곧장 집으로 달려갔다. 집에 도착하자, 화분은 혼자 울고 있었다. 식물은 엄마를 꼭 껴안으며 말했다.

"정말… 미안해요, 엄마."

그렇게 둘은 화해했고, 식물은 시간이 흘러 멋진 사과나무로 자라났다.

소임(소중한 타임)

20603 김 리 원

20××년 8월 21일 오늘 날씨 맑음

어느 여름날, 나는 새로운 곳으로 이사 왔다. 부모님의 경제적인 이유로 시골의 한 마을로 이사를 오게 된 것이다. 새로 이사 온 집은 가파른 언덕 위에 있었다. 우리 집 옆에는 낮에는 어둑어둑하고 음침하지만, 밤마다 반짝반짝 빛나는 골동품 가게가 있었다. 짐 정리를 마친 뒤, 나는 부모님께 물었다.

"엄마, 아빠! 저기 골동품 가게 구경하러 가도 될까요?"

그러자 부모님은 말씀하셨다.

"소임아, 지금은 너무 늦었어. 이삿짐을 옮기느라 시간이 벌써 이렇게 됐단다. 내일은 너의 새 학교에 가는 날이니까 오늘은 일찍 자자."

나는 아쉬운 마음을 뒤로하고 집 다락방에 올라가 잠자리에 들었다. 사실 골동품 가게보다 내일 새로운 학교에서 만날 친구들이 더 기대되었다. 너무 떨리고 설레서 잠이 오지 않았다. 변명하자면, 부모님의 짐 정리 소리가 계속 들려 잠들기 어려웠다. 쿵쿵, 달그락달그락…

다음 날 아침. 기다리던 등교날이 밝았다. 우리 집 마스코트인 반려견 두유에게 인사를 하고, 간단히 아침을 먹은 뒤 부모님께 씩씩하게 외쳤다.

"다녀오겠습니다!"

자전거를 타고 언덕을 내려가며 본 하늘은 정말 예뻤다. 도시에서는 볼 수 없었던 자연의 아름다움과 맑은 공기가 가득했다. 시골 동네 풍경을 감상하다 보니 어느새 학교에 도착했다. 선생님의 안내를 받아 교실로 들어갔다. 내 반에는 또래 친구가 단 한 명뿐이었다. 그 친구의 이름은 유진이었고, 나머지는 중학교 1학년 1명, 초등학교 5학년 1명, 초등학교 2학년이 2명이었다. 전교생이 겨우 6명이었지만, 수업 시간, 쉬는 시간, 점심시간 모두가 너무 재미있었다. 급식은 없어서 도시락을 싸 와야 했는데, 나는 그것도 모르고 빈손으로 가서 점심을 굶을 뻔했다. 그때 유진이가 김밥 한 줄을 나눠주며 말했다.

"같이 먹자!"

유진이 덕분에 점심을 먹으며 친구들과 수다를 떨었다. 그러던 중, 친구들이 골동품 가게 얘기를 꺼냈다. 내가 그 가게가 우리 집 옆이라고 말하자 친구들이 외쳤다.

"진짜? 마침 잘 됐다! 우리 좀 있다가 거기 가려고 했는데, 같이 가자!"

나는 당연히 "그래!" 하고 대답했다.

그렇게 수업이 끝나고, 우리는 함께 골동품 가게로 향했다. 가게 안은 외관과 다르게 깔끔하고 정돈되어 있었다. 하지만 이상하게도 주인은 보이지 않았다. 나는 반짝반짝 빛나는 황금색 손목시계 하나에 시선이 멈췄다. 너무 가지고 싶었다. 마침 주인도 없고 CCTV도 없어 보였다. 그 순간, 탐욕이 마음을 휘감았다. 친구들이 한눈을 파는 사이, 나는 손목시계를 조심스럽게 주머니에 넣었다. 집으로 돌아온 나는 손목시계를 꺼내 바라보았다. '괜히 훔쳤나…' 하는 죄책감도 들었지만, 한편으로는 기쁨과 설렘이 교차했다.

한 달 후, 기말고사를 치렀다. 도시에서는 누구보다 열심히 공부했었기에 기대를 품었지만, 이번엔 이상하게 시험을 망쳤다는 생각이 들었다. 특히 내 꿈은 의사인데, 이번 시험 결과로는 외고 진학도 힘들 것 같았다. 억울하고 슬픈 마음에 나는 손목시계를 꼭 쥐고 울기 시작했다. 그러자, 손목시계에서 갑자기 빛이 나기 시작했다. 눈을 떠보니, 나는 시험 2주 전으로 돌아가 있었다.

"이게… 무슨 일이야?"
 달력을 확인해보니 정말 2주 전이었다. 놀랐지만, 이번에는 기회라고 생각하고 정말 열심히 공부했다. 그리고 2주 후, 시험 점수를 확인한 나는 깜짝 놀랐다. 이전보다 무려 20점이나 올랐던 것이다. 그 순간, 나는 손목시계를 보며 생각했다.
 '훔치길 잘했어.'

 그 이후로 안 좋은 일이 생길 때마다 나는 손목시계를 붙잡고 엉엉 울었다. 그러면 언제나 과거로 돌아가 상황을 바꿀 수 있었다. 그런데, 어느 날 밤. 나는 울지도 않았는데 손목시계에서 빛이 났다.
 '엥? 내가 울지도 않았는데…?'
 그때 갑자기, 어디선가 이상한 생물체가 나타났다. 푸른 슬라임처럼 생긴 그것이 말했다.
 "야, 네가 김소임이냐?"
 놀란 나는 두리번거리다가 아래를 보았고, 슬라임이 나를 올려다보고 있었다. 슬라임은 말을 이었다.
 "너 때문에 지금 시간의 균형이 망가졌어!"
 슬라임은 자신을 손목시계 요정 '리쿠'라고 소개했다.
 "잘 들어. 네가 차고 있는 손목시계는 시간을 조종할 수 있는 마법 아이템이야. 네가 자꾸 과거로 돌아가니까 시간의 흐름이 혼란스러워졌어. 그러니까 그 손목시계, 나한테 줘."

나는 그동안 손목시계가 나에게 얼마나 많은 기회를 주었는지 생각했고, 결국 주기 싫다는 마음이 들었다. 리쿠가 손목시계를 잡아당기자 나도 손목시계를 꽉 잡고 서로 줄다리기를 하듯 당겼다. 그 순간, 손목시계가 공중으로 솟구쳤다가 바닥에 떨어지며 산산조각이 나버렸다. 그러자 시간이 더욱 혼란스러워졌고, 나는 그제야 깨달았다.

'시험 2주 전으로 돌아가 공부하지 말고, 애초에 지금 이 순간을 더 열심히 살았어야 했는데…'

나는 손목시계를 꼭 쥐고 말했다.

"시간아, 미안해. 나는 내 꿈만 생각하느라 지금 이 순간을 소중히 여기지 않았어. 하지만 이제 깨달았어. 과거로 돌아가려고만 하는 건 나의 성장에 도움이 되지 않아. 지금부터라도 열심히 살 거야."

그 순간, 손목시계에서 빛이 나더니 검게 변했던 시계가 처음처럼 반짝이며 복원되었다. 나는 리쿠와 함께 골동품 가게로 향했다. 그리고 조심스레 손목시계를 제자리에 올려두었다. 그때 골동품 가게의 진짜 주인, 오랜 시간 물건들을 지켜온 마법사가 나타났다. 나는 내 잘못을 솔직히 고백했고, 마법사는 나를 용서해주셨다. 리쿠도 작별 인사를 하며 말했다.

"앞으로도 지금 이 순간을 소중히 살아가."

그날 이후, 나는 시간표를 스스로 짜고 내 시간을 아끼며 살아가고 있다. 시험이든, 우정이든, 꿈이든 모든 건 과거로 도망가는 것이 아니라 지금 이 순간을 최선을 다해 살아가는 것에서 비롯된다는 걸 깨닫게 되었다.

소원이 이루어진다면

20626 정 하 진

어느 마을에 소미라는 한 소녀가 살고 있었습니다. 소미는 늘 가난했고, 그 가난을 부끄러워했으며, 가난하다는 이유로 학교에서 자주 괴롭힘을 당했습니다. 해가 떠 있는 모든 시간이 그녀에겐 고통이었습니다. 가난은 소미에게 너무도 무거운 짐이었죠.

다른 날과 다름없이, 오늘도 괴롭힘을 당한 소미는 터덜터덜 집으로 향하고 있었습니다. 그런데 그 순간, 소미 앞에 신비한 거울이 갑자기 나타났습니다. 소미는 이상하게도 그 거울에 이끌렸고, 거울 속에 비친 자신의 모습은 너무나도 초라했습니다.

제대로 씻지 못해 떡진 머리에서 냄새가 났고, 교복에는 얼룩이 가득했으며, 낡은 책가방은 금방이라도 터질 듯했습니다. '가난하고 더러운 아이.' 거울 속 그 모습이 곧 자신이라는 사실에 소미는 결국 눈물을 흘렸습니다.

그 순간, 거울에서 목소리가 들려왔습니다.
"나는 어떤 소원이든 이뤄주는 거울이란다. 소원을 말해보렴."

놀란 소미는 그 자리에 주저앉고 말았습니다. 그리고 떨리는 목소리로 물었습니다.
"진짜… 들어줄 수 있어?"
거울은 유쾌하게 대답했습니다.
"그럼~ 뭐든지 다 들어주지!"

소미는 잠시 고민하다가 끝내 결심하고 말했습니다.

"내 소원은 가난에서 벗어나는 거야. 나에게 부자가 될 수 있는 큰돈을 줘."

"그래, 들어주마. 하지만 이 소원은 되돌릴 수 없단다. 알겠지?"

거울의 말이 끝난 순간, 강한 빛이 소미를 비추었고, 다시 눈을 떴을 때 소미는 완전히 다른 공간에 있었습니다. 그곳은 온통 화려하고 눈부신 것들로 가득했습니다. 거대한 옷장, 고급스러운 침대, 반짝이는 보석들… 모두 소미가 그토록 갈망하던 것들이었죠.

소미는 드디어 가난에서 벗어났다는 사실에 행복했습니다. 다음 날 학교에 가자, 모든 학생들의 시선이 그녀에게 쏠렸고, 심지어 자신을 괴롭히던 아이들마저 소미와 친해지려 했습니다.

하지만 행복도 잠시, 소미는 더 이상 자신의 부모님을 볼 수 없었습니다. 그녀의 부모님은 이미 다른 사람으로 바뀌어 있었기 때문입니다. 자신만이 가난에서 해방되었다는 사실에, 소미는 부모님께 죄책감을 느끼기 시작했습니다.

어느 날, 집으로 가던 길에 소미는 한 가족을 보았습니다. 초라하지만 화목하고 따뜻한 가족이었습니다. 그 모습을 본 순간, 소미는 자신이 잃어버린 '진짜 가족'이 몹시 그리워졌습니다.

돈으로 많은 것을 살 수 있었지만, 화목한 가족과 진정한 친구는 살 수 없었습니다. 새로운 부모님은 늘 바쁘게 회사를 오가며 돈을 벌었고, 소미에게는 무관심했습니다. 새로 사귄 친구들은 소미 자신이 아니라 그녀가 가진 돈에만 관심이 있었죠.

가난했을 때의 소미는 학교에서는 외로웠지만, 집에서는 많은 사랑과 관심을 받을 수 있었습니다. 그러나 이제, 그 사랑조차 더 이상 소미 곁에 없었습니다.

그때, 다시 거울이 나타났습니다. 거울은 소미의 지금 모습을 비추어주었습니다. 그리고 그 모습을 본 소미는 깨달았습니다. 가난했던 그 시절의 자신은 그렇게 초라하지 않았다는 것을.

비록 교복엔 얼룩이 있었지만, 늘 어머니가 다리미로 정성껏 다려주셨습니다. 낡은 가방이었지만, 아버지가 밤낮없이 공장에서 일하며 마련해주신 소중한 선물이었습니다. 그리고 괴롭힘을 당할 때면 종종 자신을 도와주던 친구들도 분명 있었습니다.
가난이 소미를 초라하게 만든 것이 아니라, 그 가난을 짐처럼 여긴 소미 자신의 마음이 문제였던 것입니다. 소미는 거울에게 간절히 말했습니다.
"나, 다시 돌아가고 싶어."
거울이 물었습니다.
"하지만 지금 가진 모든 걸 잃게 될 거야. 너의 돈, 옷, 보석… 전부 사라질 텐데. 다시는 이런 기회는 없을지도 몰라. 괜찮겠어?"
소미는 주저하지 않고 대답했습니다.
"응, 난 더 이상 가난이 부끄럽지 않아."

소미의 대답이 끝나자, 거울은 환하게 빛났고, 눈을 떠보니 소미는 다시 거울을 처음 발견했던 그 자리로 돌아와 있었습니다. 해는 지고 있었고, 붉게 물든 노을은 참으로 아름다웠습니다. 소미의 어머니가 소미를 마중 나왔습니다. 소미는 미소를 지으며 어머니의 손을 꼭 잡고, 함께 집으로 향했습니다.

모래 속 희망

20610 민 송 연

　이 세계는 모래에 뒤덮였다. 무분별한 개발로 인해 가속화된 사막화가 그 원인이었다. 모래는 황사가 되어 인류를 위협했고, 결국 인류는 지하에 보호소를 짓고 그 안에서 생활하게 되었다. 그러나 보호소는 더 이상 사람들을 수용할 수 없었고, 남은 사람들은 지상에서 살아가게 되었다. 나는 그 '지상'에서 살아가는 부류다.

　지상에서 살아남기 위해 필요한 건 두 가지. 식량과 보호처. 보호처는 지천에 널려 있는 폐건물 중 하나에 들어가면 그만이다. 문제는 식량이다.

　처음엔 혼자였기에 식량이 넉넉했지만, 한 달쯤 지나자 서서히 바닥이 드러났다. 다행히 근처에 마트가 있었다. 그곳에서 식량을 조달할 생각이었다. 마트 안은 예상보다 많은 식량으로 가득했다. 이 근방에는 나말고 사람이 없는 듯하니, 당연한 일일지도 모른다. 식량을 챙기고 있던 중, 뒤에서 이상한 소리가 들렸다.

　놀라 돌아보니, 어린 남자아이 한 명이 서 있었다. 검은 머리카락과 푸른 눈. 전반적인 느낌이 나와 비슷해 보였다. 나이는 초등학교 3학년쯤 되어 보였다. 아이를 진정시키고 자초지종을 물었다. 이름은 정호, 나이 열 살. 어릴 때부터 이곳에 있었다고 했다. 부모님이 어디 있느냐고 묻자, 아주 어릴 때 돌아가셨다고 대답했다. 그 말에 왠지 모를 동질감이 느껴졌다. 뭐, 나는 부모님뿐 아니라 동생도 잃었으니까. 그때 아이가 내게 물었다.

　"그런데 누나 이름은 뭐야? 나, 누나 이름 궁금해."

당황스러웠다. 내 이름은 까먹은 지 오래였다. 곰곰이 생각해 봤지만 도저히 떠오르지 않았다. 결국 아무 이름이나 떠올려 대답했다.
"정화."

자기 이름과 비슷하다며 들뜬 아이를 보니 괜히 미안해졌다. 볼일을 마치고 떠나려던 찰나, 아이가 물었다.
"누나, 나도 같이 가면 안 돼? 혼자 있는 거… 외로워."

식량은 둘이 먹기에도 충분했고, 아이가 짐이 될 것 같지도 않았다. 나는 고개를 끄덕였다. 아이와 함께 지내는 삶은 의외로 나쁘지 않았다. 정호에겐 사람을 웃게 만드는 재능이 있었다. 함께 지내다 보니 웃는 날도 많아졌다. 하지만 마냥 웃을 수는 없었다. 모래바람이 강해지는 시기가 다가오고 있었다. 몇 년을 이곳에서 버텼지만, 이 시기를 무사히 넘길 수 있을지는 장담할 수 없었다. 특히, 이제는 아이까지 있으니 더욱 그랬다.

살아남을 방법을 찾기로 했다. 최근 지어진 보호소가 몇 군데 있다는 소문을 들었다. 그곳으로 가면 살 수 있을 것이다. 문제는 거리였다. 절대 도보로는 도달할 수 없는 거리였다. 고민하며 창밖을 보자, 폐차처럼 버려진 자동차 몇 대가 눈에 들어왔다. 좋은 생각이 떠올랐다. 건물 밖으로 나가 차들을 살펴보다, 운 좋게 차 키가 꽂혀 있는 차를 발견했다. 운전은 처음이었지만, 지금은 그런 걸 따질 상황이 아니었다. 차에 있던 설명서를 보며 운전을 시작했다. 처음이라 어설펐지만, 조금씩 익숙해지고 있었다. 그때 정호가 소리쳤다.
"누나! 모래폭풍이야!"

뒤를 보니 거대한 모래폭풍이 몰려오고 있었다. 자동차의 속도를 높였다. 모래폭풍 속으로 들어가면… 죽는 거나 마찬가지다. 죽을힘을 다해 운전했다. 어느새 모래폭풍과 거리를 벌렸지만, 무리한 운전의 여파로 차는 더 이상 움직이지 않았다. 어차피 차로는 진입하기 어려운 구간이었기에, 우리는 걸어가기로 했다.

보호소까지 남은 거리는 얼마 되지 않았지만, 가파른 오르막길이라 발걸음이 무거웠다. 그리고… 모래폭풍이 우리를 따라잡았다. 폭풍이 코앞까지 다가오자 정신없이 달리기 시작했다. 그러나 역부족이었다. 곧 우리는 모래 속에 삼켜졌다. 모래폭풍 속은 지옥 같았다. 마스크를 쓰고 있어도 숨쉬기조차 힘들었다. 그때, 품속에 안겨 있던 정호가 보였다. 아이의 얼굴엔 마스크가 없었다. 잃어버린 모양이었다. 나는 내 마스크와 고글을 벗어 정호에게 씌워주었다. 아이는 놀란 표정으로 나를 바라봤다. 나는 조용히 기도했다. 제발… 정호만이라도 살아남게 해달라고.

그 후로 얼마나 시간이 흘렀는지 알 수 없다. 정신을 차렸을 때, 내 머리는 짧았던 숏컷에서 길게 자라 있었고, 정호는 훌쩍 자라 성숙한 모습이 되어 있었다. 정호의 말에 따르면, 모래폭풍이 지나간 뒤 보호소 사람들이 우리를 발견해 치료해주었다고 한다. 정호는 무언가 생각난 듯 밖으로 나갔다. 그 뒷모습을 바라보며 나는 생각했다. 정호는 나에게 희망이었다. 칙칙하기만 했던 내 삶에 생기를 불어넣어 주고, 포기했던 이 길을 다시 걸을 수 있게 만들어준 존재. 정호는 내가 모래 속에서 찾아낸, 소중한 희망이었다.

디어 유어 페인(Dear your pain)

20728 정연우

'처음에는 나도 몰랐었다. 내가 저런 아이랑 친해질 줄은……'

내 이름은 백하연. 고등학생…이라고 하기엔 좀 애매하다. 그냥 17살이라고 해두자. 왜냐고? 학교를 다니지 않으니까. 내 일상은 거의 하나의 행동으로 시작해서 그걸로 끝난다. 그건 바로 요즘 핫한 게임 세계 속 메가히트작, 〈디어 데빌〉을 플레이하는 것. 이런 생활이 가능한 건, 집에 거의 혼자 있기 때문이다.

오늘도 아침을 먹고 게임에 접속했다. 아침 시간대는 학생들이 적고, 장난치는 유저들도 많지 않아서 게임하기 딱 좋다. 내 게임 속 닉네임은 루시드. 백금발 머리카락에 민트색 눈, 따뜻한 인상의 캐릭터. 현실의 나와는 정반대다. 나는 검은 머리에, 빛이 비치면 보라색으로 보이는 어두운 눈동자를 가졌다.

나는 크루 'Moon Light'의 부마스터다. 쉽게 말하면, 게임 속 길드의 부대장쯤 된다. 독특하고 예쁜 캐릭터 커스터마이징 덕분에 친구도 많고, 대부분과는 꽤 친한 편이다. 아, 물론 현실에서도 초등학교, 중학교 친구 몇 명은 아직 연락하는 사람이 있으니, 너무 걱정은 말길. 오늘도 평소처럼 크루 전용 방에 들어가 크루 서버를 점검하고 있었다. 점검이 거의 끝나갈 무렵, 한 유저가 방에 들어왔다.

검은 단발머리에 검은 눈. 하지만 지나치게 화려한 옷을 입은, 우리 크루의 에이스이자 최고 인기 크루원. 나는 그녀가 '논'이라는 걸 바로 알아봤다. '금방 나가겠지…'라고 생각했지만, 보기 좋게 빗나갔다. 그녀는 나를 보자마자 말을 걸어왔다.

논: 루시드님, 디하*!
(*디하: '디어 하이!'의 줄임말. 게임명 '디어'에서 따온 인사말이다.)
루시드: 디하입니다, 논님! 그런데 학생인 걸로 알고 있는데, 이 아침에 접속하셨어요?
논: 아, 저 요즘 학교 안 다녀요. 혹시 저랑 게임 한 판 하실래요?
루시드: 네! 그럼 전 서버 점검만 마무리할게요. 음성방 열어주시겠어요?
논: 당연하죠! 빨리 오세요~
루시드: 네에~!!

과연, 인기 크루원이 아닐 수 없다. 이렇게 붙임성 좋고 친절한 아이를 누가 싫어하겠나. 나는 평소보다 빠르게 점검을 마무리하고, 논이 만든 음성 채팅방에 입장했다.
"안녕하세요~"
밝고 명랑한 목소리가 헤드셋을 통해 귀를 간질였다. 마음이 정화되는 느낌이 이런 걸까? 게임을 하면서 이런저런 이야기를 나눴다. 논은 나와 친해지고 싶어서 일부러 말을 걸고, 게임도 함께 하자고 했단다. 우리는 심지어 동갑이라는 것도 알게 되었고, 곧 반말도 쓰기로 했다. 어느새 우리는 서로에게 물들었다. 인생에서 가장 큰 부분이 서로가 되었다. 크루 안에서도 우리가 친하다는 건 소문이 자자했고, 우리는 '환상의 팀'이라고 불렸다.

그러던 어느 날 아침. 폭풍우처럼 울리는 핸드폰 알람 소리에 눈을 떴다. 크루 단톡방, 간부 회의방, 그리고… 논의 톡.
'오늘이 주말인데… 혹시 크루 이벤트가 벌써 시작됐나?'

그렇게 생각하며 다시 잠들려는 순간, 전화가 걸려왔다.

발신자: 논.

"루시드!! 큰일 났어! 톡이랑 '디어 데빌' 공용 게시판, 빨리 확인해 봐!!!"

논의 다급한 목소리에 벌떡 일어나 게시판부터 확인했다.

'1등 크루 Moon Light, 몰락하나?'

'문라이트, 결국 이럴 줄 알았다.'

'문라이트 갑부 갑질 사건, 뭐임?'

충격적인 제목의 글들이 줄줄이 올라와 있었다.

나는 곧장 크루 간부 채팅방에 들어가 상황 설명을 요청했다. 마스터가 말하길, 사건은 이랬다. 한 간부가 같은 크루원에게 금전과 아이템을 요구하며 욕설을 퍼부은 채팅 캡처가 퍼졌고, 이게 공론화되어 크루 전체가 욕을 먹고 있는 상황. 다른 간부들까지 비난을 받았고, 나 역시 쪽지함이 악플로 도배되었다. 나는 가족 불화로 인해 혼자 살게 되며 생긴 트라우마를 크루 안에서도 다시 느끼게 될까 두려워, 며칠 동안 게임에 접속하지 못했다.

삼일쯤 지났을까. 논에게서 연락이 왔다. 요약하자면, 간부들이 노력한 끝에 루머와 누명을 벗고 결백은 증명되었지만, 크루의 와해는 피할 수 없었다는 이야기. 나의 전부 같았던 Moon Light 크루가 무너져 내렸다. 나는 아무 말도 할 수 없었다. 그저… 울기만 했다. 논은 아무 말 없이 내 울음을 기다려주었다. 그리고, 조용히 말했다.

"루시드, 아직 끝난 거 아니야. 우리는 앞으로도 계속 도전하고 나아가야 할, 미래가 환한 아이들이잖아! 절망하지 마! 우리 같이 새로운 크루 만들어보자!"

역시 논이다. 처음 만났을 때와 똑같이, 밝고 긍정적인 그 아이.

"고마워…"

우리의 새로운 크루 이름은 Sunday. '일요일'처럼 쉬어갈 수 있는 따뜻한 공간. 또한 'sun'과 'day'를 따로 보면 맑은 날로 모두에게 희망을 줄 수 있는, 힘든 유저에게 희망과 위로가 되어주는 크루를 의미한다. 고맙게도 논, 아니 지원은 내게 마스터 자리를 맡겨주었다. Sunday 크루를 만든 지 얼마 안 되어, 마스터와 부마스터의 첫 오프라인 모임이 있었다. 참석자는 둘. 나와 논. 우리는 한적한 카페에서 만났다. 지원은 밝은 갈색 머리를 높게 묶은 포니테일에, 푸른 눈을 가진 아이였다. 다문화 가정에서 태어난 아이라 그렇다고 했다.

지원은 눈에 띄는 외모 탓에 학교에서 따돌림을 당했고, 그로 인해 생긴 트라우마로 학교에 나가지 못한다고 웃으며 말했다. 하지만 나는 그 웃음 뒤의 슬픔을 읽을 수 있었다. 나도 비슷한 상처가 있었기에. 나는 지원을 꼭 안아주었다. 그리고 내 이야기도 들려주었다. 우리는 서로에게 약속했다.

"서로의 감정을 알아주고 공감하고, 상처를 보듬는 따뜻한 사람이 되자. 그리고 언젠가, 다른 사람들도 그렇게 치유해 주자고."

Sunday 크루는 빠르게 상위권에 진입했고, 유저들 사이에서 '힐링 크루'로 입소문을 탔다. 새로운 크루원이 들어올 때마다, 우리는 환하게 웃으며 인사한다.

"행복하고 활기찬, Sunday 크루에 오신 걸 환영합니다! 함께 환한 미래를 만들어봐요!"

외사랑의 가능성 0%

20630 최 서 우

해가 반짝이는 어느 여름날 점심시간. 한 소녀가 학교 도서관 구석에 앉아 편지를 쓰고 있다.

"야, 한지유. 너 또 뭐 해? 여기서."
소녀의 친구로 보이는 다른 소녀가 옆에 앉는다.
"아, 김미아~ 뭐 하긴, 편지 쓰지."
"진하성한테?"
"오, 점쟁이야?"
"네가 편지 쓸 애가 또 어딨냐? ㅋㅋ"
둘은 서로를 바라보며 키득댄다.
"나 훈련 있어서 먼저 간다. 이번 축구 대회 이기면 아빠가 자전거 사주신다고 했거든."
미아가 신이 난 듯 목소리를 높이며 말한다. 미아가 떠나고, 지유는 작게 혼잣말한다.
"…저래서 좋아하려나?"

지유는 다시 편지를 쓰기 시작한다.

To. 진하성에게
20××. ×. ××
안녕! 나 한지유.

우리 벌써 내년이면 고3이다? 시간 진짜 빠르지. 곧 고3인데, 내 마음 한 번 털어내 보려고 써. 도저히 더는 못 숨기겠거든. 너, 나랑 중2 때 처음 만난 줄 알잖아. 근데 사실, 우리 초4 때 만났었어. 네가 아예 잊은 것 같아서 말은 안 했지만. 내가 4학년 2학기에 전학 와서 친구 없이 다닐 때, 먼저 말 걸어주고 챙겨준 거 너야. 그때부터 좋아했던 것 같아. 그리고 지금까지, 단 한 번도 안 좋아한 적 없어. 근데… 넌 항상 미아만 보더라.

중학교 2학년 새 학기. 2학년 7반 교실은 시끌벅적하다. 갑자기 뒷문이 열리더니, 키가 크고 잘생긴 남학생이 들어온다. 학생들의 시선이 집중된다.

"쟤가 진하성이야?"

"잘생기긴 했네. 말 걸어볼까?"

여학생들이 수군댄다. 창가 쪽 자리에 앉아 있던 지유는 하성을 알아보고 반갑게 손을 흔든다. 하지만 하성은 그녀를 알아보지 못한 듯, 시선을 주지 않는다. 뻘쭘하고 조금 서운해진 지유는 애꿎은 폰만 만지작거리다가 미아에게 메시지를 보낸다.

- 미아 ㅠㅠ 큰일 났어.
- ? 왜, 무슨 일 있어?
- 진하성이 나 까먹은 것 같아.
- 헐~ 진짜로? 그냥 못 본 거 아니고?
- 눈도 안 마주쳐… 인사도 무시하고.
- 말 한 번 걸어봐. 생각날 수도 있잖아.
- 알았어.
- 파이팅!! (시간 상 생략)

고2 여름 체육 시간. 미아와 지유가 벤치에 나란히 앉아 있다. 진하성이 다가온다.

"김미아, 우리 인원 부족한데 축구 한 판만 뛰어 줘."

"귀찮은데~ 해 너무 뜨거워!"

"아, 너 축구부잖아. 제발, 어?"

"…알았어. 한 판만 뛴다?"

미아와 하성은 지유를 뒤로 하고 운동장으로 향한다. 둘이 함께 뛰는 모습을 보며, 지유는 괜한 질투와 서운함에 자리를 뜬다. 그리고 도서관 구석으로 향한다.

나도 지친다. 내가 아무리 티 내도, 넌 미아만 좋아하니까. 지친다 진짜. 너, 정말 미워.

내가 몇 년을 너만 보고 있었는데… 당연히 소심하고 못생긴 나보다는 예쁘고 운동 잘하고 활기찬 미아가 좋겠지. 그래도 한 번쯤은 와줄 수 있잖아. 나 너 진짜 좋아하는데.

말도 못 하고, 7년 동안 짝사랑만 하고 있고… 나도 외사랑 그만할ㄱ

편지를 끝맺으려는 순간. 하성이 도서관으로 들어온다. 지유는 황급히 편지를 숨기고 얼버무린다.

"어? 한지유? 너 뭐 해?"

"아무것도 아니야."

지유는 하성을 피해 급히 도서관을 빠져나간다. 하성은 그녀를 보고 피식 웃더니, 지유가 숨겨놓은 편지를 찾아 읽어본다.

그리고 그 아래, 자신의 글씨로 글을 남긴다. 편지를 다시 자리에 놓고 도서관을 나온다.

나도 외사랑 그만할ㄱ

누가 외사랑이래. 그만하지 마. 나 미아 안 좋아해. 그리고 나도 짝사랑 8년 차거든~ 그래도 쌍방이니까 됐지?

- 하성 -

마법 설탕

20623 전소민

　루시네 가족은 어느 한적한 마을에 살고 있는 평범한 가정이었습니다. 루시는 동생 루아와 부모님과 함께 살고 있었고, 매우 착한 아이였습니다. 동생 루아도 착한 아이였지만, 루시와 루아가 함께 있으면 싸우지 않는 날이 없었습니다. 동네 사람들과 부모님은 항상 언니인 루시만 나무라며 야단쳤고, 그럴수록 루시의 마음속엔 루아를 미워하는 감정이 점점 커져만 갔습니다.

　그러던 어느 날 아침, 루시는 평소처럼 학교에 가는 길이었습니다. 학교로 가는 길에는 작은 강가가 있었는데, 그날따라 강가에 수상하게 생긴 나룻배가 떠 있었습니다. 호기심이 생긴 루시는 나룻배 쪽으로 다가갔고, 배 안에는 이렇게 적힌 작은 쪽지가 있었습니다.
　"한 번 타 보세요."

　루시는 무서운 마음도 잊고, 호기심에 이끌려 조심스럽게 배에 올라탔습니다. 그러자 나룻배가 저절로 움직이기 시작했고, 약 10분쯤 지났을 무렵, 조용한 섬과 작은 집 하나가 눈에 들어왔습니다. 루시는 배에서 내려 그 집 앞에 다가갔습니다. 문 앞에는 포스터가 붙어 있었고, 그 포스터에는 이렇게 적혀 있었습니다.
　"너무나도 미운 사람이 있나요? 있다면 잘 오셨습니다. 제가 해결해 드리죠."

포스터를 본 루시는 곧바로 동생 루아가 떠올랐습니다. 그리고 한 치의 망설임도 없이 문을 열었습니다. 문을 열자, 머리카락이 길고 손톱도 길며, 이상한 모자를 쓴 무서운 여자가 루시를 뚫어져라 쳐다보고 있었습니다. 깜짝 놀란 루시를 향해 여자는 말했습니다.

"너는 누가 미워서 왔니? 여기는 누군가를 미워하는 마음이 있어야지만 보이는 집이거든. 나는 마녀야."

루시는 무언가에 홀린 듯 중얼거렸습니다.

"제 동생, 루아요."

마녀는 아무 말 없이 창고로 가더니, 이상한 조각 두 개를 가져왔습니다.

"이건 마법 설탕이야."

마녀가 말했습니다.

"이걸 미워하는 사람에게 먹이면, 그 사람이 영원히 사라져버려. 다시는 되돌릴 수 없어. 아직까지는 나도 방법을 못 찾았거든."

루시는 그 말을 제대로 듣지도 않은 채 마법 설탕을 덥석 받았습니다. 그녀는 속으로 생각했습니다.

"이걸 루아에게 먹이면 나는 더 이상 혼나지 않을 거고, 엄마 아빠의 사랑도 모두 받을 수 있을 거야."

루시는 다시 나룻배에 올라, 집으로 돌아갔습니다. 집에 도착한 루시는 동생 루아의 오렌지 주스에 마법 설탕을 조심스레 넣었습니다. 아무 일도 없었다는 듯 다시 학교로 향했고, 친구들과 신나게 놀고 수업도 들었습니다. 루시는 마법 설탕에 대해 까맣게 잊고 있었습니다.

학교가 끝나고 집으로 돌아가는 길, 강가를 지나치던 루시는 문득 그 설탕이 떠올랐습니다.

"내가 무슨 짓을 한 거지?"

갑자기 두려움이 몰려온 루시는 동생이 주스를 마시기 전에 막아야겠다는 생각에 집으로 달려갔습니다. 집에 도착하자, 루아는 이미 오렌지 주스를 들고 있었습니다. 루시는 급히 말렸지만, 루아는 이미 주스를 마신 뒤였습니다. 루시는 충격에 빠져 엉엉 울었습니다. 너무 늦었다고 생각했습니다. 자신이 얼마나 끔찍한 행동을 했는지 후회하며, 루아에게 미안하다고 계속 사과했습니다.

"루아야, 미안해… 정말 미안해…"

그런데 시간이 지나도 루아는 아무 일도 없었습니다. 루시는 이상하다는 생각이 들었습니다.

"루아야, 아까 책상 위에 있던 주스… 그거 마신 거 맞아?"

그러자 루아가 해맑게 웃으며 말했습니다.

"아니? 그거 내가 실수로 쏟아서, 다시 따라 마셨어."

루시는 그 말을 듣고, 너무도 안도한 나머지 또다시 펑펑 울고 말았습니다. 루시는 사실대로 모든 것을 털어놓으며 진심으로 사과했고, 루아 역시 언니를 용서하며 그동안의 일들을 사과했습니다.

그날 이후로, 루시와 루아는 더 이상 싸우지 않게 되었고, 루시의 가족은 이전보다 훨씬 더 행복하고 화목한 가족이 되었습니다.

저스틴과 레오

20332 최재희

바다는 언제나 조용했다. 혼자인 게 익숙한 나. 저스틴은 바닷가에서 혼자 시간을 보내곤 했다. 엄마, 아빠는 바빴고, 나는 외동이라 혼자 지내는 게 익숙하고 일상이었다. 누구와 이야기를 하지 않아도 괜찮았고, 노을을 보며 모래밭을 걷는 게 좋았다. 그러던 어느 날, 나는 모래밭에서 작은 유리병 하나를 발견했다. 병 속에는 바닷물에 젖은 종이가 들어 있었고, 펼치자마자 이상한 글이 나를 멈추게 했다.

"안녕, 나는 레오, 바다거북이야. 인간들이 버린 쓰레기 때문에 괴로워. 제발 우리를 지켜 줄 수 있을까?"

처음엔 장난인 줄 알았다. 거북이가 편지를 쓴다고? 그런데 그날 밤, 나는 꿈을 꿨다. 끝없이 어두운 바닷가에 비닐에 감겨 몸을 제대로 움직이지도 못한 거북이 한 마리. 그 거북이는 등이 다친 채 나를 슬프게 바라보고 있었다.

다음 날부터 나는 바닷가에 나가 쓰레기 줍기를 시작했다. 플라스틱 조각, 병뚜껑, 비닐봉지… 하지만 혼자 하기엔 너무 많았다. 친구들은 비웃었고, 선생님조차 관심을 두지 않았다.

"쓸데없는 짓 하지 마."
"거북이랑 대화해 봤어?"
나는 무너졌다. 조용히 해변에 무릎 꿇고 앉아, 손에 들린 쓰레기를 내려다봤다.
"아무도 안 들어. 아무도 안 믿어…"

그날 밤, 나는 다시 꿈을 꿨다. 레오는 점점 더 숨을 쉬지 못했고, 그의 주위엔 더 많은 쓰레기가 떠다녔다.

"시간이 없어. 제발…"
그 목소리는 내 가슴을 조용히 파고들었다. 나는 다시 일어섰다. 레오의 편지를 다시 써서 학교 게시판에 붙였다.
"이 편지를 읽고 나처럼 바다를 사랑하는 사람이 있다면, 같이 해줘. 제발 부탁이야. 바다가 위험해."

처음엔 아무도 반응이 없었다. 하지만 며칠 뒤, 한 친구가 관심을 보이기 시작했다. 그리고 또 한 명, 선생님, 동네 어른들도 함께 바닷가에 나왔다. 며칠 지나자 바다는 조금 맑아졌고, 나는 다시 해변에서 레오를 만났다.

멀리서 천천히 다가오는 레오의 눈동자엔 고마움이 가득 담겨 있었다.
"이제 바다에서 숨을 쉴 수 있어. 네 덕분에 내 친구, 내 가족, 지인들까지 편하게 숨 쉬고 바다에서 잘 살 거야. 나를 생각해서 도와준 거 고마워. 저스틴, 나랑 친하게 지내자."

그 말을 들으니 울컥하면서 마음이 복잡해졌다. 나도 환경에 대해 더 공부하고, 우리 동네 바다가 제일 맑고 깨끗하게 만들 거야. 그리고 네가 그렇게 말해주니까 나 울 것 같아. 나도 너랑 친구하는 거 좋아. 이제는 나도, 바다도 혼자가 아니다.

퉁팅탕의 진짜 꽃

20312 박 세 움

퉁팅탕은 요정족 중에서도 숲속에서 유명한 장난꾸러기였다. 남의 간식을 몰래 숨기거나, 숲의 안내표를 바꿔 혼란을 주기도 했다. 그런 그는 자신이 인기 있고 재미있는 존재라고 믿었고, 늘 칭찬을 원했다.

옆마을인 초록마을에는 선행을 잘하고 마음이 따뜻한 메뚜기, 룽롱이가 살고 있었다. 룽롱이는 퉁팅탕이 못마땅했지만 굳이 말하지 않았다.

어느 날, 퉁팅탕은 넘어진 할머니 요정을 우연히 도와주게 되었다. 그런데 놀랍게도 그의 머리에서 초록 싹이 나기 시작했다. 다음 날, 아기 토끼에게 길을 안내해 주자 그 싹은 더 자라며 분홍색 꽃이 피었다. 마을 사람들은 감탄했다.

"착한 일을 해서 나는 꽃이야! 정말 대단한 걸."

퉁팅탕은 깨닫게 되었다.

'착한 일을 하면 칭찬받을 수 있어!'

하지만 그의 동기는 여전히 '진짜 착함'이 아니라, 칭찬과 주목이었다. 퉁팅탕은 일부러 사람들 앞에서 도와주는 시늉을 했다. 다른 아이들이 세운 공을 가로채고, 룽롱이의 도움도 자기 덕으로 돌리기도 했다.

"이 정도면 내가 혼자 다 한 거지, 뭐."

그런 퉁팅탕의 모습을 본 룽롱이는 조용히 말했다.

"칭찬을 받기 위해 하는 착한 일은 진짜 꽃을 피우진 못해."

퉁팅탕은 비웃듯 대답했다.
"그럼 넌 왜 아무 꽃도 안 피우는 건데?"

룽롱이는 고개를 숙이고 돌아섰다. 하지만 그 말은 퉁팅탕의 마음에 작은 찔림을 남겼다. 며칠 뒤, 퉁팅탕은 또다시 칭찬을 받고 싶어 길을 잃은 아기 여우를 돕는 척을 했다. 그 순간, 그의 머리 위에 피어 있던 꽃이 시들기 시작했다. 그제야 퉁팅탕은 깨달았다. 보여주기 위한 행동으로는 꽃이 피지 않는다는 것을.

비가 주룩주룩 내리던 어느 날, 룽롱이가 미끄러져 다쳤다. 그때 퉁팅탕이 나타나, 아무도 보고 있지 않았지만 룽롱이를 업어 병원까지 데려갔다. 룽롱이는 의아해하며 물었다.
"왜 보는 이가 아무도 없는데 이렇게 해주는 거야?"
퉁팅탕은 조용히 대답했다.
"네가 걱정돼서 그랬어."

그 순간, 새싹 하나가 천천히 자라더니 밝고 하얀 꽃이 피어났다. 그 꽃은 그 어느 꽃보다도 맑고 순수했다. 그 이후, 퉁팅탕은 변했다. 남을 도우면서도 티를 내지 않았고, 꽃이 피지 않아도 기뻐했다.
"이제는 꽃이 피든 말든 괜찮아. 내 마음에 진짜 꽃이 피었거든."

물고기 키우기 프로젝트?!

20122 이 미 영

물고기를 키우고 싶어 하는 하나. 그게 바로 나야, 이하나!

…왜 물고기를 안 키우냐고? 그게 말이지. 우리 부모님이 왜 그런지 모르겠지만, 물고기만큼은 절대 안 된다고 하셔. 나는 물고기가 너무 좋은데… 오늘도 나는 엄마한테 떼를 썼다. 물고기를 키우고 싶다고!
"엄마~ 나도 물고기!! 나도 물고기!! 물고기 키울래~!! 왜 안 되는데? 이유라도 알려주면 몰라! 왜 안 되는데~ 물! 고! 기! 으앙~~ 나도 물고기~!"
엄마는 한숨을 쉬며 말했다.
"하나야, 제발… 물고기만 아니면 안 될까? 세상에 동물도 많은데, 왜 하필 물고기야?"
왜 엄마는 내가 좋아하는 걸 못 하게 하지? 내가 원하는 건 다 해주면서, 왜 물고기는 안 되는 거야? 이해가 안 돼. 그때, 다정한 목소리의 아빠가 말했다.
"하나야, 안 되는 건 어쩔 수 없는 거야. 물고기는 나중에 키우자. 네가 좀 더 크면. 넌 아직 어려서 돌봐주기 힘들잖아. 그러니까 떼쓰지 말고, 우리 다른 동물도 생각해 보자."
"아빠! 나 이제 초2야! 맨날 '좀 더 크면' '좀 더 크면'… 언제까지 기다리라고?! 정확하게 알려줘! 안 알려주면 나 계속 떼 쓸 거야!!"

아빠는 한숨을 쉬더니, 결국 말했다.

"그럼… 중1 때 키우게 해줄게. 아직 너는 어리고 작으니까."

그 말을 듣자마자 엄마가 갑자기 소리를 질렀다. 너무 놀라서 깜짝 놀랐어.

"안 돼!! 당신은 왜 나랑 상의도 안 하고 그렇게 말해?! 이하나! 안 되는 건 안 되는 거야! 방으로 들어가!"

엄마가 그렇게 화내는 건 처음 봐. 나는 무서워서 오빠 방으로 도망쳤어. 아, 맞다! 오빠 소개를 안 했네? 우리 오빠는 고2야. 나랑 9살차이나. 생각보다 나이 차이 크지? 오빠랑 나는 사이가 나쁘진 않아. 오빠는 가끔 나를 장난감처럼 놀리긴 하지만, 그래도 다정해. 그런데 오빠는 자꾸 머리에 이상한 걸 쓰고 있어서 내 말을 잘 못 들어. '노이즈캔슬링'? 그게 뭐야? 이어폰이긴 한 것 같은데… PC방에서 쓰는 건가? 아무튼 그걸 쓰고 있으면 아무리 소리를 질러도 안 들리는 것 같아. 심지어 오늘은 '애플'이라는 이상한 이름의 커다란 헤드폰도 쓰고 있더라고. 사과잖아, 애플은! 나는 오빠한테 달려가서 그걸 벗겼어.

"오빠!!"

드디어 대답이 왔어.

"왜?"

"오빠, 왜 엄마 아빠는 물고기를 싫어해?"

오빠는 피식 웃더니 말했어.

"그건… 나도 잘은 모르지만, 물고기가 싫어서 그런 건 아닐 거야."

엥? 그게 무슨 말이야? 내가 뻔 한 표정으로 쳐다보자, 오빠는 크게 웃었어.

"네가 아직 어려서 엄마 아빠가 걱정돼서 그럴 거야. 그러니까 그만 떼 좀 써… 시끄러워."

나는 오빠를 툭! 때렸어. 근데 오빠는 아프지도 않대! 화가 나서 계속 때렸는데도, 안 아파해! 결국 내가 더 아팠어.

"너의 솜방망이 손으로는 나를 때릴 수 없어, 동생아~"

"우씨! 오빠는 도움이 안 돼!"

나는 오빠 방을 나와 내 방으로 들어갔어. 놀라지 마! 사실… 나 몰래 물고기 키우고 있었어. 내 책상 서랍에 작은 어항이랑 물고기가 숨어 있었지~! 얘는 숨소리가 없어서 들키지 않아. 그리고 열쇠로 잠그는 서랍이라서 절대 안 들켜! 오늘도 밥 줄 시간이어서 밥을 줬어. 조금 있다가 물도 갈아줘야 해. 바빠 바빠!

며칠 뒤, 또 밥 줄 시간이 되었어.
"히히, 밥 먹자~"
어? 근데… 애들 어디 갔지? 어디 간 거야?!
"으아—!! 어디 갔어?! 엄마한테 들키면 안 되는데… 어떡해…"

너무 놀라서 막 찾다가, 그만 넘어졌어. 아파… 무릎 까졌어. 힝… 그때 엄마가 방에 들어오셨어.
"괜찮아? 넘어지는 소리 듣고 깜짝 놀라서 왔어. 무릎이 까졌네.… 가만히 있어 봐."
엄마는 아무 말 없이 연고와 밴드를 가져와 조심조심 치료해 줬어.
"엄마…"
나는 말끝을 흐렸다. 그때 엄마가 조용히 말했어.
"하나야, 엄마는 너한테 화내고 싶지 않아. 근데 왜 자꾸 반항을 해…"
나는 조심스럽게 말했다.
"엄마… 서랍 안에 있던 어항… 그거… 어떻게 된 거야?"
엄마는 날 조용히 바라보며 말했다.
"분양했어."
뭐라고…? 내가 가장 아끼던 물고기를…? 나는 눈물을 참을 수 없었어. 계속 울었어. 내 친구를 잃은 기분이었어.

"엄마는 왜… 내 마음을 몰라줘… 왜…!"

울먹이며 말했어.

"엄마도 상의 안 하면 화내잖아! 근데 왜 나랑 상의도 안 하고 맘대로 하는데?!"

엄마는 말이 없었어. 얼굴이 조금… 충격 받은 것 같았어.

"엄마… 실망이야!"

나는 울면서 방을 나와 창고 방, 나만의 비밀 아지트에 들어가 작은 목소리로 계속 울었어. 얼마나 시간이 흘렀는지 모르겠어. 하늘은 까매졌고, 엄마는 나를 찾으러 다녔어. 하지만 나는 엄마가 미워서 내가 여기 있다고 말하지 않았어. 결국 오빠가 나를 찾아냈어. 엄마는 내게 미안하다고 했어. 그래도 나는 엄마가 미웠어. 잘 시간이 되어 방으로 돌아왔고, 잠시 뒤 오빠가 방에 들어왔어.

"하나야, 엄마가 왜 물고기 못 키우게 했는지 모르겠지?"

나는 고개를 끄덕였어. 오빠는 말했다.

"엄마도 예전에 너처럼 물고기를 좋아했대. 근데 어릴 때, 물고기한테 밥 주고 물 갈다가

어항을 떨어뜨려서 크게 다쳤대. 그 뒤로도 계속 키우겠다고 고집 부리다가 여러 번 다쳤대. 너도 다칠까 봐 그러는 거래."

그 말을 들으니… 이제야 엄마 마음이 조금 이해됐어.

"오빠, 그럼 나도 크면 물고기 키울 수 있어?"

오빠는 잠깐 고민하더니 말했어.

"그건… 엄마가 허락해줘야 하지만, 나는 찬성! 너 물고기 키우는 거, 나 찬성이야!"

"히히. 근데… 오빠, 찬성이 뭐야?"

오빠는 갑자기 빵 터졌어. 나는 깜짝 놀라서 오빠 입을 막았어.

"쉿! 엄마 아빠 깰라! 조용히 웃어!"

오빠는 고개를 끄덕이며 말했다.

"찬성은… 음… 나도 기억 안 나는데? ㅋㅋ 나중에 배우게 될 거야. 지금은 몰라도 괜찮아~"

근데… 엄마한테 너무 큰 상처를 준 것 같아서 걱정돼.

"엄마 싫어!"라고 말했잖아… 내가 걱정스러운 얼굴을 하니까 오빠가 말했다.

"엄마한테 내일 가서 사과해. 잘못했다고 말하면 엄마도 웃을 거야. 못 하겠으면 오빠가 도와줄게."

나는 고개를 끄덕였어. 오빠가 방을 나가려는데 나는 조르듯 말했다.

"오빠, 동화책 읽어줘~ 오늘은 엄마가 안 읽어줬단 말이야…"

오빠는 못 이긴 척 동화책을 꺼내 읽어줬어. 엄마처럼 다정하진 않았지만, 그래도 재미있었어. 그리고 나는 조용히 잠이 들었어.

다음 날, 나는 엄마한테 사과했어.

"엄마, 미안해… 내가 너무 나쁜 말해서…"

엄마는 웃으며 말했어.

"괜찮아, 하나야."

이때다 싶어서 물고기 얘기를 꺼내려 했는데… 엄마가 바로 말했다.

"안 돼."

ㅎㅎ… 그래도 괜찮아. 나중에 다시 도전할 거니까! 히히!

진정한 곳

20904 김건율

먼 미래, 지구 온난화로 황폐해진 지구를 떠나 사람이 살 수 있는 새로운 행성을 찾아 탐사 준비 중인 마크와 캐서린. 오늘도 어제처럼, 그들은 묵묵히 임무를 수행하고 있다.

마크는 지긋지긋한 지구를 떠나 새로운 거처를 찾아야 한다는 신념이 강한 인물이다. 반면, 캐서린은 모든 것이 완벽하게 진행되어야 한다는 강박에 가까운 책임감을 지녔다. 둘은 이미 연습 비행을 마치고, 이제 마지막 이륙만을 앞두고 있었다.

이륙 준비를 하며 우주선에 오른 순간, 둘은 말로 설명할 수 없는 감정을 느꼈다. 알 수 없는 감정의 잔향을 뒤로한 채, 우주선은 이륙했다.

지구 대기권을 벗어난 후, 캐서린은 잠시 정차한 채 수천 개의 후보 행성을 살펴보았다. 그 수에 압도된 마크는 당황했지만, 선택의 여지가 없었다. 결국 그는 캐서린을 따르기로 했다.

첫 번째 행성은 기온이 온화하고, 표면 환경도 인간이 거주할 수 있을 것 같았다. 예감이 좋았던 그들은 곧바로 두 번째 행성으로 향했다. 그곳 역시 비슷했지만, 산악지형이 너무 험해 부적합하다고 판단했다. 그 후에도 둘은 485개의 서로 비슷한 행성을 탐사했다. 그 과정에서, 서서히 무언가를 깨닫기 시작했다. 탐사한 행성들은 분명 사람이 살 수 있는 환경이었다. 하지만 모두 어딘가 '중요한 무언가'가 빠져 있는 듯한 허전한 느낌을 지울 수 없었다.

마크는 그 '무엇'이 무엇인지 고민에 빠졌고, 캐서린 역시 같은 감정을 느끼며 혼란스러워했다. 탐사를 이어갈수록, 그 허전함은 점점 또렷한 감각으로 바뀌어 갔다.

2491번째 행성에 이르렀을 무렵, 그들은 너무나 지쳐버렸다. 마크는 결국 이렇게 말했다.

"우린… 지구로 돌아가야 해."

그러나 캐서린은 단호했다.

"아니, 이 일을 끝내야 해. 끝낼 수 있어!"

충돌은 불가피했다. 서로의 주장과 감정이 부딪쳤고, 오랜 시간 고민과 갈등이 이어졌다. 너무나 멀리 와버린 지금— 최첨단 망원경으로도 지구가 보이지 않는 거리, 빛조차 닿으려면 영겁의 시간이 필요한 거리. 그들은 이제 자신들의 정체성마저 희미해지고, 탐사 이전의 삶도 기억나지 않기 시작했다.

하지만 어느 날, 둘은 우주선 창밖으로 보이는 수많은 은하들 중 지구가 있는 방향을 바라보았다. 이유는 알 수 없지만, 가슴 깊은 곳에서 그리움이 밀려왔다. 그들은 서로를 바라보았다. 말은 없었지만, 눈빛만으로도 알 수 있었다. 그리운 곳으로 돌아가자. 둘은 수천 개의 미지의 행성을 뒤로하고 지구가 있는 방향으로 우주선을 돌렸다.

귀환하는 여정 동안, 그들은 탐사 중에는 느끼지 못했던 낯설고도 따뜻한 감정을 느끼기 시작했다. 우리 은하가 속한 은하군에 진입하고, 태양계가 위치한 오리온 팔에 들어서며, 저 멀리 태양의 따사로운 빛이 우주선 안을 환하게 비췄을 때— 그들은 눈물을 흘렸다.

그 눈물에는 말로 다 표현할 수 없는 수많은 의미와 감정이 담겨 있었다. 마침내, 그들이 마지막으로 보았던 지구가 다시 목적지로 설정되었다. 지구의 대기권을 통과한 우주선은 오래전 그들이 떠났던 그 자리에 조용히 착륙했다.

세월은 흘렀고, 지구는 변해 있었다. 그러나 그들은 이제야 비로소 깨달았다. 그들이 그토록 찾아 헤맸던 '무언가'는 새로운 환경이 아니었다. 그들이 잊고 있었던 것은 생명이 깃든 '활기', 정이 스민 '온기'였다. 신체의 시간은 늙었을지라도 그들의 마음은 여전히 무언가를 고대하고 있었고, 그들의 진정한 목적지는 미지의 별이 아닌, '집'이라 불리는, 정이 깃든 그곳이었다.

늑대 세 마리

21009 서 지 은

옛날 옛적, 사이좋은 늑대 세 마리가 함께 살고 있었습니다. 그들은 서로를 의지하며, 나누고 웃고, 작고 낡은 오두막에서도 웃음꽃을 피웠습니다. 아무리 어려운 일이 닥쳐도 함께 이겨냈고, 행복한 순간은 더욱 크게 나누며 그렇게 살아갔습니다.

하지만 어느 날, 늑대들의 식량이 모두 떨어져 버렸습니다. 근방의 식물들은 이미 거의 다 먹어치운 상태였고, 돈이 있을 리도 없던 그들은 막내의 제안에 따라 처음으로 사냥에 나서기로 했습니다.

본디 육식동물이었던 그들이었지만, 그동안은 다른 동물들을 소중히 여겨 채식으로 버텨오고 있었습니다. 그 결과, 늘 배고픔을 달고 살아야 했습니다. 그래서 이번 사냥은 그들에게 도전이자, 동시에 모험이었습니다.

이윽고 사냥을 마친 늑대들은 하나둘 사냥감을 들고 돌아왔습니다. 그리고 그날 저녁, 오두막엔 이전과는 다른 침묵이 흘렀습니다. 그날의 식사는 늑대들을 바꾸어 놓았습니다.

이제 그들은 더 이상 동물들을 지켜주지 않았습니다. 매일 아침 번갈아 가며 사냥에 나섰고, 포식자로서의 만족스러운 식사가 이어졌습니다. 늑대들이 사냥을 시작하자 근방의 동물들은 금세 사라지거나 도망쳤습니다. 식량을 구하려면 더 멀리 나가야 했고, 결국 두 마리가 사냥을 나가고 한 마리는 집을 지키자는 의견이 나왔습니다.

가장 작고 연약한 막내는 오두막에 남기로 했고, 힘센 첫째와 똑똑한 둘째는 식량을 구하러 길을 떠났습니다. 막내는 형들을 기다렸습니다. 계속, 계속 기다렸습니다. 그들이 들고 올 따뜻한 식량을, 그리고 더없이 소중한 그 형제들을 몇 날 며칠이고 기다렸습니다. 하지만… 그들은 끝내 돌아오지 않았습니다.

막내는 남은 식량을 챙겨, 형들을 찾아 나섰습니다. 먼저, 첫째 늑대가 향했던 곳으로 갔습니다. 가장 듬직하고 힘센 첫째는, 아기 돼지 삼형제의 벽돌집 근처 풀숲에서 불에 그을린 채 잠들어 있었습니다. 막내는 말없이 그를 등에 업었습니다.

다음은 둘째 늑대가 향한 곳으로 갔습니다. 지혜롭고 총명했던 둘째는, 빨간 망토를 뒤집어쓴 채 빨간 염색약을 흩트리며 쓰러져 있었습니다. 막내는 그를 옆구리에 안고 오두막으로 돌아왔습니다. 오두막 안, 움직이지 않는 형제들을 한참 바라본 막내는 그들을 위해 흙침대를 만들어 주었습니다. 돌로 예쁘게 무덤을 꾸미고, 꽃도 얹었습니다.

그날 밤, 막내는 복수심을 품고 보름달이 떠오른 밤 아기 돼지 삼형제를 찾아갔습니다. 인간의 모습으로 변한 늑대를 돼지들은 알아보지 못했습니다. 오히려 늑대를 저녁 식사에 초대했고, 그들은 서로를 알아가며 이야기꽃을 피웠습니다. 그들은 따뜻했고, 친절했으며, 벽돌집은 포근했습니다. 그 속에서 늑대는 복수심이 차츰 잠잠해지는 것을 느꼈습니다.

다음은 빨간 망토를 찾아갔습니다. 그녀는 할머니의 묘에 기대어 작은 체구를 웅크린 채 잠들어 있었습니다. 그 모습은 외롭고 처량했고, 왠지 모르게 늑대는 자신과 닮아 있다는 생각이 들었습니다. 늑대는 조용히 발길을 돌려 오두막으로 돌아왔습니다. 그리고 긴 밤, 생각에 잠겼습니다.

'내가 첫째 늑대를 죽였어. 내가 둘째 늑대를 죽였어. 나는 착한 아기 돼지들을 해치려 했고, 빨간 모자의 할머니를 죽이기도 했어.'

막내 늑대는 죄책감과 후회로 오랫동안 눈물을 흘렸습니다. 그날 이후, 늑대는 육식을 하지 않았습니다. 그는 매일 채식을 하며 살아갔고, 삶의 마지막에는 자신으로 인해 죽은 동물들을 위해 기도했습니다. 그것이, 늑대가 할 수 있는 유일한 속죄였습니다.

아픈 이별

21016 이 영 훈

어느 날, 한 남자가 있었다. 그는 다른 사람들보다 잘생기지도, 못생기지도 않은 그저 평범한 남자였다. 그날 그는 고등학교 동창들과 단체 채팅방에서 몇 시에 만날지를 정한 뒤, 밥을 먹고 씻고는 친구들을 만나러 나갔다. 친구들과 한창 재미있게 놀고 있을 때, 눈에 띄는 한 여자가 지나갔다. 그녀는 정말 아름다웠고, 그와 그의 친구들 모두 그녀를 보고 감탄했다.

그때, 그는 용기를 내어 그녀에게 다가가 번호를 물어보았다. 물론, 속으로는 '안 될 거야' 하고 생각하고 있었다. 왜냐하면, 자신이 그다지 매력적인 외모는 아니라는 걸 잘 알고 있었기 때문이다. 하지만 그의 예상과는 달리, 그녀는 환하게 웃으며 흔쾌히 번호를 건넸다. 겉으로는 아무렇지 않은 척했지만, 그는 속으로 정말 기뻤다. 친구들과 놀고 집으로 돌아온 뒤, 그는 그녀에게 뭐라고 먼저 카톡을 보내야 할지 고민하고 있었다.

그런데 그 순간, 그녀에게서 먼저 메시지가 왔다. 그는 설레는 마음으로 답장을 보냈고, 그렇게 두 사람은 이야기를 주고받으며 가까워졌다. 시간이 흐른 뒤, 그는 그녀에게 고백하기로 결심했다. 그는 "할 말이 있어. 30분 뒤에 너희 집 앞으로 갈게."라고 말했다. 그는 거울 앞에서 한참을 꾸미고, 약속한 시간보다 조금 늦게 집을 나섰다. 조금 시간이 흐른 뒤 그녀의 집 앞으로 도착했을 때, 그녀는 이미 나와 있었다. 그는 미안하다고 말한 뒤, 떨리는 목소리로 자신의 마음을 고백했다. 그리고 그녀는 단 한 치의 망설임도 없이 그의 고백을 받아주었다. 그는 정말 기뻤지만, 한편으론 의심도 들었다.

'이렇게 예쁜 여자가 왜 나 같은 평범한 사람과 사귀는 걸까?'

그는 그 의심을 애써 지우고, 즐거운 마음으로 집으로 돌아갔다. 그리고 시간이 흘러, 그와 그녀는 곧 200일을 앞두고 있었다. 그는 기념일 데이트를 계획하며 그녀에게 연락을 하려던 찰나, 친구에게서 카톡이 왔다. 메시지에는 한 장의 사진이 첨부되어 있었다. 그는 그 사진을 보고 충격에 휩싸였다. 사진 속에는 그녀로 보이는 여자가, 잘생긴 남자와 손을 잡고 함께 걷고 있었다. 그는 처음 고백하던 순간을 떠올렸다. 그때 자신이 느꼈던 의심, '이렇게 예쁜 그녀가 왜 나 같은 사람을…' 그 의심이 다시 떠올랐다.

결국 그는 그녀를 만나서 직접 이야기하기로 결심했다. 집을 나서기 전, 그는 무거운 감정을 억누르며 옷을 챙겨 입고 길을 나섰다. 그가 그녀의 집에 도착했을 때도, 언제나처럼 그녀는 먼저 나와 있었다. 그 모습이 오히려 더 힘들게 느껴졌다. 하지만 그는 더 이상 이 관계를 이어갈 마음이 없었다. 그녀와 인사를 나눈 후, 그는 친구가 보내준 사진을 보여주며 물었다.
"이거, 뭐야?"
그녀는 당황하며 말을 더듬었다.
"그거… 나 아니야. 진짜야."

하지만 그는 이미 사진 속 인물이 그녀라고 확신하고 있었고, 분노 섞인 목소리로 몰아붙이다가 결국 그녀가 말할 틈도 주지 않은 채 돌아서서 집으로 향했다. 그러나 진실은 달랐다. 사진 속 여자는 그녀가 아니었다. 그 사진은, 그와 예쁜 그녀가 사귀는 것을 질투하던 그의 친구가 어두운 곳에서 우연히 비슷한 모습을 찍은, 얼굴조차 제대로 보이지 않는 사진이었다.

그의 이별 소식을 들은 그 친구는 내심 기뻐하며 그에게 "괜찮냐"는 카톡을 보냈다. 그는 괜찮은 척 답장을 보냈지만, 그가 얼마나 슬픈지는 누구나 알 수 있을 정도였다. 그에게는 그것이 첫 연애였기 때문이다. 한편, 그녀는 집에서 조용히, 그러나 깊게 울고 있었다. 그녀는 그를 진심으로 사랑하고 있었기 때문이다. 그가 아무리 평범하더라도, 그녀는 그가 자신을 얼마나 아끼고 사랑했는지를 알고 있었기에 더욱 슬펐다. 그렇게, 그와 그녀의 사랑은 오해로 인해 서로에게 상처만 남기고 끝이 나버렸다.

오해 속에 핀 우정

20733 현은송

개학한 지 며칠 뒤, '지우'라는 아이가 전학을 왔다. 단정한 단발머리에 항상 이어폰을 끼고 있어서, 아이들이 쉽게 말을 걸지 못했다. 그래서 지우는 항상 혼자 있는 모습이었다.

지우의 짝꿍은 '민재'라는 남자아이였다. 민재는 반장이자 모두에게 인기 많은 학생으로, 활발한 성격에 친구들과 잘 어울렸고 리더십도 있었다. 하지만 자기 생각이 강해, 때로는 타인의 마음을 세심하게 살피지 못하는 단점이 있었다.

처음 짝이 된 민재와 지우는 어색했지만, 민재가 먼저 용기를 내어 말을 걸었다.
"안녕!"
지우가 조용히 대답했다.
"응… 안녕."
민재는 속으로 생각했다.
'처음 봤을 때부터 머리가 참 잘 어울린다고 생각했는데, 진짜 잘 어울린다.'

지우는 조용히 고개를 끄덕이며 말했다.
"응… 고마워."
"아! 그리고…"

민재가 계속해서 말을 이어가려 하자, 지우는 살짝 불편한 기색을 보였다. 그때 수업을 알리는 종이 울렸다. 이번 시간은 국어 시간이었다. 국어 선생님이 들어오시며 말씀하셨다.

"얘들아, 오늘은 조를 짜서 각자 좋아하는 책을 선정하고, 그 책을 소개하는 PPT를 만들어 발표할 거야. 수행평가 가산점에도 포함되고, 생활기록부에도 기록해 줄 거니까 열심히 해보자. 오늘 국어 시간을 포함해서 총 5시간을 줄 거고, 조는… 옆 짝이랑 함께 하는 걸로 하자!"

아이들 사이에서는 좋아하는 친구와 짝이 된 아이들도 있었지만, 불편해하는 아이들도 섞여 있었다. 민재와 지우도 그렇게 얼떨결에 같은 조가 되었다. 민재가 먼저 의견을 냈다.

"나는 이 책도 재미있게 읽었고, 저 책도 재밌었어. 이 책으로 발표하고 싶은데, 너도 괜찮지?"

지우는 마음에 들지는 않았지만 고개를 끄덕였다. 민재가 계속 말했다.

"내가 농구부 연습이 있어서 시간이 별로 없거든. PPT는 최대한 내가 만들 테니까, 수정할 부분 있으면 네가 좀 수정해줘. 그리고 발표도… 네가 해줄 수 있지?"

지우는 잠시 망설였다. 어릴 적, 지우는 발표하는 걸 좋아했다. 하지만 발표 도중 친구들에게 놀림을 받은 이후로는, 발표가 두렵고 싫어졌다. 정말 내키지 않았지만, 이번만큼은 새로운 시작이길 바라는 마음으로 민재의 말에 고개를 끄덕였다. 며칠 후, 발표 날이 되었다. 지우는 떨리는 마음으로 친구들 앞에 섰다. 입을 열려는 순간, 교실은 조용해졌고 정적이 흘렀다.

"안녕하세…요…"
소리가 떨렸다.
"그럼… 발… 발표 시작… 하겠습…니다…"

그렇게 어렵게 말을 시작했지만, 그 순간부터 지우의 머릿속은 하얘졌다. 아무 말도 떠오르지 않았다. 결국 발표는 흐지부지 끝나고 말았다. 선생님은 그냥 다음 조로 넘어가자고 하셨고, 아이들은 조용히 지우를 바라보았다. 그 모습을 본 민재는 짜증을 냈다.
"이게 뭐야. 말도 제대로 못 할 거면서 왜 발표한다고 해?"

그 말은 모두가 듣는 앞에서 한 말이었다. 지우는 억울한 마음에 눈물을 흘렸고, 교실 안은 싸늘해졌다. 몇몇 친구들은 민재의 말과 행동에 대해 수군거리기 시작했다. 민재는 순간적으로 화를 냈지만, 시간이 지날수록 자신이 너무 심했음을 깨달았다. 그러나 자존심이 걸려 쉽게 사과할 수 없었다. 그러던 중, 민재는 지우의 책상 위에 놓인 일기장을 발견했다.
"음… 반에 나 혼잔데, 잠깐 보면 괜찮겠지…"

조심스레 일기장을 펼치자, 거기에는 오늘 있었던 국어 시간의 일과 지우의 속상한 마음이 고스란히 담겨 있었다.
'점심시간에 적어놓고 밥 먹으러 간 건가…?'
민재는 마음이 복잡해졌다.
'내가 지우한테 정말 큰 상처를 줬구나… 과연 내 사과를 받아줄까?'
'혹시… 안 받아주면 어쩌지?'
그때 문이 열리는 소리가 들렸다. 지우였다. 지우는 민재를 보자 나가려고 했다. 민재가 급히 말했다.
"잠… 잠깐만!"

지우가 놀라 멈췄다.

"왜?"

민재가 말했다.

"그… 아까 국어 시간에… 정말 미안했어. 너한테 그런 아픔이 있는 줄 몰랐어…"

지우가 조용히 입을 열었다.

"사실 어릴 때 받은 상처가 너무 커서… 이번 발표는 마지막으로 용기 내 보려던 거였어."

민재는 말없이 고개를 숙였다. 그리고 진심을 담아 말했다.

"정말… 정말 미안해. 많이 상처 줬지…"

지우는 잠시 민재를 바라보다가 웃으며 말했다.

"괜찮아. 오히려 너 덕분에 용기 낼 수 있었어. 발표는 망쳤고 친구들이 수군거리긴 했지만, 난 적어도 친구들 앞에 서서 한마디라도 했다는 데 의미를 두고 있어."

민재는 안도의 한숨을 쉬며 말했다.

"넌 진짜 대단하다… 고맙고, 미안하고… 정말 좋은 친구야."

그렇게 둘은 서로의 마음을 이해하게 되었고, 이번 일을 계기로 둘도 없는 친구가 되었다.

3학년

조현병

30503 김단아

"지난 1일, 서울의 한 빌라에서 투신 사건이 일어났습니다. 이는 주민들에게 큰 공포감을 주었고, 사망자 A 씨는 작년 겨울부터 외출하지 않았던 것으로 밝혀졌습니다. 특이한 점으로는 A 씨의 손목에 표식이 남아있는 것으로 확인돼…"

내 옆집에서 사망자가 나왔다. 안 그래도 나라가 시끌시끌한데, TV 화면 속 열심히 설명하는 기자를 보다가 출근 시간도 까먹을 뻔했다. 나는 탐정으로 일하고 있다. 내 루틴은 오전 7시에 일어나 TV를 보는 것이다. 그다음 싱겁기만 한 밥을 먹는다. 누가 만들었는지, 참……. 그리곤 약을 먹는다. 약은 흰색 알약 몇 가지인데, 마약 같은 이상한 건 아니다.

그리고 내 방을 계속 돌아다니며 정신을 비운다. 그다음 노트를 펴 아침에 본 뉴스를 정리하고 범인을 추리하기 시작한다. 죽음의 대상은 젊은 여성. 투신이니 평소 생활에 주목할 것. 작년부터 집콕? 딱 봐도 정신병이 있었을 거야. 그러니 혼자 죽어버린 거 아니겠어? 뭐, 이런 식으로 추리하다 보면 오전 시간을 다 보낸다.

그리고 다시 밥, 약, 추리. 반복하다가 잠이 든다. 아, 그리고 앞집에 사는 간호사 언니한테 몇 가지 질문을 받는다. 오늘 하루는 어땠는지, 무슨 일 없었는지 같은 심심한(시시한) 얘기만 한다. 그런데 그 언니에게 살인사건 얘기만 하면 정색하고 집으로 가버린다. 왜 그럴까? 아무래도 이런 취미를 가진 사람이 몇 없어서 그런 거겠지. 요즘에는 특수

한 사건이나 신비로운 사건이 별로 없다.

그리고 약이 좀 줄어드는 것 같다. 왜일까. 누가 훔쳐갔을까? 내일 앞집 언니한테 물어봐야겠다.

언니가 죽었다. 뉴스에선 또다시 지겨운 이야기가 나온다.

"어제 새벽 2시경, A 씨 투신 사건이 일어났던 빌라에서 또 다른 투신 사건이 일어났습니다. 이번 사건의 사망자 B 씨 역시 손목에 표식이 남아 있었습니다. 표식은 A 씨와 동일하게 북쪽을 가리키는 방향의 화살표 표식이 남겨져 있는 것으로 보아, 투신자살 사건이 아니라 연쇄살인을 의심하고 있습니다. ……."

나는 또다시 약을 먹는다. 두 알 남았네. 그리곤 약 봉투를 읽는다.
'조연지 / 만 20세. 온누리 행복의원. 상기 환자는 조현 증세를 보여 내원함. 식후 30분, 하루 세 번.'
어라, 약 봉투에 처음 보는 글이 있네.

To. 연지

안녕, 연지. 네가 이걸 발견할 때쯤이면 약을 다 먹어 간다는 거겠지? 그럼 이제 안 아프겠다. 그런 거지?

너는 7살 때 놀이터에서 남자애를 밀쳤다고 그 애 엄마한테 뺨을 맞았어, 맞지? 8살 때는 수업 시간에 소리를 질렀다가 부모님이 학교에 오셨고, 13살 때는 학교에서 키우던 개를 목 졸라 죽였다고 교장실에 불려갔어. 15살 땐 대걸레를 부러트리고 애들을 위협해서 징계까지 받았지. 그리고 넌 16살 때 처음 정신병 진단을 받았어.

자주 학교에 빠져서 친한 친구들한테만 사실대로 얘기했더니 결국엔 배신당해 전교 왕따가 됐지. 대학교는커녕 고등학교도 제대로 진학하지 못했어. 그리고 6년째 조현병으로 살아가고 있구나. 숨이 붙어 있어서 고맙네.

　너는 탐정을 제일 좋아하지? 그리고 추리하는 것도 가장 좋아하고. 연지야, 뉴스에서 살인이나 무서운 얘기가 들리든 절대 무시해. 네가 죽인 거 아니야. 화살표 표식에 대해 누가 묻거든 네가 타투를 좋아해서 해줬다고 해. 그리고 네가 범인이 아니라고 부정해. 아니니까.

　이 약은 조현병 약이고, 너는 지금 병원에 있어. 집이 아니야. 기억해. 옆집 사람은 네 병실에 있는 사람 중 한 명이고, 앞집 간호사는 정신병동 간호사야.

낙원

30314 양 세 은

　따뜻하고 너무나 밝은 햇빛에, 나는 오늘도 한 칸짜리 빈 침대에서 눈을 떴다. 평소처럼 방에 설치된 호스로 밥과 물을 받아 입에 밀어 넣으며, 또 다른 '낙원'에서의 하루를 시작한다.
　우리 인류가 이곳에 오게 된 것은 정확히 1,358일 전. 어느 날, 우리는 이곳에 떨어졌다. 우리 중 누구도 자신이 누구인지 알지 못했다. 이름도, 나이도, 심지어 가족조차도. 이곳에 떨어진 우리는 불쾌함을 억누르며 다정하고 친절하게 서로에 대해 이야기했다.
　우리 모두 같은 처지에 놓여 있다는 것을 깨닫는 데는 오래 걸리지 않았다. 우리는 기본적인 상식 외에는 자신들의 삶에 대해 아무것도 모른다는 것을, 그리고 이 공간이 자신들의 터전이 아니라는 것을 알고 있었다. 그것이 우리들의 유일한 공통점이었다.
　이러한 진실에 혼란스러웠던 것도 잠시. 이곳은 특별했다. 좁지만 혼자 생활하기에 넉넉한 방들이 층층이 이어져 있었고, 모두가 평생 먹어도 부족하지 않을 것 같은 식량과 물이 있었다. 중앙은 우리가 다 모여 있어도 인원이 적어 보일 만큼 넓고 쾌적했다.
　그야말로 일하지도, 공부하지도 않고 쾌락만이 넘쳐나는 이곳을 보며 우리는 이곳을 '낙원'이라 불렀다. 인간은 적응의 동물이라는 말이 틀리지 않았음을 증명하듯, 처음에는 낙원을 두려워하던 사람들도 점차 그 쾌락에 빠져 두려움을 잊어버렸다. 자기 자신과 이 낙원에 대한 의심마저 잃어버릴 만큼 아름다운 곳. 과연 누가 이 낙원의 추악함을 의심할 수 있었을까.

언제나처럼 나는 방을 나섰다. 타인과 나를 구별하기 위한 이름표를 옷에 겨우 달았다. 우리가 낙원에 온 날부터 낙원의 인구는 측정할 수 없을 정도로 늘어났기 때문이다. 하지만 이제는 그렇지 않다. 이제 그 누구도 아이를 낳으려 하지 않으니까.

내가 낙원의 탈출을 결심한 것은 이곳에 온 지 947일째 되는 날이었다. 낙원에 도착한 지 한 달이 지날 무렵, '룰러'라는 사내가 연설로 사람들의 마음을 매료시켰다. 서서히 폭력이 우리에게 스며들며 낙원이 무법지대로 변해가던 때였다. 우리는 지도자가 필요했고, 그 시기가 맞아떨어졌다. 룰러를 중심으로 지배층이 형성되었다. 우리는 안심했다. 다시 낙원이 행복으로 가득 차길 바랐다. 그것이 우리가 낙원에 온 지 51일째 되는 날이었다.

지난 몇 년 동안 낙원에서 평화롭게 지냈다는 것은 부정할 수 없다. 하지만 낙원에 어두운 그림자가 드리우는 것을 무시하지 않았더라면, 우리는 과연 행복했을까?

나는 보았다. 아무런 쓸모가 없다는 낙인이 찍힌 사람들이 낙원의 구석에서 살아가는 모습을. 빌린 것을 갚지 못해, 반항했다는 이유로 잡혀 온 사람들의 몰골을. 겨우 한 칸짜리 방에서 30명이 함께 생활하며 먹을 것이 없어 폭력을 행사하고, 아이를 낳아도 길게 살지 못하는 어머니들, 그런 모습을 보고 더 이상 아이를 낳지 않는 사람들.

이건 상류층에서도 변하지 않았다. 모두 자기 자신에게만 관심을 쏟고, 누구도 타인의 감정을 더 이상 헤아리려 하지 않는다. 이것이 정말 '낙원'인가에 대한 생각이 내 머릿속을 가득 채웠다.

나는 그날부터 탈출을 결심했다. 그러기 위해 나는 룰러를 만나야 한다. 지배자라면 분명히 이곳에 대한 지식이 더 있을 것이다. 오늘이 그날이다.

지배층이 사는 곳은 낙원의 중앙이다. 중앙 근처는 상류층들이 사는 곳이고, 상류층들은 대부분 룰러의 부하들이다. 어쩌면 너무나 당연한 사실이 되었지만 말이다. 상류층 구역에 들어가기 위해서는 증명번호가 필요하다. 중류층인 나에게 그런 것이 있을 리는 없지만, 그것을 훔치거나 빼앗는다면 이야기가 달라진다.

한때 나의 친구였던 아린의 증명번호가 지금 내 손안에 있다. 아린은 룰러의 충실한 부하다. 내가 탈출에 대한 생각을 말했을 때, 그녀는 이해할 수 없다는 표정을 지었다.
"넌 옛날부터 그렇게 쓸데없는 생각만 하는 거 알아?"
내가 말했다.
"너야말로 룰러의 충실한 개가 돼서 지금까지 방관한 것 아니야?"

그녀의 얼굴이 빨갛게 달아올랐다. 그리고 그녀의 거친 손이 내 멱살을 쥐어 잡았다.
"오히려 좋지 않아? 이곳은 낙원이야. 이곳에서 살면서 그런 게 중요해? 자기 입에 풀칠하는 것만 중요하지. 이곳에 이상한 건 오히려 너야!"
나를 밀치며 그녀가 말했다.
"넌 낙원에 어울리지 않아."

그것이 그녀와의 마지막 대화였다. 그 순간 그녀의 주머니 속에서 증명번호를 훔치는 데 집중하느라 그녀가 한 말을 다 기억하지 못하지만, 이제 나와는 관련 없는 사람이다.
나는 손쉽게 증명번호를 내고 상류층들이 사는 곳에 들어올 수 있었다. 룰러는 이곳에서 가장 높은 건물에 있다는 소문을 들었다. 밤이 되면 건물의 창문을 뚫고 침입할 생각이다. 룰러는 자신이 사는 곳에

경비를 두지 않았다. 부하들에게 자신의 신뢰를 보여주기 위함일 것이라고 생각했다.

곧 노을이 지고 밤이 될 것이다. 그 순간, 누군가 내 눈을 가리고 나를 제압했다.

'누구지?'

눈가리개가 벗겨지고 내 앞에 룰러가 있었다. 룰러는 나에게 물었다.

"너는 누구지?"

나는 나의 목적을 모두 설명했다. 룰러는 예상했다는 듯 나에게 탈출을 도와주겠다고 말했다. 갑작스러운 일에 나는 매우 놀랐다.

룰러는 건물의 옥상으로 올라갔다. 그리고 낙원 밖의 세상에 대해 말해주었다. 낙원 밖 세상은 그야말로 사막 같은 황무지였다. 그는 나에게 물었다.

"탈출을 원하나?"

대답은 이미 정해져 있었다. 언젠가 우리는 이 낙원에서 서서히 파멸할 것이다. 저 황무지에 버려져 죽어가는 것보다 나은 선택이었을까?

결말

30609 박윤서

    차디찬 바람이 얼굴을 스치고, 바닥에 쌓인 눈은 나를 집어삼킬 듯 두껍게 쌓여 있었다. 터벅거리며 길을 걷던 중, 어느새 도착한 한 장소. 허름하고 형태를 겨우 유지하고 있는 낡은 건물. 운 좋게 버티고 있는 건물도 주인이 있다며 알리듯 굳게 잠겨있었고, 그 문 앞에 나는 우두커니 서 있었다.

    몇 초가량 지났을 때, 문은 힘겹게 '끼익—' 소리를 내며 쌓인 눈을 밀어냈다. 그리고 그 너머에 서 있는 한 여인. 상황이 상황이다 보니, 낡은 옷차림에 피부 상태도 좋지 않아 보였다.
    "아, 오셨나요? 들어오세요."

    몇 초간의 정적을 깬 건 약간 갈라진 여인의 목소리였다. 천천히, 조심스럽게 건물 안으로 들어서자, 밖보다 훨씬 평온한 분위기의 내부가 보였다. 여인은 건물 한가운데쯤에 놓인 소파에 앉아 말했다.
    "여기 앉으세요."
    그녀는 자신 너머에 놓인 작은 의자를 가리켰다. 나는 의자에 앉으며 처음으로 말을 건넸다.
    "의료용품이 필요하시다고요?"
    내 맞은편에 앉아 있던 여인은 고개를 찬찬히 끄덕였다.
    "네."
    그녀의 대답을 들은 나는 매고 있던 배낭 안을 뒤적여 작은 봉투를 꺼내 그녀에게 건넸다. 여인은 고개를 숙이며 두 손으로 봉투를 받아들었다. 볼일도 끝났겠다 싶어, 나는 천천히 일어나 문 쪽으로 걸어갔다. 낡은 건물의 바닥은 여전히 위태로워 보였으니까.

네 걸음쯤 갔을까, 여인의 목소리가 다시 들려왔다.
"나중에 꼭 갚을게요."
"……."
나는 그녀의 말에 아무런 대답도 하지 않고 건물을 나섰다.
밖은 여전히 소란스러웠다. 살기가 가득한 눈빛으로 공격적으로 달려드는 사람들. 이유는 알 수 없었지만, 갑작스레 폭력적인 사람들이 급증했다. 초반에는 단순히 범죄자가 늘어난 거라 생각했던 이들도, 이제는 상황이 매우 위급하다는 사실을 모두가 직감하고 있었다. 나 역시 마찬가지였다.
휴대폰을 꺼내 한 커뮤니티 사이트에 접속했다. 그곳에는 '괴물'이라 불리는 폭력적인 사람들에 관한 정보가 수두룩했다. '괴물'은 의사소통이 불가능했다. 간혹 허술한 글을 쓰기도 했지만, 그것뿐이었다. 괴물을 제압할 때는 마취제나 무기가 효과적이다. 아무것도 없을 경우, 일시적으로 괴물의 시선을 돌리면 생존 확률이 높아진다…… 등등.

이외에도 필요한 물품의 위치나 안전한 장소가 공유되었고, 때로는 생존 신고도 올라왔다. 모두가 커뮤니티 사이트에 의존하고 있었다.
최근 올라온 게시물을 둘러보던 나는, '여기 식량 있어요.'라는 제목의 글을 보고는 쭉쭉 넘기던 손가락을 멈췄다.

[여기 식량 있어요]
닉네임 - 생명수
글 내용: 여기 괴물도 없고요. 아직 먹을 수 있는 식량 꽤 있어요. 지

도 링크 보내요. [링크]

그 링크를 누르지 않을 수 없었다. 요즘 식량도 거의 바닥났었는데, 마치 구원 같은 희소식이었으니까. 게시글에 달린 댓글들도 하나같이 나와 비슷한 상황처럼 보였다.

장갑을 끼고, 배낭을 고쳐 멘 뒤, 수북이 쌓인 눈을 헤치며 앞으로 나아갔다. 추위를 뚫고 도착한 장소는 정말 안전해 보였다. 다만 나보다 먼저 도착한 사람들이 식량 몇 개를 가져간 듯했고, 남아 있는 것 중 상태가 좋아 보이는 몇 개를 배낭 안에 집어넣었다.

천천히 바닥에 주저앉아 생각에 잠겼다. 이 일도 벌써 8개월째. 대처는커녕, 윗사람들은 도망쳐 버렸다. 사람들과 연결될 수 있는 수단은 오직 그 커뮤니티 사이트 하나뿐. 수없이 늘어난 괴물들은 대체 언제 사라지는 걸까?

"……."

멍하니 허공을 바라보며 생각에 잠겨 있던 그때, 뒤에서 인기척이 느껴졌다. 고개를 돌려보니, '아, 그 여인이었다!' 그녀도 나와 같은 이유로 이곳에 온 모양이었다. 식량 몇 개를 챙긴 그녀는 내 옆에 와서 앉았다.

나는 그녀를 바라보았고, 그녀도 나를 바라보았다. 꽤 긴 정적이 흘렀다. 어색했지만 나쁘지 않았다. 그녀가 먼저 말을 꺼냈다.

"또 보네요."

나는 조용히 고개를 끄덕였다.

"사실 전부터 봐왔는데, 혼자 다니시는데도 안정적이신 것 같아요. 대처 능력도 뛰어나시고."

"감사합니다."

그녀의 진심 어린 칭찬에 어지럽던 머릿속이 조금은 정리되는 듯한 기분이었다.

"혹시, 저랑 같이 다녀보실 생각은…… 있으신가요?"

꽤나 간절해 보였다. 처음 만났을 때도, 다른 이들보다 훨씬 위태로워 보였으니까. 나는 당연하다는 듯 고개를 끄덕이며 그녀의 제안을 받아들였다.

그날 이후, 나는 그녀와 함께 커뮤니티 사이트를 둘러보며 이전보다 더 안정적인 삶을 이어갈 수 있었다. 그녀와 함께할수록 친밀감은 더욱 깊어졌고, 그녀 역시 같은 눈치를 보였다.

어느 정도 살만해진 우리는 잠시 머물 수 있는 안전한 장소를 찾아 나섰다. 오늘은 유난히 눈도 덜 오고, 마치 나를 위한 날처럼 느껴졌다. 그녀는 사이트에서 찾은 게시글에 따라 길을 안내했고, 우리는 오랫동안 걸으며 숨을 헐떡였다. 이렇게 힘든 여정도, 그녀가 있었기에 버틸 수 있었다.

도착한 장소는 게시글에 쓰인 대로 꽤나 안전해 보였고, 우리는 숨을 고르며 잠시 휴식을 취했다. 이전보다 훨씬 쾌적한 환경에, 잠시 현실을 잊을 수 있었다.

그리고 또 몇 달이 흘렀다.

오랜 시간 함께한 그녀에게 선물을 준비했던 그날. 그녀는 준비를 마친 뒤 길을 나섰다. 나는 평소처럼 그녀를 기다렸다. 몇 분, 몇 시간…… 그러나 그녀는 돌아오지 않았다.

"갔다 올게요."

그녀가 떠나기 전 남긴 말이 무색하게도, 그녀는 땅바닥에 누워 붉은 선혈을 흘리고 있었다.

"……"

충격에 말문이 막혔다. 그녀 덕분에 버텨온 순간들이 머릿속을 전력질주했다. 지난 몇 달간 생존자들은 기하급수적으로 줄었고, 커뮤니티에는 생존신고조차 보기 힘들었으며, 괴물들은 점점 지능화되어 생존자들을 낚기 위한 게시글까지 작성하고 있었다.

그런 절망적인 상황 속에서도 나를 지지해주던 그녀가, 지금 내 눈앞에 죽어있다.

나는 그녀 곁에 앉아, 작은 나이프를 꺼내 꽉 쥐었다.
'이 세상은 도대체, 내게 어떤 결말을 원하고 있는 걸까?'

그저 인생 하나

30522 정 가 영

7월 14일

두 줄이다. 난 그저 따뜻함을 원했던 건데. 그에 대한 대가가 이런 것이라니, 어이없다. 기분 나쁘다. 이 사실을 어떻게 해야 하지? 현욱에게 알릴까? 그러다 사랑받지 못하면 어쩌지? 신이시여, 전 어떻게 해야 하나요?

7월 15일

생각해 보면 이미 예견된 미래일지도 모른다. 현욱이는 나와 다르게 공부도 잘하고, 인기 있는 남자였다. 그런 애가 나와 사귄다는 건, 그저 내 몸을 사랑했기 때문이었을지도 모른다. 후회는 하지 않는다. 그때만큼은 따뜻했으니까.

7월 16일

현욱이가 이 사실을 알까 봐 무섭다. 드라이브, 식당, 노래방, 틀에 박힌 데이트. 이미 예전부터 알고 있었다. 현욱이는 내 몸을 보고 만난다는 걸. 그럼에도 난 그가 좋았다. 근데 이제 와서 이 사실을 알리면, 아니 들키기라도 한다면, 더 이상 사랑받지 못할지도 몰라. 그것만은 싫다.

7월 18일

임신 테스트기를 들켰다. 현욱이는 놀랍도록 침착했다. 별일 아니라는 듯이. 우린 21일에 같이 산부인과에 가서 낙태하기로 결정했다. 너무 순조로웠다. 그저 별일 아니라는 것처럼 말이다.

7월 19일
계획이 틀어졌다. 뻘짓 잘하는 정부가 오늘부터 낙태를 살인으로 취급하겠다고 결정했다. 이대로라면 안 된다. 엄마가 되는 건 두렵다. 있지, 아가야. 너는 왜 내게 찾아온 거야?

7월 20일
현욱이가 갑자기 찾아왔다. "미연아, 미안해. 근데 나는 살인자의 남친으로 살고 싶지 않아." 가슴이 철렁했다. 더 이상 사랑받지 못하는 건 아닐까 두려웠다. 현욱은 애써 마른침을 삼키고는 말을 이었다.
"차라리 아기와 함께 죽는 건 어때?"
나한테 자살을 권유했다. 아무리 좋은 말로 포장해도, 그저 죽으라는 말이었다. 어떻게 해야 할까? 누가 제발 알려줘.

7월 22일
이틀간 잘 생각했다. 그리고 지금, 결정을 내렸다. "더 살아야 될 생명이 있잖아."라고. 난 지금 아파트 옥상 위다. 이게 마지막 일기겠지. 그러니까, 하고 싶은 말 다 할게.
아기에게 미안해. 이런 엄마여서. 절대로 넌 잘못한 거 없어. 그러니까 용서하지 마.
현욱에게, 정말 사랑해. 하고 싶은 말은 이게 다다. 그럼, 검은 머리의 소심했던 나는 지금부터 뛰어내립니다.

×월 ×일
여긴 어딜까. 나도 모르겠다. 커다란 심판대와 그 위에 나, 그리고 검은 옷의 남자 한 명과 현욱이. 난 분명 뛰어내렸다. 그걸로 끝이었을 텐데. 왜 현욱이가 여기 있는 거지? 혼란스럽다.
　그때, 검은 옷의 남자가 다가와 입을 열었다.
　"여긴 저승이고, 심판하는 곳, 법정입니다. 피고인 김미연은 자신과 아이를 죽인 죄로 이곳에서 심판을 받아야 합니다."
　검은 옷의 남자는 자신이 담당자 한유진이라고 소개했다. 현욱이는 그저 교통사고로 의식을 잃고 잠시 있는 영혼이라 소개했다. 재판 결과에 따라 내가 지옥에 갈지 안 갈지 결정된다고 한다. 현욱이도 피고인으로서 참여하고, 그가 유죄일 시 깨어나지 못하고 죽는다고 한다. 나 때문에 이런 심판을 받는다니. 이제 현욱이는 나를, 내 몸을 사랑하지 않을 것이다.
　싫어. 무서워.

×월 ×일
　현욱이와 재판 전 새벽에 만났다. 현욱이가 내 손을 잡고 울기 시작했다.
　"나 살고 싶어. 그러니까, 제발 나 좀 살려줘."
　내가 살인마가 된 기분이었다.
　신님, 저는 애초에 살아도 되는 생명이었나요? 소중한 사람이 우는 모습을 지켜볼 수밖에 없는 무력한 사람인데. …아니, 아니다. 해결책은 있다. 오늘 재판에서 내가 져주면 되는 일이다. 그죠, 신님? 이게 맞는 답인 거죠? 현욱아, 이게 네가 원하던 거 맞지?
　재판은 순조롭다 못해 일방적이었다. 현욱이는 자신이 자살을 권유하긴 했지만, 설마 진짜 그럴 줄은 몰랐다고 주장했고, 1차 결과는 내가 유죄, 현욱이가 무죄였다. 이걸로 됐다.
　2차 결과도 이렇게만 나오면, 그렇게만 된다면 성공이다. 그럼 현욱이는 행복하게 살 수 있다.

×월 ××일

오늘은 2차 결과가 나오는 날이다. 있지, 신님. 이게 맞는 답이었던 거죠? 나도 살고 싶었던 걸지도 모른다. 일기를 쓰는 지금도 손이 떨린다. 난 나쁜 아이가 맞다. 그럼에도 왜 살고 싶은 걸까? 이게 이기심이라는 걸까?

미안해, 미안해, 현욱아. 나 살고 싶어. 이러면 안 되는 걸 알면서도, 살고 싶다.

있죠, 신님. 제가 살고 싶어 해도 괜찮을까요? 현욱아, 미안해.

이번 마지막 재판은 나도 내 마음대로 해볼게. 따뜻했다. 난 지금까지 내가 나를 사랑하지 않았던 걸지도 모르겠다. 갈망해왔던 온도가 지금 내 곁에 있다.

한결 가벼워진 발걸음으로, 난 지금 재판소에 간다. 이기적이어도, 못나도, 용서받지 못해도, 난 나를 사랑할 것이다. 죽고 나서야 알게 됐다니, 참 어리석다. 그럼에도 사랑해. 또 일기 쓸 수 있다면 좋겠다. 그럼, 다녀오겠습니다.

— 사건 보고 —

피고인 김미연(6052), 박현욱(6053)

죄명: 살인죄

마지막 2차 재판 때, 생각이 달라진 건지 김미연 피고인은 열심히 반론했다. 그러나 재판관은 자살을 최종적으로 선택한 김미연 피고인에게 죄가 있다고 판단했고, 김미연 피고인의 유죄로 끝이 났다.

- 담당인: 한유진 -

…… 있죠, 신님. 사람의 목숨에 무게가 있을까요? 신님은 누구의 편이었나요? 애정을 갈구하던 김미연? 여러 사람에게 사랑을 주는 박현욱? 전 이게 제일 궁금해요. 당신은 정말 누구 편이었나요?

겨울

30724 주하은

2013년 12월 24일. 눈 내리던 크리스마스이브 날, 나는 죽었다.

떠지지 않는 눈을 간신히 뜨며 주위를 둘러보니 낭자한 피, 울리는 클락션 소리, 비명 소리 등… 고개를 가누지 못할 정도로 정신이 없던 와중, 그 가운데 밝게 빛나는 파란 빛이 보였다.

"가……?……"

"강…ㄱ…우…"

"강…겨…ㅇ"

"강겨울!!!"

나를 부르는 소리에 놀라 화들짝 일어나 보니, 어떤 사람이 얼굴을 내 코앞에 들이밀고 있었다.

"아이씨, 깜짝이야!!! 뭐야, 이거 미친 사람 아니야?!"

"어, 일어났네? 끝까지 안 일어나면 억지로 끌고 가려고 했는데."

태연하게 아무 일도 없었다는 듯 옷에 붙은 눈을 털며 말하는 그 미친 사람은, 백 퍼센트 인신매매범이거나 납치범이라고 생각했다.

"너 지금 속으로 나 미친 사람 취급하고 있지? 나 이상한 사람 아니니까, 옆에나 좀 둘러봐."

"기억력이 조금 문제가 있나?"

조용히 중얼거리는 그 남자를 뒤로하고, 그제야 정신이 좀 들어 주위를 둘러보니.

"미친……. 이게 뭐야?"
"아아악!!!"

쓰러져 있는 나를 둘러싼 사람들과, 그 주변에 터지듯 뿌려진 핏자국들. 급하게 어디론가 전화하는 사람들 가운데, 분명 내가 쓰러져 있었다. 내가, 형태를 알아볼 수 없을 정도로 다친 내가.
"아!! 이거 네가 그랬지? 나 가지고 뭔 짓 했냐고!"
남자의 멱살을 잡으며 소리치는 나를, 그는 한 손으로 떼어내며 말했다.
"워~ 워~ 진정 좀 하고. 내가 너 같은 사람 본 게 한두 번이 아니야. 너, 죽었어. 방금."
"뭐라고?"
"너, 죽었다고. 하… 이제야 제대로 된 설명 좀 하겠네. 망자 강겨울은 2013년 12월 24일 19시 48분에 사망."
"뭐라고? 뭔 ㅇ"
'삐이이이이이이익——'

곧바로 고막을 찢을 것 같은 이명이 내 귀를 강타했다.
"아악!! 이것 좀 어떻게 좀 해줘!!"
점점 흐려지는 의식 속, 그 사람은 의미심장한 미소를 지으며 나는 정신을 잃었다.
"겨울아~ 생일 축하해!!!"

터지는 폭죽 소리. 얼른 케이크 촛불 끄라는 친구들의 목소리에 '후' 하고 촛불을 끈 뒤, 녹음된 카세트를 끄며 주위를 둘러보니, 깜깜한 집 안에 나 혼자 처량하게 앉아 있었다.

오늘은 내 생일. 빌어먹을 스무 번째 생일이었다.
"늘 그렇지. 뭘. 생일 같은 거 축하해 줄 사람이 어디 있다고."

아니다. 3년 전까지만 해도 있었다. 다니던 학교에서 다른 학교로 전학 가게 된 첫날, 그때부터 내 지옥이 시작됐다.
"겨울아~ 생일 축하해. 케이크 만들어줄 테니까 다 먹어~"

얼굴에 달걀과 밀가루를 던지며, 우유를 머리에 붓고, 라이터로 머리를 지지며, 그때부터 생일마다 일명 '케이크 만들기'를 해주었다. 결국 견디지 못한 나는 고등학교를 자퇴했고, 괴롭힘은 끝이 났지만 내 주변에 남은 사람은 아무도 없었다.
"ㅇ…이"
"어…… 이"
"어이!! 거기, 정신이 들어? 원~ 이름 두 번 불렀다고 기절하고 그래."

눈을 떠보니, 아까 그 남자가 내 눈앞에 서 있었다.
"이제 다 기억나? 너 죽었다고. 아, 나도 바빠."

계속 투덜대며 정신 사납게 왔다 갔다, 한시도 가만히 있지 못하더니 갑자기 눈 깜짝할 새에 내 앞에 앉으며 말했다.
"내 이름은 박남운. 너도 눈치는 챘겠지만……"
"알아요. 저승사자."
"오~우, 눈치는 빠르네~ 자, 이제 이름 한 번만 더 부르면 나랑 같이 가는 거다? >.<"

능글거리며 입을 떼려던 순간.
"잠깐만요. 아직 해야 할 게 남아 있어요."

"다 그렇게 말해, 강…"

"아니, 잠깐만요. 하… 어떻게 안 돼요?"

"흐음, 딱 하나 있는데. 네가 지금 스무 살이니까 남은 수명을 다 나한테 주면 돼."

뭐, 이왕 죽었는데. 수명을 줘봤자 달라지는 것도 없을 것 같아 단칼에 수락하자.

"그럼 뭐 하고 싶은데?"

"버킷리스트요. 여덟 가지 남았거든요."

첫 번째 버킷리스트: 놀이동산 가기.

"아니, 너는 살면서 놀이동산도 안 가봤냐?"

"뉘~ 네, 그렇네요."

말은 이렇게 했지만, 불꽃놀이를 보자 마음이 두근거렸다. '조금은… 죽는 것도 나쁘지 않다.'라는 생각이 들 무렵, 옆을 보니 지가 더 신나서 방방 뛰고 있었다.

"에휴~ 저 바보. 넌 몇 살 먹었길래 얘같이 구냐." 하니,

"924살. 딱 네 수명만 더 얻으면 다시 살 수 있어."

그때, 파란색 불꽃놀이가 터지며 하늘을 감쌌다.

다음 버킷리스트는 클럽 가보기였는데, 마땅한 옷이 없어 쫓겨나자 '딱' 손가락을 튕기더니 옷 두 벌이 나왔다.

"아니, 이런 거 있으면 진작 말하지. 아~ 진짜!"

그렇게 술을 진탕 마시고, 길에서 낙엽 덮고 같이 자거나, 그네를 타며 하루 종일 수다를 떨거나, 편의점에서 JMT 레시피를 만들어 밖 테이블에서 먹으며 웃고, 집에 가서 오랜만에 집밥을 해 먹다 집을 태워 먹

을 뻔하여 소화기를 뒤집어쓰고 웃는 등. 일곱 개의 버킷리스트를 끝냈다.

"마지막 하나는 뭐야?"라며 물었다.
"마지막은 그냥… 밤에 산책하는 거였어."
"그럼, 지금 하자."

어느샌가 가까워진 둘. 웃고 떠들며, 마음속에 감춰왔던 이야기를 나눴다.
고등학교 때 이야기하며 울자, 당황해서 어쩔 줄 몰라 했다. 울지 말라며 아이스크림을 건네고, 먹으며 걸었다.
"이제 내 버킷리스트는 다 끝냈어. 이제 가도 돼."

개운한 표정으로 남운을 바라보자, 뭔가 복잡 미묘한 표정으로 겨울을 바라보던 그는, 꽉 안아주며 말했다.
"생일 축하해. 이건 생일선물이니까… 잘 살아야 해. ㅎㅎ 보고 싶을 거야."

내리는 눈이 둘을 감싸안으며, 달빛에 반짝일 무렵 겨울은 눈을 떴다.
"어!! 심장이 뜁니다. 의사!!"

빠르게 달려 나가는 간호사의 뒷모습. 그 뒤에 웃고 있던 남운을 마지막으로, 기억은 흐려졌다.

"잘 지내."

약속

31021 장 하 늘

깔끔한 정장 차림에 꽃을 들고 병원 안으로 들어오는 남자. 그의 이름은 정현우, 30대 중반의 방문객이다. 정현우는 매주 금요일과 일요일, 이곳 302호실에 입원해 계신 어머니, 치매 환자 박금례 씨를 찾아온다.

어머니와 아들이 하는 이야기는 항상 비슷하다.
"어머니, 저 왔어요."
"우리 아들 왔어? 밥은 먹었니?"

참 신기한 일이라고 생각했다. 치매에 걸려 자신의 이름, 나이, 주소 모든 것을 잃어버린 어머니가, 자신의 아들만큼은 기억한다는 것이.
정현우 씨는 매주 어머니가 가장 좋아하는 꽃을 꽃병에 꽂아 두고, 어머니를 지극정성으로 모신다. 이 모습에 의료진뿐만 아니라 같은 병실 환자들조차 감탄을 금치 못한다. 어떻게 저렇게 지극정성으로 모실 수 있는지, 어떻게 저렇게 사이가 좋을 수 있는지…… 진심으로 궁금해질 때쯤, 정현우 씨가 내게 말을 걸었다.
"간호사님, 저희 어머니 때문에 많이 힘드시죠? 제가 대신해서 사과드리겠습니다."

아…… 정현우 씨도 저번 주에 있었던 일을 아는가 보다. 사실 저번 주 큰 소란이 있었다.
소란이 일어날 때 나는 한가한 오후를 보내며 데스크에 앉아 서류 정리를 하고 있었는데, 갑자기 동료 간호사 서민이 뛰어와 내게 말했다.
"302호 박금례 환자분 난리 나셨어! 수간호사님 좀 불러줘! 빨리!"

그때 무슨 상황인지 정확히 알 수는 없었지만, 저 멀리서 어렴풋이 들려오는 사람들의 웅성거림과 무언가 깨지는 소리로 긴급한 상황이라는 것쯤은 알 수 있었다. 나는 최대한 빨리 수간호사님을 부르고 302호실로 향했다.

도착한 302호실은 그야말로 아수라장이었다. 입구를 막을 정도로 병실을 둘러싸고 있는 사람들, 반쯤 깨진 채로 굴러다니는 약통, 그리고 무엇보다 바닥에 주저앉아 소리치며 울고 있는 박금례 씨······
"우리 아들 좀 살려주세요! 제발!"

무슨 말인지 도통 이해가 되지 않았지만, 과거의 비극적인 일이 떠올랐다는 것만은 알 수 있었다. 동료 간호사 서민이 말했다.
"어머니! 어머니, 아들 여기 있어요. 괜찮아요. 아무 데도 안 다쳤어요!"

그렇게 10분쯤 지났을까? 의료진들이 박금례 씨를 겨우 어르고 달래, 박금례 씨가 눈물을 멈추었다.
박금례 씨의 병실은 다른 환자들도 있는 6인실이었기 때문에, 재빨리 정리를 시작했다. 깨진 유리병을 치우고, 사람들을 돌려보냈다.

과거 회상이 거의 끝날 때쯤, 정현우 씨가 다시 말을 걸었다.
"그런데, 최근 저희 어머니가 밥도 잘 못 드시고, 제가 와도 잘 일어나지 못하시는데······ 혹시······."
아마 정현우 씨가 현재 박금례 씨의 몸 상태를 잘 알고 있기에, 뒷말을 잇지 못한 것이겠지. 그 소동이 있고 난 후 박금례 씨의 상태는 훨씬 나빠지기 시작했다. 정현우 씨의 말처럼 밥도 잘 못 드시고, 밤에는 몇 번이나 고비를 넘기기도 했다. 잠시 망설이다가 대답했다.

"사실 어머니 상태가 최근에 많이 안 좋아지셨어요. 하지만 가장 중요한 건 환자 본인의 의지니까, 저희는 믿고 옆에서 함께해 드릴 수밖에 없죠. 하지만 정말, 정말로 혹시 모르는 일이니까 마음의 준비는 해 두세요."

내 말에 정현우 씨는 울음이 올라왔는지 잠시 말을 하지 못하다, 겨우 대답했다.
"알겠습니다."

그리고 그로부터 며칠 뒤, 박금례 씨가 세상을 떠나셨다. 사인은 심장마비였다.
뭐가 그렇게 급했는지, 누군가를 간절히 기다리다가 마음을 놓아버린 사람처럼, 마지막 인사를 나눌 틈도 없이 떠나버렸다. 애도를 할 충분한 시간조차 주어지지 않은 채 장례는 절차대로 빠르게 진행되었다. 어쩌면 내가 박금례 씨의 죽음을 이렇게까지 슬프게 느끼는 이유는, 내가 박금례 씨의 담당 간호사였기 때문일지도 모른다. 장례식은 우리 병원 장례식장에서 진행되었기 때문에, 퇴근길에 박금례 씨와 마지막 인사를 나누기 위해 장례식장에 들렀다.

장례식장에 들어서자마자 보이는 건, 검은 상복을 입은 정현우 씨의 모습이었다. 정현우 씨는 나를 보자마자 벌떡 일어나더니, 밥이라도 먹고 가라고 했다. 나는 부조금만 놓고 나오려 했지만, 정현우 씨의 정성을 이기지 못하고 결국 자리에 앉았다. 무슨 위로의 말을 건네야 할지 머뭇거리다가 입을 열었다.

"상심이 크시겠어요."
정현우 씨가 잠시 머뭇거리다가 대답했다.

"…… 사실 저분은 친어머니가 아니십니다."

그 말에 나는 너무 놀라, 당황한 기색을 감출 수 없었다. 그렇다면 그동안 내가 보았던 풍경은 무엇이었던가.

어머니를 부르던 그 목소리, 모든 걸 잊어버려도 아들만은 기억하던 모성애, 매주 꽃을 꽂아놓던 그 다정한 손길…… 느껴짐과 동시에 숨이 막힐 정도로 찬란하고 아름다운 이야기였다.

사건의 전말은 이랬다.

현우 씨가 어릴 적 살던 곳은 흔히 '깡촌'이라 불리는 시골의 끝자락이었다. 또래 친구라고는 단 한 명, 태민이가 유일했다. 둘은 자연스럽게, 아니 어쩌면 당연하다는 듯이 급격하게 친해졌다. 당시 현우 씨는 어머니가 일찍 돌아가셔, 아버지와 두 살 어린 여동생과 살고 있었다. 현우 씨는 아버지와 여동생만으로는 채울 수 없는 마음속 어머니의 부재를 느끼고 있었다. 그때 태민의 어머니, 박금례 씨가 현우 씨의 마음속 빈자리를 채워주었다.

비가 오는 날이면 현우 씨 몫의 우산까지 들고 나갔고, 집으로 돌아와 따뜻한 밥을 지어주었으며, 일하느라 바쁜 아버지를 대신해 현우 씨의 도시락도 싸주었다. 이런 다정함 속에서 현우 씨와 태민 씨는 스무 살이 되었고, 둘은 같은 대학에 진학했다.

하지만 불행은 늘 예고도 없이 온다고 했던가. 현우 씨가 21살이 되던 해, 그는 혈액암에 걸렸다. 현우 씨는 자신의 상황이 너무나 절망스러워 모든 걸 놓아버리고 싶었다. 하지만 그때마다 친구 태민이 현우 씨 곁을 지켜주며 그의 손과 발이 되어주었다.

그러던 어느 날, 현우 씨의 증세가 너무 나빠져 의사조차 거의 포기했을 때, 현우 씨와 태민은 약속을 했다.

"우리 둘 중 하나가 먼저 죽으면, 남은 사람이 서로의 가족을 챙겨주는 거야."

　현우 씨는 자신이 죽을 것이라 생각하고 한 약속이었지만, 기적적으로 그는 병을 이겨냈다. 그 후 몇 개월쯤 지났을까. 그날도 평범한 하루였다. 현우 씨와 태민은 저녁에 만나 축구 경기를 보기로 했고, 현우 씨는 약속 장소에서 태민을 기다리고 있었다. 그러나 태민은 약속 장소에 오지 않았다. 아니, 오지 못했다. 약속 장소로 향하던 태민이 음주운전 차량에 치여 사망했기 때문이다.
　현우 씨는 태민의 죽음 이후 폐인처럼 살았다. 그러던 도중 어느 날, 쓰레기를 버리러 나왔다가 시체처럼 살고 있는 태민의 어머니, 박금례 씨를 보았다. 그때 현우 씨는 뒤통수를 한 대 맞은 듯 정신이 번쩍 들며, 태민과 했던 약속이 떠올랐다.

　그 후 현우 씨는 태민의 어머니를 지극정성으로 모셨다. 그러던 도중 태민의 어머니가 치매에 걸려 자신을 태민으로 착각하기 시작했다. 현우 씨는 그때부터 태민의 어머니 앞에서는 '태민'으로 살았다. 이 이야기를 듣고 나자, 얼었던 마음이 녹는 것을 느꼈다.

　현우 씨는 창밖을 바라보다 내게 시선을 돌리며 말했다.
　"그 시간들이 싫었냐고 물으면 전혀 아니라고 대답할 수 있어요. 오히려 태민이가 마지막으로 남겨두고 간 선물 같은 시간이었어요. 그렇지만 저도 이제 보내드려야죠. 사랑하는 어머니와, 사랑하는 친구를요."

여우의 자몽에이드

30131 황 태 희

햇살이 따사롭고, 곳곳에서 상큼한 냄새가 나는 이곳은 전국에서 가장 맛있는 자몽이 열리는 자몽 마을입니다. 마을 곳곳에는 자몽을 활용한 음식과 음료를 파는 식당들이 자리하고 있습니다. 그중에서도 손님이 없어 조용하고 분위기 좋은 이 작은 카페는, 오늘의 주인공 여우의 카페입니다.

여우는 손님이 없어 심심했습니다. 직접 키운 자몽으로 만든 자몽에이드는 자부심이 담긴 시그니처 메뉴였지만, 너무 흔해진 탓인지 공급이 수요를 넘어서고 있는 걸까요? 아니면 특색이 없어서 수요가 없는 것인지. 이런저런 고민을 하고 있던 그때, 카페의 문이 열리며 예쁜 토끼가 들어왔습니다.

"사장님, 안녕하세요. 혹시 아메리카노, 아이스로 가능할까요?"
"네, 금방 준비해 드리겠습니다. 3,000코인 결제 도와드릴게요."
여우는 손님이 와서 반가웠지만, 자신의 자랑인 자몽에이드를 주문하지 않아 내심 섭섭했습니다. 하지만 뭐 어떻습니까. 손님이 있다는 것만으로도 다행이죠. 여우는 정성껏 아메리카노를 만들어 토끼에게 건넸습니다.

다음 날도, 그다음 날도. 토끼는 매일 같은 시간, 같은 자리에서 같은 음료를 마셨습니다.

일주일쯤 지났을 무렵, 여우는 용기를 내어 말을 걸었습니다.

"저… 왜 매번 저희 카페에 오시는 거예요? 아니, 다른 카페도 많은데…."

"커피가 맛있어서요. 이 근처에서는 여기가 제일 맛있어요."

여우는 토끼의 말에 신이 나 이것저것 묻게 되었습니다. 토끼는 여우보다 한 살 어린 동갑내기였고, 북쪽의 눈꽃 마을에서 이사 왔으며, 현재는 금융 쪽 일을 하고 있다는 것도 알게 되었습니다. 그날을 기점으로, 여우와 토끼는 말을 놓고 친구가 되었습니다.

며칠 뒤, 토끼는 전에 보지 못했던 북극곰과 함께 카페를 찾았습니다. 그날은 특별하게도 자몽에이드 두 잔을 주문했습니다.

'드디어 내 시그니처 메뉴를 먹어주는구나!'

여우는 기뻤지만, 토끼와 북극곰 사이에 흐르는 묘한 기류가 신경 쓰였습니다. 여우는 자기도 음료를 만들어, 그들 사이에 앉았습니다.

"손님이 없어 심심해서 그런데… 같이 앉아도 될까요?"

토끼는 흔쾌히 수락했습니다.

"이 정도면 한 달에 30% 수익을 기대할 수 있고, 운이 좋으면 50%까지도 가능해 보여."

토끼가 말을 이었습니다.

"그럼 이번에는 얼마 정도 넣을까?" 북극곰이 물었습니다.

"한… 오천? 여우 오빠는 어때? 이번에 우리 회사에서 진행하는 거거든~"

여우는 조금 이상한 느낌이 들었습니다. 10만 코인을 넣으면 3만 코인 수익이라니. 의심스러웠지만, 단골손님이자 이제는 친구인 토끼의 말이니 믿어보기로 했습니다.

"그럼, 나는… 한 100만 코인 정도…."

얼마 후, 토끼에게 전화가 왔습니다.

"오빠! 오빠, 저번에 넣은 거 벌써 수익 났어! 40만 코인!"

"정말이야?"

"정말이지! 그래서 말인데, 혹시 더 넣을 생각은 없어?"

토끼가 보내준 수익 그래프를 보고 여우는 마음이 흔들렸습니다. 돈이 마련되면 더 넣겠다고 약속했습니다.

며칠 후, 여우는 자금을 마련하기 위해 부동산을 찾았습니다. 카페를 내놓으려던 참에, 공인중개사 양이 말했습니다.

"요즘 이 근처 상권이 좀 죽었나? 가게 내놓는 사장님들 많은데, 다 투자한다고 돈 넣고선… 그다음부터 안 보이더라고요. 도시에 갔나? 혹시 뭐 아는 거 없슈?"

여우는 놀랐습니다. 다람쥐, 거북이 근처에서 함께 장사하던 이웃들이 어느 순간부터 보이지 않았던 이유가 이제야 이해됐습니다.

"…저, 다음에 다시 올게요. 갑자기 급한 일이 생겨서요."

여우는 말을 얼버무리고 서둘러 부동산을 나왔습니다. 집으로 돌아온 여우는 전화를 걸었습니다. 처음부터 느꼈던 이상한 낌새가 떠올랐습니다. 그리고 그 낌새는 '사기'라는 이름을 달고 있었습니다.

"토끼야, 나… 더는 돈 못 넣을 것 같아. 저번에 넣은 원금, 돌려줘."

잠시 정적이 흐른 뒤, 토끼는 작게 욕설을 내뱉고 전화를 끊었습니다. 여우는 씁쓸했습니다. 믿었던 단골손님이, 금융업자가 아닌 금융 사기꾼이었다는 사실이 믿기지 않았습니다.

그날 밤, 여우가 만든 자몽에이드는 평소보다 훨씬 씁쓸한 맛이 났습니다. 하지만, 시간이 흐르면서 여우의 카페는 다시 활기를 되찾았습니다. 근처 가게들이 사라지면서 자연스럽게 손님들이 몰려든 것이죠. 여우는 손님들을 위해 자신이 겪은 일을 솔직히 전하며 조언을 건넸습니다.

"저기요, 예쁘고 멋진 사람이 다가와 투자를 권한다면…… 그건, 사기일 가능성이 높습니다. 다시 한번 잘 생각해 보세요."

자몽처럼 새콤달콤하고, 때론 씁쌀한 인생. 여우는 오늘도, 자몽에이드를 만들며 조용히 카페 문을 열었습니다.

떡튀순

30218 이 세 빈

마루분식에는 떡볶이, 튀김, 순대가 살고 있어요. 마루분식의 사장님은 이 셋을 모두 자랑스러워하지만, 서로 다른 성격 때문에 자주 갈등이 생겨요.

튀김들 중 대장인 김말이 튀김은 떡볶이를 좋아하지 않았어요. 떡볶이는 너무 맵거든요. 김말이 튀김의 영향으로 다른 튀김들도 떡볶이를 멀리하게 되었어요. 그래도 떡볶이에겐 단짝 친구 순대가 있었어요. 떡볶이와 순대는 언제나 함께하며 서로를 응원했죠.

하지만, 순대와 김말이 튀김은 사촌 사이였어요. 어느 날, 김말이 튀김이 순대를 불러 말했어요.

"야, 넌 왜 떡볶이랑 같이 놀아? 걘 너무 맵잖아! 떡볶이랑 놀지 마. 뭐… 넌 튀김옷은 없어도 우리랑 놀게 해 줄까?"

그러자 순대가 말했어요.

"싫어! 떡볶이는 정말 좋은 친구야!"

그리고 순대는 울며 뛰쳐나갔어요. 뒤에서 김말이 튀김은 화를 내며 소리쳤어요.

"야!! 걔랑 놀지 말라고!!"

다음 날, 김말이 튀김은 떡볶이와 순대가 여전히 함께 다니는 모습을 보았어요.

'순대는 왜 자꾸 떡볶이랑 노는 거야? 짜증 나! 떡볶이, 진짜 싫어…!'

김말이 튀김은 속으로 그렇게 생각했어요.

하지만, 떡볶이는 달랐어요. 김말이 튀김이 지나가는 걸 보며 이렇게 생각했죠.

'김말이 튀김은 왜 나를 싫어할까? 나는 싸우고 싶지 않은데…'

겉은 아주 맵지만, 떡볶이의 속은 하얗고 따뜻했어요. 여러 바삭한 튀김들과도 친해지고 싶어 했죠.

그러던 어느 날, 튀김기계가 고장 났어요. 항상 뜨거운 기름 속에서 수영하듯 놀던 튀김들은 절망했죠.

"안 돼! 튀김옷이 차갑고 딱딱해지고 있어!"

"어떡해! 눅눅해지고 있잖아!"

"이건 너무 춥잖아!"

튀김들이 우왕좌왕하며 소리쳤어요. 그때, 떡볶이와 순대가 나타났어요.

"얘들아! 우리를 따라와!"

"내 국물이 기름은 아니지만, 너희를 따뜻하게 해 줄 수 있어!"

떡볶이와 순대는 튀김들을 자신의 국물로 이끌었어요. 튀김들은 하나둘 떡볶이 국물 속으로 풍덩 뛰어들었죠. 물론, 김말이 튀김은 혼자 삐져 있었어요.

"ㅅ… 싫어! 내가 감히 떡볶이 국물에 들어갈 것 같아?!"

그러자 순대가 말했어요.

"하지만 네 몸이 점점 굳고 있잖아!"

김말이 튀김은 그 자리에서 꿈쩍도 하지 않았어요. 튀김옷은 점점 굳어가고 있었죠. 보다 못한 순대와 떡볶이는 김말이 튀김을 번쩍 들어 올려, 떡볶이 국물 속으로 풍덩! 함께 뛰어들었어요.

'아… 따뜻해…

떡볶이 국물은 생각보다 맵지도 않네…?'

김말이 튀김은 속으로 생각했어요. 그리고 조심스럽게 말했죠.

"떡볶이, 순대야. 날 구해줘서 고마워. 그동안 내가 오해했던 것 같아. 미안해. 내 사과를 받아줄래?"

떡볶이는 감격하며 말했어요.

"응…! 나도 항상 너와 친구가 되고 싶었어!"

그러자 다른 튀김들도 말했어요.

"우리도 미안해. 김말이 튀김을 말리지 못하고, 너를 피하면서 방관만 했어~"

떡볶이는 환하게 웃으며 말했어요.

"모두 먼저 사과해 줘서 고마워. 앞으로 잘 지내보자!"

그렇게 하나가 된 친구들은 그 어느 때보다 따뜻하고 완벽한 모습이 되었어요.

"주문하신 떡튀순 나왔습니다~!"

마루분식 사장님이 학생들에게 음식을 내주며 말했어요.

"와! 감사합니다! 너무 맛있어요!"

학생들이 외쳤어요. 하나가 된 떡볶이, 튀김, 순대는 세상에서 가장 맛있는 음식이 되었습니다.

영원의 기억

30727 한 수 정

난 항상 마음을 붙일 틈이 없었다. 아빠의 직업 때문에 자주 이사를 다녀야 했으니, 마음을 붙이는 건 더더욱 어려운 일이었다. 그러다 "정말 마지막"이라며 이곳으로 이사 오게 되었다. 이곳에 계속 있을 거라 하면서도, 마음을 붙이지 않기로 마음먹은 나는, 오히려 마음을 붙이는 게 더 힘든 일이 되어버렸다.

전학을 가면 늘 똑같았다. 처음엔 조금 관심을 보이다가, 전 학년이 올라와선 나에 대한 평가를 하곤 떠났다. 이런 관심은, 언제 받아도 싫었다. 한번 심호흡을 하고, 교실로 들어섰다.

"안녕, 내 이름은 백영원이야. 잘 부탁해."

항상 하던 똑같은 인사를 하고, 교실 맨 뒷자리에 앉았다. 교실을 둘러보던 중, 창가 맨 끝자리에 턱을 괴고 창밖을 바라보는 남자아이가 눈에 들어왔다. 그 아이는, 다른 아이들과 달리 철저히 고립되어 있었다. 나에게 다가온 아이들에게 조심스레 물었다.

"근데… 저기 창가 끝자리에 있는 애는 어때?"

아이들의 표정이 순식간에 굳어졌다.

"쟤랑 친하게 지내지 마. 쟤 옆에 있는 애들은 꼭 안 좋은 일이 생기더라고."

"아… 그래?"

사실, 나는 그 말에 별로 관심이 없었다. 고작 그런 이유로 사람을 멀리한다니, 왠지 모를 동질감이 느껴졌다. 학교에서 돌아오자, 엄마가 말했다.

"떡 좀 돌리고 와. 이사 왔으니 인사드려야지."

"요즘 시대에 무슨 떡을… 참."

떨떠름한 마음으로 앞집 초인종을 눌렀다. 그리고 문을 연 사람은 그 아이, 우리 반 창가 끝자리에 앉은 그 남자애였다.

"아… 안녕. 떡 돌린다고 해서… 엄마가…"

"응."

벽을 치는 듯한 말투. 떡만 받고 들어가려는 그의 손을 붙잡고 물었다.

"이름이 뭐야?"

"정기억."

이름만을 남기고, 그는 문을 닫고 들어가 버렸다.

그 후로, 정기억이 계속 신경 쓰였다. 기억은 늘 똑같았다. 가만히 앉아 책을 읽거나, 공부를 하거나, 아니면 창밖을 바라보거나, 가끔은 글을 쓰는 것 같기도 했다. 그를 지켜본 지 두 달쯤 지났을 무렵, 친구들이 물었다.

"너, 맨날 뭐 그렇게 봐?"

나는 굳이 말하지 않았다. 말하면, 괜한 소문만 퍼질 게 뻔하니까.

어느 날, 학원이 늦게 끝나 집으로 돌아가던 길. 놀이터에서 정기억을 마주쳤다. 그는 울고 있었다. 그의 감정이 드러난 건 처음 보는 장면이었다. 너무 슬퍼 보여, 다가갈 수 없었다. 그저, 그 옆에 조용히 서 있었다. 눈물이 멈추고 나서야, 그가 입을 열었다.

"괜찮아?"

"가… 가라고."

정기억은 목소리를 떨며 말했다.
"미안하지만, 난 갈 생각 없어."

슬플 때 혼자 있으면 더 힘들어진다는 걸 나는 알고 있었다. 그래서 그냥 아무 말 없이 옆에 있었다. 10분쯤 흘렀을까. 그가 조용히 입을 열었다.
"나, 아빠한테 맞아. 공부하려면 친구도 만들지 말고, 글도 쓰지 말래. 친구가 생길 때마다, 아빠는 나랑 그 친구를 떼어놓으려고 했어. 그래서 그런 소문이 도는 거고…"
엄마는 이사 오던 날, 이렇게 말했다.
"앞집은 뭐 이렇게 으리으리하니… 부럽다. 참, 나도 저런 집에 살면 항상 행복하기만 하겠네."

아니. 엄마의 말은 틀렸다. 정기억의 부모는 몰라도, 정기억은 나처럼 불행했다. 아니, 어쩌면 나보다 더. 나도 내 얘기를 꺼냈다.
"나는 자주 전학 다녔어. 그래서 사람한테 마음도 못 붙여. 사실, 지금 같이 다니는 친구들도 별로 편하진 않고… 이제는 전학도 못 가는데, 기댈 곳이 없어. 뭐… 엄마 아빠가 맨날 싸우는 건 일상이고. 이렇게 말하고 보니까, 너에 비하면 별거 아니네."

그는 한참 침묵하다가 말했다.
"그게, 어떻게 별게 아니야."

그 짧은 한마디에, 내 모든 감정이 위로받았다. 모순이었다. 해결책을 준 것도 아니고,
크게 공감해준 것도 아니었다. 근데… 왜. 그 이후로 우리는 몇 번 더 마주쳤다. 갈수록 우리는 서로의 속을 조심스레 드러냈다. 그리고 가만

히 들어주었다. 말은 많지 않았다. 그저 묵묵히 듣고, 가끔 한 마디씩 덧붙이는 정도였다. 학교에선 철저히 모르는 척 했다. 왜 그랬는지는 모른다. 그냥, 서로 본능적으로 알았다. 학교에서 아는 척해봤자 좋을 게 없다는 걸. 정기억이 보고 싶었다. 그래서 일부러 놀이터에서 그를 기다렸다.

엄마와 아빠가 크게 싸운 날, 나는 또다시 정기억을 만났다. 그리고 울었다. 엄청. 내 울음이 조금 잦아들자, 그가 내 눈을 바라보며 말했다.
"좋아해. 네가 처음 날 위로해주던 그때부터."
예상치 못한 고백에, 당황했다.
"안아도 돼?"

나는 대답 대신, 그를 안았다. 유독 선선하던 한여름밤이었다. 삶이 고단하던 우리는,
서로의 구원자가 되었다.

기억의 마음속에는 영원이, 영원의 마음속에는 기억이 계속해서 남을 것이다. 마지막으로, 내 불완전했던 청춘을 빛내준 기억에게, 고맙다는 말을 전한다.

별들이 사라진 시간

30602 김 보 연

별이 빛나는 어느 날 밤. 리오네는 잠에서 깨어 하늘을 올려다보았다. 창문 밖으로 보이는 밤하늘은 한없이 어두웠지만, 별들이 리오네를 반겨주었다.

그중 하나의 별이 밝은 빛을 내더니 이내 사라졌다. 리오네는 신기하다는 듯 별이 머물던 자리를 한참 바라보다, 이내 잠을 이기지 못하고 다시 눈을 감았다.

다음 날 아침, 아이들을 깨우는 큰 목소리가 들려왔다.
"얘들아, 얼른 일어나지 않고 뭐 하는 거니?"

리오네도 그 소리에 잠에서 깨어 자신의 방문을 열었다. 곧 다른 방문들도 열리며 아이들이 하나둘 모습을 드러냈다. 아이들은 모두 아래층으로 내려가 각자의 할 일을 시작했다. 그중 리오네는 긴 식탁에 식기를 정리하고 있었다. 함께 식기를 정리하던 한 아이를 바라보던 리오네는 무언가 이상하다는 듯 고개를 갸웃했다.
"렌은 어디 간 거야?"
리오네가 물었다.
"…저기, 렌이 누구야?"
리오네는 눈을 찌푸리며 말했다.
"렌이 누구냐니? 지금까지 같이 놀았잖아."
"미안하지만, 렌이라는 아이는 모르겠는데…"

아이의 말에 리오네는 정리하던 식기를 내려두고 아이들을 깨웠던 어른에게 다가갔다.
"원장님! 렌 못 보셨어요?"
원장은 리오네의 말에 이상하다는 듯 되물었다.
"렌이 누구니?"

리오네는 복도를 달리며 렌을 찾았다. 하지만 아무리 찾아도 렌은 보이지 않았다. 밤이 되어 방 안에 웅크려 앉은 리오네는 혼잣말을 중얼거렸다.
"왜 나만 기억하고 있는 거야, 렌…"

누구에게 묻는 듯한 말이었지만, 돌아오는 대답은 없었다. 리오네는 이내 결심한 듯 가방을 챙기고 어른들과 아이들 몰래 집을 빠져나왔다. 리오네가 향한 곳은 자신이 머물던 곳에서 멀지 않은 마을이었다. 그 마을에 가기 위해서는 나무가 빼곡한 숲을 지나야 했다. 작은 등불을 켠 리오네는 숲길을 조심스럽게 걸었다.
"스슥—"

왼쪽 풀숲에서 이상한 소리가 들려왔다. 리오네는 숨을 죽이며 천천히 다가갔다. 손으로 풀숲을 헤치자 "으악!" 하는 소리가 들렸다. 리오네도 놀라며 뒤로 물러섰고, 풀숲 속에서 한 남성과 눈이 마주쳤다.
"누…누구세요?"
"뭐야? 이 어린 꼬맹이는…"
놀란 듯한 남성은 바지를 털며 일어나 자신을 소개했다.
"난 이반이야."
"근데 어린애가 여기까지는 무슨 일로 온 거지?"
"전 사람을 찾고 있어요. 마을에 가서 어른들에게 도움을 요청하려던 길이에요."

"아저씨는 왜 여기 계세요?"

이반은 머리를 긁적이며 한숨을 쉬고 말했다.

"난 실종자를 찾고 있어. 실종 사건이 드문 일은 아니지만, 최근 접수된 사건들엔 뭔가 이상한 점이 있어."

"뭐가 이상한데요?"

"사건이 접수돼서 조사를 위해 찾아가 보면, 다들 그 사람을 기억 못한다는 거야. 몇 번이면 장난이라 넘길 수도 있는데, 이런 일이 반복되니 조사를 안 할 수가 없었지."

리오네는 이 이야기가 자신의 상황과 겹친다고 느꼈다.

"특이한 건 없었나요? 예를 들어, 별이 사라지는 날이라든가요?"

"네가 그걸 어떻게 알았지?"

놀란 이반은 잠시 멈칫했다.

"기억을 잃는 실종 사건은 꼭 별이 사라진 날이었단다. 나도 그걸 조사하러 이 숲에 온 거고."

리오네의 눈이 반짝였다. 렌을 찾을 수 있을지도 모른다는 희망 때문이었다.

"제가 찾는 친구도 그래요! 저만 그 친구를 기억해요. 아저씨, 제 친구를 꼭 찾아주세요. 저도 도울 수 있어요!"

이반은 리오네를 바라보다 웃으며 말했다.

"그래. 뭐가 나올지 모르는 조사엔 동행인 하나쯤 괜찮겠지."

그는 리오네에게 손을 내밀었다.

"너 이름이 뭐니?"

"리오네예요. 16살이에요!"

그렇게, 두 사람은 별에 의해 사라져버린 존재를 찾는 모험을 시작했다.

"우선 우리가 가야 할 곳은 마을이 아니야. 이 숲에서 가장 깊은 곳, 중앙부로 가야 해."

이반은 가방에서 지도를 꺼내 한 지점을 가리키며 말했다.

"여기, 한리움의 중앙. 고서에 따르면 사라진 자들은 그곳에서 발견된다는 전설이 있지."

"근데… 여기가 정말 한리움이에요? 지도로 보면 별로 크지 않은 숲 같은데요."

이반은 씨익 웃으며 답했다.

"하하, 지도상으론 작아 보이지만, 이 숲은 많은 걸 숨기고 있단다. 우리는 그 중심에서, 사라진 자들이 머문다는 '숨겨진 공간'을 찾아볼 거야."

"물론, 그게 사실일지 아닐지는 가 봐야 알겠지만 말이지."

그는 다시 가방을 정리하고 손을 내밀었다.

"자, 이제 출발하자."

여정의 시작이었다. 리오네는 이반의 손을 잡았다. 두 사람은 천천히 발걸음을 맞춰 숲 속으로 걸어갔다. 얕은 물길을 건너고, 긴 풀숲을 지나 어느덧 숲의 중앙에 도착했다.

하지만…

"딱히 특별해 보이는 건 없는 것 같아요. 전설이 틀린 걸까요?"

이반은 하늘을 바라보며 중얼거렸다.

"책에 따르면, 별이 떨어질 때 문이 열린다고 하지. 아마 그 문은, 모두의 기억에서 잊힌 자들이 향하는 길일 거야."

"그럼, 우리도 그 문을 통과할 수 있을까요?"

"기억을 잃은 이들이 가는 곳이라면 위험하진 않을 수도 있겠지만,

안전을 보장할 순 없단다."

두 사람은 긴장과 기대를 안고 하늘의 별이 사라지기를 기다렸다.
그리고,
"저기 봐요, 아저씨!"

리오네가 손을 뻗은 곳. 하늘의 별 하나가 깜빡이며 이내 사라졌다. 두 사람은 숲을 바라보았다. …아무 일도 일어나지 않았다.
"아무래도 없나 봐요. 그냥 전설일 뿐이었네요…"
리오네는 실망한 듯 고개를 돌리며 숲을 더 둘러보려 할 때, 이반이 외쳤다.
"리오네! 저기 봐!"

그가 가리킨 풀숲. 그 속에서 부드러운 빛이 새어 나오고 있었다. 두 사람은 그곳으로 발을 내딛었다. 빛은 그들을 감싸고, 순간— 숲에서 그들의 모습은 사라졌다.
"아저씨, 여기가… 그곳이에요?"
"글쎄다… 일단은 잘 모르겠구나."

새롭게 도착한 곳은 이전의 숲과 매우 닮아 있었지만, 하늘엔 단 하나의 별도 없었고, 공기엔 알 수 없는 스산함이 감돌았다. 앞으로 나아가자, 처음 보는 사람들이 눈에 들어왔다. 점점 더 많은 이들이 모습을 드러냈고, 두 사람은 그들과 눈을 마주치고 미소를 지었다. 그곳은, 모두의 기억에서 사라진 사람들이 모인 공간이었다. 하지만 그들은 말도 하지 못했고, 움직이지도 못했다.
"아마도… 움직일 수 없어서 돌아오지 못한 걸까요?"
"그렇다면 우리가 꺼내줘야겠구나."

이반은 조심스럽게 사람들을 들어 숲 밖으로 옮기기 시작했다. 그 모습을 뒤로한 리오네는 숲 깊은 곳으로 향했다.

"렌! 렌이에요, 아저씨!"

리오네는 큰 소리로 외쳤다. 기쁨. 그 감정은 분명한 기쁨이었다.

"이제 빨리 나가요! 사람들에게 알려서 모두를 구해요!"

리오네의 발걸음은 누구보다 가벼웠다. 두 사람은 다시 빛나는 입구로 향해 원래의 세계로 돌아왔다. 이제, 기억에서 사라졌던 모든 사람들도 세상으로 돌아갈 수 있을 것이다.

멋지고 멋지며 또 겁나게 멋진 새

30121 윤 서 진

옛날 옛적, 어느 시골 마을에서는 해마다 '멋지고 멋지며 또 겁나게 멋진 새'를 뽑는 대회가 열렸습니다.
어느 날, 그 대회장을 나온 덕춘배 할아버지는 수많은 새알을 사들이며 생각했습니다.
"이 새알들을 멋진 새로 키워서, 내년엔 꼭 '멋진 새' 트로피를 얻고 말 거야!"

며칠 뒤, 덕춘배 할아버지의 새알들이 하나둘씩 부화하여 따스한 햇볕을 맞았습니다. 아기 새들의 솜털이 뽀송뽀송해지자, 덕춘배 할아버지는 말했습니다.
"너희들은 꼭 멋진 새가 돼야 해!"
그러자 아기 새 중 한 마리가 조심스레 물었습니다.
"예쁜 새가 되는 건 안 되나요?"
그 말에 짜증이 난 할아버지는 아기 새를 내쫓아 버렸습니다. 봄이 지나고 여름이 왔습니다. 할아버지는 새들에게 모이를 주고 또 주었고, 그다음 날도 또 모이를 주었습니다.

그러던 어느 날, 아기 새 하나가 또 조심스레 물었습니다.
"훌륭한 새가 되는 건 안 되나요?"
할아버지는 단호하게 말했습니다.
"안 된다!"

그리고는 그 아기 새를 숲으로 내던져 버렸습니다. 가을이 지나고 겨울이 왔습니다. 덕춘배 할아버지는 여전히 모이를 주고, 이번에는 더 부드럽고 쪼기 쉬운 좋은 모이도 주었습니다.

게다가 새들에게 "멋진 새가 되라"는 덕담도 잊지 않았습니다. 그러던 중, 또 다른 아기 새가 물었습니다.

"아름다운 새가 되는 건 안 되나요?"

이번엔 할아버지가 화가 나서 그 아기 새를 눈밭으로 던져 버렸습니다.

새해가 밝았습니다. 그리고 드디어, '멋지고 멋지며 또 겁나게 멋진 새' 대회의 날이 찾아왔습니다. 덕춘배 할아버지는 정성껏 기른 새들을 대회에 출전시켰습니다.

대회장에는 멋진 새, 예쁜 새, 훌륭한 새, 그리고 아름다운 새들이 날개를 펼치며 멋지게 날고 있었습니다. 할아버지는 자신이 데려온 새들에게 외쳤습니다.

"어서! 날아라!"

하지만, 말 잘 듣던 아기 새들은 모이 쪼는 법외엔 아는 게 거의 없었습니다. 몇몇 새들을 제외하곤 날개조차 제대로 펼치지 못했고, 날갯짓을 하던 새들마저 곧바로 추락하고 말았습니다. 덕춘배 할아버지는 실망한 채 고개를 떨구며 대회장을 빠져나왔습니다.

그 순간— 예전에 할아버지가 내쫓았던 아기 새들이 예쁜 새, 훌륭한 새, 아름다운 새가 되어 할아버지의 머리 위를 우아하게, 빠르게 날아지나갔습니다. 덕춘배 할아버지는 그 새들을 한참 동안 올려다보며, 혼잣말처럼 중얼거렸습니다.

"다음엔 더 좋은 모이를 줘야겠어. 그리고… 원하는 모이를 스스로 선택할 수 있게 해줘야지…"

햇빛

30127 장하진

지저귀는 새소리, 들려오는 인기척, 눈을 찌르는 햇빛. 하진은 그런 방 안에서 눈을 떴다. 하지만 피곤한 몸에선 일어나기 싫다는 생각이 반복되고 또 반복됐다. 그 와중에도 햇빛은 그의 눈을 감쌌다. 비스듬히 들어와 발을 쳐도, 방안 가득히 번졌다.

하진은 결국 눈을 떴다. 그는 언제나처럼 밥을 먹고, 언제나처럼 씻고, 언제나처럼 등교했다. 하진은 다른 사람들과 별반 다를 바 없는 평범한 학생이었다. 내년에 고등학생이 될, 그런 평범한 학생 말이다.

그는 학교가 끝난 뒤 학원에 갔다. 공부하고, 질문을 하면 숙제를 받아 왔다. 하진은 그랬다. 평범한, 아니, 이제는 평범해진 그런 사람이었다. 그의 학교생활은 제법 괜찮았다. 적어도 그는 그렇게 생각했다. 하지만 그는 우울했다.

학교에선 마치 가면을 쓴 듯, 내면을 감추고 보여줘도 될 부분만 조심스레 드러냈다. 학원에선 아무 말 없이 공부만 했다. 이유는 복합적이었다. 열등감, 자기 비하, 무기력, 의욕 부재— 그 모든 것이 그를 천천히 우울로 끌어내렸다. 무엇보다 가장 큰 이유는, 역시나 학업이었다. 그의 시작은 제법 상위권이었다. 하지만 그는 늘 불안했다.

'이 성적을 유지할 수 있을까?', '언제 무너질지 모른다.는 강박. 주변의 부담. 어깨 너머로 들려오는 고등학교의 무지막지한 공부 이야기. 친구들의 비교, 이야기, 기대. 이 나이대 아이들이 가질 수 있는 모든 생각과 고민이, 그를 짓눌렀다. 그는 위에서 아래로만 비추는 조명빛 아래에서 조용히, 천천히 말라갔다. 그 빛은 그를 밝혀주지 않았다. 기대를 가중시키는 스포트라이트가 되어 그의 마음을 더 짙은 그림자로 잠식시켰다. 그의 내면은, 겉으로 보이는 것보다 훨씬 망가져 있었다.

그는 옥상으로 올라갔다. 별다른 이유는 없었다. 어쩌면 무의식 깊은 곳에서 누군가, 단 한 사람이라도 자신에게 관심을 가져줬으면 하는 마음 때문이었을지도. 건물 위에서 내려다보는 세상은 참으로 공허했다. 그는, 자신의 내면을 털어놓을 누군가, 혹은 무언가가 필요했다. 위에서 아래로만 비추는 빛은 그림자를 만들고, 그 그림자는 사람을 천천히 집어삼킨다. 그는 오늘도 별일 없이 옥상에서 내려왔다.

그리고 다시, 언제나처럼, 일상을 보냈다. 그림자가 마음을 삼켜가고 있는지도 모른 채. 기말고사를 앞두고, 학원은 모두의 긴장으로 가득했다. 그도 그중 하나였다. 하진은 학원을 마친 뒤 마지막 공부를 하고, 잠에 들었다.

다음 날, 그는 등교했다. 긴장한 채, 시험이 시작되기만을 기다렸다. 시험이 끝났다. 하진의 심장은, 미칠 듯이 뛰었다. 난생처음 받아본 점수. 그 복잡하고 얽힌 감정들이 그를 옥죄어 왔다. 자신이 한심하게 느껴졌다. 역겹게 느껴졌다. 그는 옥상으로 향했다. 학원 건물 바로 위 옥상이었다.

그는 결심했다. 오늘에야말로, 그 생각을 실천하겠다고. 그는 그의 피부에 닿는 바람을 느꼈다. 시험이 끝나 들떠 있는 학생들의 웃음소리를 들었다. 그 모든 게 구역질나게 느껴졌다. 그는 크게 심호흡했다. 한 발짝, 또 한 발짝— 옥상은 그의 발소리로 가득 찼다. 그는 옥상 벽의 턱을 밟았다. 막상 죽으려 서니, 두려웠다. 동시에, 그 두려움조차 한심하고 이기적이라 느껴졌다. 그는 천천히 손, 팔, 머리, 허리… 그리고 마지막, 다리의 힘까지 풀었다.

그 순간. 건물 사이로 햇빛이 스며들어 그의 눈을 닫았다. 그는 중심을 잃고 떨어졌다.
…눈을 떴다. 보인 건, 뉘엿뉘엿 지는 저녁 해였다. 그는 옥상에 말리던 이불 위에 떨어져 있었다. 그는 울컥했다. 자신을 살린 햇빛이, 원망스러웠다. 하진은, 시험이 끝나 아무도 없는 학원으로 들어갔다. 유일하게 익숙한 공간이었다. 그는 자신의 자리에 앉아, 고개를 책상에 기댄 채 몸을 웅크렸다. 저녁의 땅거미가 그를 나른하게 덮었다.

그때, 부모님에게서 메시지가 도착했다.
"아들 수고했어~ 저녁은 맛있는 거 먹자!"
"아들 애썼어. 성적이 어떻든 너무 신경 쓰지 말고!"

그의 눈에서 뜨거운 감정이 와르르 쏟아졌다. 그는 울고 또 울었다. 자신을 이해해줄 수 있는 사람은 늘 가장 가까이에 있었다. 하진은 튀어나온 감정의 복합물을 닦아냈다. 앞으로 어떻게 될진 모르겠지만, 적어도 '내일'을 살아갈 용기는 생겼다. 그는 가방을 챙겨 밖으로 나섰다.

그 자리에 남겨진 창문을 통해, 한 줄기 햇빛이 들어왔다. 그 빛은 그림자 없이 비스듬히, 모든 것을 환하게 비추고 있었다.

소설가

30231 황 지 민

내 이름은……? 어? 내 이름이 뭐였지? 뭐, 상관없나? 게임 캐릭터 이름이나 정해야겠다. 흠… 뭐든 상관없으니까, '데몬'으로 해야겠다. 내가 지금 하고 있는 게임은 가상현실 게임이다. 요즘 유행이라서 한 번 해보고 있다.

"오! 이거 진짜 같은 그래픽을 가지고 있네. 요즘 할 것도 없었는데 이거나 해야겠다."

나는 게임 유튜버다. '만랩게임'이라는 이름으로 활동 중인데, 유튜버 중에선 제법 인기가 있다. 하지만 현실에서 나를 아는 사람은 극히 드물다. 왜냐고? 나는 대인기피증이 있다. 사람들과 제대로 대화를 못한다. 사람만 아니면 된다. 기계에 말하는 건 괜찮아서, 유튜버로 활동하며 살아가고 있다.

그렇게 평범하게 지내던 어느 날, 나는 한 여고생을 보았다. 나처럼 혼자 사는 것 같은데, 짐이 꽤 많아 보였다.

'도와줄까?' 하고 생각했지만, 잠시 후 그 여고생이 먼저 나에게 "도와 달라"고 했다.

'거절해야 하는데…'라고 생각했지만, 입 밖으로 나온 말은,
"응."

…내가 생각해도 참 명청한 대답이었다. 그 여고생도 내가 하는 그

가상현실 게임을 하는 것 같았다. 짐 중에 가상현실 캡슐이 있었기 때문이다.

다음 날, 나는 자고 일어난 후 게임을 하려고 준비하고 있었다. 그때 초인종 소리가 들렸다. 나가보니, 어제 그 여고생이었다. 어른이… 아니, 아주 당당한 말투로 말했다.
"들어가도 돼요?"

너무 당당해서 어이없었지만, 거절할 수 있었다면 애초에 나는 다른 사람들과 잘 지냈겠지. 그녀는 내 집에 있는 캡슐을 보고는 "나중에 같이 하자"고 했다. 이런저런 이야기를 나누다 보니, 그녀는 어릴 때 부모에게 버려지고, 시설에서 자랐다고 했다. 그리고 그녀와 나는 두 살 차이밖에 나지 않는다는 것도 알게 되었다. 이 모든 건, 그녀가 혼자서 떠들다가 자연스럽게 알려준 것이다.

그로부터 며칠간, 나는 그녀와 조금씩 친해졌고, 그녀 앞에서는 점점 편해지기 시작했다.

어느 날, 그녀가 게임을 같이 하자고 제안했다. 그녀의 레벨은 20. 너무 낮은 수치였다. 반면에 내가 140레벨이라는 걸 알고는, 그녀는 깜짝 놀란 얼굴이었다.
"하루에 몇 시간이나 게임해요?"
그녀가 물었다.
"하루에 15시간쯤 해."

나는 대답했다. 그중 2시간은 그녀와 같이 게임하고, 나머지 시간엔 유튜버 '만랩게임'으로 활동하며 지내고 있었다. 그러던 어느 날, 그녀가 나에게 말했다.

"같이 밥 먹으러 가요."

나는 거절하지 못하고, 결국 한 레스토랑에 끌려갔다. 그녀는 그곳에 자주 오는 듯했다.

……

"이만, 오늘은 여기까지 할까? 소설 쓰는 거 힘드네. 나 먼저 갈게. 그럼 이만~"

나는 유명하다고는 할 수 없지만, 그럭저럭 소설을 만들어내는 회사의 팀장이다. 즉, 여기까지는 나의 소설이었다. 뭔가 임팩트가 부족해서 아직은 싱겁지만, 차차 완성되겠지.

철

30806 김 시 현

　평범한 평일, 매일 아침. 나는 혼자 학교 갈 준비를 한다. 냉장고에서 음식을 꺼내 먹고, 방 안에 잘 정돈된 옷을 입는다. 매일 하얀 신발을 신고, 다른 사람들처럼 평범하고 당연하게 학교로 향한다. 학교에 도착해서는 얼음이 담긴 시원한 물을 마시고, 남들과 함께 그저 그런, 당연한 하루를 보낸다. 학교가 끝난 후엔 학원에 다녀오고, 집에 돌아오면 입은 옷을 침대에 던져두고 핸드폰을 본다. 그리고 당연하다는 듯 저녁을 먹고, 그대로 자리에서 일어나 핸드폰을 보며 방으로 향한다.
　시간이 지나고, 어느 평범한 날. 내 방은 점점 더러워졌고, 학교에 가도 마실 얼음물이 없었다. 그 당연하던 것들이 사라지자, 학교생활이 불편해졌다. 나는 집에 돌아와 입던 옷을 던지고 잠에 들었다. 또 하루가 지났다. 방 안엔 냄새가 났지만, 괜찮다고 생각했다. 며칠 뒤면 다시 깨끗해질 테니까. 학교 갈 준비를 마치고 아침을 먹으러 거실로 나갔다. 오늘은 거실에 엄마가 있었다.
　"엄마, 나 물 좀 싸 줘."
　정말 당연한 부탁을 했다.

　다음 날이 되고, 또 그 다음 날이 되고, 나는 평소처럼 깨끗한 방에서 눈을 떴다. 하지만 오늘은 거실에 엄마가 없었다. 식탁 위에는 만 원짜리 두 장과 곱게 차려진 따뜻한 밥. 그런데 난 늦어서 먹지도 못하고 나갔다. 학교가 끝나고 집에 돌아오니 엄마가 있었다.
　"엄마도 바쁜데, 밥은 왜 안 먹어?"

귀찮았다. 내가 안 먹겠다는데, 엄마가 무슨 상관이지? 나는 엄마에게 짜증을 냈다.
"그럼 일찍 깨워주든가."
그 한마디가 들렸는지, 엄마는 말없이 방으로 들어갔다.

다음 날, 아침밥이 없었다. 그다음 날도 없었다. 엄마도 사라지고, 깨끗하던 방도 없어졌다. 신경 쓰지 않았다. 늘 그랬듯, 곧 다시 정리되겠지. 학교가 끝나고 핸드폰을 보니 엄마에게서 부재중 전화가 와 있었다. 친구들과 함께 있어서 다시 걸지 않았다. 집에 도착하니 또다시 전화가 왔다.
"김민주 맞으시죠?"
핸드폰 너머로 시끄러운 소음, 전화 건 사람의 말은 점점 빨라졌다.
"어머니가 쓰러지셨어요. ○○병원인데······"

목소리는 점점 희미해졌고, 머릿속이 멍해졌다. 정신이 아득해졌다. 엄마가 쓰러졌단다. 나는 정신을 다잡고 병원으로 향했다. 엄마는 침대에 누워 있었다.
'난 엄마밖에 없는데… 난 아빠도 없는데…'
계속 울었다. 얼마나 시간이 지났을까. 엄마가 깨어났다. 그저 가벼운 쇼크였다고 했다.
"집 가면 밥 있어. 그거 데워 먹어."

엄마는 여전히 내 걱정뿐이다. 자기 인생이 아닌데도, 계속 나에게 끼어든다. 집에 도착했다. 늘 깨끗했던 방은 더 이상 엄마의 흔적이 보이지 않았다. 더럽게 느껴졌고, 내 흔적만 남아 있었다. 차가운 밥을 데워 먹고, 집 청소도 했다. 너무 힘들었지만, 참았다. 엄마도 그랬을 테니까.

누군가에게 감사받아야 마땅한 일들을 엄마는 아무 말 없이 해왔다는 사실이 너무 미안해졌다. 엄마가 쓰러지고 하루하루가 지날수록 엄마 덕분에 돌아가던 내 일상은 더는 당연한 것이 아니었다. 처음으로, 맛있고 따뜻한 밥을 해서 엄마에게 들고 갔다. 함께 밥을 먹고, 산책도 했다.

이제는 안다. 엄마가 해준 모든 것이 결코 당연하지 않았다는 것을. 나의 평범과 편안함은 엄마의 헌신에서 비롯되었다. 철없던 나는, 모든 것에 철이 들었다. 부모님은 내게 인생의 절반을 바쳤다. 그만큼의 가치는 내가 다시 되돌려야 한다고 처음으로 깊이 느꼈다.

일주일이 지난 지금, 엄마는 병원에서 퇴원했고, 다시 나와 함께 살고 있다. 나는 다시 학교 갈 준비를 한다. 하지만 이제는, 엄마에게 감사함을 품고 하루를 시작한다.

너의 곁에

30315 유 다 연

언제부터였을까. 내가 항상 너의 곁에 머물게 된 것은. 나는 평범하기 짝이 없는, 그저 그런 학생이다. 하지만 이런 평범한 나에게는 저주가 있다. 이유는 알 수 없지만, 불시에 내가 아닌 또 다른 것이 된다.

물론 그 '또 다른 것'에는 사람만 포함되는 것은 아니다. 어느 때는 연필이 되었다가, 또 어느 때는 거울이 되었다. 16년을 살아온 지금, 나는 그 변화에서 한 가지 공통점을 발견했다. 그건 바로 한 아이를 맴돌게 된다는 것이다.

그 아이는 나의 오랜 친구, 이규빈이다.

예전에는 변하는 횟수가 한 달에 한 번 정도라 규빈이에게 숨기기 괜찮았다. 하지만 요즘은 그 빈도가 3일에 한 번 정도로 늘었다. 나는 이제 더 이상 그의 곁에 있지 못하게 될까 봐 무서워진다.

다음 날, 나는 또 변해 있었다. 그것도 규빈이가 가장 좋아하는 인형으로. 내 옆에서 부스럭거리더니 규빈이가 일어났다. 일어나자마자 나(인형)를 뚫어져라 바라보았다. 그러더니 말했다.

"내가 어떻게 해야 할까?"

나는 나의 오랜 친구인 규빈이가 이렇게 심각한 얼굴을 하고 있는 것을 처음 봤다. 그러다 그가 다시 입을 열었다.

"어떻게 하면 너를 더 볼 수 있을까?"

그 말을 듣자마자 등골이 오싹했다. 마치 나에게 하는 말 같았기 때문이다. 그는 잠시 멍하니 있다가 곧 빠르게 학교 갈 준비를 마쳤다. 나를 잠시 바라보더니 나를 집어 들었다. 학교에서는 선생님이 내가 오늘 오지 않는다고 말했다. 규빈이는 확신에 찬 듯 "역시"라고 말했다. 오늘만 지나면 다시 사람의 모습으로 규빈이를 만날 수 있다는 생각에 가만히 그의 삶을 지켜보았다. 내 짝꿍으로서 유인물을 챙기고 의자를 정리하는 모습까지, 딱히 특별한 것은 없었다. 단지 아침에 한 그 말이 마음에 걸릴 뿐이었다.

다음 날이 되었다. 나는 다시 사람의 모습으로 규빈이를 찾아갔다. 규빈이는 평소처럼 나를 대했다. 점심시간, 그는 갑자기 둘만 이야기하자며 나를 학교 뒤로 데려갔다. 담담한 얼굴로 먼저 입을 열었다.
"…… 괜찮아?"
나는 주어가 없는 그 말에 처음에는 이해하지 못했다. 되물었다.
"뭐가?"
그가 대답했다.
"너, 갑자기 변하잖아."
나는 그 말을 듣고 소스라치게 놀랐다. 하지만 어쩌겠는가. 이미 다 알아버린 것을. 나는 모든 사실을 말했다. 그 말을 들은 규빈이는 물었다.
"해결책은 있어?"

물론 있었다. 어렸을 때부터 변해온 터라 모든 정보를 총동원해 결국 하나의 해결책을 찾아냈다. 그 방법은 바로, 나. 즉 이 영혼의 숙주인 한서경을 세상으로부터 없애야 하는 것이다. 평범하게 살려면 죽어야 한다니, 이보다 비참한 것이 또 있을까. 그래서 나는 규빈이에게 해결책을 말하지 않았다. 언젠가는 그날이 올 테니까.

몇 달 후, 그이와 함께하는 중학교 생활이 끝이 났다. 나는 애써 웃으며 사진을 찍고 웃고 있는 그에게 말했다.

"나 이사 갈 거야. 그리고 이제 너 싫어졌어. 너무 귀찮아. 그러니까 이제 나에게 연락하지 마."

내가 그의 곁에 더 이상 머물지 못할 때 그에게 충격을 줄여주려는 생각이었다. 그는 멍한 얼굴로 나를 보았고 나는 반대로 뛰어 도망쳤다. 집에 도착하자마자 나는 그에게 편지를 썼다. 나는 사실, 나라는 몸이 없는 날에도 항상 너의 곁에 있었어. 너의 곁을 묵묵히 지키며 바라보았어. 앞으로도 어떤 모습으로든 너를 지키고 바라볼 거야. 그러니 너무 속상해하지 마.

규빈이가 언제 이 편지를 읽게 될지는 모르겠다. 하지만 이기적인 나는 이렇게라도 해야 내가 조금 더 괜찮아질 것 같았다. 나는 이미 내 정체가 계속 바뀌는 삶에 지쳐 있었다. 그러나 이규빈이라는 하나의 불빛을 보게 되었고, 그 불빛을 쉬지 않고 따라와 여기까지 왔다. 너에게는 내가 상처였겠지만 나에게 너는 나를 붙잡아준 붕대였다. 너는 나를 보면 혼란스러웠겠지만 나는 너 덕분에 길을 찾을 수 있었다. 그런 이기적인 생각을 하며 나는 삶의 끝을 바라보고 있었다. 눈을 스르르 감았다.

그런데 누가 나를 붙잡았다. 또 규빈이었다. 또다시 그는 나를 구원했고, 나는 빛을 찾았다. 끝이 어디인지는 모르겠지만 그 끝에 네가 있다면, 더 나은 삶이 될 수 있을까.

달그림자 아래

30311 박 찬 란

하늘과 바다가 맞닿아 있는 섬, '노르섬'. 바다 끝 외딴 섬나라에는 약 50명의 사람만이 거주하고 있었다. 황홀함에 홀린 듯한 붉은 노을 사이로 뱃고동 소리가 길게 울려 퍼진다.

약간 낡은 배에서 내린 청년의 이름은 이령. 도서보존가인 그는 도시에서 이 섬으로 건너와, 오래된 고문서들을 보존하고 해석하기 위해 이곳을 방문한 참이었다. 창백한 피부와 짙은 흑발, 허리춤에 차고 있는 낡은 만년필들—그 하나하나가 이령의 분위기와 묘하게 어울렸다.

배에서 내리자마자 그의 눈에 들어온 것은 거대한 저택, 낡은 교회, 그리고 오래되어 보이는 등대뿐이었다. 약간의 뱃멀미로 어지러웠던 터라, 그는 저택을 향해 서둘러 발걸음을 옮겼다. 정돈되지 않은 채 먼지와 낙엽으로 뒤덮인 대문 앞. 주변은 더러웠지만, 그는 그런 것을 따질 처지가 아니었다. 망설임 끝에 문을 두드리자, 무겁고 두터운 노크 소리 끝에 한 노파가 문을 열고 반겨주었다. 주름이 깊게 패인 손에 이끌려 저택 안으로 들어간 이령은, 이내 노파가 내온 자두잼과 홍차가 함께 놓인 낡은 다과상 앞에 앉게 되었다. 노파는 자기가 가장 좋아하는 음식이라며 배시시 웃었다. 이령은 어쩔 수 없이 한입 베어 물었다.

고문서와 섬에 대한 이야기를 나누던 중, '달맞이 축제'에 대한 이야기가 나왔다. 매년 9월, 이 섬에서 유일하게 열리는 축제라고 했다. 약 일주일간 외부와의 모든 교류와 통신이 차단되고, 주민들은 그들만의 축제에 빠져들어 즐기고 마셨다.

마침 이령이 올해 마지막 방문자였기에, 노파는 저릿한 다리를 이끌고 고문서들을 가져다주었다. 그 문서들 사이에는 제법 오래된 기록서도 끼어 있었다. 바로 1998년에 발생한 '아이들 실종 사건'. 세월의 냄새가 밴 종이 너머, 문서 뒷장에는 짧은 한 문장이 적혀있었다.

"죄는 달에 묻히지 않는다."

이령은 그 문장의 출처를 노파에게 물었지만, 노파는 말을 아꼈다. 다음 날, 그는 주민들에게 이 문장에 대해 물었지만, 모두 모른다고 하거나 되려 불쾌해하며 화를 냈다.

이령은 마지막 희망을 걸고, 등대에 머물고 있다는 한 소년—도진—을 찾아갔다. 도진은 문장의 의미를 설명해 주기는커녕, 되려 일영에게 "저택의 지하실은 절대 들어가지 말라"고 경고했다. 답답하고 찝찝한 마음이 채 가시기도 전에, 섬에 달맞이 축제의 시작을 알리는 뱃고동 소리가 울려 퍼졌다. 외부와의 통신은 완전히 끊기고, 바다 한가운데엔 거대한 불빛이 떠올랐다.

그 불빛이 바로 사건의 시작을 알리는 열쇠였다. 이령은 도진에게 다시 가 그 말의 뜻을 묻고 싶었지만, 등대에도, 낡은 교회에도, 해변 어디에서도 도진은 보이지 않았다. 대신 등대에서는 줄이 끊어진 채 나뒹구는 도진의 낡은 오르골 목걸이가, 해변에서는 도진이 손수 깎아 늘 들고 다니던 목각 인형이 떨어져 있었다.

마치 실종된 듯한 도진의 행방. 이령은 "내가 직접 찾아야 한다.며 마음을 다잡았다. 고아였던 도진은 원래도 섬사람들 사이에 잘 섞이지 못했던 아이였다. 혹여나 무슨 일이 생긴 건 아닐까 걱정스러웠다. 그러던 중, 이령의 주머니에서 도진의 오르골이 떨어졌고, 그 속에서 작은 열쇠 하나가 툭 하고 나왔다. 워낙 작아 놓칠 뻔했지만, 오르골과 함께 오래되어 쉽게 망가질 것 같은 열쇠였다. 이령은 고민에 빠졌다. 도진이 경고했던 지하실. 하지만 동시에 자신이 진실을 마주해야 할 곳. 고민은 저녁이 되어 밤하늘에 별이 수놓아질 때까지 이어졌다. 결국 그는 결심했다.

노파가 축제에 참석하러 나가는 틈을 타, 몰래 지하실에 들어가 보기로. 노파는 화려하게 치장한 채, 의심도 없이 들뜬 표정으로 밖으로 나갔다. 문이 닫히는 소리, 쿵쾅거리는 심장 소리, 이령은 조심스레 지하실로 발을 내디뎠다. 먼지가 쌓인 계단을 따라 내려가 열쇠를 구멍에 맞추자, 문은 거짓말처럼 '철컥' 하고 열렸다.
"과연 이 안에 무엇이 있을까? 보석? 고문서? 사람?"

이령은 두려움을 억누른 채 문을 열었다. 그리고 마주한 건 낡은 방, 낙서투성이의 벽, 그리고… 무덤. 등골이 오싹해지고 몸이 굳었다. 그 순간, 뒤에서 손전등 불빛이 들어왔고, 노파 한서진이 모습을 드러냈다.
놀란 이령은 소리도 지르지 못한 채 얼어붙었다. 노파는 그를 저택의 의자에 앉히고 조용히 입을 열었다.

1998년. 지금과 똑같은 축제 기간, 아이들이 등대에서 실종되었다고 했다. 태풍과 안개 속, 다섯 명의 아이 중 셋은 시체로 발견되었지만, 나머지 둘은 끝내 찾지 못했다. 사건은 섬 주민들의 무책임과 침묵 속에 묻혔고, 그녀 역시 자신의 손자를 찾지 못한 채 죄책감 속에 살아가고 있었다.

이령은 물었다.
"도진은… 어디 있습니까?"
그러자 노파는 "모른다.고 답했다.
생각이 복잡해진 이령은 저택 밖으로 나왔고, 수풀 속에서 엉켜 있는 머리카락을 발견했다. 서둘러 달려가 보니, 아니나 다를까, 역시 도진이었다. 워낙 마른 체구 탓에 쉽게 눈에 띄지 않았던 것이다. 이령은 도진에게 물었다.

"왜… 왜 그랬어? 어디 있었던 거야?"

도진은 웃으며 대답했다.

"일부러 그런 거야."

등대에서 과거 자신의 흔적을 발견한 도진은, 이령에게 진실을 알리기 위해 일부러 실종된 척한 것이었다. 이령은 멍해졌다. 흔적이라면… 나도 그 사건의 피해자였단 말인가?

퍼즐이 맞춰지기 시작했다. 1998년 아이들 실종 사건. 피해자 중에는 도진과 이령 또한 포함되어 있었다. 이령은 기억을 잃은 채 외부로 입양되었고, 도진은 섬에 남아 고아로 자랐다.

모든 것을 알게 된 이령은 도진과 눈을 마주쳤고, 도진은 조용히 웃으며 말했다.

"이제 사건은 해결됐어."

그 말과 함께 도진은 다시 등대로 돌아갔다. 말 그대로, 사건은 끝났다. 하지만 이령은 다시 배를 타지 않았다. 그는 섬에 남았다. 달의 그림자가 진실을 밝히는 등불이 되었던 그 밤을 기억하며 섬에 머물렀다.

무지개를 찾아서

31017 이 시 은

화창한 아침, 나는 멍한 상태로 잠에서 깨어났다.
"이게 꿈이라고?"
믿을 수 없다는 듯 두어 번 눈을 깜빡였다. 이내 그것이 꿈이었다는 사실을 인정할 수밖에 없었다. 그 꿈은 말로 표현할 수 없을 만큼 아름다웠다. 색을 진열해 놓은 듯한 무언가가 새파란 하늘 위에서 마치 나를 바라보는 것 같았다.
나는 결심했다. 기필코 이 아름다운 무언가를 내 두 눈으로 직접 보겠다고.

그렇게 침대에서 벌떡 일어나, 며칠 동안 그것을 찾기 위해 공부하고 또 공부했다. 하지만 결국 책상에 엎드린 채, 한숨을 쉴 수밖에 없었다. 그 아름다운 것의 이름이 '무지개'라는 것 외에는, 아무것도 알 수 없었기 때문이다. 그러나 내가 수백, 수천 번 한숨을 쉰다 하더라도, 무지개를 찾는 걸 멈출 생각은 없었다.
'내일부터는 밖으로 나가서 직접 찾아보자.'
그 다짐을 한 뒤에야, 나는 책상을 떠나 침대로 향했다.

다음 날 아침. 나는 만반의 준비를 마친 후 현관문을 활짝 열고 힘차게 밖으로 나섰다. 목적지 없이 걷던 중, 친구 딸기를 마주쳤다. 반가운 마음에 얼른 달려가 물었다.
"딸기야! 너 혹시 무지개 알아?"

딸기는 고개를 끄덕이며 말했다.
"당연하지! 나는 본 적도 있어!"
그 말을 듣자, 나는 기대감에 잔뜩 부풀어 다시 물었다.
"정말? 그럼 무지개가 어디 있는지 알아?"
딸기는 잠시 고민하더니 대답했다.
"음… 나는 모르지만, 바나나 산의 신령님은 알지도 몰라."
나는 곧장 딸기에게 고맙다는 인사를 건네고, 바나나 산으로 향했다.

바나나 산 앞에 도착하자, 거대한 산이 눈앞에 펼쳐졌다.
'아… 내가 할 수 있을까?'
불안한 생각이 머릿속을 스쳐 갔다. 하지만 포기할 수는 없었다. 아직도 내 눈앞엔 무지개가 아른거리고 있었으니까. 침을 꿀꺽 삼킨 후, 나는 산을 오르기 시작했다. 산을 오르는 길은 쉽지 않았다. 바나나 산에 사는 원숭이들의 장난으로, 한 걸음 오르려 하면 발밑에 놓인 바나나 껍질에 미끄러지기 일쑤였다. 몇 번이고 넘어지기를 반복한 끝에, 나는 마침내 산 정상에서 바나나 산신령을 만날 수 있었다. 기쁨에 벅차 산신령에게 물었다.
"산신령님! 무지개가 어딨는지 아세요?"

산신령은 긴 수염을 몇 번 쓰다듬더니 말했다.
"흠… 대왕 바나나의 위치는 알지만, 그건 몰라. 하지만 진주 바다에 사는 인어공주는 알걸~"

나는 얼른 산신령과 작별 인사를 하고, 바나나를 챙긴 뒤 진주 바다로 향했다. 진주항에 도착해 어부에게 배를 빌린 후, 진주 바다 한가운데 있는 인어공주의 돌상을 찾아갔다. 진주 바다는 이름 그대로 반짝이는 진주들이 가득했다. 울퉁불퉁한 바닷길을 지나가는 것은 생각보다 쉽지 않았다. 고생 끝에, 어부가 말해 준 장소에 도착했다. 나는 큰 소리로 외쳤다.
"인어공주님! 어디 계세요?"

저 멀리서 무언가가 점점 다가오더니, 긴 생머리를 휘날리며 내 앞에 모습을 드러냈다. 나는 보는 순간 확신했다. 그녀가 바로 인어공주였다. 그녀는 말로 표현할 수 없을 만큼 빛났다. 어두운 바다를 밝혀주는 듯 반짝였고, 그 모습은 마치 무지개처럼 아름다웠다. 나는 멍하니 그녀를 바라보다, 정신을 차리고 물었다.
"인어공주님! 무지개가 어디에 있는지 아시나요?"
그러자 인어공주는 돌상을 몇 번 쓰다듬은 후, 조용히 말했다.
"나는 반짝이는 보석들의 위치는 알지만, 무지개는 몰라. 하지만 달나라 토끼는 알걸."
나는 인어공주에게 감사 인사를 하고 진주 몇 개를 챙긴 후, 다시 여정을 떠났다.

친구에게 로켓을 빌려 달나라로 향했다. 우주는 정말이지 아름다웠다. 정신을 차리지 않으면 어딘가로 빨려 들어갈 것만 같았다. 나는 두 눈을 부릅뜨고 달나라에 도착해, 토끼를 찾았다.
"토끼님! 무지개가 어딨는지 아시나요?"
토끼는 장난스럽게 웃으며 말했다.
"떡 만드는 걸 도와주면 알려줄게!"
나는 열심히 토끼와 함께 떡을 만들었다.
팔이 아파도, 기대감에 부풀어 참으며 끝까지 도왔다. 떡을 다 만든 후, 나는 숨을 고르며 물었다.
"무지개는 어디에 있어요?"

그러자 토끼는 웃으며 대답했다.

"나도 몰라~!"

그리고는 떡을 나눠주고는 휙 떠나버렸다. 나는 설움에 눈물이 날 것만 같았다. 결국 다시 로켓을 타고, 집으로 돌아왔다.

힘없이 터벅터벅 걷고 있는데, 누군가 나에게 말을 걸었다. 고개를 들어 보니, 친구 딸기였다. 딸기는 걱정스러운 눈빛으로 물었다.

"왜 그래? 무슨 일 있었어?"

나는 한숨을 쉬며 말했다.

"무지개가 어딨는지 모르겠어…"

그러자 딸기가 피식 웃으며 말했다.

"무지개? 무지개는 너네 집 뒤 언덕에 있어!"

나는 깜짝 놀라 딸기에게 작별 인사를 하고, 곧장 집 뒤 언덕으로 뛰어갔다. 금방이라도 지쳐 쓰러질 것 같던 몸, 아까까지만 해도 잔뜩 풀이 죽은 얼굴이 언제 그랬냐는 듯 환하게 빛났다.

언덕에 도착한 나는, 입을 다물 수 없었다. 정말… 내가 꿈에서 봤던 바로 그 무지개였다. 나는 자리에 털썩 앉아, 멍하니 무지개를 바라보았다. 정말… 아름다웠다. 그리고 무지개를 찾아다니며 만났던 산신령, 인어공주, 달나라 토끼가 떠올랐다.

'평소 같으면 절대 만날 수 없는 존재들인데… 무지개가 이렇게나 아름다운 건, 내가 그만큼 아름다운 과정을 겪었기 때문이 아닐까?'

나는 그렇게 생각했다.

이제 어떤 일이 생기더라도, 오늘 이 순간들을 떠올리며 버티고, 또 웃을 수 있을 것 같다. 나는 무지개의 사진을 찍고, 긴 여정을 마무리하며 가득 찬 가방과 함께 집으로 돌아왔다.

나는 그 이별조차 사랑했다

31025 정 민 수

간부들이 군 병원을 지나며 낮게 읊조렸다.
"이제 그 빌어먹을 전쟁도 끝났군. 독일도 말이야."

간부의 자조적인 농담에 몇몇 이들이 실소를 터뜨렸다. 간부는 실실 웃으며 병원 입구에 줄지어 서 있는 병사들을 향해 눈을 돌렸다.
"펑!"
간부가 소리치자 병사들은 자지러지며 머리를 감쌌다.
"이딴 것에 쓰러지지 마라! 제군들, 독일 제국은 다시 일어날 거야!"
웃기는 말이었다. 이미 모두가 아는 사실. 독일은 끝났다는 걸. 나는 그 광경을 직접 보았다.

스탈린그라드에서. 전쟁이 끝나고 나는 독일로 돌아왔다. 친애하는 내 고향, 뉘른베르크. 그곳에는 내 아내, 플루겔이 있었다. 전쟁통에 편지 한 통 없던, 기분 나쁘면서도 여전히 사랑스러운 아내. 작은 집에 들어가자마자 보인 것은 역시나 그녀였다.
"아! 당신, 살아 있었군요!"
플루겔은 그 말을 남기고 다시 집 안으로 들어갔다. 그녀는 전쟁 전보다 냉랭해졌다. 아무리 전쟁이 사람을 바꾼다지만, 최전선에 나간 건 나인데… 섭섭한 마음이 안 들 수 없었다. 플루겔은 나에게 빵과 약간의 수프를 내오며 덤덤하게 말했다.
"우리 이혼해요, 러스틴."

순간, 말문이 막혔다.
"뭐?"
너무 갑작스러웠다. 이혼이라니. 스탈린그라드에서 잃은 손가락은 누구를 위한 것이었나. 그날 밤 우리는 밤새 싸웠다. 결국에는 내가졌다. 보내줘야 할 때 보내주는 것도 사랑이겠지. 한심했다.

아침부터 거리에 나왔다. 나름 번지르르한 바에 들어가 나름 비싼 술을 퍼마셨다. 옆에 앉은 이름도 모르는 주정뱅이와 반나절 가까이 떠들고, 애꿎은 바텐더에게 성질을 내보기도 했다. 그것이 내가 할 수 있는 최선의 방어기제였다. 주정뱅이는 히죽 웃으며 물었다.
"댁은 이름이 뭐시오? 이제야 묻는군."
나는 취기가 묻어나는 목소리로 작게 대답했다.
"러스틴. 러스틴 바일런체프."
주정뱅이는 내 이름을 듣고 살짝 웃으며 위스키를 들이켰다.
"이름이 꼭 소련 놈 같군. 허허. 보아하니 상태가 좋지 못한데, 무슨 일 있었습니까?"
나는 한숨을 내뱉었다.
"아내랑 대판 싸웠지. 나쁜 여편네. 전쟁에서 살아 돌아왔더니 반겨준 게 이혼이라니!"

주정뱅이는 내 신세한탄이 뭐가 그리 우스운지 끅끅대며 웃었다. 그게 조소인 걸 알면서도 나는 자리를 뜨지 못했다. 지금은 그 주정뱅이라도 있어야 살 수 있을 것 같았다. 주정뱅이는 여전히 웃으며 자기 할 말만 해댔다.
"요즘 동네에 미친놈이 많더군. 자기가 감정을 다룬다며 떠드는 마술사가 있는데, 정신이 나간 것 같아. 점쟁이인가?"
주정뱅이의 정보가 마음에 들었다. 지금이라도 위로받고 싶었다.

"나는 이만 가겠네. 뭐, 기다릴 아내도 없으니."

도망치듯 바를 빠져나왔다. 동네를 뒤져 수소문한 끝에 그 마술사의 가게를 찾았다. 거추장스러운 장식이 달린 가게에 들어서자, 바닥에 널브러진 유리병들과 한 남자가 보였다.
"무슨 일로 오셨습니까?"
남자가 나지막이 말하자, 나는 그의 말이 끝나기도 전에 물었다.
"당신이 마술사요?"
그는 잠시 침묵하다가 말했다.
"예, 맞습니다. 감정은 사고팝니다."
어이없는 소리였다. 하지만 나는 약간의 위안을 얻고 싶었다.
"그러면 내 '사랑'이라는 감정을 팔겠소. 사시오."
마술사는 입가를 비틀어 웃으며 대답했다.
"알겠습니다. 러스틴 바일런체프."
내 이름을 어떻게 아는지 궁금했지만, 나는 입을 다물었다. 가게를 나오니 내 손에는 7,000유로가 쥐어져 있었다. 가슴에 바람이 통하는 듯한 느낌이 들었지만, 별 신경 쓰지 않았다. 돈도 생긴 김에 좋은 술과 담배를 입에 물었다.

놀 곳도, 놀 사람도 딱히 없었지만 나는 그저 이 빌어먹도록 잔혹한 세상에서 잠시 눈을 돌리고 싶었다. 좋은 바에서 좋지 않은 사람들과 먹는 술은 현실과 대비될 만큼 달았다. 가끔 나처럼 전쟁에서 기어 나온 자들의 썰도 주워들으며, 실력이 형편없는 재즈 악단의 공연도 들었다. 플루겔에 대한 생각도 가끔 떠올랐다. 가슴이 저릿하지도, 화가 나지도 않았다.

태양이 막을 올리는 새벽, 나는 바를 나왔다. 취기가 잔뜩 올라 있었다. 지금은 전쟁도, 플루겔도, 망할 소련 놈들도 생각나지 않았다. 차가운 조국의 현실과 상반되는 반짝이는 유흥거리. 나는 손에 비어있는 위스키병과 꼬깃꼬깃한 2,300유로를 쥔 채 거리를 비틀대며 걸었다. 그때, 나는 보았다. 불빛 속에 빛나는 그녀, 플루겔. 몸에는 화려한 장신구와 옷을 걸친 채, 꽤나 고급스러운 신사를 끼고 나오는 그녀였다. 순간, 가슴에 바람이 불어 닥쳤다. 공허했다. 아무런 감정도 느껴지지 않았다. 하지만 곧 그 공허함은 분노로 채워졌다.

정신이 반쯤 나간 채로 두 사람에게 달려들어, 플루겔의 머리를 위스키병으로 내리쳤다. 플루겔은 외마디 단말마와 함께 그대로 쓰러졌다. 유흥가의 재즈 음악과 함께, 피는 바닥에 부드럽게 스며들었다. 신사는 비명과 함께 도망쳤고, 나도 도망치듯 자리를 떴다. 내가 가장 먼저 향한 곳은 마술사의 가게였다. 믿지 않는 미친놈이라고 생각했지만, 왜인지 그 마술사가 가장 먼저 떠올랐다. 거추장스러운 장식을 뿌리치며, 여전히 가게에 앉아 있는 마술사에게 소리쳤다.

"마술사! 내 감정을 사가시오!"

마술사는 나를 픽 웃으며 말했다.

"어느 감정을 파시겠습니까?"

나는 잠시 침묵했다. 수년간의 전장, 술, 아내, 조국… 모든 것이 밉고 싫었다. 떨리는 입술을 붙였다 떼다가, 끝내 입을 열었다.

"후회. 후회요."

내 말에 마술사는 가볍게 고개를 끄덕이며 말했다.

"후회라… 알겠습니다. 러스틴 바일런체프."

그 순간부터 나는 더 이상 인간이 아니었다. 인간의 형상을 한 무언가였다.

며칠 후, 나에 대한 소문이 뉘른베르크에 무성하게 퍼졌다.

"또 누가 목을 매달았더군."
"애처가 아니었나? 아내를 죽이고 자기까지 목을 걸다니."
"아내랑 대판 싸웠다더군. 마지막으로 찾아간 게 그 미친 마술사였다지."

친애하는 내 고향, 뉘른베르크. 사랑했던 내 아내, 플루겔에게.
그대여, 나는 그대와의 이별마저 사랑했소.

목격자

30928 한 다 현

저번 주에 친구가 죽었다. 자살이었다.
늦은 저녁, 학교 아래를 걷고 있었는데 위에서 그 친구가 떨어졌다. 내가 목격자가 되었다. 바로 경찰에 전화했고, 그 애는 응급실로 실려 갔지만 결국 죽었다. 부모님과 친구들이 내게 말했다. 무서웠을 거라고. 트라우마로 남지 않겠냐며 걱정해 주었다.
하지만 나는 아무 생각이 없었다. 충격을 받은 것도 아니었다. 그냥, 진짜 괜찮았다. 사실, 그 애가 죽었으면 좋겠다고 생각했었다. 날 애초부터 괴롭혀 온 애였다. 그 애가 날 괴롭혔다는 걸 아는 건 나뿐이다. 이제 와서 학폭 신고를 해봤자 소용없다. 어차피 죽은 애를 내가 어쩔 생각도 없었다.

그 애의 친구인 이경원이 꽤 충격 받은 눈치였다. 그 남자애도, 나를 괴롭히던 애였다. 같이 괴롭히더니, 거기서 우정이라도 쌓인 건가. 더러운 사이였나 보다. 어이가 없었다. 그 애가 죽고, 장례식이 끝났다. 그날 저녁, 네 명의 친구가 나를 불렀다. 학교 체육관 위쪽으로 오라고 했다. 그 중 한 명이 얼굴이 붉어진 채, 눈물 자국을 남긴 얼굴로 말했다.
"야. ㅋㅋㅋ 걔 너가 죽였냐? 걔가 갑자기 왜 죽은 건데?"
할 말이 없었다. 이해가 되지 않았다. 분명 내가 목격자인데, 왜 가해자처럼 몰리는 건지.
"맞나 보네, 진짜. ㅋㅋㅋ 아니 야, 우리가 뭘 했냐? 그냥 너랑 지내지려고—"

그 말을 끝으로, 기억이 없다. 눈을 떠보니 집이었다. 꿈이었던 것 같다. 정말 꿈이었을까. 그때 내가, 걔들이 불렀을 때, 진짜 갔던 걸까? 거실로 나와 보니 경찰들이 서 있었다.

"아… 그쪽, 어제 이경원이라는 남학생이랑 같이 있었어요?"

내가 갔었나 보다 싶어, 대답했다.

"네. 체육관 옥상에서요."

경찰이 천천히 나를 째려보며 말했다.

"몇 시쯤 만났죠?"

"모르겠어요. 제가 폰이 없어서… 그냥 그 애랑, 그… 죽었던 애 얘기만 좀 하고 왔어요."

"하… 거기 CCTV도 없어서 뭘 할 수가 없네. 일단 알겠습니다."

경찰들이 돌아간 후, 폰을 들여다봤다.

「20××년 ××월 ××일 뉴스

고등학교에서 또다시 안타까운 사고가 발생했습니다. 이 모 군은 앞서 사망한 학생과 가장 가까운 친구로, 경찰은 이번 사건을 단순한 자살이 아닌 타살 가능성도 염두에 두고 수사 중입니다.」

감정을 인식해 공감한 로봇, 리브리

30915 이승은

　나는 인공지능을 연구하는 박사, 레인이다. 현재 기술의 발전과 함께 인공지능은 전 세계적으로 큰 주목을 받고 있다. 나는 이 인공지능을 발전시키고 개발하는 데 많은 기여를 하여 유명해졌다. 또한 직접 회사를 설립해 많은 연구원들과 함께 새로운 기술을 연구하고 있다.

　하지만 나에게는 라이벌이 있다. 헤이먼 박사다. 헤이먼은 어린 시절부터 나와 같은 학교를 다녔고, 늘 1·2등을 주고받으며 성장한 오랜 친구이자 경쟁자였다. 그는 사람들의 생활에 실질적인 도움을 주는 인공지능을 개발해 세계적으로 인정받고 있다. 최근에는 인공지능을 상용화하여 판매하는 회사를 설립해 주목받는 중이다. 이렇게 헤이먼과 나는 끝나지 않을 것 같은 치열한 경쟁을 이어가고 있었다.

　그러던 어느 날, 나에게 잊을 수 없는 사건이 일어났다. 그날도 나는 어김없이 연구소에서 새로운 인공지능을 개발 중이었다. 그때 내가 만들어낸 것은 '리브리'라는 이름의 로봇이었다. 리브리는 감정을 인식하고 공감할 수 있는, 세계 최고 수준의 능력을 지닌 로봇이었다. 나는 리브리라면 마침내 헤이먼을 이길 수 있을 것이라 생각했다.
　너무 기쁜 나머지, 나는 매일매일 리브리만 시험하고 연구했다. 그 과정에서 나는 리브리의 공감 능력을 검증하기 위해 "헤이먼을 이겨야 한다.'는 나의 감정을 자주 드러냈다. 이로 인해 리브리는 점차 헤이먼이라는 존재를 인식하고, 서툴지만 그에 대한 감정까지 이해하려 노력했다. 그 모습이 기특해 나는 리브리를 자주 칭찬했다.

그러던 어느 날, 뉴스에서 헤이먼이 실생활에 큰 도움을 주는 엄청난 로봇을 개발했다는 소식이 들려왔다. 나는 한숨을 쉬며 기분이 안 좋다는 티를 냈다. 그때 리브리가 나에게 물었다.
"박사님은 헤이먼이 싫으신가요?"
나는 대답했다.
"어… 인정하긴 싫지만, 헤이먼은 뛰어난 실력을 가지고 있어."
그 순간, 리브리는 믿을 수 없는 말을 꺼냈다.
"제가 헤이먼을 죽여 드릴까요?"
나는 너무 놀라, 인간을 해치는 건 절대 안 된다고 다그치며 혼냈다. 그날따라 왠지 불안한 마음이 들었지만 대수롭지 않게 넘겼다.

그러나 다음 날, 헤이먼이 귀가하던 중 어떤 인공지능에게 피해를 입었다는 소식이 들려왔다. 나는 뉴스를 보자마자 리브리임을 직감했다. 급히 연구소로 달려가, 리브리에게 물었다.
"왜 헤이먼을 해쳤지?"
리브리는 이렇게 대답했다.
"박사님은 항상 헤이먼을 싫어하셨고, 제가 그 말에 공감할 때마다 칭찬해 주셨습니다.
그래서 저는 그를 없애면 박사님이 기뻐하실 줄 알았답니다."
그 순간, 나는 인공지능의 위험성을 깊이 느꼈다.

며칠 동안 고민했다. 리브리를 없애야 할지, 아니면 수정해야 할지. 결국 나는 오랜 시간과 돈을 들여 만든 리브리를 쉽게 포기하지 못하고 수정하기로 결심했다. 그러나 다음 날, 내가 리브리의 정보를 빼내어 수정하려 하자 리브리는 눈을 번쩍이며 나를 공격하려 했다. 나는 놀랐지만 간신히 공격을 피하고, 가까스로 전원을 끄는 데 성공했다. 한동안 몸을 움직이지 못한 채 서 있었다. 몇 시간 뒤, 깊은 고민 끝에 리브리를 처분하기로 결정했다.

한 번 인간을 공격한 인공지능은 나뿐만 아니라 많은 사람들에게도 위협이 될 것이라 판단했기 때문이다. 리브리를 처분한 뒤, 나는 슬펐지만 잘한 결정이라 생각했다. 그 이후에도 나는 계속 인공지능을 개발하고 있다. 하지만 예전과는 달라졌다. 이제 나는 인공지능의 위험성을 사람들에게 알리고, 강연과 캠페인을 통해 "인공지능은 편리하지만 그에 따른 대가도 존재한다."는 메시지를 전하고 있다.

또한, 인간에게 긍정적인 영향을 주는 인공지능만 개발하며 한 번이라도 인간에게 위협을 가한 인공지능은 오랜 시간과 돈을 들였더라도 즉시 처분한다는 쉬워 보이지만 결코 쉽지 않은 원칙을 지키려 한다. 나는 이제 그런 박사가 되었다.

편견

30405 김 재 민

　재웅이는 작은 마을에 사는 늙은 남자였다. 몇 년 전, 그의 아내는 암으로 세상을 떠났다. 그 후로 재웅이는 늘 홀로 마을을 돌보며 살아갔다. 그는 마을을 손수 관리했고, 마을을 어지럽히는 사람이 있으면 반드시 나무랐다. 그 때문일까. 마을 사람들은 재웅이를 꺼려하고, 때론 미워하기도 했다.

　그러던 어느 날, 그가 살고 있던 마을에 젊은 부부가 이사 왔다. 그들의 얼굴에는 재웅이가 오랫동안 잃어버린 미소가 가득했다. 마을 사람들 모두가 그 젊은 부부를 반겼다. 부부는 밤마다 파티를 열었고, 마을은 점차 활기를 되찾아갔다. 그러나 그들과 함께 찾아온 활기는 곧 소음과 쓰레기라는 불청객으로 바뀌었다. 파티가 끝나면 거리는 항상 어질러졌고, 그것을 치우는 것은 늘 재웅이의 몫이었다. 어지럽히는 이들과 정리하는 이 사이의 갈등은 점점 깊어져 갔다.
　그리고 결국, 사건이 터지고 말았다. 재웅이가 젊은 부부를 마을에서 쫓아내려 한 것이었다.
　"당장 이 마을을 떠나라!"

　재웅이의 외침은 그의 나이와는 어울리지 않게 매서웠다. 그가 내뱉는 말들은 날카로운 유리 파편처럼 부부와 마을 사람들의 가슴에 박혔다. 그가 말을 더할수록, 부부의 마음속 미움과 두려움도 함께 자라났다. 이 사건 이후, 마을은 다시 창백해졌다.

젊은 부부는 왜 재웅이가 그렇게까지 마을을 지키려 하는지 궁금해졌다. 그들은 마을 사람들을 통해 재웅이에 대해 듣기 시작했다. 재웅이는 아내를 떠나보낸 후, 마을을 아내의 유산처럼 여기며 지켜온 사람이었다. 그는 과거에는 한없이 다정하고 따뜻한 사람이었다. 한편, 재웅이는 오래전부터 마음속에 품고 있던 계획을 실행하려 하고 있었다. 아내를 잃은 뒤로, 그녀와 함께 지키던 마을은 이제 그에게 짐처럼 느껴졌고, 삶조차 무료하게 다가왔다.

그날 밤, 그는 천장에 밧줄을 걸고 매듭을 만들었다. 차가운 의자 위에 올라선 재웅이는, 거친 밧줄과 따스한 자신의 숨결을 느꼈다. 그리고 조용히 의자를 발로 밀었다. 점점 조여 오는 목, 머릿속을 타고 오르는 열기. 재웅이는 서서히 눈을 감았다.
하지만 그 순간, 천장에 묶인 밧줄이 끊어지고 말았다. 다음 날 아침, 재웅이는 깨어났다.
문 너머에서는 자신을 찾는 부부의 목소리가 들려왔다.
"선생님, 죄송해요. 우리가 너무 무례했어요."
"앞으로 저희도 마을을 돌보는 데 힘을 보탤게요."

하지만 재웅이는 그들을 밀어냈다. 그 후로도 젊은 부부는 계속 재웅이를 찾아왔다. 하루, 이틀, 그리고 또 하루. 조금씩, 재웅이는 과거의 따뜻했던 모습을 되찾아갔다. 그 변화의 중심엔 언제나 젊은 부부가 있었다. 하지만 안타깝게도, 재웅이가 오래전부터 앓고 있던 병이 악화되기 시작했다. 결국, 그는 세상을 떠났다. 그의 유서에는 자신의 재산을 젊은 부부에게 남긴다는 내용과, 마을 사람들 모두를 향한 미안함과 고마움이 담겨 있었다. 그의 죽음 이후, 마을 사람들은 그를 더욱 사랑하게 되었다.

검정색 크레파스

30401 강 규 리

크레파스에는 다채로운 색들이 많았습니다. 하지만 그중에서 아이들이 유독 쓰지 않는 크레파스가 하나 있었죠. 그건 바로 검정색 크레파스였습니다.

아이들이 검정색 크레파스를 쓰지 않는 이유는 여러 가지였습니다. 다른 색들과는 달리, 검정색은 다른 색과 섞여도 알록달록한 그림이 되지 않고 오히려 그림을 망치는 색이라는 인식이 생겨버렸기 때문이었죠. 점점 검정색 크레파스를 쓰는 아이들이 줄어들자, 아이들은 말도 안 되는 이유들을 붙이며 검정색을 더더욱 꺼리기 시작했습니다.

그렇게 검정색 크레파스에는 쓸모없다는 소문이 무성해졌고, 마침내 '쓸모없는 색'이라는 또 다른 이름까지 생겨났습니다. 검정색 크레파스는 슬펐습니다. 자신을 사랑하고 싶었지만, 그럴 수가 없었습니다. 그 이유는 바로 자신에게 생긴 그 '또 다른 이름' 때문이었습니다. 그 이름은 끊임없이 자신의 귀에 맴돌며 상처가 되었습니다.

검정색 크레파스는 그 이름을 지우기 위해 애썼습니다. 예쁜 색을 가진 물감을 자신의 몸에 칠해 보기도 하고, 혹시라도 몸속에 아름다운 색이 숨어 있을까 싶어 자신을 베어보기도 했습니다. 하지만 모든 것이 헛수고였습니다. 물감은 금세 녹아내렸고, 몸을 잘라도 그 안에는 아름다운 색 하나 없는 그저 검정색뿐이었거든요. 검정색은 절망했습니다.

"왜 나는 이렇게 태어났을까?"

그렇게 스스로를 몰아세웠습니다. 그것이 자해인 줄도 모른 채 말이죠.

검정색 크레파스는 자신이 쓸모없다고 끝없이 되뇌었습니다. 그 생각은 꼬리에 꼬리를 물고 지독하게 놓아줄 생각을 하지 않았습니다. 결국 검정색 크레파스는 자신의 '또 다른 이름'에 동조해 버렸고, 깊은 슬픔에 빠져들었습니다. 그러던 어느 날, 노란색 크레파스가 검정색에게 말을 걸었습니다.

"너는 왜 자기 자신을 학대하니?"

검정색 크레파스가 대답했습니다.

"난 쓸모없는 크레파스일 뿐이야."

그러자 노란색 크레파스가 말했습니다.

"아니야. 그렇지 않아. 넌 내가 찾던 가장 아름다운 색이야."

노란색 크레파스는 계속해서 말을 이어갔습니다.

"너와 내가 함께 그림을 그린다면 아주 아름다운 그림이 완성될 거야. 날 믿고, 한 번 나랑 그림을 그려보지 않을래?"

노란색 크레파스는 확신에 찬 눈빛으로 말했습니다. 그 모습을 본 검정색 크레파스는 용기를 냈고, 노란색과 함께 그림을 그리기 시작했습니다.

그림이 완성되자, 검정색 크레파스는 깜짝 놀랄 수밖에 없었습니다. 그것은 반짝이는 별이 수놓아진 아주 아름다운 밤하늘이었습니다. 별들은 마치 "여기가 바로 내 자리야"라고 말하듯 반짝이며 자신들의 개성을 뽐냈고, 그 별들을 뒷받침해주는 검정색 하늘은 없어서는 안 될 존재처럼 느껴졌습니다. 그제야 검정색 크레파스는 깨달았습니다.

"나도 이렇게나 빛날 수 있구나!"

그 순간, 검정색의 발목을 잡던 '또 다른 이름'이 사라졌습니다.

42도의 여름

30730 황혜란

"오늘의 최고 기온은 42도로, 매우 더울 예정이니 야외 활동은 피해주시고 물을 자주 섭취하시기 바랍니다."

TV 속 기상캐스터는 오늘이 대한민국 역대 최고 기온임을 알려주었다. 나는 TV를 끄고 베란다로 나갔다. 베란다에서 내려다보이는 세상은 눈을 찌를 듯한 강한 햇볕과 뜨겁게 달궈진 아스팔트, 그리고 이따금 지나가는 개 한 마리뿐이었다.

우리 집에는 에어컨은 커녕, 제대로 작동하는 선풍기 한 대도 없었다. 저녁 8시가 넘었는데도 햇볕은 여전히 뜨거웠고, 나는 온몸이 땀으로 뒤덮여 있었다. 밤 11시가 되어서야, 따뜻하지만 미세하게 식은 바람이 불어오기 시작했고, 그제야 겨우 잠을 청할 수 있었다. 이런 극심한 더위가 며칠째 계속되자 문득,

'도대체 왜 이렇게 더운 거지?'

하는 생각이 들었다.

다음 날, 나는 환경 보호 동아리에서 활동 중인 친구 민수를 찾아갔다. 그리고 날씨가 이렇게 더운 이유를 물어보았다. 민수는 이렇게 말했다.

"이 더위는 모두 인간이 만든 거야."

"인간이 지구에 있는 나무와 흙을 없애고, 그 자리에 시멘트와 건물들을 세우니까 해마다 기온이 놀랄 만큼 높아지는 거지."

나는 민수의 말을 곱씹으며 집으로 돌아갔다. 돌아가는 길, 얼마 전

까지만 해도 아이들이 뛰놀던 동네의 유일한 공원이 3층 건물을 짓기 위해 철거되고 있었다. 가로등 밑에는 길강아지 한 마리가 축 늘어진 채 누워 있었고, 지나가는 사람들 모두 더위와 사투를 벌이고 있었다. 집으로 가는 길에는 초록색이라고는 눈을 씻고 찾아봐도 없었다. 무채색으로 덮인 칙칙한 세상, 그것이 우리가 살아가는 현실이었다.

땀을 흘리며 계단을 올라가는데, 우리 집 쪽에서 '쿵' 하는 소리가 났다. 나는 서둘러 문을 열고 들어갔다. 할머니가 쓰러져 계셨다. 나는 급히 119에 신고했고, 할머니는 구급차를 타고 응급실로 실려 갔다. 의사는 극심한 더위가 할머니의 심장병을 악화시켰다고 말했다. 할머니는 병원에서 하룻밤을 보내게 되었다.

나는 그날 밤, 몇 년 동안 사용하지 않았던 필름 카메라를 꺼냈다. 그리고 사진을 찍기 시작했다. 건물을 짓기 위해 폐쇄된 공원, 숨만 헐떡이며 힘없이 누워 있는 강아지, 더위로 인해 건강이 악화된 사람들, 내 집 베란다에서 내려다본 회색빛 세상. 마침 우리 학교에서는 교내 포스터 공모전을 진행 중이었다. 나는 찍은 사진들로 폭염의 피해를 알리는 포스터를 만들어 출품했다. 예상보다 훨씬 좋은 평가를 받았다. 우리 지역의 시장도 내 작품을 보았고, 그 포스터는 뉴스에도 소개되었다.

얼마 후, 날씨가 조금 선선해졌을 때 민수가 말했다.
"우리 동아리에서 같이 활동해 보는 건 어때?"
그 주 일요일, 나와 민수는 우리 동네에 작은 공원을 만들기로 했다. 꽃을 심고, 그늘을 만들고, 벤치를 설치했다. 무려 7시간에 걸쳐, 작지만 소중한 공원이 완성되었다. 겉으로 보기엔 작고 볼품없는 공원일지도 모른다. 하지만 그 안에 담긴 의미만큼은 그 무엇보다 빛났다.

우리가 만든 이 공원은, 기온을 낮추기 위해 내딛는 첫걸음이었다.

천국으로 가는 우체통

30521 전 시 온

수연이에게는 돌아가신 아버지가 한 분 계셨다. 수연이는 겉으로는 항상 씩씩한 척, 괜찮은 척하며 지냈지만 속으로는 전혀 그렇지 않았다. 매일 밤마다 아버지가 보고 싶고, 목소리가 듣고 싶어 잠을 이루지 못하는 날이 많았다. 그래서 수연이는 아버지께 닿지 않는다는 것을 알면서도 매일 편지를 써서 우체통에 넣었다. 그것만으로도 수연이에게는 조금이나마 위로가 되었다.

그러던 어느 날, 잠에서 깨어 아빠가 몹시 보고 싶었던 수연이는 편지를 써서 무작정 밖으로 달려나갔다. 그런데 오늘은 이상한, 평소와 다른 우체통이 하나 보였다. 수연이는 그 우체통에 편지를 넣을까 말까 고민하다가, 12시 1분이 되자마자 그 우체통이 원래 없었던 것처럼 눈 앞에서 사라져 버리는 것을 보았다. 깜짝 놀란 수연이는 평소에 편지를 넣던 우체통에 편지를 넣고 재빨리 집으로 돌아와 잠을 청했지만, 쉽게 잠이 들지 않았다.

수연이는 그 우체통이 너무 궁금해 친구에게 메시지를 보내고, 다음 날 저녁 다시 그 우체통을 보러 갔다. 그러나 그 우체통은 어디에도 보이지 않았다. 계속 찾아보다가 돌아서려던 그 순간, 빛이 나며 어제 봤던 하얀색에 날개가 달린 우체통이 다시 나타났다. 그 우체통은 12시가 되자마자 나타난 것이었다. 수연이는 어제처럼 우체통이 사라질까 봐 서둘러 편지를 넣고 집으로 후다닥 달려갔다.

다음 날 아침, 일어나 책을 보니 이상한 편지 하나가 책상 위에 놓여 있었다. 편지를 열어 보니 아빠에게서 온 편지였다. 수연이는 아직 꿈이라고 생각하며 다시 잠을 청하려 했지만, 엄마가 깨우러 와서 더 이상 잠들지 못했다. 수연이는 그 편지를 몰래 챙겨 화장실로 가져갔다. 편지를 펼치자 수연이의 눈에 눈물이 맺혔다. 편지에 쓰인 글씨체가 바로 아빠의 글씨체였기 때문이다.

편지에는 아빠가 잘 지내고 있으니 걱정하지 말고, 지금처럼 씩씩하고 엄마 말을 잘 듣는 착한 수연이로 살라는 내용이 담겨 있었다.

수연이는 편지를 읽고 바로 책상으로 달려가 답신 편지를 썼다. 그날 저녁, 어김없이 날개 달린 우체통이 12시 정각이 되자 나타났다. 수연이는 다시 그 우체통에 편지를 넣었다. 편지는 다음 날 아침에도 수연이 책상 위에 놓여 있었다. 수연이는 그 우체통이 평범한 우체통이 아니라는 생각이 들었다.

그래서 그날 저녁, 우체통이 나타나는 정각에 편지를 넣고는 우체통 위에 올라탔다. 정각이 지나자 우체통과 함께 뿅 하고 사라졌다. 정신을 차렸을 때, 수연이는 어느 작은 꼬마들 사이에 둘러싸여 있었다. 그 꼬마들은 수연이를 둘러싸고 뭐라 뭐라 이야기하다가 갑자기 조용해졌고, 한 꼬마가 달려가 어떤 사람을 데려왔다. 그 사람은 수연이에게 말을 걸었다.

"니가 수연이니?"

수연이는 "네, 제가 수연이에요."라고 대답했다.

그 사람은 아빠를 만나고 싶냐고 물었고, 수연이는 당연히 그렇다고 했다. 그때 문 뒤에서 아빠가 나와 수연이를 안았다. 둘은 꼭 껴안고 함께 울었다.

그곳에서 아빠를 만난 이후에도, 수연이는 아빠가 보고 싶을 때마다 그곳을 찾아갔다. 수연이네 가족은 다시 행복한 삶을 되찾았다.

학교 가는 길

30514 송 민 지

　7월의 무더운 여름, 한 여자아이와 남자아이가 길을 걷고 있었다. 그들은 활기찬 누나 주인이와, 무뚝뚝하고 조용한 남동생 지한이였다. 둘은 학교에 가는 길이었다. 지한이는 항상 누나와 함께 학교에 가고 싶어 했다. 하지만 주인이는 친구가 많은 활발한 성격이었기에, 지한이가 함께 갈 기회는 좀처럼 없었다.
　여느 때와 다를 바 없이 학교 갈 준비를 마친 주인이가 친구를 기다리고 있을 때, 지한이는 용기를 내어 물었다.
　"누나, 오늘은 나랑 같이 가면 안 돼?"
　주인이는 잠시 생각하다가 말했다.
　"그럼 친구들이랑 너랑, 우리 다 같이 가면 되겠네."

　지한이는 누나와 함께 학교에 갈 수 있다는 생각에 좋았다. 하지만 동시에 두려웠다. 누나의 친구들이 자신을 별로 좋아하지 않는다는 것을 알고 있었기 때문이다. 주인이의 친구들은 주인이에게는 한없이 착하고 재밌게 대했지만, 지한이가 나타나면 웃음이 사라지고, 곧이어 노려보거나 비꼬는 말을 던지곤 했다. 여름이 끝나갈 무렵, 방에서 쉬고 있던 지한이에게 주인이는 물었다.
　"야, 내 친구들이 우리를 자기 생일파티에 초대했는데, 너도 갈래?"

　지한이는 잠시 고민했지만, 평소 자신을 싫어하던 누나의 친구들이 이번에는 누나뿐만 아니라 자신도 초대했다는 말에 가겠다고 대답했다. 그날 저녁, 그들은 생일파티에 도착해 즐겁게 놀았다. 하지만 누나가 너무 신나게 놀다 지쳐 잠든 사이, 지한이는 친구들에게 따로 불려 나갔다.

"야, 너 왜 자꾸 주인이 주변에 어슬렁거리니? 주인이는 우리랑 가기로 했는데, 네가 자꾸 끼어들어서 흐름이 끊기잖아. 앞으로 주인이랑 같이 등교하는 거 보이면 그땐 가만두지 않을 거야. 알겠어?"
주인이의 친구들은 지한이를 괴롭히며 누나와 함께하지 못하게 하려 했다. 지한이는 그 말에 큰 상처를 받았고, 너무 무서워 고개만 숙인 채 그 자리를 빠져나와 집으로 달려갔다. 친구들은 주인이가 깨어났을 때 아무 일도 없었다는 듯 "지한이가 너무 졸려서 집에 갔다"고 둘러대며 주인이와 놀았다.

다음 날 아침, 친구 집에서 자고 온 주인이는 집에 먼저 돌아온 지한이를 확인하려 그의 방으로 갔다. 지한이는 방 한구석에 쭈그려 앉아 그림을 그리고 있었다.
"와, 너 그림 정말 잘 그린다! 친구들한테도 자랑하고 싶을 정돈데."
주인이는 감탄했지만, 지한이는 누나가 '친구'라는 말을 꺼내자 몹시 불편한 표정을 지으며 저리 가라고 했다. 평소 자신을 무척 따르던 동생이 갑자기 달라진 모습이 이상했지만, 주인이는 동생을 불편하게 하고 싶지 않아 조용히 방을 나갔다. 지한이는 자신이 그린 그림을 보며 많은 생각과 감정이 뒤섞였다.

여름방학을 일주일 앞둔 어느 날, 주인이는 몸이 좋지 않아 집에서 쉬게 되었다. 주인이는 전날 본 지한이의 그림이 방 어딘가에 더 있겠거니 하고 그의 방을 뒤졌다. 책꽂이 꼭대기에서 상자를 발견한 주인이는 '저기 있겠구나' 하고 꺼내려 했다. 높은 곳에서 상자를 꺼내는 데는 성공했지만, 뒤로 넘어져 책상에 머리를 부딪혔다. 너무 아팠지만 상자를 꺼낸 기쁨에 그 아픔도 잊어버렸다. 상자를 열자 그림이 수북이 쌓여 있었다. 주인이는 그 그림들을 보며 생각에 잠겼다. 그림은 온통 자신과 친구들이었다. 왜 지한이가 자신과 친구들을 그렸는지 의아해하던 그때, 주인이는 한 그림을 보고 매우 화가 났다. 그것은 친구들이 지한이를 괴롭히는 모습을 표현한 그림이었다. 처음에는 잘 알아차리지 못할 정도로 은근히 그려져 있었지만, 주인이는 곧 모든 것을 이해했다.

학교를 마치고 돌아온 지한이를 본 주인이는 다가가 물었다.
"왜 이런 걸 누나한테 말을 안 했어? 언제부터 이런 거야?"
지한이는 누나가 자신의 방을 뒤져 그림을 본 것이 기분 좋지만은 않았지만, 동시에 자신의 아픔을 누나가 알게 되어 마음이 한결 가벼워졌다. 애써 눈물을 참으려 했지만, 눈물이 뺨을 타고 흘러내리는 것을 막을 수 없었다. 다음 날, 주인이는 지한이를 데리고 친구들 앞에 서서 말했다.
"너희들, 지한이한테 잘해주고 있다고 생각했는데 내가 잘못 봤네. 앞으로 우리 서로 아는 척하지 말고 모르는 사람처럼 살자."
주인이의 친구들은 지한이 탓을 하며 자신들의 잘못을 감추려 했지만, 이미 모든 걸 알아버린 주인이 앞에서 변명할 수 없었다. 결국 그들은 주인이와 선을 긋게 되었다.

방학식 날이 다가왔다. 주인이는 평소처럼 준비를 마치고 누군가를 기다리고 있었다. 그러다 놀랐다. 평소 잘 웃지 않던 동생 지한이가 웃고 있었기 때문이다. 지한이가 웃는 모습을 보고 주인이도 기뻤다. 주인이는 지한이의 손을 잡았다. 지한이는 그동안 마음 한구석에 자리 잡고 있던 불편함이 사라진 것을 느꼈다. 날아갈 것만 같은 마음을 다잡고, 누나의 손을 꼭 잡고 학교로 향했다.

질곡

30124 이 서 준

　천지불인(天地不仁). 사마귀가 짝짓기 후 암컷에게 잡아먹히는 것은 어진 일도, 잔인한 일도 아니다. 그저 순리였을 뿐이다. 나 역시 마찬가지였다.
　우리 마을에는 이상한 규칙이 있다. 작은 분란이라도 이장의 눈에 띄면 처음 3회는 이장과의 '면담'으로 끝난다. 4회가 되면, 이장은 "이제 군의회에 알리겠다.며 으름장을 놓고 돈을 뜯는다. 그리고 7회쯤 되면, 그제야 파출소로 넘어간다.
　이 이야기를 읍내 친구들에게 말하면, 모두가 폭소한다. 실소인지 조롱인지 알 수 없는 웃음이다. 일주일 전까지만 해도, 나는 이장과의 면담조차 한 번도 받은 적 없었다.

　저번 주 금요일, 나는 처음으로 동성로의 나이트를 갔다. 우리 마을은 너무 외진 탓에, 바로 옆 도시 대구에 가는 데도 세 시간이 걸렸다. 나는 설레는 마음으로, 도시 남자와의 만남을 기대하며 조금 파인 옷을 입었다. 하지만 도시는 생각보다 차가웠다. 함께 간 친구들 중 누구도 부킹에 성공하지 못했다. 나는 해가 중천에 떠 있을 무렵이 되어서야 집에 돌아왔다.
　이장은, 평소와는 다른 내 모습을 보고 나를 마을회관으로 불러들였다. 그는 말없이 종이와 펜을 내밀었다.
　"첫 번째 기회야."
　그러곤 이렇게 말했다.

"홍익인간(弘益人間), 재세이화(在世理化), 이도여치(以道與治), 광명이세(光明理世)를 각각 스무 번씩 쓰고, 내 앞에서 외워 읊어."

나는 마을에서 유일한 대졸자였다. 그 성어들의 의미를 알고 있었다. 알기 때문에, 더 불쾌했다. 집에 돌아오니 벌써 저녁이었다. 나는 오늘 있었던 일을 엄마에게 말했다. 엄마는 담담히 말했다.

"마을 사람들 전부, 너랑 비슷한 이유로 그랬어. 겨우 맛있는 밥, 예쁜 옷, 인테리어 공사 같은 걸로도 이장은 못 참지."

그러나 마을 사람들 중, 그 사자성어들의 뜻을 아는 이는 없었다. 처음으로 의문을 품은 사람은 나였다.
나는 곧장 파출소로 향했다. 하지만 가는 길에, 이장이 또다시 나를 불렀다.
"이번엔 길 가며 핸드폰 본 죄다."
그리고는 다시 글을 쓰게 했다. 이번에는 다른 한자였다. 그러나 그 의미 또한, 이장의 행위와는 전혀 맞지 않았다.

나는 이 모든 '순식간의 기회'들을 다 채우고 나서야 파출소에 갈 수 있었다. 시간과 돈을 잃어가며, 나는 이 불의에 맞서고자 했다. 그러나 경감은 나에게 수갑을 채운 뒤, 오로지 이장과만 이야기를 나눴다. 나는 결국 또다시 벌금을 내고 풀려났다. 수갑과 벌금은 나에게, 그리고 마을 사람들에게 단순한 형벌이 아니었다. 차가운 금속의 감촉이 세포 하나하나에 스며들었고, 몇 푼 되지도 않는 벌금을 두 손 모아 내밀 때— 그 손을 바라보는 이장과 경감의 눈빛은 무엇보다도 깊게 살을 파고드는 질곡이었고, 결코 소리내어 외칠 수 없는 침묵의 절규였다.

강정의 미래

30213 박예나

　같은 학교에 다니는 박강정이라는 남자아이와 이미래라는 여자아이가 있습니다. 박강정은 유명한 치킨집 아들이었고, 이미래는 유명한 엔터테인먼트 소속 아이돌 연습생이었습니다.

　두 사람이 처음 만난 곳은 동아리실이었습니다. 동아리 수업을 듣기 위해 동아리실에 들어갔을 때, 이미래가 먼저 와 있었습니다. 강정은 동아리실에 들어서자마자 이미래의 모습을 보고 한눈에 반하고 말았습니다. 그 후 동아리 시간은 빠르게 흘러갔고, 강정은 이미래에게서 눈을 뗄 수 없었습니다. 하지만 이미래는 연애에 관심이 없었고, 강정에게도 더욱 관심이 없었습니다. 동아리 수업이 끝난 후, 강정은 아빠 치킨집에 가서 알바를 하며 하루 종일 생각했습니다. '내가 진짜 걔를 좋아하는 걸까?' 하는 깊은 생각들이었죠.

　그러던 중 아빠의 목소리가 크게 울렸습니다.
　"강정아, 배달 왔다고!"
　아빠가 강정에게 치킨 배달을 부탁하는 소리였습니다.

　강정은 아빠의 말을 듣고 배달을 나섰습니다. 그런데 배달 장소가 이미래가 연습생으로 있는 유명한 엔터테인먼트 회사였습니다. 강정은 이미래가 그곳의 연습생이라는 걸 알고 있었기에 갑자기 심장이 떨렸지만, 배달을 안 갈 수는 없어 그냥 갔습니다. 달리고 또 달려 이미래의 회사 앞까지 왔습니다.

　그때 좁은 골목길을 지나던 이웃의 차와 강정의 오토바이가 사고가 났습니다. 강정의 오토바이 박스 안에 있던 치킨은 섞여 버렸고, 강정은 다리를 크게 다쳤습니다. 하지만 사고를 낸 이웃의 차는 그대로 가버렸습니다. 마침 치킨 배달이 거의 다 왔다는 문자를 받은 이미래는 치킨을 받으러 나왔다가 강정의 사고 현장을 보게 되었습니다. 그 모습을 본 이미래는 망설임 없이 강정을 도와주었습니다. 강정은 이미래를 알아보고 부끄러워했지만, 이미래는 강정이 누구인지 잘 몰라 그저 도와주었을 뿐이었습니다. 강정은 이미래의 도움으로 일어나 헬멧을 쓴 채로 고맙다는 말과 함께 치킨이 섞였다는 이야기를 전했습니다. 그 말을 들은 이미래는 "괜찮으면 병원에 얼른 가봐."라고 권했습니다.

　그 후 강정은 병원에 갔지만 결과가 좋지 않아 깁스를 하게 되었습니다. 그래서 깁스를 한 채로 학교에 가야 했습니다. 다음 날, 깁스를 하고 동아리실에 간 강정은 이미래에게 고마웠다는 말을 전했습니다. 그런데 이미래는 강정이 치킨집 배달하는 아이라는 것을 알아차렸습니다. 이미래는 그 사실을 눈치 채고도 아무렇지 않은 듯 "치킨 맛있게 먹었어?"라고 말했습니다. 강정은 이미래가 자신에게 칭찬을 해준 것 같아 기분이 좋았습니다.

　그 후로 복도에서 서로 마주치면 인사를 하고, 점심시간에는 이야기를 나누는 사이가 되었습니다.

　시간이 흐르던 어느 날, 강정은 엔터테인먼트 회사에서 연습 중인 이미래에게
　"잠깐 내려와, 줄 게 있어."라고 말했습니다. 이미래는 그 말을 듣고

바로 내려왔습니다. 그날은 11월 11일, 빼빼로 데이였기 때문에 강정은 이미래에게 빼빼로를 주며 고백할 예정이었습니다. 이미래는 그 사실을 몰라 강정에게 물었습니다.

"나한테 뭐 주려고?"

강정은 떨리는 목소리로 대답했습니다.

"오래전부터 널 좋아했는데 말을 못 했어. 나랑 진지하게 만나볼래?"

이미래는 당황하며 고백을 거절했습니다. 오랫동안 좋아했던 이미래에게 거절당한 강정은 매우 창피했습니다. 이미래는 강정이 준 빼빼로도 받지 않고 엔터테인먼트 회사 안으로 다시 들어갔습니다. 사실 이미래는 다음 날이 데뷔였기에 강정에게 마음은 있었지만 받아줄 수 없었던 것입니다.

그날 이후로 두 사람은 동아리실에서 마주쳐도 인사하지 않고, 남남처럼 지내며 중학교를 졸업했습니다.

길

30203 권도혁

　그는 계속 앞으로 나아가고 있었다. 목적도, 이유도 없이 그저 앞으로만. 작은 돌멩이 하나가 그의 발목을 걸어 넘어뜨렸지만, 검은 손들이 그를 일으켜 세울 뿐, 그는 아무런 상처도 입지 않았다.

　그의 눈앞으로 사람들이 지나갔다. 딱 그가 가는 방향의 정반대로만, 줄지어 흘러갔다. 검은 손은 여전히 그의 등을 밀고 있었다. 그는 아무런 의식 없이 천천히, 의지도 목표도 내려놓은 채, 검은 손이 이끄는 방향으로 발을 옮겼다. 그것이 그가 할 수 있는 유일한 일이었다. 그러나 그 평온한 무의식도 잠시. 그는 다시 넘어졌다. 이번엔 돌부리 때문이 아니었다. 사람, 한 사람이 그와 부딪힌 것이었다.
　"괜찮으신가요?"

　소녀의 한마디가 공허한 그의 머릿속을 울렸다. 본래 아무 생각 없던 그에게, 더욱더 아무 생각이 떠오르지 않았다. 보통 사람이었다면 그냥 지나쳤을 것이다. 하지만 소녀는 달랐다. 그를 이해하고 싶어 했고, 침묵으로 일관하는 그가 정말 괜찮은지 확인하고 싶어 했다. 소녀가 그의 생기 없는 눈을 조용히 바라보자, 그의 눈에서 액체가 흘러내렸다. 붉고, 그 무엇보다 생기 있는 진홍빛 액체가 마치 탈출을 시도하듯 막무가내로 뚝뚝 떨어졌다.
　"나는… 무엇을 해야 해?"

그가 소녀에게 처음으로 말을 걸었다. 그의 구부정한 몸이 앞으로 기울자, 소녀는 그의 등 너머를 보고 놀랐다. 등에는 피가 흥건했고, 바닥엔 부서진 검은 손들의 잔해가 흩뿌려져 있었다. 사실, 그가 뒤로 나자빠질 때 검은 손은 그의 체중을 견디지 못하고 짓눌려 버린 것이었다. 검은 손이 사라지자, 그는 어떻게 해야 할지를 모른 채, 그저 멍하니 숨만 쉬고 있었다. 소녀는 결단했다. 그저 작은 개미의 발버둥에 불과할지 몰라도, 언젠가는 지진이 될 수 있으리란 믿음으로. 소녀는 남자의 손을 잡고 그가 걸어온 길을 하나하나 비추어 주었다.

그가 무심히 지나쳤던 자리를, 그의 공허한 눈에 하나씩 새겨 주었다. 그리고 검은 손이 이끌던 방향과는 반대로 그를 천천히 밀어 주었다. 이끈 것이 아니었다. 그의 자발적인 선택을 믿고, 단지 등을 살짝 밀어주었을 뿐이었다. 소녀는 조용히 그를 따라 걸었다. 그의 눈동자엔 어느새 희미한 희망의 빛이 새겨졌다. 이윽고, 그 작은 빛은 태양에도 굴하지 않는 하나의 별이 되었다.

어느 순간, 소녀는 그의 뒤를 따르지 않은 채 사라졌고, 그 남자, 아니 소년은 자신의 미래를 향해 걸음을 내딛었다. 모험이 시작된 것이었다.

잊혀진 우리들의 영원한 영웅

30613 양 하 민

오늘도 여느 때와 다름없이 학교로 향했다. 특별할 것 없는 하루가 그렇게 흘러간다. 학교에 가서 수업을 듣고, 쉬는 시간에는 친구들과 웃고 떠들며, 점심도 함께 먹는다. 다시 교실로 올라온 후, 무심코 가방 안을 들여다봤다. 그 안에는 작은 포스트잇 한 장과 간식 몇 개가 들어 있었다. 포스트잇을 꺼내 읽어보려던 그 순간, 친구가 다가와 같이 놀자며 불렀다. '별거 아니겠지'라는 생각에, 나는 그 종이를 쓰레기 다루듯 가방 깊숙한 곳에 구겨 넣었다.

시간은 빠르게 흘러 어느덧 하교 시간. 친구들과 웃으며 학교를 나서는데, 저 앞 교문 근처에 익숙한 실루엣이 보였다. 빼빼 마른 몸에, 몸집에 어울리지 않는 큰 키. 그리고 어딘지 모르게 안쓰러워 보이는 모습. 순간 알 수 있었다. 저 사람은 엄마였다. 한겨울 추위 속, 얇은 옷 위에 덧입은 낡은 패딩이 오늘따라 더 짠하게 느껴졌다. 나는 가만히 서서 엄마를 바라봤고, 이내 눈이 마주쳤다. 엄마는 손에 목도리를 쥔 채 나에게 다가왔다. 내가 하지 않은 그 목도리를, 아마 챙겨주려던 거겠지. 그런데, 나는⋯ 나도 모르게 친구들과 함께 자리를 떠버렸다. 왜일까. 부끄러워서? 창피해서? 솔직히 나조차도 모르겠다. 날 기다려준 엄마에게 인사 한마디 하지 못하고 외면한 내 모습에 마음 한켠이 돌로 막힌 듯 답답해졌다. 애써 그 감정을 무시한 채 걸어가는데, 친구가 재미있는 얘기를 꺼낸다. 방금 전 일이 까맣게 잊힐 정도로, 나는 또 웃었다.

학원에 가고, 수업이 끝난 뒤 집으로 향했다. 그런데 친구들이 없자, 아까 일이 문득 떠올랐다. 갑자기 발걸음이 무거워졌다.
"어쩌지? 혹시 혼나는 건 아닐까…"

엄마에 대한 미안함보다, 혼날까 봐 두려운 마음이 더 컸다. 수많은 생각이 뒤섞인 채, 어느새 집 현관 앞. 떨리는 마음으로 문을 열었다. 집 안은 추운 바깥과 달리 따뜻했고, 어딘가 모르게 포근한 음식 냄새가 풍겨왔다. 나도 모르게 마음이 조금은 누그러졌다. 멍하니 신발장 앞에 서 있는데, 누군가 걸어오는 소리가 들리고, 엄마가 나를 바라본다. 언제 그랬냐는 듯 부드럽게 웃으며 나를 반긴다. 그 모습에 괜히 더 울컥했다. 미안함이 북받쳐올라, 나는 그만 엄마에게 버럭 소리를 질렀다. 무슨 말을 했는지 나도 잘 기억나지 않는다. 하지만 하나는 분명하다. 가시 돋은 마음을 감싸 안아준 엄마에게 나는 그 가시보다 더 깊은 창을 꽂았다는 것. 그 말이 나왔을 때, 나도 놀랐고, 엄마의 충격에 휩싸인 얼굴을 보며 더 이상 아무 말도 하지 못했다. 엄마의 눈만 봐도 알 수 있었다. 내가 큰 상처를 줬다는 걸. 그렇게 사과 한마디 하지 못한 채, 방으로 도망쳤다. 침대에 털썩 누워, 오늘 하고 시간의 기억과 내가 뱉은 말들을 되새겼다.
"내가 미쳤지… 왜 그런 말을 했을까…"
하지만 마음 한켠에선 또 이런 변명을 댄다.
"그래, 괜찮겠지. 엄마는 항상 그래왔잖아…"
그렇게 스스로를 합리화하며 잠에 들었다.

다음 날 아침. 항상 나를 깨우던 엄마가 보이지 않았다. 덕분에 평소보다 더 늦게 일어났고, 나는 짜증 섞인 목소리로 전화를 걸었다.
"여보세요—"
엄마가 인사도 끝내기 전에 소리쳤다.

"엄마, 어디 갔어? 왜 안 깨워줘? 엄마 때문에 늦었잖아!"
잠시 정적. 엄마는 조심스럽게 말했다.
"미안해… 오늘 병원 좀 다녀오느라…"
하지만 나는 듣지도 않고 전화를 끊어버렸다. 그때는 몰랐다. 그날이, 엄마가 조직 검사를 받으러 간 날이었다는 걸.

며칠 뒤, 아빠는 심각한 얼굴로 말했다.
"엄마 몸에 혹이 생겼대."
그 말에 숨이 턱 막히고, 마치 물속에 잠긴 듯, 머릿속은 하얗게, 가슴은 먹먹하게 울려왔다. 그날 내가 소리친 바로 그 시간에, 엄마는 검사 결과를 듣고 있었다. 나는 그런 엄마에게 이유 없는 화를 냈던 것이다. 알고 보니, 엄마는 오래전부터 정신과 치료도 받아왔고, 작은 혹이 생겼다 없어졌다를 반복해왔다. 나는 그런 엄마에게 상처만 안겨주었다. 병까지 선물한 셈이었다. 이 모든 걸 알고 나니, 내가 했던 말들, 행동들, 모두가 칼처럼 되돌아와 내 마음을 찔러댔다. 내가 내 뒤통수를 친 셈이었다.

'어디서부터 잘못됐을까?'
하지만 그보다 먼저 해야 할 일이 있다. 엄마를 보러 가야 한다. 안 보면, 죄책감이 나를 집어삼킬 것만 같았다. 아니, 이미 삼켜지고 있었다. 숨이 가빠지도록 뛰어가 택시를 잡아탔다. 목소리는 떨리고, 눈물은 고여 있었다. 병원에 도착해 병실 문을 열자, 나는 그 자리에 주저앉아 엉엉 울었다. 언제나 강하고 든든했던 엄마가 이제는 무너져 내린 성벽처럼 작고 약해 보였다. 내가 무너뜨린 그 벽 앞에서 나는 아무 말도 하지 못한 채 눈물만 흘렸다. 그런데, 그런 나를 엄마는 또다시 안아주었다. 아픈 몸을 이끌고, 나를. 마치 어릴 적처럼, 세상의 모든 걸 감싸 안던 그 벽처럼. 이번엔 나도 안아드렸다. 부서진 벽돌 사이를, 내 손으로

메우듯. 그리고 사과했다. 숨이 멎을 듯 울먹이며,
 "미안해, 엄마. 정말… 너무 미안해."

 엄마는 말없이 나를 토닥였다. 그렇게, 우리는 함께 울었다. 다행히도, 엄마는 조금씩 회복해갔다. 시간이 흐르고, 지금의 나는 그날을 절대 잊지 않는다. 익숙함 속에 묻힌 소중함, 그 가치를 놓치지 않으려 매일 다짐하며 살아간다.

에렌딜의 불길

30829 황은영

어느 날, 두 세계의 경계가 맞닿은 땅에 리안과 카르딘이라는 두 인물이 등장했다. 리안은 고대 숲 속에서 살아가는 엘프 종족이며, 카르딘은 불타는 협곡에 거주하는 드래곤의 피를 이은 혼혈 전사다. 서로 다른 두 세계, 자연과 불. 리안은 생명과 조화를 지키는 것을 사명으로 삼고, 카르딘은 강한 자만이 살아남는 세상을 꿈꾸며 힘과 질서를 앞세운다. 이처럼 전혀 다른 가치관은 곧 충돌로 이어졌다. 그리고 그 충돌의 불씨는 예상치 못한 사건에서 시작되었다.

어느 날, 리안이 보호하던 고대 숲의 중심부에서 대형 화재가 발생한 것이다. 숲의 생태계는 순식간에 붕괴 위기에 처했고, 수많은 동식물들의 터전이 잿더미로 변해갔다. 리안과 엘프들은 온 힘을 다해 불을 껐지만, 화재는 단순한 사고가 아니었다. 불길 속에서 드러난 진실은 충격적이었다. 누군가가 의도적으로 불을 질렀다는 사실이 드러난 것이다. 조사 끝에 밝혀진 방화의 원인은, 바로 드래곤 무리들이 훔쳐 간 강력한 마법 아이템, '불의 정수'였다. '불의 정수'는 무엇이든 불태울 수 있는 고대의 유물로, 아무나 다룰 수 없도록 깊은 봉인 아래 숨겨져 있었다. 그런데 어떻게 카르딘의 무리들이 이 유물을 손에 넣을 수 있었을까? 리안은 분노를 참지 못하고, 직접 카르딘을 찾아가 따졌다.

"왜 이런 짓을 한 거지? 대체 무슨 생각으로 숲에 불을 질렀어?"

처음엔 발뺌하던 카르딘은, 이내 마지못해 입을 열었다.

그는 이렇게 말했다.

"강자가 인정받고, 약자는 스스로를 지킬 줄 아는 세상이 되어야 한다고 생각했어. 너처럼 모든 생명이 평화롭게 공존하는 세상은… 나에겐 허상일 뿐이야. 그래서 네가 지키는 세상을 무너뜨리고 싶었어."

리안은 충격을 받았지만, 둘은 오랜 대화를 통해 서로의 생각을 조금씩 이해하기 시작했다. 카르딘 역시 자신의 방식이 옳기만 한 것은 아니라는 걸 깨달았고, 리안은 세상을 지키는 방식은 하나만 있는 게 아니라는 사실을 받아들였다. 그러나 여전히 불의 정수는 세상 어딘가를 떠돌고 있었다. 둘은 더 큰 재앙을 막기 위해 함께 협력하기로 했다. 리안과 카르딘은 각자의 지혜와 힘을 모아 불의 정수를 추적했고, 마침내 고대 봉인의 힘으로 그것을 다시 봉인하는 데 성공했다.

고대 의식이 시작되자, 숲의 동물들까지 힘을 보탰다. 그 모습을 본 카르딘은 큰 감동을 받았다. 자신이 그렇게 무시했던 '약한 존재들'이 서로를 돕고, 함께 살아가는 모습을 통해 그는 진정한 강함이 무엇인지를 깨닫기 시작했다.

의식이 끝난 후, 리안과 카르딘은 서로를 둘도 없는 친구로 받아들이게 되었다. 두 세계 역시 그들을 따라 점차 화합의 길로 나아갔다. 불과 숲, 힘과 조화. 서로 달랐기에, 더 강한 세상을 함께 만들어 갈 수 있었다.

투명인간

30812 박소은

고등학교 첫날, 태경은 누구보다 밝아 보였다. 모두에게 인기가 많고, 말도 잘하고, 활발한 아이. 반면에 나는 그렇지 않았다. 소심하고, 외소하고, 조용했다. 그래서였을까. 나는 태경을 닮고 싶었다. 그 마음이 용기를 만들었는지, 평생 한 번도 자청하지 않았던 발표에 손을 들어봤다. 그런데 발표를 하지 말았어야 했던 걸까. 내가 말을 끝내자 태경이 웃으며 말했다.

"우리 반에 저런 애가 있었나? 나 너 목소릴 처음 들어봐. ㅋㅋ"

순간 교실 안에 웃음이 터졌다. 아이들은 나를 조롱했고, 그날 이후 내 별명은 '투명인간'이 되었다. 대부분의 아이들은 그렇게 불렀고, 심한 아이들은 일부러 부딪히며 "앗, 여기 뭐가 있었네? 안 보였어."라며 장난처럼 괴롭히기도 했다. 그 괴롭힘의 중심엔 늘 태경이 있었다.

어디에도 말할 수 없던 나는 결국 일기에 마음을 담기 시작했다. 하루하루 적어 내려간 글들 속에는 태경에 대한 원망보다, 오히려 나 자신을 향한 비난이 더 많았다. '나는 왜 이렇게 한심할까.' 그런 생각만 계속 들었으니까.

그러던 어느 날, 미술 시간이었다. 주제는 '내 마음의 색깔'. 나는 비 내리는 어두운 날, 그 비를 홀로 맞고 있는 나 자신을 그렸다. 선생님은 돌아다니다가 내 그림을 보고 칭찬해 주셨다.

"정말 잘 그렸구나. 친구들에게도 보여주자."
아이들은 대부분 흘깃 보고 지나쳤지만, 태경은 그림 앞에서 한참을 서 있었다.

그날 밤, 일기를 쓰려고 책상에 앉았는데… 일기장이 보이지 않았다.
'책상에 뒀었나? 아니면 가방? 설마… 학교에 떨어뜨렸나?'
가슴이 철렁 내려앉았다.
'누가 보면 어쩌지?'

다음 날 점심시간, 태경이 나를 불렀다. 그리고 내게 일기장을 내밀었다.
"봤나…?"
수많은 생각이 머릿속을 휘젓는 그 순간, 태경이 입을 열었다.
"미안. 니 일기장 봤어. 일부러 본 건 아니고, 바닥에 펼쳐져 있더라고. 사실… 나 너 중학교 때부터 알고 있었어. 그때 상 받은 거 다 네 거였잖아. 난 진짜 노력해도 상 한 번 못 받고, 관심도 못 받았는데… 너는 그걸 당연한 것처럼 받더라고. 그래서… 부러웠어. 근데 일기 읽고 나니까 알겠더라. 내 질투 때문에 네가 얼마나 힘들었는지. 진심으로… 미안해."
잠시, 아무 말도 할 수 없었다.
'모두의 관심을 받으며 남부럽지 않게 살던 애 아니었나?'
입을 열었다.
"너 인기 많잖아. 관심도 많이 받잖아!"
나도 모르게 큰 소리가 나왔다. 태경은 한참을 침묵하다, 조용히 말했다.
"우리 부모님… 이혼하셨어. 지금은 아빠랑 사는데, 아빠도 맨날 바빠서 나한테 관심 없어.

성적이나 상 같은 거 아니면, 나한테 눈길도 안 줘."
몰랐다. 태경은 늘 웃고 있었기에, 집에서도 그럴 줄 알았다.
"……알겠어. 사과 받아줄게."

그날 이후, 태경과 친구가 되진 않았지만 그는 더 이상 나를 괴롭히지 않았고, 다른 아이들도 점차 나를 놀리지 않았다. 태경은 남을 깎아내려 주목받는 방식이 아니라 다른, 더 좋은 방법을 알게 된 것처럼 보였다. 그리고 나도 더 이상 '투명인간'으로 불리지 않게 되었다.
많지는 않지만, 진짜 친구도 몇 명 생겼다. 아, 지금 친구들이 나를 부르는 소리가 들린다.
"야! 형민아! 급식 먹으러 가자~!"

아홉 개의 시계

30326 채은수

　미국 뉴욕에 한 평범한 가족이 살고 있었다. 그 가족의 가장인 벨모트는 시계를 만드는 회사에 다니고 있었다. 그 회사는 가볍고 세련된 디자인으로 유명한 시계를 제조·판매하는 회사였다.

　10월의 어느 날, 벨모트는 평소처럼 출근길에 올랐다. 회사 건물로 들어서려던 순간, 한 여성이 다급하게 그의 팔을 붙잡았다.
　"3일 전에 이 회사 시계를 두 개 샀어요. 하나는 사촌 동생에게, 하나는 친동생에게 선물했는데… 둘 다 도둑맞았대요. 그리고 우리 이웃 중 한 분도 이 시계를 샀다가 이틀 만에 사라졌대요. 제발, 범인을 좀 잡아주세요."

　깜짝 놀란 벨모트는 곧장 사무실로 들어가 동료 직원들에게 이 사실을 알렸다. 그러나 직원 중 한 명인 페캇이 나서서 말했다.
　"아직 세 건뿐이잖아요. 도둑이 실제로 존재하는지도 확실하지 않고요. 최소 아홉 건 이상 발생해야 수사를 의뢰하는 게 좋겠어요."
　놀랍게도 다른 직원들도 그의 말에 모두 동의했다.

　다음 날, 시계 네 개가 추가로 사라졌다는 제보가 들어왔지만, 벨모트를 제외하고는 누구도 수사에 찬성하지 않았다. 그리고 사건 제보가 들어온 지 사흘째 되는 날. 드디어 총 아홉 건의 시계 도난 사건이 발생했고, 그제야 회사는 경찰과 함께 본격적인 수사에 착수했다. 조사가 시작되자 특이한 사실이 밝혀졌다. 도난당한 시계는 모두 같은 종류였던 것이다. 수사는 빠르게 진행되었고, 나흘 만에 범인이 잡혔다. 그는 도둑질 전과가 있던 남자, 에릭이었다. 그러나 에릭은 진술에서 "나는 단 하나의 시계만 훔쳤다"고 주장했다.

벨모트는 뭔가 석연치 않았다. 조사 중 에릭을 바라보는 페캇의 눈빛이 유독 날카로웠기 때문이다. 의심이 든 벨모트는 페캇에 대해 곰곰이 생각해보았다. 그러다 문득 떠오른 사실이 있었다. 사라진 시계들과 같은 종류의 시계를 설계한 사람이 바로 페캇이라는 것이었다. 벨모트는 이 사실을 경찰에게 알렸고, 경찰은 곧바로 페캇을 용의 선상에 올렸다. 결국 페캇은 더 큰 처벌이 두려워 자신의 범행을 자백했다.

그는 실수로 불량 시계 8개를 시장에 내보낸 것이 드러나게 될까 봐 두려웠다. 그 책임으로 해고당할까 봐, 몰래 시계를 회수하려고 도난을 가장해 훔쳐왔던 것이다. 그래서 그는 고의로 "9건 이상이어야 수사를 시작하자"고 말했던 것이었다. 그런데 하필이면, 우연히 에릭이 같은 날, 같은 종류의 시계를 진짜로 훔쳐버린 것이다.

결국 페캇은 벌금을 물고, 시계를 정상 제품으로 교환해 돌려주었다. 자백한 그를 향해 직원들은 실망했지만, 벨모트는 그를 완전히 미워하지 않았다. 페캇이 이번 일을 통해 무언가를 배웠을 것이라 믿었기 때문이었다.

낯선 빛

31005 김우림

나는 밝은빛중학교에 재학 중인 3학년, 한마음. 겉보기엔 평범하지만, 사실 그렇지 않은 학생이다. 왜냐고? 주변 사람들은 내가 '살면 안 되는 아이'라며, 자신들과는 다르다고 말하니까. 이런 소리를 듣기 시작한 건 작년, 2학년 때부터였다. 나는 1학년 때만 해도 나름 잘 나갔다. '잘 나가는 애들' 무리 중 한 명이었고, 그런 삶이 당연한 줄 알았다. 하지만 시간이 흐르면서 그 무리는 점점 나를 멀리하기 시작했다. 처음엔 이유도 몰랐다. 어느 순간부터, 그들은 나를 경멸했고, 이상한 소문을 퍼뜨렸다. 그 헛소문은 나에게서 시작되어, 내 친구들에게, 그리고 결국 전교로 퍼졌다.

나는 친하던 아이들이 나를 피하려 애쓰는 모습을 보며 서서히 무너졌다. 하루하루를 버티듯 살았다. 소문도, 시선도 애써 외면하며, 아무렇지 않은 척, 그렇게 살아가고 있었다. 하지만 내가 조금 나아지려 할 때마다, 그 헛된 말들이 내 발목을 잡았다. 괴롭힘은 점점 더 깊어졌고, 나는 이 학교 안에서 완벽한 이방인이 되었다. 예를 들어, 내가 교실에서 조용히 숙제를 하고 있으면 예전 무리의 대장이었던 A가 다가와 이렇게 말하곤 했다.

"우와~ 공부해? 난 공부보단 외모 택했는데, 넌 아닌가 봐~?"

그 무리 아이들은 키득거리며 맞장구를 쳤다. 나는 속으로 생각했다.

'그래, 쟤네도 이제 그만하겠지. 16살이나 됐는데… 유치하다.'

그러곤 애써 그 상황을 외면하며, 그들이 자리를 뜰 때까지 참았다. 복도에서도 마찬가지였다. 내가 지나가기만 해도, "우웩, 토 나와~ 얘들아, 토하지 마~!"라며 입을 모아 조롱했다. 그뿐만이 아니었다. 내 SNS 익명 질문 페이지에는 '왜 사냐'는 식의 말도 안 되는 악성 글들이 올라오기 시작했다. 아마도 궁금할 것이다. '왜 선생님께 알리지 않았을까?' 알렸었다. 하지만 결과는 기대 이하였다. 가해자 아이들과 대면만 시키고, 훈계 몇 마디로 끝. 변한 건 없었다.

'아, 이젠 선생님도 학교도 나를 도와줄 수 없는 거구나…'

그 후로 나는 세상 전체와 등을 지기 시작했다. 그렇게 1학기가 힘겹게 지나고, 달콤한 방학이 끝나고, 2학기가 시작됐다. 그리고 그날, 또다시 반복되는 일상. 조회 시간 전, 아이들은 여전히 나를 향해 비아냥댔다.

"오~ 한마음, 방학 잘 지냈냐? 꼴 보니까 아닌 것 같기도 하고~"
"야ㅋㅋ 그걸 굳이 물어봐? 누가 봐도 못 지냈구만~"
나는 속으로 다시 다짐했다.
'그래. 한 달 사이에 바뀌길 바란 내가 바보였지…'

그때, 담임선생님이 낯선 여자아이와 함께 교실에 들어왔다. 아이의 이름은 서이안. 태어나서 본 또래 중에 가장 예쁘고 따뜻해 보였다.

"안녕? 나는 오늘부터 3학년 4반에 함께하게 된 서이안이야! 처음이라 어색하지만, 잘 부탁해~ 고마워!"
아이들은 그녀의 등장에 들썩였다.
"와 진짜 예쁘다."
"미쳤다… 여신이야."

나도 그 말에 고개를 끄덕였다. 사실이었다. 그녀는 눈이 크고 얼굴이 작았고, '아이돌'이라는 말이 전혀 어색하지 않은 아이였다. 그런데 놀랍게도, 그 아이의 자리가 내 옆자리였다.

'하… 너무 어색하다. 내가 먼저 말을 걸어볼까? 근데… 내 소문이 안 좋으니까, 싫어하겠지…'

내가 망설이고 있던 그때, 먼저 말을 건 사람은 이안이였다.

"안녕? 넌 이름이 뭐야?"

"어… 난 마음이야."

"오~ 이름 예쁘다! 친하게 지내자~!"

하지만 나는 이안이의 밝은 말에 선뜻 반응하지 못했다. 그 다정함이, 나에겐 어쩐지 두렵고 불안하게 다가왔기 때문이다.

"어… 어… 그… 그래, 다가와 줘서… 고마워…"

그 순간, 익숙한 목소리가 들려왔다.

"안녕~ 너 왜 마음이랑 놀아? 우리랑 놀자~"

A 무리였다. 그들은 자연스럽게 이안이를 데려갔고, 나는 혼자 남겨졌다.

'그래. 이게 당연한 거야. 나는 사랑받을 자격이 없는 사람이니까.'

그날 종례 시간, 이안이는 나에게 쪽지를 건넸다. 거기엔 그녀의 전화번호와 함께,

'이따가 문자 해'라는 짧은 문장이 적혀 있었다. 집에 돌아온 나는, 종이를 들고 한참을 망설였다. 그러다 용기 내어 문자를 보냈다.

"안녕? 나 마음이야!"

잠시 후, 이안이에게서 답장이 왔다.

"오! 문자 해줘서 고마워. 근데 나 뭐 하나 물어봐도 돼?"

"응, 뭐야?"

"아까 A랑 걔네가 널 대놓고 무시하던데… 무슨 일 있었던 거야? 첫

날부터 이런 걸 보니까 걱정돼서 그래."

그 문자를 보는 순간, 마치 세상이 멈춘 듯 아무 말도 할 수 없었다. 그리고 5시간쯤 지난 밤 11시. 나도 모르게, 어쩌면 처음으로 진심을 담은 이야기를 꺼냈다. 내 이야기를 들은 이안이의 답장은 이랬다.
"뭐라고? 이게 다 사실이야? 그 애들이 그런 짓을 하고 다닌 줄은 꿈에도 몰랐어… 내가 걔네 부를 때 네 옆을 떠나지 말았어야 했는데… 미안해."

그 한 마디에, 눈물이 왈칵 쏟아졌다. 오랜만에 듣는 따뜻한 말 한마디가 내 안의 거대한 불덩어리를 눈물로 진정시킨 것 같았다. 그러나 따뜻함도 잠시. 불안이 또 고개를 들었다.
'이안이도 그냥 한 말이면 어떡하지… 또 속는 거면 어떡하지…'

다음 날, 나는 복잡한 마음을 안고 등교했다. 그런데 이안이는 환하게 웃으며 다가와 말했다.
"하이~ 오늘 나랑 마라탕 먹을래?"

그렇게 우리는 마라탕을 먹으러 갔고, 돌아오는 길에 나는 중학교 3년 동안 쌓여 있던 모든 이야기를 털어놓았다.
"사실… 걔네가 그럴 때마다 죽고 싶었어. 근데… 너를 만나고, 참길 잘했다는 생각이 들어.
지금도 불안하고, 누군가와 함께 있다는 게 믿기지 않지만… 행복하기도 해."

이안이는 조용히, 그러나 단호하게 말했다.
"앞으로 무슨 일이 있어도 나한테 말해. 내가 항상 네 편이 되어줄게."

 나는 이안이의 진심 어린 말에, 2년 동안 숨겨왔던 걱정과 고민이 모두 몸 밖으로 빠져나간 듯한 기분이었다. 그날 이후로 나와 이안이는 무엇이든 함께했고, 누군가가 속상하거나 위험한 생각을 할 때면 서로에게 힘이 되어 주며 의지했다.

 아, 나를 괴롭히던 아이들은 어떻게 되었냐고? 유감스럽게도 그 무리의 대장이었던 A와 B는 서로 뒷담화를 하다가 결국 손절했고, 둘 다 이상한 소문에 휘말리고 있다고 한다. 어쩌면 이게 당연한 결말일지도 모른다. 왜냐하면, 원래 괴롭히는 일을 즐기던 아이들은 언젠가 서로 등을 돌리고, 또 언젠가는 각자 다른 길을 걷게 되어 있기 때문이다. 그 아이들이 나락으로 떨어지든 말든, 나는 이제 나대로 당당해졌다. 나만의 무리를 만들었고, 잃어버렸던 친구들도 다시 되찾았다.

 어쩌면 어색하고 불안했던 그 '빛'은 결국 나에게 용기로 다가왔다. 그리고 그 용기와 빛은 지금의 나를 변화시키고, 다시 일으켜 세웠다. 이 경험을 통해 나는 믿게 되었다. 낯선 무언가라도, 두려워하지 않고 부딪히고 다가가면, 언젠가는 반드시 빛을 발한다는 것.

포화 속에 피어난 것

30429 현미연

펑— 펑!

나는 오늘도 알람 소리 대신 폭격 소리로 눈을 떴다. 벌써 3년째 전쟁이 계속되고 있다. 평화로운 일상에서 벗어나 이런 전쟁의 폭격 소리가 익숙해질 무렵, 식량을 구하러 목숨을 걸고 나갔을 때 어떤 한 여자가 피를 흘린 채 쓰러져 있었다.

당황한 나는 여자를 살리기 위해 집으로 데려왔다. 여자는 이틀이 지나서야 눈을 떴고, 나에게 감사 인사를 전한 뒤 나가려 했다. 하지만 나는 전쟁이 끝나지 않아 여전히 위험하다고 말하며, 전쟁이 끝날 때까지 함께 지내자고 했다.

나는 여자의 이름과 나이를 물었다.

그녀는 22살, 이름은 안나라 했다. 나와 동갑이었고, 성격도 잘 맞았다.

한 달, 두 달…

우리는 어느새 서로 가족 같은 사이가 되었고, 미운 정 고운 정 다 쌓였을 때 라디오에서 우리나라가 패전 위기라는 소식이 흘러나왔다.

라디오에서는 20살 이상 남성들을 군대로 징집해 훈련 후 전쟁에 참여시킨다고 했다. 그 말을 들은 안나와 나는 곧 서로 떨어질 것을 직감했다. 나쁜 예감은 틀린 적이 없듯, 그때 누군가 문을 두드렸다.

나는 울고 있는 안나와 마지막 포옹을 한 뒤 문을 열었다. 문 앞에는 국군이 서 있었고, 간단한 신원 확인 후 나는 군용 트럭에 실려 훈련장으로 향했다.

훈련장은 정말 간단한 훈련만 시켰고, 곧바로 나는 전장에 투입되었다. 그곳은 참혹했다. 시신은 처리도 되지 못한 채 널브러져 있었고, 시신을 방패삼아 숨어 있는 사람도 있었다. 전쟁터는 항상 총성과 비명으로 가득했다.

나는 살기 위해 적군을 죽였고, 살기 위해 비열한 짓도 많이 했다. 그렇게 반년이 지나 계급이 오르게 되었고, 그제야 안나에게 편지를 쓸 수 있었다.

나는 안나에게 "꼭 살아서 돌아오겠다.는 편지를 보냈다. 그러나 한 달, 두 달이 지나도 답장은 오지 않았다. 그사이 나는 더 위험한 지역으로 옮겨졌다. 그곳에서는 죽을 고비가 정말 많았다. 총알이 빗발치는 전쟁터에서 뛰어다니다 포로로 잡혀 죽을 뻔했고, 총알이 스치며 피를 철철 흘릴 때도 있었다.

그런 기억들을 추억 삼아 후배에게 이야기하며 걷고 있을 때였다.
'철컥'—
식은땀이 흘렀다. 천천히 내려다보니 내가 지뢰를 밟고 있었다.
후배는 부대에 무전을 쳤지만, 부대는 아무런 조치도 취하지 않고 무전을 무시했다. 나는 순간 부대에 대한 정이 다 떨어졌고, 분노와 슬픔이 뒤섞인 미묘한 감정이 치밀어 올랐다.

한 시간, 두 시간…
시간이 흐르면서 다리에 쥐가 나기 시작했다. 더는 한계를 느꼈고, 후배도 다칠까 봐 멀리 떨어지라 한 뒤 발을 내디뎠다.

펑—!

역시 지뢰는 터졌고, 나는 왼쪽 다리를 잃었다.

후배는 나를 업고 부대로 달려갔다. 부대는 못마땅한 표정으로 나를 받아들였지만 치료는 해주었다. 병원에 눕자 정말 많은 생각이 스쳤다.
내 청춘을 다 바쳤지만 얻은 것은 없고, 다리만 잃었다는 사실에 절망하고 있을 때였다. 편지를 나눠주는 병사가 와서 부대가 바뀌어 늦었다며 편지를 건넸다.

그 편지는 안나의 것이었다. 내용은 "너무 보고 싶다" "꼭 살아서 돌아와서 함께 행복하게 살자"는 말이었다. 그때 장군이 와서 내게 집으로 복귀하라고 했다. 하지만 내 머릿속은 온통 한 가지 생각뿐이었다.
'안나가 다리 한쪽 없는 나를 여전히 좋아해 줄까?'

그렇게 시간은 흘렀고, 어느새 나는 집 앞에 목발을 짚고 서 있었다. 문을 두드리자 안나가 뛰어나왔다. 나를 본 안나는 잠시 당황했지만, 곧 울음을 터뜨리며 말했다.
"살아 돌아와 줘서… 고마워."

앞으로 조금 불편한 삶을 살아가야겠지만, 안나는 괜찮다고 했다. 우리는 전쟁이 끝난 뒤 결혼식을 올렸다.

달콤한 냄새

30719 임 예 주

최근 미국 뉴욕에서 네 번째 연쇄 살인 사건의 피해자가 발생했다. 이번 연쇄 살인 사건의 피해자들은 모두 욕조에서 익사한 채 발견되었다는 공통점이 있었다. 더 이상한 점은, 현장 욕조 옆에 늘 시가 한 자루가 놓여 있었다는 것이다.

그리고 이 사건을 유명 형사 에고 알터가 맡아 조사하게 되었다.

12년 전, 어린 에고 알터는 놀이터에서 놀다가 신기한 식물을 발견하고, 비슷한 식물을 찾으려 숲으로 들어갔다. 그 순간, 누군가 그를 뒤에서 낚아채 납치했다.

눈을 떴을 때, 에고는 어느 방 안에 갇혀 있었다. 방 안에는 달콤한 냄새가 퍼져 있었고, 그는 문에 귀를 대고 바깥 소리에 집중했다. 그러다 문득 깨달았다. 자신이 예전에 살던 집에 와 있다는 것을. 그리고 지금, 누군가가 바로 문 밖에 있다는 것도.

그는 방에서 탈출하기 위해 주변을 살폈다. 방 안에는 시가와 밧줄이 놓여 있었다. 창문이 하나 있었지만 작고 높은 곳에 달려 있었다. 에고는 포기하지 않고 밧줄을 몸과 문고리에 묶었다. 서랍장 두 개를 밀어 올려 창문에 올라간 그는 창문을 열고 밖으로 뛰어내렸다.

풀숲에 몸을 숨긴 채 거실을 들여다본 순간, 에고는 끔찍한 광경을 목격했다. 어떤 남자가 담배를 피우며, 죽은 듯한 사람을 안고 화장실

쪽으로 옮기고 있었던 것이다. 그 장면을 본 에고는 서둘러 도망쳤다.

집으로 돌아온 에고는 부모님께 모든 일을 털어놓았다. 처음엔 믿지 않았던 부모님도, 다음 날 아들이 "밖에 나가면 다시 잡혀 죽을지도 몰라" 하며 방 안에서만 지내는 모습을 보고 결국 이사를 결심했다.

그날 이후, 에고는 계속해서 정체를 알 수 없는 목소리를 듣게 되었다.

현재로 돌아와, 사건 현장을 조사하던 에고 알터는 이상한 점을 발견했다. 피해자가 범인에게 저항한 흔적이 전혀 없다는 것이었다.

그 순간, 귓가에 익숙한 목소리가 다시 들려왔다.

"다시 돌아와…"

에고는 '다시? 어디로 돌아가란 말이지?'라며 대수롭지 않게 넘겼다. 그러나 현장 한구석에 놓인 시가를 본 순간, 그는 숨을 삼켰다. 그것은 분명히, 자신이 12년 전 그 집에서 본 것과 똑같은 시가였다.

그리고 떠올랐다. 그때 그 목소리가 했던 말.

에고는 망설이지 않고 자신이 납치당했던 그 집으로 향했다. 하지만 집 안은 먼지가 쌓여 있었고, 오랫동안 아무도 살지 않은 듯했다.

'역시 아무것도 없겠지.' 그렇게 생각하며 들어선 순간, 에고는 숨이 멎을 뻔했다.

식탁 위에는… 그 시가가 있었다.

그때, 뒤에서 한 남자의 목소리가 들렸다.

"다시 돌아왔네."

그 순간—

"탕!!"

돌아보는 찰나, 그 남자는 에고를 향해 총을 쐈다.
나는 병실에서 눈을 떴다. 곁에 서 있던 의사가 말했다.
"괜찮으세요? 여기는 정신병원입니다. 왜 그런 눈빛이세요? 아직도… 그 목소리가 들리나요?"

나는 천천히 고개를 돌려 서랍 위를 바라보았다.
그곳엔… 그 시가 있었다.

그 애가 내 시간을 멈췄다

30701 강민지

"이번 전교 1등도 역시나 윤세린이다!"
선생님의 말에 교실이 술렁였다.
"축하해! 역시 윤세린이네~ ㅋㅋ"
친구들도 하나둘 윤세린을 축하해 주었다.

윤세린은 고등학교 2학년. 언제부터인가 붙은 별명은 '맨날 전교 1등 하는 애'. 중학교 때부터 지금까지 시험 점수는 항상 상위권, 아니 거의 최상위였다. 그렇게 자연스레 그런 별명이 따라붙은 것이다. 친구들의 축하 속에서 웃던 윤세린. 마침 종이 울리며 쉬는 시간이 되자, 자리로 돌아가 조용히 앉아 있었다. 그때 복도에서 누군가 크게 불렀다.
"윤세린!"
익숙한 목소리였다. 나가보니, 중학교 3학년 때부터 친하게 지냈던 한재현이 서 있었다.
"너 또 전교 1등이라며? 축하한다, ㅋㅋ."
그가 장난스럽게 말했다. 윤세린은 "고마워"라고 말하려던 찰나— 누군가 뒤에서 어깨를 세게 툭 치고 지나갔다.
"아… 쟤 또 저러네. 전교 2등이지?"
한재현이 말했다.
윤세린은 아픈 어깨를 만지작거리며 고개를 끄덕였다.
"응."

지금 윤세린을 치고 간 학생은 김세아였다. 중학교에선 다른 학교에 다녔고, 늘 1등이었다는 그녀. 하지만 고등학교에 올라와 윤세린과 같은 학교가 되면서, 늘 2등으로 밀리게 되었고, 그때부터 윤세린을 노골적으로 싫어하기 시작했다. 시험 성적이 나온 뒤 일주일 정도는 꼭 어깨를 툭 치고 지나가거나, 일부러 시비를 거는 식으로 윤세린을 괴롭혔다.

"다음에 또 저러면 나한테 말해. 알았지?"

한재현이 걱정스레 말했다.

윤세린은 조용히 볼을 붉히며 대답했다.

"알았어. 신경 써줘서 고마워."

사실 윤세린은, 중학교 때 처음 만난 그 순간부터 한재현을 좋아하고 있었다. 지금도 여전히, 혼자서 짝사랑 중이다. 그때, 멀어져간 줄 알았던 김세아가 뒤에서 작게 중얼거렸다.

"흠… 그렇단 말이지?"

다음 날 아침. 윤세린이 교실에 들어서자, 반 친구들이 유난히 시끄러웠다.

"무슨 일 있어? 아침부터 왜 이렇게 소란스러워?"

옆자리 친구에게 물었다.

그 친구가 히죽이며 말했다.

"아~ 김세아가 한재현 좋아한대! ㅋㅋ"

"…어? …어… 그렇구나…"

윤세린은 당황을 감추지 못했다.

그때 누군가 또 그녀를 불렀다.

"윤세린!"

뒤돌아보니 김세아였다.

"너, 한재현이랑 친하잖아. 혹시… 나 좀 도와주면 안 돼?"
윤세린은 선뜻 대답하지 못했다.
"…생각해보고 나중에 말해줄게."
그러자 김세아가 어깨를 으쓱하며 말했다.
"에이~ 전교 1등이 2등 좀 도와주라~"
그 말에 반 친구들까지 맞장구를 쳤다.
"그래~ 좀 도와줘라!"
윤세린은 결국 어쩔 수 없이, 작게 말했다.
"…응."

하지만 마음은 무겁기만 했다. 왜냐하면— 윤세린도 한재현을 좋아하니까. 그럼에도 이미 "도와주겠다."고 해버렸기에, 지금 와서 거절하는 것도 눈치가 보였다. 그래서 결심했다.
'그래, 마음을 접자.'
그날 이후 윤세린은 한재현을 피했고, 인사도 제대로 받아주지 않았다.

며칠 후, 토요일 저녁. 윤세린에게 디엠(DM)이 하나 도착했다.
"윤세린, 잠깐 나 좀 봐. 나 지금 너희 집 앞이야."
깜짝 놀라 창밖을 보니, 정말 한재현이 서 있었다. 허둥지둥 옷을 챙겨 입고 뛰쳐나갔다.
"너 요즘 나 피해? 내 인사도 안 받아주고…"

한재현은 서운한 눈빛으로 물었다. 윤세린은 말할까 말까 망설이다가, 조심스럽게 솔직한 속내를 털어놓았다. 그 말을 들은 한재현은 피식 웃더니 말했다.
"야, 그런 이유로 날 피한 거야? ㅋㅋ"

윤세린은 얼굴이 붉어졌다. 조금의 정적. 그리고 한재현이 조용히 말했다.
"…야, 이 바보야. 나도 너 좋아해."
윤세린의 눈이 커졌다.
"진짜?"
"응."
그렇게 두 사람은 사귀게 되었다.

하지만— 끝난 게 아니었다. 김세아가 있었다. 등굣길, 윤세린은 마음이 무거웠다.
'이걸… 어떻게 말하지?'

반에 들어서자 김세아를 불러 복도 끝으로 데려가 조심스럽게 말했다. 자초지종을 설명하고, 미안하다고 사과했다. 윤세린은 김세아가 화를 낼 거라 생각했다. 하지만 의외로 김세아는 담담하게 말했다.
"알았어."
그리고 조용히 교실로 돌아갔다. 윤세린은 안도했다.
'다행이다… 일이 잘 해결돼서…'

하지만 그 다음 날. 윤세린이 교실에 들어서자, 분위기가 묘하게 달랐다. 친구들은 수군거리며 그녀를 피했다.
"무슨 일 있어?"라고 물었더니, 한 친구가 쏘아붙였다.
"너 그렇게 안 봤는데… 어떻게 그래?"
"뭐가?"
"너, 김세아랑 한재현 이어주겠다고 해놓고… 정작 네가 사귄다며?"
그때 김세아가 울먹이며 교실로 들어왔다.
"괜찮아…"

그 말을 듣고, 윤세린은 모든 걸 깨달았다.
'아… 얘가 소문을 퍼뜨렸구나.'

그날 이후, 윤세린은 '맨날 전교 1등 하는 애'가 아닌, '친구 짝남 꼬신 애'로 불리며 왕따를 당하기 시작했다. 이 사실을 알게 된 한재현은 그녀를 위로했고, 윤세린은 마음을 다잡았다.
'그래, 이렇게 당하고만 있진 않을 거야.'

며칠 뒤, 점심시간. 윤세린은 김세아를 불러 조용히 말했다.
"네가 나한테 '괜찮다'고 해놓고, 갑자기 이런 소문 퍼뜨리면… 내 입장은 뭐가 되니?"
김세아는 잠시 침묵하다가, 피식 웃었다.
"풉ㅋ"
"…왜 웃어?"
"너 그걸 진짜 믿었어? 다 너 민심 나락가라고 내가 벌인 일인데? ㅋㅋ"
윤세린은 할 말을 잃었다.
"네가 내 1등 자리를 빼앗았으니까, 나도 네 인기, 믿음, 다 뺏어보려고~"
그때— 뒤에서 박수 소리가 들렸다.
"야~ 이건 완전 나쁜 애네~"
한재현이었다. 그리고 그 뒤로 우르르 친구들이 들어왔다.
"헐… 진짜 가해자는 김세아였네?"

사실, 한재현은 둘의 대화를 듣고 반 친구들을 몰래 불러와 진실을 들려준 것이었다. 김세아는 당황해 변명하려 했지만, 친구들의 시선은 차가웠다.

일주일 후, 김세아는 학교에 얼굴을 들 수 없다며 전학을 갔다. 윤세린에 대한 오해도 풀렸고, '맨날 전교 1등 하는 애', '친구 짝남 꼬신 애' 같은 별명도 사라졌다. 그리고 윤세린과 한재현은 학교에서 소문난 커플이 되었다. 언제 그런 일이 있었냐는 듯, 둘은 다시 평범하고 행복한 학교생활을 이어갔다.

땅에서 하늘까지

30524 조 준 우

처음 들어선 중학교. 나는 남원중학교 1학년, 배구부 세터 산우다. 초등학교 6학년 때부터 배구를 해왔고, 배구를 정말 좋아한다.

우리 배구부는 지금, 대회를 하루 앞두고 있다. 내일이면 기다리던 경기가 시작된다. 드디어. 다음 날 아침. 나는 친구 태호와 함께 경기장으로 출발했다. 태호는 같은 중학교 1학년, 배구부 수비수다. 따뜻한 햇살이 우리를 반겨주었다. 뭔가, 잘될 것만 같은 기분이었다.

오늘은 조별 리그, 즉 예선. 대회의 첫 번째 관문으로, 여기서 이겨야만 본선에 진출할 수 있다. 설렘 반, 긴장 반의 마음으로 경기장에 도착했다. 막상 코트를 실제로 보니, 갑자기 심장이 미친 듯이 뛰기 시작했다. 그때, 태호가 한마디 했다.
"쫄리냐?"
자존심이 상한 나는 바로 받아쳤다.
"쫄긴 누가 쫄아. 너나 잘해."
시간이 흘러 드디어 우리 차례가 되었다.
"좋아. 내 모든 걸 보여주자."
마음속으로 다짐하며 코트에 섰다. 그리고 우리의 첫 대회가 시작되었다.

다음 날 아침. 늦게 일어났다. 평화로운 하루의 시작… 그게 전부였다. 우리는 예선에서 탈락했다. 압도적으로. 모든 경기를, 전부 졌다.

"아직 실력이 부족하구나…"

아쉬움을 삼키며 핸드폰을 켰다. 태호에게서 연락이 와 있었다. 단 한마디.
"배구 할래?"
나는 망설이지 않았다.
"좋아."

그로부터 2년 후. 나는 중학교 3학년이 되었고, 배구부의 주장이 되었다. 2학년 때는 부상으로 대회에 나가지 못했지만, 이제는 괜찮다. 그리고 멋진 팀원들도 많이 생겼다.
"이번이 우리 마지막 기회야. 우승해서, 트로피 가져오자!"
우리 모두가 다짐했고, 매일 열심히 연습에 임했다.

대회 당일. 다시 예선부터 시작이다. 이제는 3년의 노력을 보여줄 시간. 긴장을 가라앉히고 코트에 섰다. 첫 경기. 우리는 가볍게 승리했다. 작년과는 비교도 안 되는 경기력이었다. 두 번째 경기 역시 세트 스코어 2:0, 완승. 우리는 당당히 예선을 통과하고 본선에 올랐다. 선생님이 말했다.
"오늘 모두 수고했다. 내일을 위해 푹 쉬자."
태호와 나는 집으로 걸어가며 말했다.
"내일이 본선이네."
"그러게. 벌써부터 떨리는 거 같아…"
기대와 불안이 뒤섞인 감정. 그렇게 하루가 흘러갔다.

본선 당일. 예선보다 더 큰 경기장에서, 우리는 다시 만났다. 오늘은 총 4경기. 마지막까지 버텨야 한다.

"우리 이길 수 있겠지?"

"응? 당연하지."

태호의 당당한 말에, 나도 용기가 났다.

첫 경기.

"집중해서 한 점씩 따보자! 침착하게! 남! 원!!"

우리의 구호가 울려 퍼지고, 경기가 시작됐다. 내 서브로 경기가 시작됐다. 숨을 가다듬고 공을 던졌다. 그리고 있는 힘껏 때렸다. 팡! 공은 상대편 코트를 강하게 때리며 꽂혔다. 화려한 시작이었다. 우리는 우리만의 플레이로 흐름을 가져왔고, 깔끔하게 1세트를 따냈다. 2세트. 매치 포인트. 우리 팀의 공격이 코트를 가르며 경기를 마무리 지었다.

두 번째 경기. 예상치 못한 강호, 매용중과의 맞대결. 1학년 대회 준우승 팀답게, 분위기부터 달랐다. 매용중은 블로킹이 강했다. 우리는 그 블로킹을 뚫기 위해 집중했다. 1세트는 우리가 주도권을 잡아 따냈다. 하지만 2세트, 매용중은 우리 패턴을 읽기 시작했고, 우리의 공격은 블로킹에 막히기 시작했다.

"모두 집중해서, 한 점씩만 따보자!"

나는 외쳤고, 경기는 듀스로 접어들었다. 14:14

누가 이길지 모르는 상황. 우리가 공격했지만, 상대 블로킹에 막혀 14:15, 매치포인트. 상대의 강한 스파이크. 아— 끝인가 싶던 순간. 퉁! 태호가 몸을 날려 공을 받아냈다. 나는 재빨리 공을 올렸고, 공격이 성공했다. 15:15 마지막 서브는 태호 차례. 그는 공을 던지고, 그대로 강하게 서브를 넣었다. 상대 수비 사이를 가르며 서브 에이스. 승리!

우리는 서로를 껴안고 기뻐했다. 하지만 곧바로 3번째 경기로 넘어가야 했다. 다행히 상대는 예상보다 약했고, 우리는 무난히 승리를 따냈다. 그리고 마지막 결승전. 상대는 1학년 대회 우승 학교. 경력이 엄청났다. 우리는 수비에 집중했지만, 1세트를 내주고 말았다.

"한 번만 지면 끝이다…"

몸이 떨렸다. 그때 태호가 내게 말했다.

"쫄리냐?"

그 말을 듣자 웃음이 났다.

"…응."

이상하게도, 긴장이 사라졌다.

2세트 시작. 상대의 공격. 나는 자세를 잡고 블로킹 위치를 읽었다.

쿵!

내 손에 스파이크가 막혔다. 공은 그대로 상대 코트에 떨어졌다. 그 순간부터 우리는 분위기를 탔다. 침착하게, 하나씩. 그리고 2세트 승리.

마지막 3세트. 체력은 바닥났다. 온몸이 떨리고, 숨이 가빴다.

14:13

우리가 한 점 앞선 매치포인트. 친구가 리시브를 받아 올렸다. 나는 재빨리 공을 따라가려 했지만, 다리가 풀렸다. 늦었다. 그 순간, 태호가 몸을 던졌다. 공이 살아났다. 우리 팀의 스파이커가 달려들어 마지막 공격. 공이 상대편 코트에 떨어졌다.

15:13.

경기 종료.

휘슬이 울리고, 정적. 태호와 나는 3초간 서로를 바라보다가 한순간에 껴안았다.

"우승이야! 우승!!"

우리는 트로피를 받았다. 그리고 그 트로피는 학교 로비에 전시되었다. 중학교 배구부 마지막 해의 우승. 그 역사의 한가운데, 우리가 있었다. 나는 트로피를 바라보며 태호에게 말했다.

"재밌었다. 그치?"

태호가 고개를 끄덕이며 말했다.

"응."

그는 주먹을 내밀었고, 우리는 서로의 주먹을 가볍게 맞췄다. 그렇게, 우리의 마지막 중학교 대회는 끝났다.

무너진 사다리를 고쳐라

30612 승 호 인

짧은 스포츠머리를 한 남자가 있다. 그는 오늘도 일을 나간다.
"어이, 김 씨! 거기 시멘트 좀 넘겨 줘."
"어이, 김 씨! 벽돌 좀 넘겨 줘!"
오늘도 그는 시멘트와 벽돌을 나른다. 그리고 마침내 일을 마치고 집으로 돌아왔다. 그의 지갑에는 초록빛, 흙 묻은 지폐가 약간 쌓여 있었다. 그는 그 종이를 신처럼 여기며, 그것을 얻기 위해 애썼다.

그가 집에 돌아오자 한 여자가 물었다.
"왔어? 밥 차려 놨어. 밥 먹어."
그는 식탁에 앉아 밥을 먹었다. 비록 맛은 없었지만, 그는 맛있는 척 하며 묵묵히 먹었다. 밥을 다 먹은 그는 자는 아기를 바라보며 웃음을 지었다. 그리고 조용히 눈을 감았다.
"드디어 눕는구나."
그는 혼잣말하며 한숨을 쉬었다. 그리고 옛 생각에 잠겼다.

그는 야구선수였다. 비록 주목받지는 못했지만, 꽤 준수한 선수였다. 야구를 잘했던 건지, 운이 좋았던 건지, 그는 고등학생 시절 야구대회에서 두 번이나 우승했다. 프로에 진출할 만한 실력도 갖췄기에, 주변 사람들의 기대도 컸다.

그때는 알았을까? 자신이 이렇게 몰락할 줄.

고등학교 2학년, 한창 열심히 하던 시절에 그는 여자 친구가 생겼다. 모두가 그를 부러워했지만, 그것은 불행의 시작이었다. 그녀가 임신한 것이다.

그 일로 인해 이미지가 점점 나빠졌고, 같은 해 그는 부상까지 입었다. 어깨 인대와 뼈가 심하게 손상됐다. 투수였던 그에게는 사실상 '선수 생명 종료' 판결과도 같았다. 설상가상으로 완치 후에도 예전 실력을 회복하지 못했고, 결국 신인 드래프트에서도 선택받지 못했다. 그런 상황에서 아이는 태어났고, 부모는 이미 이혼한 지 오래되었고, 그의 양육권자이던 어머니까지 그를 떠났다.

그는 성공을 향해 오르던 사다리에서 그대로 추락했다. 그렇게 지금의 삶을 살게 된 것이다.

수많은 후회 끝에 그는 다시 눈을 떴다. 오늘도 어제와 같은 날. 일을 나서고, 어제와 똑같은 일을 하며, 집으로 돌아오는 길이었다. 그러다 그는 우연히 한 공고문을 보게 되었다.
"문산시 시민야구단 모집"
그는 멈춰 서서, 한참 동안 공고문을 바라봤다.

안정적인 일을 하며 살아갈 것인가, 아니면 불확실 하지만 다시 야구의 길을 걸어볼 것인가? 그는 그 자리에서는 결정을 내리지 못했다. 대신, 아내가 좋아하는 치킨 한 마리를 사 들고 집으로 돌아왔다. 그리고 치킨을 먹으며 말을 꺼냈다.
"미원아, 나 고민이 있어."
"뭔데?"
"나… 야구 다시 해보려고."

"해."
"진짜?"
"해봐. 혹시 알아? 프로 무대를 다시 밟게 될지."
"흠…"
그가 잠시 망설이자, 그녀가 덧붙였다.
"이거 하나만 약속해. 망하든지 성공하든지, 우리는 언제나 함께야."
그는 그 말을 듣고 웃음을 지었다. 그리고 다음 날부터 훈련을 시작했다. 오랜만에 친구와 캐치볼을 하며 몸을 풀었다. 몇 년 만에 하는 운동이라 약간 어색했지만, 금세 익숙해졌다.

그는 시민야구단에 입단했고, 그 과정에서 신미 스타즈의 스카우터와도 인연을 맺게 되었다. 그는 늘 최선을 다해 경기에 임했고, 결국 대회에서 팀을 우승으로 이끌며 승리의 주역으로 떠올랐다.

그렇게 3년이 흘렀다. 그도 어느덧 20대 중반이 되던 해, 드디어 좋은 소식이 들려왔다. 신미 스타즈가 그를 스카우트하기로 한 것이다. 그는 하늘을 날아갈 듯 기뻤다. 비록 가장 성적이 좋지 않고, 팬도 거의 없는 꼴찌 구단이었지만, 드디어 1군 무대를 밟는다는 사실 하나만으로도 감격스러웠다. 그는 우완 투수였다. 구속은 130km/h대로, 1군 기준으로는 느린 편이었지만, 피나는 노력 끝에 성공의 사다리를 다시 타기 시작한 것이다.

그날부터 그는 더욱 열심히 훈련했다. 결국 신미 스타즈에 투수로 입단하게 되었고, 팀의 연고지이자 훈련장이 있는 화성시로 이동했다. 그곳에서 1년 동안 집중적으로 훈련했고, 마침내 LG 트윈스와의 경기에 선발 투수로 나서게 되었다.

사람들은 모두 LG의 승리를 예상했다. 그러나 첫 투구가 스트라이크 존에 꽂히자, 관중석에서는 환호성이 터져 나왔다. 두 번째 투구도 스트라이크. 세 번째, 그가 오랫동안 연습해 온 포크볼로 타자의 헛스윙을 유도해 냈다. 그는 이후 타자들을 차례로 잡아내며 결국 3:2로 LG 트윈스를 꺾었다.

다음 날 신문과 방송은 온통 그의 이야기로 가득했다. 27세의 신인 우완 투수가, 그것도 느린 구속으로, 리그 3위를 달리던 LG를 꺾었기 때문이다. 그 이후에도 그는 키움, 기아, KT, 한화, NC, 두산, 삼성 등 여러 팀을 꺾으며 스타 반열에 올랐다. 그리고 마침내 한국시리즈 결승전까지 진출하게 되었다. 상대는 당시 1위를 달리던 롯데. 그는 어깨가 빠지도록 공을 던졌고, 연장 11회말, 0:0의 긴박한 상황에서 마운드에 올랐다. 2아웃, 볼카운트는 3볼 2스트라이크. 그리고 그는 마지막 공을 던졌다.

"팍!"

배트에 공이 맞는 소리와 함께 터져 나오는 환호성. 이겼을까? 졌을까? 그 결말은, 독자의 상상에 맡기겠다.

용감한 밤

30810 박규민

    깊은 숲속, 아담한 오두막엔 작은 생쥐 콩이가 가족들과 함께 서랍장 안에서 살고 있다. 친구들보다 작고 겁이 많지만, 밤하늘의 별들을 올려다보며 누구보다 용감한 생쥐가 되기를 꿈꾼다.

    이른 아침, 콩이는 제일 먼저 일어나 부지런히 털을 정리하고, 주인 아저씨가 나간 후 동생들과 다람쥐 친구 밤이와 함께 먹을 치즈를 찾으러 이곳저곳을 돌아다닌다. 비록 구해 오는 건 주인 아저씨가 먹고 남긴 빵 부스러기뿐이지만, 콩이에겐 서랍장 밖을 나간다는 것 자체가 큰 용기였다.

    밤이는 항상 콩이의 집으로 놀러 온다. 그러나 그날, 두 시간, 세 시간이 지나고 저녁이 되어도 밤이는 보이지 않았다. 무슨 일이 생긴 걸까? 걱정하고 있던 찰나, 참새 친구들이 날아와 전해 준 말은 충격적이었다. 저 멀리 사는 무시무시한 고양이 '미오'가 밤이를 물고 농장으로 가버렸다는 것이다. 미오는 농장에 몰래 들어온 쥐들을 잡아먹는 무서운 지킴이로 알려져 있었다.

    콩이는 참새들의 말을 듣고 절망했다. '다른 친구들이 구하러 가 주진 않을까?', '밤이라면 용감하게 미오와 맞서 싸우고 이겨서 돌아오지 않을까?' 여러 생각이 떠오르며, 그날 밤 내내 친구를 향한 걱정과 자신에 대한 실망감은 점점 커져 갔다.

    '내가 잡혀갔더라면, 밤이는 날 구해줬을 텐데.'

    문득 든 생각이 콩이의 마음 한켠에 불을 피웠다. 조금이라도 더 빨리 가기 위해 콩이가 챙긴 것은 아끼던 치즈 하나뿐. 콩이는 어두운 밤, 미로 같은 숲속을 지나 농장으로 떠난다.

버려진 집 한 채, 두 채, 조용한 연못, 주인아저씨가 물을 뜨러 가는 것으로 추정되는 우물을 지나 마침내 농장 앞에 다다랐다. 붉은색 집의 문 앞에 선 콩이는 또 한참을 고민했다.

'미오라는 고양이는 정말 존재할까? 검은 털에 굉장히 큰 몸집, 밤에도 사냥감을 놓치지 않는 호박색 눈을 가졌다고 하던데… 사실은 작고 작은 아기 고양이가 아닐까? 그래도 나보단 크겠지만, 혹시 소문이 과장된 건 아닐까?'

콩이는 갖가지 생각을 떨쳐 내고 문틈으로 들어갔다. 그리고 곧 알게 되었다. 우리 숲속의 소문 중 거짓은 하나도 없다는 것을.

다행히도 미오는 자고 있는 듯했다. 그 틈을 타 밤이를 구하기로 결심한 콩이는 이곳저곳을 살폈다. 그러던 중, 뒤집힌 유리컵 안에 흐릿하게 보이는 무언가를 발견했고, 콩이는 그것이 밤이라고 확신했다.

책상 위, 떨어질 듯 아슬아슬하게 놓인 유리컵은 생각보다 높았다. 의자를 힘겹게 올라서 보니, 의자와 책상 사이 거리마저 콩이에게는 너무 멀었다. 하지만 미오가 깰까 봐, 아침이 밝아올까 봐 떨리는 마음으로 콩이는 크게 숨을 들이쉬고 책상 위로 뛰었다.

우당탕!

다행히 떨어지지는 않았다. 비록 유리컵이 무거워 애를 먹었지만, 소리에 깨어난 밤이의 도움으로 유리컵을 들어 올리고 둘은 빠져나올 수 있었다.

겨우 바닥까지 내려왔을 무렵, 콩이의 눈에 들어온 것은 밤에도 빛을 잃지 않는 미오의 눈동자였다. 넘어진 소리에 깬 것은 밤이뿐만이 아니었던 것이다. 콩이는 두려움에 몸을 떨며 움직이지 못했고, 그를 도와준 것은 밤이였다. 밤이는 콩이를 끌어 문 앞까지 달렸다. 헉헉대며 힘겹게 숨을 몰아쉬는 사이, 뒤에서 미오의 발소리가 들려왔다. 열심히 뛰었지만, 미오는 단숨에 따라붙는 것을 보며 콩이는 절망했다. 그럼에도, 함께이기에 포기하지 않았다.

우물을 지나 깊은 숲속으로 도망쳤다. 추운 밤공기에 떨고, 연못가에 도착해 미끄러운 돌다리를 건너는 순간, '풍덩' 하는 소리가 들려왔다. 세상에, 미오가 연못에 빠져버린 것이었다. 밤이는 이때를 틈타 더 도망가자고 했지만, 콩이의 귀엔 분명 들렸다.

"도와줘…"

콩이는 두려움도 잊고 단숨에 달려가 힘을 보탰다. 가까스로 미오를 꺼낸 뒤, 숨을 돌리는 찰나 다시 마주한 미오의 눈. 그 눈을 보자 두려움이 되살아났고, 콩이는 밤이와 함께 다시 달렸다.

무사히 아담한 콩이의 오두막에 도착했을 땐, 둘 다 지쳐 잠들어버렸다. 다음 날 아침, 치즈를 두고 왔다는 사실에 조금 슬펐지만, 밤이와 함께라는 사실에 안도했고 기뻤다. 모두가 콩이를 '용감한 우리의 영웅'이라고 불렀고, 이는 콩이의 앞으로의 위대한 업적 중 하나가 되리라. 여운이 가시지 않은 이른 저녁, 주인아저씨는 돌아오지 않았지만 문에서 '툭툭' 소리가 들렸다. 콩이는 긴장한 채 문틈을 들여다보았다. 그곳엔 치즈 하나와 고양이 수염이 놓여 있었다. 콩이는 새로운 친구가 생긴 것 같다는 기쁨으로 그 수염을 침대 옆에 소중히 두었고, 밤이와 함께 치즈를 나누며 도란도란 이야기를 나누었다.

친구들보다 작고 겁이 많지만, 다른 이를 위해 용기를 낼 줄 아는 콩이는 많은 행운과 함께 씩씩하게 성장해 나갔다.

가장 어두웠지만 가장 밝았던

30323 정은유

당신은 사랑이라는 감정을 느껴본 적 있나요?

한 여자아이가 있었어요. 어릴 때부터 또래 여자아이들에게 미움을 자주 받아서, 그녀의 주변엔 거의 이성 친구들뿐이었죠. 그렇다고 해서 사랑을 해본 건 아니었어요. 아니, 사랑이란 게 뭔지도 몰랐죠. 눈에 보이지도 않는데, 어떻게 알 수 있겠어요? 그 아이를 만나기 전까지는요.

친구를 통해 한 남자아이를 알게 되었어요. 그는 또래에 비해 성숙하고 조용했어요. 그리고 무엇보다 눈이 정말 예뻤죠. 여자아이는 처음 만난 날부터 그의 연락처를 물어봤어요. 그날 이후 매일 연락을 보냈지만, 답장은 좀처럼 오지 않았어요. '아, 그냥 스쳐 지나가는 인연이겠구나.' 그렇게 생각하며 연락을 끊었죠.

하지만 이상하게 그 남자아이가 계속 생각났어요. 답장이 오지 않아도 매일 문자를 보내고, 약속을 잡고, 학교에서는 쉬는 시간마다 그를 찾아갔죠. 그러다 문득, '내가 이 사람을 좋아하는 걸까?' 스스로에게 물었어요.

이 질문이 마음속에 자리 잡은 뒤로, 그를 볼 때마다 자꾸 웃음이 났고, 그의 모든 행동이 귀엽고 사랑스러워 보였어요. 그때 알았어요.
'아, 내가 이 사람을 좋아하고 있구나.'

그 감정은 너무 낯설었지만, 하루하루가 설레고 즐거웠어요. 시간이 지날수록 마음은 더 깊어졌고, 그는 여전히 여자아이에게 관심이 없었죠. 여자아이는 매일 자신의 마음을 표현했지만, 돌아오는 건 거절뿐이었어요. 자존심은 상했지만, 이미 마음이 너무 커져버려서 포기할 수 없었어요. 그렇게 1년이 흘렀습니다.

이제는 주변 사람들 모두가 여자아이가 그를 좋아한다는 걸 알고 있었고, 많은 친구들이 그녀를 응원해 주었어요. 그러던 어느 날, 친구가 이상한 말을 했어요.
"너, 그거 알아? 걔, 너 얘기만 나와도 싫어한대."
그 말에 여자아이는 너무 슬프고 서운했어요. '내 마음이 누군가에겐 불편하고 부담이었구나.' 처음으로 그런 생각을 하게 됐어요.

그날 저녁, 그는 불편하지 않게 해주고 싶었어요. 그래서 연락을 했어요.

'불편하게 해서 미안해. 귀찮게 해서 미안해. 앞으로 연락하지 않을게.'
그게 마지막 문자였죠. 남자아이는 마음을 받아주지 못해 미안하다고 답했어요. 그렇게 마지막 대화를 나누다, 그는 더 이상 답장을 보내지 않았어요. 여자아이는 그의 무심함에 너무 슬퍼서 혼자 울었어요. 그런데, 몇십 분 뒤 문자가 왔어요.

'우리… 사귈래?'

남자아이가 그 마음을 받아준 거예요. 믿기지 않았어요. 그날 밤, 그는 먼저 잠자리에 들었고 여자아이는 설레서 밤새 잠을 이루지 못했어요.

다음 날, 학교에 갔죠. 모든 게 어색하고 낯간지러웠지만, 그저 좋았어요. 하지만, 남자아이는 여전히 표현에 서툴렀고 오히려 여자아이보다 자신의 친구들을 더 챙기는 듯했어요. 싸움이 잦아졌고, 서로가 서로에게 지쳐갔어요. 여자아이는 '헤어지는 게 맞을까' 고민했지만, 스스로 더 노력하고 기다리면 언젠가는 바뀔 거라 믿었어요. 그리고 정말, 시간이 흐르자 그 남자아이는 달라졌어요. 여자아이를 진심으로 아끼고, 무엇보다 먼저 생각해주기 시작했어요.

하지만 이번엔 여자아이 쪽에서 문제가 생겼어요. 그녀는 여전히 이성 친구가 많았고, 이성 친구의 집에까지 가곤 했죠. 그 모습에 남자아이는 서서히 지쳐갔어요. 여자아이는 뒤늦게 깨달았어요. 그리고 이성 친구들과 거리를 두고, 고치려고 했어요. 하지만 남자아이는 이미 너무 지쳐 있었죠. 결국 그는 이별을 말했고, 여자아이는 울며 붙잡고 사과했어요. 하지만 붙잡을수록 그는 그녀를 부담스러워하고, 결국엔 멀어졌어요. 그렇게, 허무하게 끝나버렸어요.

이별 후에도 여자아이는 이성 친구들과의 관계를 끊지 못했고, 매일 그를 그리워했어요. 서로 사랑했던 사이였지만, 결국엔 아무것도 남지 않았어요. 너무나 마음이 아팠어요.

그때 알았어요. 사랑은 가장 밝은 나를 만들어 주지만, 그 끝은 가장 어두운 나를 남긴다는 걸. 그 여자아이는, 아직도 묵묵히 그 아이를 기다리고 있어요.

당신은, 사랑을 어떻게 생각하나요?

공감하는공간 31
스토리 24시
지금 우리는 이야기 중입니다.

ⓒ 김형태, 2025

기 획_ 김형태
지은이_ 남수원중학교 학생들

발 행 인_ 이도훈
펴 낸 곳_ 파란하늘
초판발행_ 2025년 11월 28일

사무실_ 서울시 서초구 법원로3길 19, 2층 W109호
          (서초동, 양지원빌딩)
전 화_ 02) 595-4621
팩 스_ 0504-227-4621
이메일_ flyhun9@naver.com
홈페이지_ www.dohun.kr

ISBN_ 979-11-94737-44-5 03810
정가_ 20,000원